Traduttologia e semiotica generativa

European Semiotics: *Language, Cognition, and Culture*
Sémiotiques Européennes: *langage, cognition et culture*

Edited by / Série dirigée par
Per Aage Brandt (Cleveland), Wolfgang Wildgen (Bremen/Brême),
and/et Barend van Heusden (Groningen/Groningue)

Volume 13

PETER LANG
Bern · Berlin · Bruxelles · Frankfurt am Main · New York · Wien

Rovena Troqe

Traduttologia e semiotica generativa

Per un nuovo approccio interdisciplinare

PETER LANG

Bern · Berlin · Bruxelles · Frankfurt am Main · New York · Wien

Bibliographic information published by Die Deutsche Bibliothek
Die Deutsche Bibliothek lists this publication in the Deutsche Nationalbibliografie;
detailed bibliographic data is available on the Internet at ‹http://dnb.ddb.de›.

ISSN 1423-5587 pb.   ISSN 2235-6266 eBook
ISBN 978-3-0343-1469-5 pb.   ISBN 978-3-0351-0783-8 eBook

This publication has been peer reviewed.

© Peter Lang AG, International Academic Publishers, Bern 2014
Hochfeldstrasse 32, CH-3012 Bern, Switzerland
info@peterlang.com, www.peterlang.com

Tout paraître est imparfait: il cache l'être, c'est à partir de lui que se construisent un vouloir-être et un devoir-être, ce qui est déjà une déviation du sens. Seul le paraître en tant que peut être – ou peut-être – est à peine vivable. Ceci dit, il constitue tout de même notre condition d'homme. Est-il pour autant maniable, perfectible ? Et, pour solde de tout compte, que ce voile de fumée se déchirer un peu et s'entr'ouvrir sur la vie ou la mort, qu'importe ?

Greimas, *De l'imperfection*, 1987, p. 99

Ringraziamenti

Numerose sono le persone che meritano di essere ringraziate per il reale contributo fornito nella realizzazione di questo elaborato e tanti sono i debiti morali e intellettuali che ho maturato nei confronti di chi ha seguito da vicino la mia ricerca.

Un primo doveroso ma soprattutto sentito ringraziamento va al relatore della presente ricerca di dottorato: il Professor Giancarlo Marchesini, che ha costantemente incoraggiato e pazientemente trasformato la mia passione per le lingue, le culture, la traduzione e la semiotica in un vero contributo scientifico; grazie alla sua maieutica, il nostro è stato un bellissimo percorso in cui allievo e maestro hanno ricevuto un reciproco vantaggio. Ringrazio sentitamente il Professor Mauro Ferraresi, per avermi preso per mano nel paese della semiotica e mostrato che il senso è sempre tutto da costruire. Un ringraziamento speciale va al Professor Marco Sonzogni, per il prezioso aiuto e il costante sostegno donatomi già dalle primissime battute di questo lavoro di ricerca. La mia profonda riconoscenza va anche al Professor Jacques Fontanille che con competenza scientifica ha saputo offrire un contributo decisivo all'ultima fase del presente lavoro; il suo rigore intellettuale e la grande umanità mi accompagnano tuttora nel cammino di ricerca.

Intendo inoltre ringraziare il Rolex Institute, sottolineando la disponibilità di Regina Rüeger e di Joëlle Martin-Achard per avermi fornito i testi e le informazioni indispensabili per la realizzazione del presente lavoro. Un ringraziamento va anche alla Professoressa Barbara Moser-Mercier che con disponibilità e professionalità ha sostenuto il mio progetto post-dottorale; il ringraziamento si estende quindi alla Commissione di ricerca dell'Università di Ginevra e al Fondo nazionale svizzero per la ricerca scientifica (FNS) che finanziano l'attuale post-dottorato presso il *Centre de Recherches en Sémiotiques* dell'Università di Limoges, permettendomi quindi di finalizzare la presente pubblicazione.

Vorrei infine ricordare gli amici, non li nomino tutti, loro sanno quanto è stata preziosa e indispensabile la loro presenza in questo viaggio. Un ultimo ringraziamento va alla mia famiglia e a Peter: senza di loro tutto questo non sarebbe stato possibile.

Indice

Introduzione

Per una svolta semiotica in traduttologia

La specificità della traduttologia risiede nella natura composita e stratificata del suo oggetto di studio, la traduzione: concetto, prassi e prodotto. A questo si aggiunge l'atipicità del discorso teorico. Se, già con le prime riflessioni pre-scientifiche del I secolo a. C., la pratica della traduzione pone alcuni quesiti che andranno a costituire i nuclei di interesse della disciplina, la sporadicità e l'erraticità stesse dell'indagine teorica risultano tuttavia essere di nocumento a una chiara sistematizzazione della materia.

Nel tentativo di strutturare l'assetto disciplinare, alcuni teorici hanno visto nella ricostruzione storica la premessa necessaria per fornire una certa legittimità alla traduttologia e per rilanciare la ricerca scientifica. Una lettura diacronica efficace richiede solide competenze analitiche per reperire e interpretare le *fonti*, antichi scritti, brevi saggi, sparse osservazioni di traduttori, perlopiù filosofi, uomini politici, religiosi, poeti e letterati, che hanno espresso le loro idee sul tradurre. Non solo. Una ricostruzione storica consentirebbe sì di valutare nel corso del tempo il ruolo e la rilevanza delle traduzioni, ma dovrebbe anche riflettere sui legami che la traduzione intreccia con ogni singola lingua e cultura. Per procedere con passo sicuro nell'esperienza storica, è necessario avvedersi di una specificità dello studio della traduzione, ossia della pluralità dei discorsi in cui essa è stata inserita.

> Non si dà teoria senza esperienza storica. Né si può parlare di "teoria della traduzione" se non come parte di teorie generali della letteratura, della linguistica o dell'ermeneutica filosofica. (Folena 1999: ix)

La riflessione sulla traduzione ha innegabilmente seguito gli sviluppi delle teorie linguistiche, letterarie o filosofiche che ne hanno vagliato il corpo teorico e pratico tramite le proprie metodologie, sull'impulso di estrinseche esigenze di ricerca. Alle difficoltà legate alla definizione della linea storica, lo studio della traduzione associa anche una diramazione del discorso teorico derivata dalla sua tendenza alla pluridisciplinarità. È plausibile perciò supporre che il vuoto generato dalla trattazione storica possa avere impedito l'addensamento e il consolidamento della teoria. D'altra parte, è inevitabile che un oggetto di studio di natura poliedrica e pluridirezionale, fondato sull'arbitrarietà del segno linguistico e su una pratica perlopiù soggettivizzante, sia diventato un ordito su cui si intessono le varie e affini discipline.

Per chiunque abbia il desiderio di accostarsi alla traduttologia, senza perdere il filo della propria indagine, è fondamentale riconoscere di primo acchito che questa disciplina procede nel suo cammino conoscitivo seguendo direzioni di ricerca estemporanee e rizomatiche. La struttura della sua conoscenza non è derivata, con metodi logico-deduttivi da assiomi primigeni, ma si elabora deleuzianamente (Deleuze & Guattari 1980, 31–32), come le ramificazioni botaniche, a partire da diversi punti, secondo linee di evoluzione dicotomiche, e senza un deliberato intento unificatore. Queste considerazioni inducono a trattare con cautela ogni desiderio di esaustività storica e a delimitare con cura il territorio di indagine.

Nel presente lavoro di ricerca intendiamo perciò muoverci in una prospettiva plurima ma sistematica, in parte storica, ma elettivamente tematica. Vedremo come lo studio della traduzione si limiti, prima degli anni '70, a riflessioni episodiche che ritagliano le questioni traduttive in modo dualistico e ciclico. Tali questioni sono riassumibili in binomi oppositivi che riguardano la pratica e le strategie traduttive (traduzione libera e traduzione fedele), il materiale tradotto (testi letterario-religiosi, considerati come testi alti in opposizione ai testi bassi, ovvero i testi tecnici), i criteri che presiedono a una buona traduzione (senso o forma), e la finalità traduttiva intesa come modalità di interazione *io-altro* (tradurre assecondando le proprie strutture linguistiche e culturali, o tradurre nel rispetto delle strutture linguistiche e culturali dell'altro). E infine la questione dell'equivalenza del testo tradotto rispetto al testo originale, nozione che non ha mai smesso di preoccupare i traduttologi di ieri e di oggi e che si rivela essenziale nella definizione del concetto di traduzione.

Il panorama teorico moderno sembra riprendere e reiterare queste tematiche, partendo, non tanto da un nucleo di problemi teorici, ma più spesso da considerazioni su manifestazioni fenomeniche e circoscritte, estese poi al concetto di traduzione. Alcuni traduttologi si sono soffermati sulla necessità di risolvere le difficoltà traduttive tramite decodifiche derivate dal confronto delle strutture linguistiche. In antitesi con una visione puramente linguistica della traduzione, altri hanno evidenziato il peso della componente culturale e politico-ideologica. L'enfasi sull'importanza di fattori quali "cultura" e "tradizione" ha indotto alcuni teorici a mettere in forse la disciplina stessa; molti infatti si chiedono come sia possibile definire la traduzione se si considera che ogni popolo definisce la realtà in base alla propria e relativa cultura e lingua perciò, una traduzione che opera all'interno delle inconciliabili differenze linguistiche e cerca di oltrepassare le insuperabili barriere culturali è votata all'insuccesso.

Una prima ricognizione delle principali questioni teoriche permetterà di comprendere la fragilità dell'apparato epistemico e dei procedimenti metodologici in traduttologia. Per canalizzare le forze centrifughe derivate dalle altre discipline, e per fondare in modo rigoroso la propria ricerca, la traduttologia non può più accontentarsi di una espansione rizomatica e improvvisata, ma deve definire in modo chiaro il suo programma epistemico. Deve identificare gli strumenti di indagine in grado di provocare un movimento conoscitivo scientifico, capace a sua volta di generare un nucleo teorico su cui fondare la disciplina, di estendere tale conoscenza in modo rigoroso e di individuare il materiale su cui applicare verificare, invalidare, modificare e sviluppare ulteriormente l'apparato teorico.

La preoccupazione epistemologica e metodologica è il principio guida che riunisce e giustifica gli obiettivi del presente lavoro di ricerca, che sono:

i. fornire una definizione completa ma semplice, astratta ma autosufficiente della traduzione. Tale definizione deve rispondere alle seguenti domande: che cosa si intende per *traduzione*? Qual è il suo fondamento? Quali sono le nozioni che meglio si candidano a costituire l'essenzialità e l'immanenza del concetto di Traduzione?

ii. Inserire questo concetto teorico nella realtà umana, quella del Traduttore che opera in variabili contesti storico-linguistico-culturali. Con la ferma intenzione di voler mettere al centro di questa nuova proposta teorica l'azione del Traduttore, cercheremo di comprendere in quale modo la definizione del concetto astratto di Traduzione funzioni nella pratica traduttiva, che è a sua volta soggetta a rapporti socio-economici, normo-culturali, ideologici e intersoggettivi.

iii. Applicare la nuova proposta a materiale tradotto al fine di sottoporre a verifica la nozione di Traduzione (a), la sua espressione fenomenica in quanto evento socio-economico e culturale (b) ma anche in quanto evento testo-individuale.

Per alcuni di questi obiettivi di ricerca, la prospettiva semiotica ha fornito finora i risultati più promettenti e i migliori spunti di indagine; grazie a una specifica base teorica e metodologica, la semiotica consente infatti non solo una sistematizzazione translinguistica del concetto di traduzione ma anche una presa in carico degli aspetti empirici del fenomeno.

Due sono i principali versanti semiotici[1], definibili sommariamente come "semiotica dei segni" e "semiotica della significazione". Il primo versante si basa sullo studio dei segni, linguistici e non linguistici, così come teorizzato dal semiotico, filosofo e matematico statunitense Charles S. Peirce (1839-1914). In questa prospettiva, il segno è definito come unità triadica, composta dal *representamen*, il supporto materiale del segno che sta al posto di un *oggetto*, che è il riferimento alla realtà esterna, per l'*interpretante*, ossia qualcosa o qualcuno che stabilisce un rapporto tra il representamen e l'oggetto. L'interpretante è un segno, che può essere compreso soltanto se rinvia a un altro segno, in un movimento potenzialmente infinito. Il rinvio segnico è alla base di qualsiasi processo gnoseologico e comunicativo, perché ogni tipo di conoscenza si effettua tramite la formulazione di ipotesi interpretative, e la loro verifica tramite rinvio segnico, detto *semiosi*. Questo tipo di semiotica è definita interpretativa o peirceana.

Il secondo versante è rappresentato dallo studio della significazione, e non più dei segni o del rinvio segnico, ed è fondato su premesse saussuriane e hjelmsleviane. Algirdas J. Greimas (1917–1992) semiotico e linguista lituano-francese incentra la sua teoria sull'idea di strutturazione e generazione del senso. In ogni oggetto semiotico, il senso è una sorta di organismo complesso, composto di molecole che si aggregano per costituire tessuti organici che si specializzano in varie funzioni e che costituiscono un'entità che vive, agisce e interagisce. Fuori dalla metafora, il senso nasce come una struttura di valori semplici, astratti e virtuali, si sviluppa in strutture antropomorfe che lo dinamizzano e narrativizzano e infine emerge nella manifestazione discorsiva di uno specifico linguaggio: questo dipanarsi da elementi più semplici e astratti a strutture via via più complesse e concrete è definito "Percorso generativo del senso".

Due sono le conseguenze di questa visione stratificata del senso. Innanzitutto vi è una garanzia del permeare dei contenuti indipendentemente dal linguaggio impiegato e dalla sua manifestazione discorsiva. In secondo luogo, il senso è profondamente ancorato alla dimensione culturale, sociale e linguistica, infatti, se il meccanismo operativo del funzionamento del senso mantiene la sua validità, i valori e le loro posizioni relazionali sono in funzione dell'elemento *cultura*; in altri termini, se il valore del senso è culturalmente definito, il senso di tale senso può essere considerato costante. Appare chiaro quindi che il grande interesse della semiotica generativa

---

1   Ci riferiamo qui, e nei prossimi capitoli, soltanto ai due filoni di ricerca che hanno un legame diretto con la traduzione e la traduttologia.

risiede tanto negli strumenti euristici quanto nel suo essere metateoria, episteme in grado di far scaturire un movimento conoscivo e sistemico anche in altre discipline.

Numerosi sono stati i semiotici-traduttologi che hanno impostato lo studio della traduzione su principi derivati dalla teoria di. Peirce. L'applicazione della semiotica interpretativa è stata eccezionalmente prolifica nell'ambito della teoria generale pura traduttologica; essa ha permesso un vero avanzamento nella definizione della nozione di traduzione, intesa come particolare processo semiosico interpretativo, e affine al concetto di segno e rinvio segnico. Così come nella semiosi, in cui la conoscenza avanza per un processo di arricchimento ed espansione, anche la traduzione è vista come un segno che interpreta un altro segno, l'originale, e in quanto interpretazione che provoca un accrescimento e ampliamento di senso, essa è necessariamente diversa e non equivalente rispetto all'originale. Su queste premesse si sviluppano i cosiddetti modelli triadici della traduzione.

La "semiotraduzione"[2], il connubio tra semiotica peirceana e traduttologia, ha permesso allo studio della traduzione di avanzare su un fronte spesso trascurato da traduttologi, letterati e linguisti, ovvero la delimitazione epistemica della disciplina tramite la definizione del suo oggetto di studio. La sistematizzazione del concetto di traduzione in quanto interpretazione, ovvero in quanto particolare tipologia di interpretazione, fa scaturire importanti corollari che vanno a scogliere molti nodi teorici della traduttologia, riguardanti le nozioni di equivalenza, fedeltà, strategia traduttiva, funzioni, finalità, pubblico, lettore ecc. Inoltre, essa accoglie e sviluppa, prima ancora della moderna fascinazione traduttologica per le scienze cognitive, il problema della processualità; nell'idea della semiosi, del rinvio segnico, risiede il fondamento stesso dei processi inferenziali che portano all'atto conoscivo del senso del testo originale.

La traduzione è un oggetto di studio la cui natura specifica chiede di essere indagata e definita in modo generale e teorico, tuttavia essa è anche una pratica linguistica incentrata sul testo, sia esso orale o scritto. La semiotica interpretativa ha espresso finora tutta la sua efficacia proprio nell'ambito della sistematizzazione dello studio teorico della traduzione, essa appare invece relativamente inadeguata a un'applicazione pratica all'apparato testuale della traduzione.

---

2   Termine coniato dalla traduttologa e semiotica Dinda Gorlée.

15

Sul versante della semiotica generativa, non vi sono attualmente proposte di rilievo per cui si possa affermare che esiste un vero e proprio legame con la traduttologia. Eppure, una volta acquisita la familiarità necessaria con la terminologia greimasiana, si riescono ad apprezzare pienamente le potenzialità di questa teoria, della sua concezione del senso in generale e della modalizzazione del senso nelle lingue naturali.

Nella definizione fornita da A. J. Greimas la traduzione è intesa come "attività cognitiva che opera il passaggio da un enunciato dato, a un altro enunciato, considerato equivalente" (DRTLit, 363). In questa breve e generale definizione ritroviamo alcuni elementi fondamentali: innanzitutto, la traduzione è un'attività di tipo cognitivo, essa è processualità finalizzata alla conoscenza. Inoltre, la traduzione è il passaggio da un enunciato, un'unità di senso, a un altro enunciato equivalente; l'equivalenza è il fondamento della traduzione, ma essa è un'equivalenza pattuita e non è mai un'equivalenza stretta, soprattutto se intesa come equivalenza tra due testi di due lingue diverse; il testo d'arrivo è più o meno equivalente al testo di partenza "per il fatto della non-adeguazione dei due universi figurativi" (DRTLit, 364). La non adeguazione si riferisce, a fronte dell'equivalenza dei contenuti, alle differenze nella manifestazione discorsiva dei due testi.

Così come nella semiotica interpretativa, anche nella prospettiva greimasiana, la traducibilità è una caratteristica essenziale su cui si basa il processo di significazione. La capacità di riconoscere la presenza del senso e di ragionare su di esso è una prova inconfutabile di traducibilità.

> La traducibilità appare come una delle proprietà fondamentali dei sistemi semiotici e come il fondamento stesso del processo semantico: fra il giudizio esistenziale "c'è del senso" e la possibilità di dirne qualcosa, si intercala in effetti la traduzione; "parlare del senso" è insieme tradurre e produrre significazione. (DRTLit, 363)

Diversamente da quanto accade nella semiotica interpretativa, in quella greimasiana le lingue naturali hanno uno status privilegiato rispetto ad altri linguaggi semiotici, esse sono infatti *macrosemiotiche*, sistemi che sovradeterminano altre semiotiche, come la pittura, la musica, ecc.

D'altra parte, pur riconoscendo l'importanza delle lingue naturali, la teoria semiotica mette in guardia dall'atrofizzazione del senso all'interno delle lingue naturali.

> Riconoscere lo status privilegiato delle lingue naturali non autorizza la loro reificazione in quanto luoghi di "senso costruito": la significazione è anzitutto un'attività (o un'operazione di traduzione) prima di essere il suo risultato. (DRTLit, 364)

La traduzione è in primo luogo significazione, è un'attività semiotica che si realizza in modo privilegiato, ma non esclusivamente, nelle lingue naturali. Detto in altri termini, le lingue naturali sono il luogo privilegiato della significazione, e quindi della traduzione, poiché esse dispongono di meccanismi metalinguistici in grado di formalizzare non solo il senso linguistico ma anche l'attività semiotica oltre-linguistica.

Questo timido abbozzo greimasiano di definizione il concetto di traduzione non è certamente esaustivo ma piuttosto inaugurale poiché incoraggia nuovi approfondimenti. I citati obiettivi di ricerca (a, b, c) saranno perseguiti in una prospettiva epistemica greimasiana. Prendendo le mosse dal Percorso generativo del senso, tenteremo di fornire una definizione della traduzione, di indagare le modalità semiotiche della prassi traduttiva e infine di applicare questa nuova concezione ai testi tradotti.

Per creare un alveo teorico appropriato ad accogliere la nuova proposta, si tracceranno dapprima le nervature della disciplina, le modalità epistemiche con cui sono stati delimitati i concetti che hanno fondato la moderna traduttologia (cap. I). Nella trattazione storica saranno aperte finestre tematiche che consentiranno di comprendere che la riflessione è dettata da problemi traduttivi contingenti, che il discorso teorico è dicotomicamente costruito, e che la bipartizione è legata a considerazioni di tipo linguistico e filosofico.

A fronte di queste constatazioni, sarà quindi definita la prospettiva gnoseologica adottata per la presente ricerca: se la problematica epistemica in traduttologia resta perlopiù irrisolta, vedremo che la scienza semiotica offre invece un quadro concettuale e dispositivi di indagine capaci di fondare lo studio e la definizione del concetto di traduzione. Saranno introdotti gli autori che hanno inaugurato questo nuovo filone di ricerca, chi più chi meno apertamente affiliato alla semiotica di Ch. S. Peirce (cap. II); verranno illustrati i risvolti teorici della definizione della traduzione, intesa come interpretazione, e l'inedita visione dell'idea di equivalenza, elemento paradossale ma intrinseco della traduzione.

Prendendo spunto dai risultati derivati dall'applicazione della semiotica interpretativa, l'attenzione sarà orientata verso un secondo versante semiotico, quello greimasiano (cap. III). Saranno descritti i tre livelli costitutivi del Percorso generativo, considerato il dispositivo epistemico per eccellenza della semiotica greimasiana: *il quadrato semiotico*, struttura di significazione elementare di ogni oggetto semiotico; *la grammatica narrativa*, dimensione antropologica del quadrato semiotico e sua attualizzazione in seno all'attività umana; *la manifestazione* superficiale della grammatica narrativa tramite un linguaggio semiotico che nel caso della traduzione sarà quello delle lingue naturali.

L'istanza del quadrato semiotico permetterà di elaborate una definizione generale e astratta del concetto di Traduzione: *equivalenza* e *differenza* saranno i termini primi del meccanismo logico-semiotico della nuova definizione: il *quadrato semiotico della traduzione*. Questo nuovo quadrato si pone come dispositivo metateorico applicabile alle teorie della traduzione ma al contempo è anche suscettibile di essere preso in carico nel secondo livello del Percorso generativo.

Tale presa in carico delle virtualizzazioni operanti in quello che abbiamo definito Quadrato semiotico della traduzione è pensata come un suo sviluppo all'interno del mondo e dell'azione umana: la definizione della Traduzione resta astratta e virtuale fintantoché non è "messa in situazione" dagli attanti della traduzione, il Committente e il Traduttore, e dalle modalità con cui interagiscono. Le modalità semiotiche che caratterizzano il rapporto Committente-Traduttore implicitano il legame contrattuale, le dinamiche normative e socio-culturali della prassi traduttiva, e sono riunite all'interno di uno schema generale, il *modello traduttivo* (cap. IV).

L'integrazione della semiotica generativa nella teoria della traduzione non apporta unicamente una sistematizzazione del concetto e del fenomeno socio-culturale dell'oggetto di studio, ma consente, grazie a quello status privilegiato delle lingue naturali e all'attenzione particolare di Greimas per la semiotica testuale, di valutare anche le ricadute del quadrato e del modello traduttivo nel testo tradotto (cap. V, VI). L'applicazione degli strumenti di analisi semiotica a un corpus di testi tradotti sarà il luogo di iniziazione di una nuova critica della traduzione. Una critica finalizzata a vagliare la *manifestazione testuale* (terza istanza del Percorso generativo del senso) del *modello traduttivo* e del *quadrato semiotico*. In risposta a una buona parte di studi pratici che si basano sulla critica del testo letterario, la nostra scelta cade piuttosto su brevi testi, di natura tecnico-scientifica. L'analisi semiotica delle traduzioni è qui inoltre applicata in modo comparativo al testo originale e alle sue due traduzioni, in italiano e in francese; l'analisi di due corpora paralleli[3] sarà il momento applicativo e di verifica delle premesse teoriche che sussumono la pratica traduttiva.

---

3   In traduttologia, lo studio dei corpora testuali si suddivide in due grandi categorie: i corpora paralleli in cui sono messi a confronto testi tradotti e i corrispettivi originali, e corpora comparabili in cui si confrontano testi simili (secondo il genere testuale, la tipologia, ecc.) in diverse lingue. (Baker 1993, 1995, 2004; Laviosa 1998)

Per conferire massima scientificità alla critica testuale abbiamo deciso di adottare uno strumento informatico sviluppato per l'analisi qualitativa dei testi monolingue e adattato allo studio di testi tradotti.

Con la concatenazione quadrato semiotico della traduzione-modello traduttivo-critica del testo tradotto, il cerchio si dovrebbe chiudere, e non tanto con la volontà di creare uno spazio autarchico, ma con l'auspicio e la speranza di aver contribuito a creare un fulcro teorico compatto e coerente che permetta alla riflessione di promuovere nuovi studi e inediti approfondimenti.

I. Traduttologia, una disciplina *sui generis*

Questo capitolo presenta una sintesi delle problematiche che hanno costituito i centri di interesse della traduttologia. Il modo in cui i teorici della traduzione hanno affrontato la questione delle strategie traduttive e delle tipologie testuali, le nozioni di fedeltà ed equivalenza, di traducibilità e intraducibilità, evidenzia alcune peculiarità di natura epistemica e metodologica.

Difatti, volendo fare una cernita delle tematiche he hanno motivato le primissime riflessioni e le successive teorie traduttologiche, ritroveremo puntualmente alcuni concetti, definiti *memi* della traduzione da Andrew Chesterman (1997), che si ripresentano per *binomi* e con una evidente ciclicità. Ciclica è la presenza, nel corso dei decenni, di alcune problematiche che si reiterano con minime variazioni nella parabola del progresso teorico. Il termine binomio si riferisce a un'impostazione teorica che si articola secondo modalità binarie e polarizzazioni come nelle coppie oppositive libertà e fedeltà, senso e parola, scorrevolezza e letterarietà, ricreazione e riproduzione, addomesticamento e straniamento, visibilità e invisibilità, annessione e decentramento, originale e copia, alterità e identità, unità e pluralità, autore e traduttore.

La trattazione di alcuni capisaldi della traduttologia in questo capitolo non vuole essere esaustiva ma trasversale: i rinvii agli autori e ad alcuni "mantra traduttologici" permetteranno di organizzare la materia secondo una prospettiva metateorica. Ci chiederemo quali sono state le principali preoccupazioni di una disciplina che è dapprima nata come pratica e soltanto successivamente ha raggiunto un livello di formalizzazione come teoria. Dimostreremo la ciclicità e il dualismo di alcuni concetti che costituiscono il nocciolo duro della disciplina e affronteremo la questione dell'equivalenza, nelle sue varie declinazioni, e nei vari tentativi di superare l'impasse teorica e metodologica che spesso essa genera. Vedremo infine che la parcellizzazione teorica e il relativismo scientifico che caratterizza la traduttologia sono derivati da considerazioni di tipo linguistico-filosofico: se lo studio della traduzione sembra essere votato alla frammentazione teorica ed epistemica la ragione sembra risiedere nella natura linguistico-culturale del suo oggetto di studio.

1.1 Binarismo: tipologie testuali e strategie traduttive

È un dato della storia della traduzione che le coppie oppositive nascono e si consolidano, con le riflessioni di alcuni grandi autori che hanno scelto di tradurre opere considerate degne di essere tramandate.

Quando Marco Tullio Cicerone traduceva Eschine e Demostene, San Gerolamo e Martin Lutero traducevano la Bibbia, Alexander von Humboldt Eschilo e Pindaro, Friedrich Schleiermacher traduceva Platone, e Walter Benjamin i *Tableaux parisiens* non lo facevano per professione, o meglio, su retribuzione, ma sceglievano loro stessi gli autori che ritenevano degni di essere tradotti per ragioni poetiche o affinità intellettuali. Le riflessioni sulla traduzione derivano dalla loro esperienza traduttiva e si presentano come generali considerazioni sull'arte del tradurre, sull'esercizio creativo, sui problemi e sulle soluzioni di natura pratica.

Questi contributi costituiscono gli albori teorici della traduzione e possono essere riassunti in poche parole: "vi illustro le difficoltà che ho incontrato, questo è il modo con cui le ho risolte e tale strategia funziona". Un tale punto di vista può essere tacciato di minimalismo, ma basta fare un semplice esercizio accademico di citazione per comprendere quanto possa essere fondato.

Marco Tullio Cicerone (46 a.C. /2002) non ha mai esplicitamente fatto teoria della traduzione, ha però indicato qual è la tecnica per essere bravi *oratores*. Nella sua pratica traduttiva, il filosofo, da vero autore-oratore, tende a perseguire la resa del senso, dell'effetto espressivo dell'originale, liberato dal principio di letteralità ("soldo su soldo, una parola dietro l'altra").

> Ho tradotto da oratore non già da interprete di un testo, con le espressioni del pensiero, con gli stessi modi di rendere questo, con un lessico appropriato all'indole della nostra lingua. In essi non ho creduto di rendere parola con parola, ma ho mantenuto ogni carattere e ogni efficacia espressiva delle parole stesse. Perché non ho pensato più conveniente per il lettore dargli, soldo su soldo, una parola dopo l'altra: piuttosto, sdebitarmene in solido. (Cicerone in Nergaard 2002, 57–58)

San Gerolamo (390/2002), autore della Vulgata, recupera la strategia dei grandi filosofi, Cicerone e Orazio, per giustificare la propria pratica e una specifica visione del tradurre. La traduzione dei libri sacri deve necessariamente essere letterale poiché l'ordine stesso delle parole veicola un senso che emerge anche e soprattutto nella lettera, nella forma dell'espressione, come se le parole avessero un potere evocativo e un significato sacrale, come se la configurazione formale del contenuto fosse gravida di altri contenuti, misteriosi che il traduttore non può e non deve interpretare. Le altre tipologie testuali permettono, anzi, richiedono un vero e proprio lavoro di rielaborazione che consenta di valorizzare il ruolo del traduttore e di fare un distinguo di natura professionale tra traduttore "da strapazzo" e traduttore "erudito". Quest'ultimo non si limiterà, infatti, a rendere l'originale parola per parola ma si adopererà per riprodurne il senso globale.

> Io per me non solo confesso, ma dichiaro a gran voce che nelle mie traduzioni dal greco in latino, eccezion fatta per i libri sacri, dove anche l'ordine delle parole racchiude un mistero, non miro a rendere parola per parola, ma a riprodurre integralmente il senso dell'originale. E di questo mio metodo ho a maestro Cicerone. (...) Anche Orazio, uomo d'acuto ingegno e di profonda dottrina, nella sua Arte poetica dà questi precetti ad un traduttore erudito: "Non ti sforzerai di rendere fedelmente parola per parola il tuo testo". (San Gerolamo in Nergaard 2002, 66–68)

Nella sua traduzione della Bibbia, Martin Lutero (1530/2002) adotta un metodo di traduzione completamente opposto a quella di San Gerolamo: la pretesa intoccabile sacralità della parola ha alimentato interpretazioni errate della Bibbia, introducendo, ad esempio, il culto idolatrico dei santi. La parola deve essere capita dalla gente, il traduttore deve utilizzare la lingua della madre in casa, dei ragazzi nella strada e del popolano al mercato, se davvero vuole diffondere la parola di dio. Assimilando il concetto di traduzione a quello di *verdeutschen* – rendere in lingua tedesca – Lutero attua una vera e propria germanizzazione della Bibbia; il suo scopo è di tradurre l'opera in un tedesco "puro e chiaro", e quindi renderla leggibile e intelligibile alla maggior parte della popolazione.

Per questi aspetti, le riflessioni di Lutero e il suo metodo traduttivo sono stati spesso associati a quel movimento teorico – basti pensare a von Humboldt (1816/2002) e Goethe (1819/2002) – che concepisce la traduzione come atto creativo che permette a una lingua e a una letteratura di formalizzarsi e di arricchirsi. Siri Nergaard (2002, 36) afferma tuttavia che il metodo di Lutero non può essere considerato né letterale né libero, perché l'obiettivo della traduzione, ossia la trasmissione del messaggio, avviene pienamente. Queste sono considerazione a posteriori, fatte applicando un parametro moderno ai concetti di *libertà* e *letteralità*. In effetti, conformemente allo spirito dell'epoca, Lutero non avrebbe potuto accettare che la sua traduzione fosse tacciata di essere libera; la libertà traduttiva era considerata una svalutazione dello sforzo intellettuale richiesto al traduttore.

> Quale arte e quale lavoro rappresenti una traduzione, lo so bene per esperienza, perciò non posso tollerare che un asino di papista e un mulo, che non ci si sono neppure provati, debbano essere miei giudici o critici. (…) Tuttavia nella mia traduzione *non mi sono allontanato troppo liberamente* dalla lettera, anzi nell'esame di ogni passo mi sono molto preoccupato, insieme ai miei collaboratori, di *rimanere il più possibile aderente* al testo, senza discostarmene con eccessiva libertà. (Lutero in Nergaard 2002, 109–110, corsivo nostro)

Senza negare il ruolo che la traduzione della Bibbia di Lutero ha successivamente avuto per la cultura e l'identità germanica, sarebbe un errore storico valutare l'opera e il metodo di Lutero unicamente in questa prospettiva. Dalla *Sendbrief vom Dolmetschen* del 1530 si capisce che lo scopo di Lutero non era quello di arricchire la lingua tedesca e affermare l'identità culturale, questo al massimo è stato l'invitabile decorso storico, secondo un'interpretazione ascrivibile al romanticismo tedesco. La volontà di "non allontanarsi troppo dal testo", pur riformulando la lettera in una lingua comprensibile, esprime tutta l'urgenza di comunicare nel modo più chiaro e fedele possibile un'opera che aveva subìto le deformazioni e le interpretazioni false dei papisti. Lutero reitera il binarismo forma/senso declinandolo nella problematica fedeltà/libertà, e attribuendo a questi concetti un valore diverso da quello di Cicerone e San Gerolamo: non bisogna curarsi della lettera ma al contempo non ci si deve discostare dal testo con eccessiva libertà. La fedeltà è nel messaggio e non nella forma, tuttavia è nella forma che il lavoro di esegesi del traduttore estrapola e restituisce lo spirito del messaggio, perché "il testo e il pensiero di san Paolo lo richiedevano e me lo imponevano con forza" (Lutero in Nergaard 2002, 111). In questo senso la fedeltà assume tutta la drammatica forza dell'atto di fede, che lo giustifica e lo rende giusto.

Friedrich D. E. Schleiermacher (1813/2002), un altro autore tedesco, riattualizza il problema del metodo del tradurre. A Schleiermacher si deve in effetti una prima e vera formalizzazione della logica dualistica. Con i suoi due metodi di traduzione, Schleiermacher teorizza quello che altri autori avevano descritto tramite la propria pratica personale: traduzione fedele alla parola o traduzione fedele al senso. È vero che l'autore non parla di fedeltà al senso e alla lettera ma questa logica emerge chiaramente nei due e unici metodi di traduzione che il traduttore deve necessariamente seguire.

O il traduttore lascia il più possibile in pace lo scrittore e gli muove incontro il lettore, o lascia il più possibile in pace il lettore e gli muove incontro lo scrittore. Le due vie sono totalmente diverse, che imboccatane una, si deve percorrerla fino in fondo con il maggiore rigore possibile. (Schleiermacher in Nergaard 2002, 153)

I due metodi sono antitetici. Quando *il traduttore lascia in pace lo scrittore egli muove incontro il lettore*, la comprensione della lingua da parte del lettore permette al traduttore di veicolare l'impressione, l'idea che si avrebbe leggendo l'opera in originale. In questo caso il traduttore traduce per un lettore *medio* capace di cogliere e apprezzare la diversità che esiste tra le lingue e le culture. La definizione di "lettore medio" è nostra perché Schleiermacher parla piuttosto di "situazione intermediaria" (Schleiermacher in Nergaard 2002, 157), in cui il traduttore non si rivolge né a un pubblico troppo istruito, i cosiddetti uomini–prodigio, perché la traduzione sarebbe superflua, e nemmeno a un pubblico troppo poco istruito per il quale la traduzione sarebbe scolastica, parafrastica oppure un puro e libero rifacimento. Nella situazione intermediaria, "l'autore appare nei panni del traduttore", mentre il lettore è sempre consapevole della diversità che esiste tra la lingua della traduzione e la sua.

A Schleiermacher non si deve soltanto la prima formalizzazione binaria dei metodi di traduzione[1] ma anche l'istituzione di una visione dicotomica delle tipologie testuali. Le due principali tipologie sono i prodotti (testi) spirituali dell'arte e della scienza da una parte, e i prodotti di tutti i giorni dall'altra, dove la scrittura, e di conseguenza la traduzione, diventa una semplice operazione meccanica, "risolvibile da chiunque possieda una mediocre conoscenza delle lingue" (Schleiermacher in Nergaard 2002, 147).

Considerazioni di questo tipo possono oggi sembrare antiquate a un professionista della traduzione scritta e orale, che sa quanto ogni tipo di testo, ogni singolo testo, abbia un peso specifico notevole nello scambio interculturale, ivi compresa la traduzione di informazioni essenziali per le strategie economiche e finanziarie, per le attività politiche e umanitarie, per la comunicazione medico-scientifica, per il turismo, per la sopravvivenza e la valorizzazione di comunità e minoranze etniche, ecc. Eppure, per quanto possa sembrare superata, la posizione teorica di Schleiermacher evidenzia alcune idiosincrasie che ritroviamo anche nei successivi sviluppi traduttologici di stampo culturale e descrittivista.

---

1 Che nella traduttologia moderna saranno definiti con i termini di annessione e decentramento (Meschonnic 1975, 1999) e di addomesticamento e straniamento (Venuti 1995, 1998).

Innanzitutto, essa esplicita il concetto di letterarietà, di artistico e di conseguenza di maggiormente importante e impegnativo, tipico del romanticismo tedesco ma anche del formalismo russo e poi dei successivi studi culturali e letterari. Quest'importanza delle opere letterarie e quindi della traduzione di queste ultime ha determinato una trattazione ossessiva dei problemi della traduzione esclusivamente nei testi letterari.

In secondo luogo, la nozione di artistico e letterario nonché i due modi di tradurre di Schleiermacher fanno capo a una logica linguistico-filosofica che affonda le proprie radici in una concezione deterministica e olistica del linguaggio. Non stupisce quindi che Schleiermacher imposti la propria teoria su concetti quali incompatibilità e incommensurabilità delle lingue e quindi incapacità di tradurre pienamente una lingua in un'altra. I traduttori che cercano di superare l'indeterminatezza del significato e l'incolmabilità delle lingue ricorrono, spiega l'autore, a due tipi di strategie: la parafrasi e il rifacimento. Con la *parafrasi* si cerca di superare l'irrazionalità delle lingue in modo meccanico, andando cioè a supplire alla mancanza di una parola corrispondente nella lingua in cui si traduce, tramite l'aggiunta di specificazioni limitative o estensive (Schleiermacher in Nergaard 2002, 151). Alla parafrasi, metodo praticato per la traduzione dei testi scientifici, si affianca il *rifacimento*, metodo utilizzato nella traduzione delle opere letterarie; per questi testi, il traduttore non cerca di superare l'irrazionalità delle lingue, ma si rassegna, e riconoscendo l'impossibilità di produrre una *copia* perfetta dell'originale in un'altra lingua, cerca di elaborare un testo che produce un impatto simile, ossia che imita gli effetti dell'originale (Schleiermacher in Nergaard 2002, 152). Parafrasi e rifacimento sono strategie traduttive che si presentano come palliativi al problema dell'irriducibilità tra le lingue. La parafrasi cerca in modo meccanico di cogliere il "valore" del testo (riprodurre il senso) e il rifacimento si rassegna a proporre una pallida imitazione (riprodurre la forma) dell'opera d'arte. Le due strategie traduttive reiterano una concezione antitetica, una logica della traduzione basata sull'aut aut.

> La differenza tra i due metodi e il carattere antitetico del loro rapporto sono di immediata evidenza. (Schleiermacher in Nergaard 2002, 153)

Dicevamo, Schleiermacher è stato il primo autore a formalizzare una visione dualistica dei metodi di traduzione e delle tipologie testuali ma la sua proposta illustra che la trattazione della natura della traduzione e dei metodi traduttivi nasce all'insegna della letterarietà; le riflessioni personali e le esperienze traduttive di poeti, letterari e filosofi sono state a lungo incentrate sulla categoria del letterario e in particolare sul genere poetico.

Di fatto, anche quei pochi autori che hanno testimoniato di traduzioni scientifico-letterarie, lo hanno fatto con l'intenzione di svalutarne le problematiche specifiche e di banalizzarne la riflessione[2].

Con la traduttologia moderna, si cerca in parte di superare questa tradizione dualistica e in molti criticano l'idea che il contenuto di un testo non letterario possa essere facilmente riprodotto per parafrasi, mentre la traduzione dei testi letterari sia più impegnativa.

Claude Bocquet (2007) si ripropone nel suo "Traduire les teste nobles, traduire les textes ignobles" di analizzare l'ipotesi per cui la traduzione letteraria sarebbe nobile e di conseguenza esisterebbero due modi di tradurre uno per i testi nobili, un altro per tutti gli altri tipi di testi. Nella sua trattazione, Bocquet ripercorre gli sviluppi di questa problematica che suscita l'indignazione dei traduttori e di alcuni traduttologi, e mostra chiaramente che se questo problema nasce con Schleiermacher esso è poi ripreso da teorici più moderni quali Mounin, Cary, Reiss, nonché da alcuni traduttori di testi letterari. La conseguenza più naturale della suddivisione tra testi nobili e testi *ignobili* è quella della teorizzazione di due modi di tradurre. Si considera che il metodo per tradurre i testi non letterari sia meramente tecnico, afferma Bocquet (2007, 20), che questa forma di traduzione si basi essenzialmente su un lavoro di documentazione relativa alla materia trattata, alla terminologia rigida, ed esulerebbe dai criteri della cultura; al contrario, la traduzione letteraria si baserebbe esclusivamente su criteri estetici, sull'ispirazione e non richiederebbe una documentazione di riferimento. Anche se il tono diventa caustico fino a radicalizzare le varie posizioni teoriche, l'autore coglie in pieno il problema epistemologico, presente nei detrattori dell'univocità referenziale del linguaggio tecnico, e dimostra che la referenzialità è un fatto culturale, storico che si riflette in ogni testo: che sia letterario o non letterario, il testo è figlio del proprio

---

2   Pierre Danile Huet (1661), vescovo di Avranches, ad esempio, riferendosi a testi scientifici (Aristotele, Apollonio di Perga, Galeno) consiglia una traduzione che ne rispetti il senso e non la forma: il traduttore non deve "ornare" (Heut in Ballard 2007: 187). Sarebbe lecito chiedersi se la "traduzione ornamentale" possa essere ammessa per la traduzione di altri tipi di testi. E se sì, per quali? Per quanto la posizione di Huet susciti forti perplessità, non bisogna dimenticare che per lungo tempo, i testi tecnico-scientifici sono stati considerati come oggetti testuali che veicolano unicamente contenuti, concetti trasponibili da una lingua all'altra, indipendentemente dal modo, dalla forma e dall'espressione di elaborazione.

tempo, e quindi tradurre un codice civile, una relazione di bilancio, un testo pubblicitario oppure un'opera letteraria implica una conoscenza pregressa del contesto e delle culture di riferimento.

Lo studio delle traduzioni dei testi letterari ha tuttavia radici profonde. In risposta ai primi tentativi linguistici e prescrittivi che miravano a oggettivare la traduzione, la nascita della traduttologia come disciplina avviene all'insegna della letteratura, e per decenni, i traduttologi si sono basati sulla traduzione letteraria per impostare e corroborare le loro ipotesi di ricerca, i loro modelli teorici. Con la scuola di Tel Aviv (Itamar Even-Zohar 1978, 1979; Gideon Toury 1980, 1995) continuando poi con l'apertura agli studi culturali di Susan Bassnett e André Lefevere (1990, 1992) il testo letterario è oggetto di studio privilegiato e non stupisce quindi che nel ventesimo secolo, José Lamber (2006, 77) continui a evidenziare il fatto che la traduttologia è stata concepita come studio della traduzione letteraria. Laddove poi vi è stata un'apertura allo studio di altre tipologie testuali, questa apertura si è realizzata nel segno di un ritorno all'auge della linguistica, con l'analisi delle componenti pragmatiche o delle dominanti testuali (Katharina Reiss 1971; Peter Newmark 1981; Juliane House 1981; Mary Snell-Hornby 1988 e Christiane Nord 1988, 1997; Basil&Mason 1990) contribuendo da una parte a ricollocare la traduzione nel mondo reale, rendendo la traduzione funzionale rispetto alle esigenze della clientela, del lettore, del contesto sociale, ma anche a riproporre una presupposizione logica tra tipologia testuale e modalità traduttiva, creando, secondo alcuni autori (Chesterman 2000b), una confusione tra tipologie testuali e tipologie traduttive. Confusione che ha continuato ad alimentare l'idea che nei testi informativi e specializzati il grado di terminologia sia inversamente proporzionale al grado di espressività. Pur evidenziando la dicotomia con cui la questione delle tipologie testuali e delle strategie traduttive è stata trattata, Snell-Hornby (1988) intravede una rivalutazione della complessità dell'uso della lingua e di quei dispositivi testuali che tradizionalmente sono considerati appannaggio della letteratura[3]:

> (…) the historical dichotomy has been replaced by a fluid spectrum, whereby, for example, prototypically literary devices such as word-play and alliteration can be accommodated both in 'general' newspaper texts (...) and in the language of advertising, and conversely prototypically technical terms from the language of science or culture-

---

3   Basta tuttavia leggere uno dei contributi più recenti d Newmark (2001) per rendersi conto che Snell-Hornby era forse troppo ottimista.

bound items from the 'general' area of politics or everyday living can be explained and interpreted as literary devices. (Snell-Hornby 1988, 33)

Alla fine degli anni novanta Zethsen ritorna a denunciare, utilizzando il termine *dogma*, quegli assunti che continuano a caratterizzare la riflessione sulla cosiddetta traduzione tecnica:

> To sum up technical translation seems to be subject to the following dogmas: 1. The purpose of the translation is to transmit factual information. 2. The greatest problem is terminology. 3. No particular translation strategy is needed as long as the translator is familiar with the relevant terminology and the typical syntax of a technical text. (Korning Zethsen 1999, 69)

L'autrice dimostra che, contrariamente alla convinzione comune, il genere dei cosiddetti "testi tecnici" è una etichetta artefatta e non legittimata dalla pratica quotidiana di chi traduce un'ampia varietà di tipi di testo che non sono categorizzabili sotto un solo termine ombrello[4]. La pratica quotidiana della traduzione dimostra chiaramente che il linguaggio tecnico si intreccia sempre all'uso espressivo e all'impiego di dispositivi linguistici letterari. Articolando la sua argomentazione sulle nozioni di *funzione espressiva* e *funzione vero-referenziale*, l'autrice dimostra che la finalità di un testo non-letterario rende la traduzione ancora più complessa, proprio perché l'espressività non è sempre apertamente dichiarata, e resta spesso sfuggente.

> (...) the more we become aware of the fact that technical texts often serve several important functions the more time is spent unveiling the linguistic devices applied in order to further these functions, especially as expressivity in technical texts is often more subtle than in other kinds of text. (Korning Zethsen 1999, 73)

Nel suo dottorato di ricerca dedicato interamente alla questione dell'espressività nei testi tecnici, l'autrice danese sceglie di analizzare un unico testo, pubblicato da ELSAM, principale produttore danese di elettricità. La scelta degli strumenti di analisi testuale è molto interessante poiché si basa su concetti quali *isotopia* (*textual chain of lexemes sharing the same semes*) e *finalità* (*skopos*). L'identificazione di catene isotopiche

---

4   Si utilizza a volte l'espressione di "testi ibridi", tuttavia anche questa etichetta denuncia l'impossibilità e l'illegittimità di una linea di demarcazione tra un uso esclusivo del linguaggio specialistico e un uso esclusivo del linguaggio letterario. Sulla natura e le difficoltà definitorie della "tipologia testuale ibrida" rinviamo ad Anna Trosborg (1997), Christina Schäffner (1997), Christian Balliu (2001), Laura Salmon (2003), Sylvie Vandaele (2007), Giancarlo Marchesini (2009).

lessicali permette di delineare e confermare ipotesi interpretative sulla finalità del testo. Nella fattispecie, la ricercatrice individua funzioni non-informative da cui si evincono meccanismi di significazione più complessi e che fanno appello a nozioni più generali quali *immagine* (ad es. rafforzamento dell'immagine societaria), *vendita* e *finanziamenti* (Zethsen 1999, 71).

Questa ricerca conferma l'idea che una società non costruisce la propria immagine – il fulcro della propria identità, del proprio universo di valori – con la diffusione di testi scritti in un linguaggio puramente tecnico. La presenza di una componente *espressiva* è dimostrata tramite un'analisi testuale rigorosa e una metodologia ispirata alla *skopostheorie* di Vermeer e Reiss (Vermeer 1978; Vermeer e Reiss 1984).

Le tipologie dei testi e le loro funzioni sono talmente varie e precipue nel descrivere realtà specifiche che la loro teorizzazione dovrebbe, a nostro avviso, fondarsi su meccanismi di analisi della significazione e della fruibilità del testo piuttosto che su rigide classificazioni. In questa prospettiva, il concetto di isotopia si dimostra uno strumento efficace per individuare le salienze espressive nel testo e il legame che quelle salienze instaurano con la realtà. Prendendo inoltre spunto dallo studio di Zethsen, è possibile ipotizzare che la rete testuale delle salienze espressive nell'originale possa essere presa in carico in modo autonomo dal traduttore nel testo tradotto per rispondere ad esigenze esterne. Tuttavia, in prospettiva applicativa, le nozioni di *salienza* e di *espressività* richiederebbero una sistematizzazione più puntuale se si vogliono ottenere ricadute valide a livello teorico. In effetti, il concetto di *salienza*, in quanto fenomeno che si esprime in superfice nel testo, e quello di espressività, in quanto fenomeno oltre-linguistico, rappresentano importanti spunti di riflessione sull'azione del traduttore e su come le sue scelte possano essere spiegate ricorrendo alle nozioni traduttologiche di *equivalenza* e *fedeltà*.

1.2 L'equivalenza

Le teorie sulle tipologie testuali e strategie traduttive sono finalizzate al raggiungimento dell'equivalenza tra originale e traduzione. Tale nozione rappresenta innegabilmente una questione cruciale per la traduttologia ed è spesso considerata come l'elemento che caratterizza la natura stessa della traduzione. La sua definizione resta tuttavia controversa, le proposte proliferano di autore in autore, e tutte, o quasi, cercano di dare una risposta alla domanda: dove risiede l'equivalenza traduttiva e quali elementi devono essere equivalenti perché vi sia traduzione?

Il traduttore può procedere con strumenti linguistici, segmentando l'originale a livello di parola, sintagma, frase, paragrafo o testo e *calcolando le corrispondenze* nella lingua di arrivo a livello semantico, sintattico o stilistico; oppure può scegliere di muoversi liberamente tra le strutture semantiche e sintattiche, per tradurre il *messaggio* del testo di partenza e per riprodurre lo stesso *effetto* sul lettore del testo d'arrivo.

Queste due posizioni riassumono, grosso modo, i principali poli teorici di definizione dell'equivalenza, vista non solo come principio guida nella pratica ma anche come nozione su cui si incentra la teorizzazione. In entrambe le prospettive, l'equivalenza diventa il *limes* definitorio entro cui si realizza, o si deve realizzare, una buona traduzione.

Varie teorie, che vedono la traduzione come pratica che deve raggiungere l'equivalenza, propongono strategie traduttive basate sull'analisi contrastiva (Jakobson 1959; Catford 1965; Vinay&Dalbernet 1958; Van Leuven-Zwart 1989, 1990). Altre forniscono strumenti derivati da una linguistica più sensibile agli aspetti culturali e pragmatici della comunicazione, oppure di tipo generativo e trasformazionale (Nida&Taber 1964, 1969; Newmark 1988, 1991) o sistemico-funzionale (Reiss&Vermeer 1984; Nord 1991).

Quando la traduzione è descritta in un'ottica di interscambio culturale e letterario, allora l'equivalenza diventa postulato della traduzione (Toury 1980/1995): se vi è traduzione vi è implicitamente anche equivalenza, e quest'ultima è necessariamente determinata da fattori culturali e storici. In questa prospettiva, il termine di equivalenza è espunto dalla teoria, e sostituito dal concetto di *norma*, nel senso di regola definita culturalmente (Even-Zohar 1978; Lefevere e Bassnett 1990, 1992a, 1992b Toury 1995; Hermans 1996;) oppure di norma etico-professionale (Chesterman 2001; Pym 2001, 2012).

I primi contributi linguistici propongono una serie di *tipologie di equivalenza* conseguite grazie a specifiche trasformazioni linguistiche. In questo filone di studi figurano i procedimenti traduttivi teorizzati da Jean-Paul Vinay e Jean Dalbernet (1958) e da John C. Catford (1965). In particolare, il ragionamento di Catford si basa sulla convinzione che vi sia un referente esterno, extralinguistico *unico e comune* a tutte le lingue che permette di individuare metodi di traduzione (*translational shifts*) grazie a uno studio comparativo (*corrispondenza formale*) dei sistemi linguistici.

Questa linea di pensiero lo troviamo anche in un autore russo, poco o per nulla conosciuto, Leonid Barkhudarov (1975/1993). Vero antesignano del *tertium comparationis* e della deverbalizzazione, Barkhudarov è forse uno dei pochi autori che coniuga una visione puramente linguistica della traduzione, da una parte, e un'analisi pragmatico-funzionale, dall'altra.

> To translate one has to know languages; to translate well one has to go beyond languages. To train translators one has to teach them languages; to train them well one has to take them beyond languages. (…) Translation is the process of transformation of speech product (or text) produced in one language into a speech product (or text) in another language. During this process of transformation the level of content should remain unchanged. This implies that substitution does take place on the level of expression, or language units, whereas on the level of content, the information contained in the text, everything remains intact or, to be more precise, relatively unchanged. (Barkhudarov 1975/1993, 40)

Per ottenere un'equivalenza di contenuti bisogna operare una segmentazione della materia linguistica in unità traduttive definite a livello di fonema (trascrizione o traslitterazione), a livello di parola, di combinazioni di parole, di frase, a livello transfrastico (soprattutto per la traduzione poetica) oppure a livello di testo. La traduzione letterale induce facilmente in errore e determina una deformazione dei contenuti profondi del testo; la traduzione libera è in generale più accettabile, perché permette di mantenere al meglio il senso dell'originale, sebbene determini una perdita dell'informazione ed è perciò sconsigliata per alcune tipologie testuali quali testi giuridici o diplomatici.

> Literal translation is not admissible because it deforms either the content of the information communicated in the source text, or the norms of the target language, or both. Literal translations should therefore be considered mistakes made by the translator (…). Free translation are, on the whole, more acceptable than literal ones, since they are able to preserve both the senses of the original and the norms of the target language better. Their negative side is that they can lead to considerable loss of information as a result of far-reaching changes in the source text (…). (Barkhudarov 1975/1993, 45–46)

Questa proposta teorica riunisce pressoché tutti gli aspetti cruciali della traduttologia moderna. Ritroviamo infatti il concetto di *situazione comunicativa*, di *parole* vs. *langue* (la traduzione è un fatto testuale, dice Barkhudarov, e non un confronto di sistemi linguistici), di *risvolto psicolinguistico* del processo di traduzione, e non manca nemmeno l'idea di *adeguatezza* e di *grado* di equivalenza.

> A translation made on a level both necessary and sufficient for the adequate rendering on the level of content without violating the norms of the target language is an equivalent translation. (…) The translator's goal is always to achieve equivalence, no matter what type of text is translated. In practice, though, it is very hard to classify translations as either equivalent or non-equivalent. It would therefore be more correct to speak of different degrees of equivalence, with absolute equivalence more likely to remain an ideal that ever to become reality. (Barkhudarov 1975/1993, 46)

Emerge qui una visione molto meno meccanicista e idilliaca della realtà traduttiva: per quanto il compito del traduttore sia ottenere un'equivalenza (tra testi o parti di testi), la traduzione non sarà mai davvero equivalente al testo originale.

L'equivalenza nella differenza resta il problema cardinale della traduzione. Se la lingua può essere ampliata tramite prestiti, calchi, neologismi, circonlocuzioni, ecc., ed è vero che le lingue sono tra loro diverse per quello che *devono* e non per quello che *possono* esprimere (Jakobson 1959), tuttavia è proprio negli aspetti linguistici della traduzione che si impiglia e si biforca il pensiero traduttologico. Da una parte vi sono autori che di fronte alle *incolmabili* differenze linguistiche sentono l'esigenza di reiterare la nozione di "invarianza di contenuto" e di conseguenza quella di equivalenza traduttiva, magari nelle sue varianti pragmatiche di "equivalenza dinamica" o "funzionale". Vi sono poi autori che non sentono la necessità di affrontare la questione dell'equivalenza perché la ritengono implicitamente insita nel concetto stesso di traduzione e traducibilità. Nel momento in cui vi è traduzione vi è anche norma che definisce il parametro di equivalenza.

Un'altra proposta, spesso archiviata tra le teorie linguistiche superate, è quella di Werner Koller (1979) che distingue il concetto di corrispondenza (derivato da un'analisi comparativa dei sistemi linguistici) da quello di equivalenza (determinato a livello di parola, di competenza linguistiche in atto e in contesto) e propone cinque tipi di equivalenze: l'*equivalenza denotativa* o referenziale, fondata sull'invarianza del contenuto, per cui le parole del testo di partenza (TP) e quelle del testo d'arrivo (TA) si riferiscono alla stessa cosa nel mondo reale; l'*equivalenza connotativa* che genera associazioni mentali simili nel lettore del TP e del TA; l'*equivalenza testuale* basata sul carattere normativo (le norme d'uso) delle tipologie testuali; l'*equivalenza pragmatica* che determina lo stesso effetto sul lettore del TA; e infine l'*equivalenza formale ed estetica* che valorizza gli aspetti fonologici e formali del TP.

Per quanto l'opera di Koller, sia stata ampiamente discussa (Justa Holz-Mänttäri 1984), criticata, mal interpretata e infine difesa (Anthony Pym 1997) essa accoglie e formalizza buona parte di quegli argomenti cari ad alcune teorie traduttologiche: l'equivalenza estetico-formale è assimilabile al concetto di *equivalenza formale* di Eugene Albert Nida e Charles R. Taber (1965, 1969), nonché a quello di *traduzione semantica* di Newmark (1981). Allo stesso modo l'equivalenza pragmatica non è altro che un modo diverso di denominare sia l'equivalenza *dinamica* di Nida e Taber sia la *traduzione comunicativa* di Newmark.

La trattazione del concetto di equivalenza è stata dibattuta fino al punto di essere liquidata come inadeguata a descrivere il processo traduttivo perché basata sull'illusione che tra TP e TA vi sia, o vi debba essere, *simmetria*.

> (…) the term equivalence, apart from being imprecise and ill-defined (even after a heated debate of over twenty years) presents an illusion of symmetry between languages which hardly exists beyond the level of vague approximations and which distorts the basic problems of translation. (Snell-Hornby 1988, 22)

Mona Baker (1992) utilizza l'espressione *equivalenza* con l'intenzione di assecondare, un uso diffuso tra i traduttori, l'opinione per cui l'equivalenza possa essere entità realizzabile, solo in una certa misura (*to some extent*) e in modo relativo.

> (…) the term of equivalence is adopted in this book for sake of convenience – because most translators are used to it rather than because it has any theoretical status. It is used here with the proviso that although equivalence can usually be obtained to some extent, it is influenced by a variety of linguistic and cultural factors and is therefore always relative. (Baker 1992, 5–6)

Andrew Chesterman in *Memes of Translation* (1997, 9) definisce tale nozione come *supermeme* della traduttologia, ovvero un'idea che ritorna come fosse uno spauracchio (*bugbear*), uno specchietto per allodole (*red herring*), un concetto inutile di cui la teoria dovrebbe cominciare a liberarsi. Eppure, è difficile liberarsi di questa nozione senza pregiudicare la natura stessa della traduzione[5]. Rifacendosi all'articolo ai lavori della linguista

---

5   Per Pym, parlare di equivalenza è l'unico modo strategico per tutelare in modo oggettivo la traduzione, separarla da tutto ciò che non è traduzione, e infine valutare il lavoro interculturale e comunicativo del traduttore. (Pym 1995, 166; 1997, 78)

Tamar Sovran (1992), Chersterman (1998, 2004) introduce quindi una nozione meno assoluta e compromettente, per così dire, dell'equivalenza, quella di *similarità* (in opposizione al concetto di *identità o equivalenza totale*).

(a) The concept of similarity is Janus-faced. It simultaneously refers to a relation-in-the-world and a perception in the mind. The element of subjective perception is always present. (b) Two entities are perceived to be similar to the extent that their salient features match. (c) Two entities count as the same within a given frame of reference if neither is perceived to have salient features which the other lacks. (Chesterman 1998, 230)

La *percezione soggettiva* permette di stabilire una relazione di similarità tra due elementi della realtà se questi ultimi hanno, in un contesto specifico, caratteristiche *salienti* corrispondenti. L'equivalenza decade nel momento in cui una delle due entità possiede tratti salienti propri. La *salienza* diventa qui un vero e proprio spartiacque, un ago della bilancia che oscilla tra equivalenza e diversità. La similarità, riferisce Chesterman (1998, 230), non è una relazione definita a priori, ma dipende dal *contesto*, dal *giudizio percettivo* e conoscitivo di *una persona*. Il grado di similarità, ossia il grado di salienza di una caratteristica, è determinato da parametri soggettivi, funzionali e situazionali. Per definire la similarità traduttiva, Chesterman (2004, 2007) sviluppa la distinzione di Sovran: la *similarità convergente* implica una relazione logica bidirezionale nel senso di A < — > B. I due elementi (A e B) non sono derivati uno dall'altro ma hanno qualcosa in comune per cui si dice che A *assomiglia a* B. La relazione è quindi garantita da qualcosa che potremmo definire *schema mentale* generale che permette di riconoscere nei due elementi tratti salienti simili. Questa relazione, tipica del metodo contrastivo, dice Chesterman, permette di individuare le differenze e le similarità tra *sistemi linguistici*, parte di essi, nonché le differenze e le somiglianze tra testo di partenza e testo di arrivo. La similarità divergente si muove invece dal generale al particolare (token/type). La *similarità divergente* è un rapporto di uno a molti A −> A', A'', ecc. Si tratta di una relazione di carattere unidirezionale che non implica un fenomeno di reversibilità. La similarità divergente permette di riconoscere diverse entità divergenti tra loro ma simili perché derivate da una e una sola unità. Questa è la condizione della traduzione; essa è una sorta di variazione sul tema dell'originale, è una replica che si aggiunge ed esiste accanto all'originale (Chesterman 2004, 66).

Considerare i testi tradotti come elementi aggiuntivi e successivi all'originale è un modo per liberare la traduzione dal concetto di identità ma soprattutto da quello di simultaneità. Il testo tradotto è inevitabilmente secondo all'originale, e il suo *modus essendi* derivato, giustifica l'esistenza di alcuni tratti simili ad altri tratti divergenti.

Riprendendo le categorie di similarità di Chesterman e la suddivisione tra "interpretazione giusta" e "interpretazione falsa" di Jean-Jacques Lecercle (1999), Lance Hewson (2012) spezza il dualismo di queste proposte aggiungendo, accanto alla "similarità", due categorie di divergenza: la *divergenza relativa* e la *divergenza radicale*. Hewson afferma che una traduzione può dirsi riuscita se permette di derivare una interpretazione giusta, ovvero conforme al percorso interpretativo del testo di partenza: in questo caso tra la traduzione e l'originale si instaura un rapporto di similarità divergente; se invece il percorso interpretativo della traduzione è errato, il rapporto è una divergenza radicale. Tra questi due estremi si trova una zona grigia, quella della divergenza relativa dove l'autore colloca una gran parte delle traduzioni, che devono la loro esistenza a imperativi economici piuttosto che a un vero e proprio progetto di traduzione (Hewson 2012).

In queste proposte è interessante notare la paradossalità della nozione di "similarità divergente", concetto che sembra al meglio definire l'essenza della traduzione, nonché lo sdoppiamento del concetto di "divergenza" che sembra inglobare quello di similarità e rafforzare quello di "differenza".

Se fondiamo la nostra ipotesi di ricerca, come faremo nel terzo capitolo, sull'idea che i termini di similarità e divergenza costituiscano l'essenza della traduzione, dovremmo anche sottolineare il fatto questi concetti non sono entità discrete ma graduabili. Bisognerà inoltre dotarsi di un dispositivo analitico che individui quelle salienze traduttive che alimentano la similarità e la divergenza rispetto a un testo originale. La gradazione è un elemento fondamentale, perché è la presenza quantitativa e qualitativa dei tratti salienti simili o divergenti, nel testo tradotto, che dimostrano la validità del quadro teorico in cui si formalizzano l'oggetto di studio (traduzione) e la prospettiva del soggetto traduttivo (traduttore) e del soggetto osservatore (traduttologo).

1.3 Orizzonti definitori ed epistemologici

1.3.1 La questione epistemologica in traduttologia

Nella sezione precedente abbiamo visto che l'evoluzione della traduttologia è caratterizzata da un approccio che tende a frazionare la teoria secondo una dinamica dualistica e ciclica. Le espressioni "ciclico" e "dualistico" si riferiscono alle modalità epistemiche con cui la traduzione è stata indagata: storicamente la riflessione è subordinata alla pratica, e la teoria generale pura che dovrebbe definire l'oggetto di studio e la natura intrinseca della traduzione ha spesso lasciato il posto all'analisi descrittiva delle problematiche pratiche (Arduini 2004, 9). Queste ultime sono perlopiù prospettate secondo un dualismo che a ogni epoca ripropone la necessità di decidere tra senso e forma, tra equivalenza e alterità, tra letteralità e ricreazione, tra letterarietà e tecnicità, ecc. A margine del dualismo storico si sviluppa un certo disagio epistemologico dovuto alla mancanza di un forte nucleo teorico capace di sistematizzare i binomi concettuali secondo una dialettica propria alla traduttologia.

Un primo tentativo di affrontare la questione epistemica in traduzione tramite una classificazione dei domìni di ricerca risale al 1972, quando James S. Holmes presentava, al terzo congresso internazionale di linguistica applicata a Copenaghen, il suo intervento "The Name and Nature of Translation Studies". Prima di allora, la traduttologia ha difficoltà a imporsi come disciplina autonoma e separata dalle teorie linguistiche e letterarie, dotata di una terminologia coerente[6], capace di definire l'estensione del proprio oggetto di studio, le direttrici di ricerca e i propri strumenti scientifici.

Una delle regioni che spiegano questa difficoltà risiede nella mancanza di una terminologia univoca che accolga il consenso dei teorici e dei

---

6   Basti pensare alle varie denominazioni della disciplina: *Übersetzungswissenschaft* in tedesco negli anni '50, diventato in inglese dapprima *Traductology* e poi *Translation Studies*, termine più diffuso. In francese si esita tra *traductique* e *traductologie*, ma quest'ultimo si impone grazie all'impulso di autori quali Berman e Ladmiral. In Italia invece si utilizzano principalmente due denominazioni, *traduttologia* o *teorie della traduzione*, anche se il dottorato di ricerca istituito dall'Università di Bologna, ad esempio, porta il nome di Dottorato in Scienza della traduzione.

professionisti della traduzione[7]. Un'altra e più profonda ragione che spiega l'assenza di una teoria generale, di una traduttologia pura che trascenda oppure integri coerentemente i parametri di tempo, spazio, lingue e culture risiede nel fatto che la traduzione entra di pieno diritto nel dominio delle scienze del linguaggio e contempla quindi problematiche (quali lettura, comprensione, interpretazione, trasferimento linguistico, comunicazione, ecc.) che riguardano il linguaggio in genere, *ma non solo*. La traduzione infatti comincia in una lingua, si finalizza in un'altra lingua, e sottende necessariamente considerazioni linguistiche. Ma appunto, non solo. Difatti, dopo i primi approcci linguistici degli anni '50 e le relative insoddisfazioni pratiche e teoriche, la ricerca prende una direzione autonoma e innovativa proprio con il già citato congresso internazionale di linguistica applicata di Copenaghen e più in particolare con il convegno "Letteratura e Traduzione" tenutosi all'Università Cattolica di Lovanio nel 1978[8]. Questo convegno determina uno spostamento dell'asse di ricerca dalla linguistica alla letteratura, al fenomeno di traduzione letteraria e ai relativi problemi di ricezione e comunicazione tra culture.

Nonostante lo spiccato interesse per tematiche proprie agli studi letterari e culturali, lo studio programmatico della traduzione, come appare nella *mapping theory* di Holmes, prende le mosse dall'esigenza comune di distinguere l'ambito speculativo da quello applicato, per rafforzare in particolare il ramo più teorico della disciplina.

---

7   Per un approfondimento del problema della terminologia utilizzata in traduttologia per definire il concetto di "strategia", ad esempio, rinviamo a Joseph Malone (1988), Lucía Molina e Amparo Hurtado Albir (2002) e Chesterman (2005).

8   In quell'occasione, Lefevere accetta il termine suggerito precedentemente da Holmes *Translation Studies* per indicare la disciplina che tratta i problemi derivanti dalla produzione e dalla descrizione delle traduzioni (Lefevere 1978).

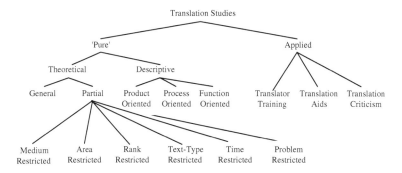

Fig. 1.1 Holmes' mapping theory in Toury (1995).

La sistematizzazione teorica proposta da Holmes permette innanzitutto di fare una distinzione tra ciò che nella disciplina è funzionale e sistematico (*Translation Studies Pure*)[9] e tutto ciò che è materiale, pratico e applicativo (*Translation Studies Applied*).

In questo modo la teoria pura dovrebbe definire gli obiettivi da perseguire, i principi generali, astratti e formali che permettono di descrivere, spiegare, criticare ed eventualmente prevedere comportamenti

9   Pur facendo parte dell'ambito puramente teorico della disciplina, gli studi descrittivi della traduzione (DTS) mantengono un contatto costante con i fenomeni empirici e sono quindi suddivisi in teorie che vertono sul prodotto (*product-oriented*), sulla funzione (*function-oriented*), e sul processo (*process-oriented*). Le teorie incentrate sul *testo tradotto* (*product-oriented*), rappresentano, secondo Holmes, gli studi più diffusi e spaziano dall'analisi di singoli testi tradotti allo studio comparato di varie traduzioni dello stesso testo. L'approccio per *corpora* diacronici e sincronici, definiti secondo parametri di lingua, tipo di discorso, potrebbe eventualmente dare luogo a una storia generale della traduzione. Le teorie orientate verso la *funzione* della traduzione (*function-oriented*), approfondiscono lo studio del *contesto* socio-culturale in cui i testi tradotti sono recepiti. Tale approccio permetterebbe di descrivere i meccanismi di funzionamento della letteratura tradotta all'interno di un altro sistema linguistico e culturale, e quindi di comprendere le dinamiche di interazione tra culture. Tra queste teorie annoveriamo l'opera di Lefevere e Bassnett, quella della scuola di Lovanio, in particolare José Lambert che poi ha contribuito alla diffusione della teoria del polisistema di Even-Zohar e Toury della scuola di Tel Aviv. Questo è il dominio della socio-traduttologia. Le teorie descrittive che studiano invece il processo (*process-oriented*) si incentrano sul concetto di "atto di traduzione", sulla traduzione in fieri, o addirittura sulla mente del traduttore mentre traduce. Questa strada è sicuramente più battuta ai giorni nostri di quanto lo fosse ai tempi di Holmes, e quella che allora era una semplice ipotesi è diventata un interessante ambito di ricerca sperimentale che coinvolge neuro-psicologi e psicolinguisti.

traduttivi. Il versante più concreto della disciplina si sviluppa grazie alle applicazioni pratiche che non possono che essere pratiche traduttive peculiari e particolari, che non inficeranno, anzi, dovranno corroborare la validità operativa della teoria. Nella mappatura di Holmes l'area intitolata *Pure Theoretical General Translation Studies*, si riferisce a una "teoria pura e generale", a-prescrittiva e a-descrittiva, ossia una teoria che definisca ciò che rende la traduzione un'entità distinguibile inconfondibile e che stabilisca i principi che spiegano e possibilmente predicono l'atto traduttivo (Holmes in Venuti 2000, 176).

L'ambito teorico puro "si distingue da ogni applicazione diretta e pratica, esterna al suo terreno di ricerca"[10], e questo per scongiurare il rischio che il processo deduttivo detti il passo al ragionamento abduttivo, ovvero che la teoria generale venga confusa con altre teorie oppure con la casistica di problemi e soluzioni traduttive tipiche di un atteggiamento descrittivista (Gentzler 2001, 94).

> The other main branch of pure translation studies, theoretical translation studies or translation theory, is, as its name implies, not interested in describing existing translations, observed translation functions, or experimentally determined translating processes, but in using the results of descriptive translation studies, in combination with the information available from related fields and disciplines, to evolve principles, theories, and models which will serve to explain and predict what translating and translations are and will be. (Holmes in Venuti 2000, 177–178)

Spesso è successo invece che le teorie descrittive della traduzione, derivate da discipline affini, si siano imposte a tal punto che si è arrivati a un frazionamento della disciplina e all'impossibilità di definire la traduzione in modo esauriente.

Le conseguenze di quest'impostazione sono tre. In primo luogo, la traduttologia viene ancorata unicamente alla ricostruzione delle vicende storiche e culturali, quando invece i suoi fondamenti scientifici dovrebbero tendere a una certa universalità; in secondo luogo la teoria si è sfaldata in sub-teorie derivanti da altre discipline; infine, la mancanza di una vera divisione tra teoria e prassi della traduzione ha determinato una promiscuità non sempre positiva tra ricerca applicata e aggiustamento episodico della delimitazione e della portata della disciplina.

---

10   "As a field of pure research— that is to say, research pursued for its own sake, quite apart from any direct practical application outside its own terrain" (Holmes in Venuti 2000, 176).

Che non si pensi che l'interdisciplinarietà, innegabile aspetto della traduzione, debba suscitare critiche o timori, ma essa non dovrebbe diventare un ostacolo allo sviluppo di una traduttologia unitaria e autonoma. La traduzione si presenta indubbiamente come una pratica in cui confluiscono diverse competenze umane individuali nonché fattori socio-culturali ed economici dell'epoca di riferimento. La pratica si presta a essere scomponibile e scientificamente osservabile in ogni aspetto della sua complessa realtà, è quindi inevitabile che diverse discipline vi si affaccino per apportarvi il proprio contributo. Ci si deve tuttavia chiedere se questi contributi possano, e se sì, in quale modo, incentivare un approccio più generale, contagiando positivamente il discorso teorico anche su quegli aspetti che esulano dalle discipline chiamate in causa.

Vi è, quindi, un limite a una interdisciplinarietà proficua che possa riunire nella traduttologia tutti gli aspetti linguistici, antropologici, psicologici, culturali, sociali ed economici che si manifestano nella traduzione? Forse l'interdisciplinarietà è solo il punto di partenza più che di sintesi e l'occasione non si è ancora presentata per procedere a una vera teorizzazione traduttologica con strumenti adatti a modellizzare e sondare il fenomeno traduttivo in termini generali di pratica significante individuale, contestuale e culturale?

Gli approcci e i metodi applicati alla traduzione hanno portato a un grado di generalizzazione parziale, limitato ad alcuni aspetti dell'oggetto di studio.

La *mapping theory* solleva il problema della parcellizzazione della teoria pura in teorie parziali volte ad esempio a sondare soltanto gli aspetti linguistici (*rank-restricted theories*) oppure un'area culturale specifica (*area-restricted theories*); altre teorie si interessano principalmente alle tipologie testuali (*text-type restricted theories*), altre ancora sono incentrate su problematiche di traduzione e ricezione della traduzione nel tempo (*time-restricted theories*) e infine vi sono teorie limitate al supporto e agli strumenti di traduzione (*medium restricted theories*) oppure limitate a uno specifico problema traduttologico (*problem restricted theories*).

Inoltre, la *mapping theory* offre altri interessanti spunti per ampliare il dibattito: ad esempio le teorie "limitate al fattore temporale" (*time-restricted theories)* potrebbero rientrare nelle teorie descrittive "orientate al prodotto" (*product oriented descriptive theories*); le teorie dedicate a una specifica area linguistica e culturale potrebbero far parte delle teorie descrittive "orientate alla funzione" (*product oriented descriptive theories*); e infine gli studi incentrati sugli strumenti e supporti di traduzione (*medium restricted theories*) potrebbero proficuamente entrare nel ramo più applicativo degli *Translation Aids*[11].

Se oggi si può affermare che la *mapping theory* di Holmes sia stata una pietra miliare nella sistematizzazione della disciplina, bisogna anche ammettere che la teoria pura generale resta un aspetto assente nella traduttologia moderna.

Alcuni teorici hanno tentato di affrontare il problema della teoria pura e generale, ma spesso in modo drasticamente e arrendevolmente pessimistico. Altri invece hanno fatto dell'eterogeneità della traduttologia un cavallo di battaglia, quasi una questione di principio.

Antoine Berman (1984, 1985, 1989), per esempio, ha più volte ribadito l'impossibilità di procedere a una unificazione di una disciplina, irrimediabilmente eterogenea. Possiamo parlare, precisa Berman (1989, 675), di *traduttologia* soltanto se intendiamo riferire questo termine alla *riflessione* che la traduzione fa su se stessa a partire dalla esperienza pratica e non a una teoria che la descriverebbe, o l'analizzerebbe. Anche se Berman ritiene che la riflessione sulla traduzione non possa essere un discorso circoscritto, descrittivo e analitico, egli ammette tuttavia la possibilità dell'esistenza di una teoria motivata da esigenze deontologiche: la "restituzione del senso" vista come restituzione del "senso della forma" (*le travail sur la lettre*). È solo dal punto di vista del lavoro di restituzione del senso della forma che la traduzione può far valere la sua importanza etica, poetica e culturale (Berman 1989, 676). Dalla convinzione per cui la disciplina è fondata sulla restituzione del senso e della lettera, derivano i compiti della traduttologia. Il primo compito è quello riflettere sul fatto che l'esperienza traduttiva emerge nell'erroneità: le traduzioni sono quasi tutte errate, sostiene Berman. Facendo riferimento a Freud, Berman teorizza una *defaillance* strutturale della traduzione, « *le 'défaut de traduction' revêt de multiples formes, mais il est inhérent à toute traduction* » (Berman 1989, 676). L'altro compito della riflessione sulla traduzione è di ammettere la pluralità delle traduzioni, e delle diverse tipologie testuali; questo è il punto in cui vediamo emergere pienamente l'essenza dell'insuperabile eterogeneità della traduttologia.

> La traduction d'un livre d'enfant n'obéit pas aux mêmes « lois » que celle d'un livre pour adultes ; celle d'un texte technique diffère de celle d'un texte scientifique, juridique, publicitaire, commercial, et, naturellement, « littéraire », l'espace littéraire

---

11   Per una problematizzazione moderna dello schema di Holmes rinviamo all'articolo di Sonia Vandepitte (2008).

étant à son tour fondamentalement hétérogène et – en particulier scindé entre ce qui est « œuvre » et ce qui, quoique « littéraire » n'est pas œuvre. (…) Tout cela n'est pas unifiable. (Berman 1989, 677)

Le tipologie testuali rappresenterebbero un primo ostacolo all'unificazione della teoria. L'altro è quello delle pratiche traduttive in seno a diverse culture.

> È diverso il modo in cui la problematica della traduzione appare nella tradizione francese, tedesca, anglosassone, russa, spagnola, e a maggior ragione, estremorientale. (…) La traduttologia è perciò sempre legata allo spazio della lingua e della cultura cui appartiene, ed è chiaro che i grandi assi di riflessione che abbiamo proposto in questa sede, sebbene a fini critici, sono radicati ad una tradizione francese della traduzione. (Berman 1989, 679, la traduzione è nostra)

Nel relativismo ontologico che caratterizza l'epistemologia bermaniana ritroviamo la eco di quella filosofia del linguaggio che fa capo al convenzionalismo empirico e all'indeterminatezza del linguaggio. Tale critica si presenta come una riflessione che integra il principio di *rispetto della lettera* alla denuncia dell'etnocentrismo culturale e della relatività dei modelli deterministici occidentali. Il rifiuto di una concezione unilaterale della traduzione alimenta una teoria basata sulla riflessione dialogica e critica degli elementi, *hic et nunc*, che sorreggono il progetto traduttivo realizzato dal traduttore.

Questo tipo di ragionamento è adottato anche dai traduttologi più moderni come Theo Hermans, Andrew Chesterman e Rosemary Arrojo nonché Maria Tymoczko. Pur insistendo sull'impossibilità di far scaturire una definizione minimalistica e universale della traduzione dalle diverse tradizioni culturali e linguistiche, Hermans (1996a) ammette tuttavia l'inevitabile deviazione etnocentrica (*the ethnocentric bias is undeniable*) cui sottostà qualsiasi tentativo di comprendere l'entità "traduzione", e propone come punto di partenza il concetto di *norma*, sempre verificabile e aggiustabile nel tempo. Chesterman&Arrojo (2000) adottano questo punto di vista e lo spingono ai limiti decostruzionisti più estremi: qualsiasi definizione della traduzione è e sempre sarà basta su elementi soggettivi, ideologici, culturali, è perciò impossibile pensare che esista una definizione della traduzione che sia puramente oggettiva, meramente descrittiva e universalmente accettabile. Evidenziando la grande varietà con cui il termine traduzione è inteso, da cultura a cultura, di epoca in epoca, anche Tymoczko (2007) insiste sulla non reperibilità di condizioni definitorie minime in grado di essere interculturalmente e atemporalmente valide. In particolare,

Tymoczko segnala una apparente contraddizione delle ipotetiche definizioni della traduzione: esse non possono essere abbastanza generali per includere tutte le definizioni della traduzione e simultaneamente abbastanza specifiche per escludere ciò che non è traduzione.

> Let me emphasize the implications that follow for translation theory in defining *translation[12]: *there are no necessary and sufficient conditions that can identify all translations and that at the same time exclude all non-translations across time and space.* (Tymoczko 2007, 78).

Queste prospettive sono tutte valide e gettano luce sulle contraddizioni che caratterizzano la traduzione, concetto poliedrico e multidimensionale. Ma esse non esauriscono completamente il discorso teorico e alcune obiezioni possono ancora essere sollevate.

In primo luogo, e per quanto riguarda la questione dell'universalità del discorso traduttologico, la varietà tipologica dei testi e "la variabilità" storica e socio-culturale della teoria non dovrebbero scoraggiare la scientificizzazione della disciplina. Se così fosse, saremmo portati a credere che nessuno studio, figlio del proprio tempo e dell'evoluzione dei paradigmi scientifici, potrebbe dirsi davvero scientifico. Il riconoscimento del relativismo scientifico (Kuhn 1962; Quine 1969; Latour 1987) e l'accettabilità dello stesso, ha portato a un felice allargamento della definizione di scienza anche alle scienze umane e sociali, in cui la traduttologia rientra a pieno titolo. Quello che invece manca a quest'ultima sono quegli eventi che hanno rivoluzionato e fondato ad esempio l'astronomia (da Copernico a Giordano Bruno), la fisica (da Aristotele a Einstein), la linguistica (da Saussure a Chomsky), la psicologia (da Wundt a Freud e Jung alla psicologia della Gestalt), ecc. È difficile tuttavia che le

---

12 Per la scelta dell'uso del termine traduzione con l'asterisco (*translation), l'autrice spiega, di voler utilizzare questo modo grafico per riferirsi a un nuovo concetto di traduzione cui la traduttologia dovrebbe tendere, un nuovo concetto, inteso in senso transculturale. "(…) I do frequently mark out the intercultural concept at the heart of translation studies form a local English-language concept of translation by prefacing the English word *translation* with an asterisk in order to indicate the cross-cultural understanding that translation studies must move toward: *translation. I realize that this usage may be distracting to some readers but perhaps that is all to the good. It is a way of reminding people (including myself) of the necessity of defamiliarizing (or foreignizing) the concepts currently used in translation studies." (Tymoczko 2007, 59). È possibile la traduttologia, nella volontà di liberarsi dell'imprinting eurocentrico o anglocentrico, si stia negando – pur nominandola – la possibilità di adire a una definizione generale della traduzione?

rivoluzioni avvengano laddove non vi sono fenomeno di opposizione a un nucleo teorico; è proprio in presenza di nucleo teorico che si crea anche un movimento autocritico e scientifico. La traduttologia potrebbe ambire a essere una scienza umana e sociale ma resta in fondo una scienza debole, alla ricerca dei propri principi fondanti e incapace di generare un sano movimento di crescita.

In secondo luogo, in riferimento all'impossibilità di individuare una definizione della traduzione che contenga le condizioni sufficienti e necessarie, la risposta risiede nel grado di esaustività che tale definizione dovrebbe avere. Se si spera di trovare magicamente una definizione universale e completamente esaustiva, allora la battaglia è persa in partenza, poiché tale impresa sarebbe impossibile per un oggetto di studio pluridimensionale: la traduzione è concetto, ma essa è anche una pratica, è anche il risultato di tale pratica. Una definizione della traduzione quindi non può dirsi al contempo generale e circostanziata, sarebbe un controsenso; tuttavia, la generalità del concetto di traduzione può essere concretata e contestualizzata nella pratica, e nelle modalità con cui i soggetti della pratica si appropriano e realizzato la definizione[13]. Detto in altri termini, è necessario tener ben distinti i livelli di pertinenza su cui si inserisce, si concreta e si sviluppa una definizione, se non si non si vogliono commettere errori epistemici.

In terzo luogo, bisognerebbe inserire il relativismo linguistico che inficia ogni possibilità di trovare un punto di incontro tra le diverse concezione della traduzione, in una visione più ampia, che fa capo all'epistemologia quieniana, all'assunto gnoseologico per cui la scienza è concepita e articolata nel quadro delle successive decantazioni culturali e come rappresentazione psicologizzata del mondo. Sarebbe interessante seguire le ragioni e gli sviluppi dell'ontologia quineiana[14], ma basti ricordare che essa si fonda sull'inconciliabilità delle differenze linguistiche e delle diverse visioni del mondo. Willard Quine (1959, 1960, 1969) parla di indeterminatezza traduttiva derivata dalla relatività degli schemi concettuali e dalla non coestensività dei termini rispetto alla realtà. I termini "concepiti come qualcosa che si applica variamente agli oggetti in qualche senso, sono

---

13 Come afferma anche Salmon (2003, 128), in riferimento alla necessità di accordarsi su criteri generali al fine di limitare il margine di arbitrio delle applicazioni pratiche: "il fatto che nessun individuo e nessun testo sia uguale a un altro non implica che una generalizzazione di ciò che è comune sia superflua e tantomeno impossibile".

14 L'autore fa in parte sua l'ipotesi filosofica di Ernst Cassirer (1946, 1953), di Edward Sapir (1921) e Benjamin Lee Whorf (1956).

appendici provinciali di una data cultura" (Quine in Nergaard 2002, 312–313), non sappiamo se la nostra teoria del mondo, il nostro schema di postulazione concettuale è il migliore o l'unico possibile, ma certamente, dice Quine, esso è l'unico vero. La realtà è determinata dalle nostre modalità gnoseologiche ed è quindi immanente allo schema concettuale. Da questo punto di vista, la traduzione diventa una pratica che cerca di realizzare ciò che la teoria nega ossia superare quell'irriducibile diversità di cui due o più schemi concettuali, di cui due lingue si fanno veicolo.

È nel riconoscimento di questa paradossale situazione che si inscrivono le posizioni epistemiche fin qui descritte, quella di Berman che insiste sulla non conciliabilità delle varie tradizioni della traduzione, quella di Hermans, Chesterman&Arrojo, e di Tymoczko che rilevano il problema di etnocentrismo che è intrinseco a qualsiasi definizione, ma in questa visione si inseriscono anche le riflessioni di Henri Meschonnic (1999) con la poetica del tradurre e l'idea del decentramento e, infine, quella di Lawrence Venuti (1995, 1998) che all'invisibilità del traduttore oppone una pratica traduttiva straniante (*foreignization*). In epoche e aree geografiche diverse, tutti questi autori sollevano un problema epistemico fondamentale: come definire la traduzione senza ricadere nelle categorie ideologiche, linguistiche, temporali di una data cultura, e di una data teoria?

Nella prossima sezione vedremo che il problema della traduzione e la possibilità di una teoria generale e pura sono determinate da premesse concettuali che affondano le proprie radici nella filosofia del linguaggio. L'orbita epistemologica della traduttologia risulta profondamente segnata da riflessioni sul rapporto pensiero-linguaggio, sulla questione della traducibilità, sulla non commensurabilità tra diversi sistemi linguistici nonché sugli universali linguistici. In questa prospettiva d'indagine, la traduzione diventa un banco di prova su cui si misurano schemi conoscitivi plurimi e a volte opposti.

L'atto traduttivo rappresenta un momento isolato, che si risolve in un eureka, e che rivela tutta la fragilità di concetti quali, realtà, referenzialità ed esprimibilità.

1.3.2 Accenni alle teorie del linguaggio e fondamento della traducibilità

La natura del legame tra linguaggio e pensiero rappresenta un problema filosofico antichissimo che riguarda da vicino anche la traduzione. Non è sicuramente questa la sede più adatta per analizzare in modo esauriente il rapporto che il linguaggio instaura con la realtà che esso descrive e il pensiero che lo rappresenta, ma si tratta di un passaggio obbligato e necessario a comprendere le condizioni teoriche della traduzione.

Tra le riflessioni più presenti nelle teorie del linguaggio vi è la questione della referenzialità, la capacità del linguaggio di riferirsi alla realtà: in che modo la lingua rappresenta la realtà e la rappresenta davvero in modo esauriente? Essa riproduce fedelmente e adeguatamente la realtà che nomina? Qual è il grado di corrispondenza tra pensiero, linguaggio e realtà esterna? Se ammettiamo che i segni linguistici servono a nominare le cose, ossia a stabilire un rapporto con oggetti, fatti, esperienze, e che il rapporto linguistico è pura nominazione di alcune e soltanto alcune delle caratteristiche di questi oggetti, fatti ed esperienze, allora cosa resta di quegli aspetti che non sono testualmente nominati ma sono contestualmente implicati? La semplice esperienza quotidiana ci dimostra che, lungi dall'essere esaustivamente capace di descrivere la realtà, la lingua è spesso deficiente e che questa intrinseca deficienza della nominalità diventa una sorta di soglia significativa di qualcosa di indicibile, un non-detto implicato.

Se nella comunicazione quotidiana l'intuizione del parlante e del ricevente, e gli atti fatici di chi comunica, possono supplire alla parziale capacità del linguaggio di riferirsi e di dire le cose, come ci si comporta invece in sede di traduzione? Se si ammette l'esistenza di un surplus di senso (para e perilinguistico[15]), o di un senso complesso e stratificato, con quali strumenti il traduttore dovrà analizzare la complessità dei vari piani di senso e come potrà ricomporre linguisticamente ciò che non è esplicitamente detto ma intenzionalmente implicato perché non altrimenti significabile? L'esperienza della traduzione indica che spesso non vi è una riconduzione completa di tutti i piani di senso dell'originale ma che il senso di quest'ultimo è significativamente attualizzato, ricreato e ripattuito. Dal punto di vista linguistico la deficienza dei mezzi diventa intrinseca possibilità di senso ulteriore, descrivibile, dal punto di vista della disciplina semiotica, in termini di interazione tra vari sistemi semiotici, nonché in termini di stratificazione del contenuto del senso in un testo.

---

15   Per paralinguistico si intende l'apparato non linguistico che partecipa alla generazione del senso e che si manifesta nel carattere tipografico o nella compresenza di elementi visivi e verbali in un dato testo. Nella perilingua rientrano elementi prosodiaci di gestualità e mimica ma anche le interiezioni (De Mauro 2008); in traduttologia il termine è introdotto da Jean-René Ladmiral (1972) e indica in modo molto generale gli aspetti culturali, contestuali e situazionali.

La filosofia e psicologia del linguaggio indagano il rapporto che s'instaura tra lingua e pensiero per comprendere se il segno linguistico che utilizziamo per esprimere un oggetto determina il concetto mentale oppure se la nostra visione della realtà si sviluppa anche indipendentemente da quel segno linguistico. In altri termini, pensiamo come pensiamo perché parliamo la lingua che parliamo – la lingua "ci parla" – oppure siamo anche capaci di pensare oltre e senza la lingua? Se la lingua condiziona il nostro modo di vedere la realtà fino a che punto possiamo spingere il relativismo e quali conseguenza ha tale prospettiva sulla traduzione?

Da sempre i traduttologi hanno cercato di rispondere ad alcune di queste domande. In un primo momento la problematica si è cristallizzata in un binomio che ha fatto da vero e proprio spartiacque teorico: tradurre significa *tradurre il pensiero* oppure *tradurre la lingua*. Si traduce un contenuto indipendentemente dalla forma in cui esso si esprime, oppure si deve tradurre la forma perché anch'essa esprime un contenuto. Vi sono teorici che ritengono che la lingua ritagli la realtà, per cui è difficile, se non impossibile, tradurre una realtà culturale o parte di essa in un'altra cultura perché appunto non vi è corrispondenza; le divergenze linguistiche sarebbero come un dito puntato sulle incolmabili divergenze nella concettualizzazione del mondo. Chi invece ritiene che la traduzione sia possibile nonostante le differenze linguistiche e culturali, sostiene che vi sia concretamente la possibilità di accedere a una concettualizzazione che permette sempre, in sede di traduzione, di riformulare il significato e ripattuire il senso in un'altra lingua. In altri termini, ci sono autori che ritengono che il traduttore debba tradurre il senso dietro le parole, e altri invece che sostengono che il senso sia talmente ancorato alle parole e alla cultura che il passaggio linguistico implica necessariamente una perdita parziale o totale del senso. *Nomina nuda tenemus*, oppure il senso si dà in modo innato e universalistico? Il *significato* si costruisce all'interno della lingua e unicamente in essa oppure la realtà fa da parametro che crea e attualizza non solo nella lingua ma anche al di là di essa? La soglia dell'*oltre-linguistico* ci permette di accedere a un concettuale universale, o piuttosto a un concettuale pragmaticamente individuale? E in tal caso, l'esperienza del linguaggio è un'esperienza puramente personale e quindi incomunicabile e intraducibile?

La traduzione è stata spesso vista come una sorta di laboratorio per verificare la validità di queste ipotesi; nella sezione precedente si è dimostrato che le varie declinazioni della dicotomia senso-forma hanno ampie ricadute anche nello sviluppo teorico dei vari metodi di traduzione basati sull'importanza di tradurre il senso invece che la parola, il contenuto piuttosto che la forma. Ma quali sono i presupposti filosofici che hanno creato questo binarismo?

Del relativismo linguistico

È con la filosofia del linguaggio che nasce e si sviluppa la tradizionale dicotomia tra determinismo linguistico e innatismo. Il versante del relativismo linguistico si basa sull'ipotesi per cui il linguaggio modella le categorizzazioni cognitive e determina la visione del mondo di una particolare cultura. In traduttologia, questa tesi riscuote ampio consenso in particolare tra i teorici tedeschi del XVIII e XIX secolo ed è ribadita fino ai giorni nostri con la cosiddetta ipotesi Sapir-Whorf (Sapir 1921, Whorf 1956). Il relativismo linguistico porta a un determinismo di fondo, per cui non solo ogni lingua è un prisma che riflette la realtà secondo aspetti che le sono precipui, ma addirittura diversi individui pur parlando la stessa lingua e vivendo all'interno della stessa cultura avrebbe visioni diverse, proiezione di categorie interpretative individuali, della stessa realtà. Il tanto citato esempio della lingua inuit che avrebbe diverse espressioni per nominare la neve, espressioni che non si troverebbero invece nelle altre lingue, potrebbe far pensare appunto che quelle altre lingue non abbiano la possibilità di esprimere quel concetto. Si negherebbe in tal caso la possibilità creativa del linguaggio stesso. Questo è smentito da una parte dall'influsso che la realtà ha sulla lingua e dall'altra dalla pratica quotidiana di ampliamento, adattamento delle strutture delle lingue alle esigenze comunicative. Ritornando all'esempio dell'inuit, la lingua italiana non solo permette di concepire, ad esempio una neve pura e chiara del mattino, pur non avendo un'unica parola (come in inuit), ma fornisce gli strumenti per formulare un'espressione corrispondente a tale concetto. L'ipotesi Sapir-Whorf è stata in parte corroborata da studi sulle diverse e specifiche strutture grammaticali in cui si organizzano le lingue.

Eppure, anche in questo ambito il fatto che le lingue impieghino strutture grammaticali diverse non implica che non siano capaci di esprimere operazioni logiche simili[16] (il passato, il futuro, il durativo, i deittici, le ipotesi e i ragionamenti sillogistici, ecc.).

---

16 Per un approfondimento sulle differenze nelle strutture grammaticali delle lingue, ad es. cinese e inglese, rinviamo agli esperimenti di Alfred H. Bloom (1981) e i successivi esperimenti di Terry Au (1983). Questi ultimi hanno ottenuto risultati interessanti: ad esempio, è proprio grazie all'ottimizzazione delle traduzioni dall'inglese al cinese

Riprendendo l'idea del *continuum* linguistico di Louis Hjelmslev (1943, 1957), Umberto Eco (2003) sostiene che ogni lingua (espressione di una cultura) ritaglia la realtà in un modo che le è precipuo ma questo non fa del linguaggio l'unico *luogo* in cui il significato dell'essere si costruisce. Il *continnum* linguistico è ritagliato, dice Eco, seguendo *linee di resistenza* che permettono di organizzare questo magma significante in espressione (fonatoria e fonologica) e contenuto (piano lessicale e assi semantici). Queste linee di resistenza rappresentano una sorta di zoccolo duro, che ci permette di affermare che, anche se appare come effetto del linguaggio, l'essere non lo è, nel senso che il linguaggio non lo costruisce liberamente; il linguaggio non costruisce l'essere *ex novo*, ma lo interroga, trovando sempre e in qualche modo qualcosa di *già dato*, anche se *essere già dato* non significa essere già finito e completo (Eco 2005, 40).

Esiste quindi qualcosa che si oppone all'arbitrarietà pura con cui il linguaggio costruirebbe la realtà. Anche se questo *qualcosa* non ci dice nulla di sé (o forse non riusciamo a coglierlo con gli strumenti di cui siamo dotati) e non si rivela in modo intelligibile, esso è lì. È questo qualcosa che ci propone un'ipotesi interessante per la traduzione, ossia che il senso non si costituisca soltanto nella lingua, ma trovi il suo fondamento e parte del suo contenuto in qualcosa che non è lingua. Questo qualcosa può essere adottato come tale e basta, e sarebbe sufficiente per salvarci dalla circolarità viziosa di un senso puramente linguistico e dal soggettivismo relativistico e dall'inaccessibilità culturale[17], ma potrebbe anche essere concepito come postulato dell'eventuale esistenza di una modalità cognitiva universale a tutti gli utenti del linguaggio.

(rispetto alle traduzioni utilizzate da Bloom) che Au riesce a dimostrare che anche in cinese esistono strutture grammaticali capaci di esprimere un'ipotesi di terzo grado.

17   Il determinismo linguistico, nella visione di Benjamin Whorf (1941, 1956), non porta necessariamente a una negazione della traducibilità, anzi quando l'autore parla di fratellanza, *brotherhood of thought* (Whorf 1941) si riferisce alla capacità umana di trascendere i limiti delle culture locali tramite un processo di alienazione. L'esercizio di straniamento consente di apprezzare i diversi sistemi logico-analitici e di preservare le varie visioni del mondo: "Alienness turns into a new and often clarifying way of looking things" (Whorf 1956, 264). In traduttologia questa "apertura culturale" (l'alienazione si realizza in presenza di rapporti culturali paritetici) ha portato alla valutazione del ruolo della traduzione e del traduttore: quest'ultimo compie sempre un atto ideologico perché può decidere di annettere la visione dell'altro alla propria, oppure può procedere a scelte "alienanti" che rivelino le differenze culturali.

Dell'innatismo e degli universali

Sul versante considerato opposto al determinismo e relativismo linguistico troviamo la tesi per cui il linguaggio è, almeno per certi aspetti, indipendente dal pensiero e, nonostante le diversità linguistiche, l'analisi delle modalità gnoseologiche delle diverse culture suggerisce l'esistenza di concetti ricorrenti e universali.

Già presente in Platone e Sant'Agostino, l'innatismo si basa sull'ipotesi per cui il pensiero costituisce un linguaggio a sé, un linguaggio *mentale* astratto di puro significato. In questo senso, i diversi sistemi linguistici rappresentano entità di strutturazione e di elaborazione (il sistema fonologico, lessicale, ecc.) di un'informazione interna di ogni essere umano. Il linguaggio mentale, comune a tutti gli esseri umani, ha quindi un profilo strutturale e concettuale "innato".

I fautori noti di questa posizione sono Noam Chomsky (1957, 1968) e i sostenitori della grammatica generativa trasformazionale, ma anche Jerry Fodor (1983) con la sua ipotesi modulare[18]. In ambito clinico, gli studi sperimentali di Steven Pinker (1994) hanno potuto confortare l'ipotesi della localizzazione specifica delle funzioni del linguaggio in alcune parti del cervello e l'esistenza di una capacità innata per il linguaggio.

La tesi dell'innatismo si basa su analisi cognitive e comparative volte ad avvalorare l'esistenza degli universali linguistici, del *tertium comparationis*, di un'invariante comune a tutte le lingue. Che sia teorizzata in termini di strutture sintattiche innate (Noam Chomsky) o di primitivi semantici (Anna Wierzbicka) l'assunto per cui tutte le lingue sono dotate della capacità (grazie alle unità semantiche o a una sintassi universale) di esprimere qualsiasi concetto diventa *l'ipotesi forte* che fonda e giustifica ontologicamente la possibilità stessa della traduzione.

Con l'idea della grammatica generativa, Chomsky sostiene, grosso modo, che la mente umana è dotata di una competenza intuitiva (*competence*), di operazioni innate che consentono di costruire (*performance*), in modo creativo, un numero infinito di frasi. Queste operazioni innate costituiscono una grammatica universale, generativa e

---

18 Secondo l'ipotesi modulare di Fodor (1983) la mente umana è dotata di un sistema cognitivo centrale e di specifici moduli periferici e autonomi. Il linguaggio sarebbe appunto uno di questi moduli autonomi e periferici e non interferisce con l'elaborazione dell'informazione in altri moduli del sistema cognitivo e restituisce i risultati linguistici al sistema centrale soltanto in fase finale. In questo modo, nella conoscenza linguistica di una parola non confluiscono informazioni pragmatiche.

trasformazionale (Chomsky 1968, 77). Il progetto chomskyiano si pone l'obiettivo di individuare gli elementi universali che costituiscano le condizioni formali e organizzative delle lingue e che sottendano la realizzazione di usi particolari e idiosincratici delle stesse. Questi elementi sono principi sintattici che operano a livello di strutture profonde su cui si articolano le strutture di superficie e di manifestazione del discorso. In altri termini, la generazione di una frase manifestata superficialmente in una data lingua è soggetta all'applicazione di operazioni e strutture profonde e astratte (Chomsky 1968, 144).

Su una linea un po' diversa[19] che si colloca più sul versante semantico che sintattico, troviamo l'assunto dei primitivi linguistici di Anna Wierzbicka (1993, 1996). I primitivi linguistici sono "indefinibilia", concetti non scomponibili che generano altri concetti, più complessi. Wierzbicka presuppone l'esistenza di concetti primitivi quali Io, Tu, Qualcuno, Qualcosa, Dove, Quando, Fare, Accadere, Buono, Cattivo, Piccolo, Grande, ecc. In contrapposizione al relativismo linguistico, i primitivi sono concetti innati che appartengono al patrimonio genetico umano e confortano l'idea che la comunicazione interlinguistica e interculturale, per quanto complessa, è sempre possibile (Wierzbicka 1996, 15–16). I primitivi semantici costituiscono un metalinguaggio naturale, (*Natural Semantic Metalanguage*), una sorta di *ur*-lingua ridotta al minimo che supera le vicissitudini culturali e individuali del linguaggio e consente una descrizione compartiva di tutte le lingue.

La questione degli *universali innati*, siano essi primitivi semantici o strutture sintattiche, è stata oggetto di dibattito. Un dibattito che risale alla *characteristica universalis* leibniziana e alla possibilità di individuare le nozioni primitive, nonché allo schematismo kantiano in cui lo schema rappresenta il *termine medio*, la regola, le istruzioni che organizzano e riducono il molteplice dell'esperienza e dell'intuizione a classi di significato.

Con un'analisi di derivazione kantiana, sensibile ai più recenti sviluppi della psicologia cognitiva, e forte di un ritorno in auge del mentalese grazie a Chomsky e Wierzbicka, Umberto Eco recupera e riconcilia innatismo e relativismo secondo tre modalità gnoseologiche: Tipi Cognitivi (TC), Contenuto Nucleare (CN) e Contenuto Molare (CM).

---

19   Nella recensione all'opera di Wierzbicka, *Semantics: primes and universals*, Frawley (1998) sostiene che la tesi della linguista polacca non è incompatibile con quella di Chomsky, nonostante le diverse critiche che Wierzbicka stessa fa alla grammatica generativa.

Il Tipo Cognitivo è la regola individuale, il procedimento cognitivo che consente di unificare il molteplice dell'intuizione e della percezione. Insieme di istruzioni codificate della mente umana, il TC richiama le strutture profonde chomskyane e i primitivi semantici di Wierzbicka. Di fronte a un nuovo fenomeno, l'essere umano procede per ragionamento inferenziale e confrontando quel nuovo fenomeno con le sue conoscenze pregresse elabora un TC che, in un'altra occasione, gli permetterà di riconoscere quello stesso fenomeno come l'occorrenza di un tipo. Il TC nella teoria di Eco, non è necessariamente innato come le regole della grammatica generativa di Chomsky, e nemmeno inscindibile, come lo sono i primitivi semantici di Wierzbicka.

Per quanto riguarda la caratteristica di *innato*, Eco spiega che per un cieco di nascita, ad esempio, la realtà è esperita senza l'apporto dell'esperienza visiva e sicuramente il suo TC, le istruzioni cognitive che permettono di accedere alla realtà esperibile, sarà diverso da un non-cieco. In riferimento alla non interpretabilità dei primitivi semantici, ipotizzati da Wierzbicka, Eco insiste sulla difficoltà teorica e pragmatica di dimostrare l'esistenza di concetti primitivi non secabili in altri. Ad esempio, il colore bianco è percepito come tale, non in sé e per sé, ma perché è paragonato al nero o a un altro colore. Riprendendo Peirce, il semiotico italiano afferma che "il giudizio percettivo desingolarizza la qualità". Per Eco, i primitivi sono individuabili e riconoscibili perché, nel momento della percezione, vengono interpretati e comparati, in altri termini, conoscere e riferirsi ad una cosa significa paragonarla e differenziarla da altre cose. Vedremo nel terzo capitolo che questa visione delle cose è molto affine, anche se non apertamente dichiarata, a quella del semiotico Algirdas Julien Greimas. Il TC[20], diversamente dai primitivi semantici, non è soltanto un'idea mentale, ma è composto anche, in quanto struttura mentale individuale, da sensazioni e da elementi timici (Eco 2005, 134) in senso, appunto greimasiano (vedi cap. 3). Il TC può diventare atto sociale per cui gli individui di una comunità concordano che certe occorrenze appartengono a un *tipo*. Il TC assurge alla categoria della generalità nel momento in cui garantisce la comunicabilità di quella cosa ad altre persone e presiede alla "partecipazione significativa" del

---

20 I TC sono atti in cui si paragonano occorrenze e tipi e poco importa, dice Eco, se vogliamo chiamarli prototipi, universali, immagine mentale, l'unione di simboli discreti, che siano nella "mente, nel cervello, nel fegato, nella ghiandola pineale" oppure che siano occasionalmente e contestualmente elargite da una divinità qualunque, quello che conta e che grazie ad essi riusciamo a riconoscere, essere d'accordo, a esprimere e interpretare oggetti quali casa, e gatto nonché fenomeni quali l'odio e l'amore.

senso. In altri termini, il TC diventa un postulato della nominazione, dell'atto sociale che realizza la comunicazione. Il passaggio a un termine generico nasce da un'esigenza sociale, per poter disancorare il nome dallo *hic et nunc* della situazione e per poterlo ancorare appunto al tipo (Eco 2005, 111).

Se vi è riconoscimento, vi è poi anche *riferimento,* dice Eco, e quest'ultimo diventa *felice* soltanto grazie all'uso quotidiano e *costante* della lingua. Nell'atto di riferimento felice, intervengono operazioni cognitive e culturali che trasformano il TC individuale e mentale in Contenuto Nucleare (CN) collettivo. Il CN è l'insieme circoscritto delle interpretazioni collettive assegnato a un'espressione. La differenza che corre tra TC e CN si attualizza quindi a livello delle modalità d'accesso allo conoscenza: il TC è un significato privato, *individuale,* il CN è un significato pubblico, *collettivamente pattuito.* Il rapporto tra TC e CN è fondamentale per comprendere il senso che diamo alle cose e come questo senso è *vissuto* e *comunicato.* Se il TC è postulato, dice Eco, in quanto identificazione (percezione primaria) e riconoscimento (percezione secondaria), il CN è una produzione sociale a partire dal TC, ma è a sua volta prova dell'esistenza del TC. Infatti il CN non solo consente il riferimento felice (e vi sono casi di corrispondenza perfetta tra TC e CN) ma, in quanto realtà sociale e culturalmente trasmettibile, permette anche di *identificare* un referente e quindi di accedere a un nucleo, all'idea di una cosa che per assurdo, può anche non essere mai stata esperita. In questo modo è possibile avere un CN di molte cose e fatti, senza necessariamente avere un'esperienza percettiva di prima mano[21].

---

21   In effetti, se è vero che il CN è esperibile perché vi è un TC, ossia il collettivo è sempre (e dapprima) accessibile in modo individuale, allora è possibile avere, come dice Eco, un CN prima di avere un TC? Se non ho mai visto e identificato percettivamente un alieno, che cosa è la mia idea di alieno? È un CN collettivo oppure un TC non ancora attualizzato in senso percettivo? Se la mia idea di alieno non è un TC (attualizzato in senso percettivo) allora viene a cadere la caratteristica che distingue il CN dal TC, cioè di essere un contenuto nucleare collettivo. In una nota, Eco (2005: 398) spiega che nel momento in cui le istruzioni per l'identificazione – il nostro CN dell'alieno – siano troppo deboli, una persona avrebbe un *TC generico* e non *individuale.* Eco spiega poi (3.5.2) che nell'atto comunicativo si fa riferimento a una zona di conoscenze comuni, rappresentate dal CN e dal TC, tuttavia il TC è riconoscimento che avviene *in praesentia* dell'occorrenza, e presuppone un atto percettivo, ossia il manifestarsi dell'occorrenza. Sarebbe quindi interessante approfondire la differenza (o l'osmosi) che si instaura tra TC generico e CN, soprattutto quando si tratta di termini astratti, o ancora quando si tratta di valutare quegli aspetti timici che concorrono a determinare il TC.

La terza categoria gnoseologica è definita Contenuto Molare (CM) è rappresenta una conoscenza allargata, un contenuto nozionistico e percettivo che supera il CN, ossia quelle conoscenze nucleari e minime, necessarie e sufficienti per il riconoscimento. Se il CN deriva dall'accordo collettivo e rappresenta il nucleo dell'informazione per cui vi è consenso generalizzato, il CM invece è diverso da persona a persona, e dipende non solo dalle competenze settoriali ma anche dalle differenze culturali (Eco 2005, 119–120).

Tipi Cognitivi, Contenuto Nucleare e Contenuto Molare sono schemi mentali, modalità individuali, collettive e allargate di intendere e negoziare il significato che attribuiamo a un'espressione. Quanto alla verbalizzazione dei processi gnoseologici, visto che nella comunità dei parlanti la comunicazione si fa per accordo collettivo, il CN è sicuramente il candidato ideale perché consente operazioni di riferimento e di identificazione.

Il Contenuto Nucleare rappresenta le nozioni minime, i requisiti elementari per riconoscere un dato oggetto o capire un dato concetto – e capire l'espressione linguistica corrispondente (Eco 2003, 89). In tal senso, il concetto di Contenuto Nucleare rappresenta la base, contestualmente e culturalmente contrattabile del senso, il mettersi d'accordo, il tipo di negoziazione che rende felice il riferimento e la comunicazione.

Nella disciplina traduttologica, un ambito in cui percezione, elaborazione individuale e riferimento felice sono nozioni fondamentali per la buona risuscita di una traduzione, le tre categorie gnoseologiche intervengono sotto l'egida del principio di negoziazione. Questo concetto è approfondito nel prossimo capitolo, ma per il momento si può indicare in modo generale che la negoziazione del senso in traduzione si basa in particolare sul concetto di Contenuto Nucleare. Il CN diventa un parametro contestuale, un requisito minimo, capace di garantire che vi sia equivalenza di significato. La traduzione è un atto di negoziazione, una pratica di riduzione, nel senso dell'eliminazione di alcune inferenze che il termine originale implicava sulla base di un Contenuto Nucleare contestuale.

> La nozione di Contenuto Nucleare, se ci permette di maneggiare una idea di equivalenza di significato meno sfuggente, costituisce il limite per così dire inferiore, un requisito minimo dei processi di traduzione, ma non un parametro assoluto. (Eco 2003, 92)

Pur accettando la teorizzazione degli schemi mentali (TC, CN e CM) come modalità percettive, gnoseologiche e comunicative della realtà, e pur ammettendo che il requisito minimo di equivalenza di significato sia individuabile nel Contenuto Nucleare restano tuttavia irrisolti due aspetti fondamentali e intrinseci alla traduzione: la negoziazione del senso in traduzione proceda allo stesso modo del riferimento felice nella comunità sociale? Quali sono i ruoli del TC e del CM nella negoziazione traduttiva e come intervengono nella verbalizzazione in un'altra lingua?

Conclusioni

L'obiettivo di questo capitolo non è fornire una visione esaustiva di ogni singola problematica traduttologica, bensì estrapolare le modalità epistemiche con cui sono stati trattati alcuni aspetti teorici che ci sembrano fondamentali. Abbiamo innanzitutto spiegato che cosa si intende per binarismo e dualità: la traduttologia, fin dai suoi albori è stata caratterizzata da coppie concettuali oppositive quali ad esempio, fedeltà e libertà senso e parola, tipologie testuali e metodi di traduzione. La natura dispersiva del nucleo concettuale è sintomatica di un problema epistemico: la traduttologia ha avuto difficoltà a imporsi come disciplina autonoma perché ha subito le conseguenze di un ragionamento basato sul relativismo scientifico e motivato dalla pluralità del suo ambito di ricerca (tipologia testuale, lingue, culture, ecc.). Questo atteggiamento epistemico ha in parte ostacolato il progresso della parte più teoretica della disciplina, quella teoria generale pura che ha il compito di delimitare pochi assiomi su cui unificare la ricerca traduttologica e convogliare le spinte periferiche.

Ci siamo soffermati sul concetto di equivalenza poiché esso costituisce uno degli elementi chiave della storia della traduzione e della traduttologia moderna. Le varie declinazioni di questa nozione non fanno che sottolineare la sua importanza e la necessità continua di ridefinirla secondo le più attuali esigenze scientifiche. Si rileva infatti che le proposte più recenti tendono a dare una visione meno assolutistica, e a preferire il concetto di "similarità" a quello di "equivalenza". Non solo, l'allontanamento dai dettami prescrittivi di "equivalenza perfetta" o "equivalenza totale" è accompagnato dalla convinzione che in traduzione la similarità implica anche un'inevitabile divergenza e differenza rispetto al testo originale.

Abbiamo infine costatato che alcune modalità gnoseologiche, cicliche e dualistiche, prendono le mosse da due tradizioni filosofico-linguistiche: il relativismo e l'innatismo. Se il relativismo linguistico e conoscitivo esalta le peculiarità, le differenze e le non-concordanze linguistico-culturali, favorendo quindi l'intraducibilità, dall'altra parte, l'innatismo del linguaggio rappresenta invece la garanzia della traduzione stessa che, a discapito delle inconfutabili differenze, poggia su strutture innate, universali semantici, o contenuti nucleari che permettono il trasferimento translinguistico.

Questi elementi, apparentemente antitetici e inconciliabili, costituiscono due aspetti intrinseci della traduzione. Da una parte, la traducibilità è possibile perché si fonda su elementi che permangono e sono quindi trasferibili da un testo a un altro (universalismo del senso e garanzia di equivalenza); ma dall'altre, la traduzione implica anche la divergenza e la differenza, perché essa è sempre intrisa di un'individualità, di un'identità, più o meno propensa a ricevere, accogliere, accettare l'alterità dell'altro (relativismo ontologico, fondamento della differenza). È questo il punto di partenza che porta a dire che la traduzione, in quanto pratica significante stratificata, complessa e paradossale, deve fare ricorso a una teorizzazione che le permetta di individuare i suoi aspetti più salienti e al contempo riunire le caratteristiche immanenti ed essenziali che ne costituiscono questa intrinseca paradossalità. In tal senso, la semiotica, scienza della significazione che indaga il senso e il suo trasferimento da un sistema a un altro, si candida splendidamente per portare a termine questo proposito. D'altronde, questo dialogo interdisciplinare è stato proficuamente avviato.

Nel prossimo capitolo si vedrà, come, ad esempio, la tendenza dicotomica della traduttologia sia stata indagata da Cécile Cosculluela (1996, 2003), la cui tesi di dottorato si presenta come un vero e proprio *trait-d'union* tra la semiotica peirceana e la traduttologia. Cosculluela imposta buona parte della sua ricerca sull'ipotesi, che poi diventa convinzione, per cui la tendenza costante degli sviluppi teorici in traduttologia sia di natura ripetitiva e dicotomica (Cosculluela 2003, 105). Ripercorrendo la storia della traduzione Cosculluela traccia un quadro teorico che dipana dualisticamente le prime riflessioni traduttologiche, per poi svilupparle in una struttura dialettica e infine triadica. Questa trattazione della storia della traduzione è una lettura specifica in chiave semiotica, che non ci trova necessariamente d'accordo, ma che ci permette di introdurre un chiaro esempio di applicazione della semiotica alla storia della traduzione. Il versante semiotico, consente di approfondire la riflessione sul concetto di equivalenza intesa non più come evento che si rifà unicamente alle strutture linguistiche ma che si riferisce al complesso processo dell'interpretazione del senso, e che implica inevitabilmente un aumento e una variazione dello stesso.

In a semiotic paradigm, equivalence is thus not merely a linguistic affair: it is always connected with function and related to purpose, and emphasis is placed on the idea of growth through interpretation. Indeed, the image of translation that emerges from a semiotic view is one of change and growth, of overall expansion through transformation. (Gorlée 2004, 103)

Nel prossimo capitolo saranno discussi i principali contributi semiotici allo studio della traduzione, che si rifanno alla semiotica peirceana. L'approfondimento del discorso interdisciplinare costituirà la premessa di una nuova proposta teorica, che si colloca sul versante della semiotica greimasiana e che consentirà di ricondurre i meccanismi dualistici della traduttologia alla natura paradossale della traduzione, intesa come fenomeno significante che riunisce equivalenza e differenza.

II. Traduttologia e semiotica: un'interdisciplinarietà consolidata

Spesso le teorie della traduzione si limitano a una descrizione della manifestazione esterna e affrontano questioni pragmatiche quali, ad esempio, le difficoltà dell'analisi testuale, le strategie traduttive adatte a particolari tipi di testi, la valutazione del grado di equivalenza dei testi e del grado di fedeltà, ecc. Il frazionamento dell'oggetto di studio in coppie concettuali oppositive (binomi) che ripropongono ad ogni epoca le stesse problematiche denuncia l'inadeguatezza delle modalità metodologiche. Se la traduttologia stenta a definire gli aspetti immanenti della traduzione questo è in parte dovuto al forte empirismo che la caratterizza e al difficile dialogo tra teoria e pratica. Pratica complessa, sfaccettata, con profondi risvolti culturali e individuali, la traduzione dimostra di non lasciarsi facilmente delimitare e modellizzare.

Se è vero che l'oggetto di studio della traduzione è stato in un primo tempo indagato con strumenti linguistici, la traduttologia moderna si basa sul principio che "la traduzione è un fatto linguistico ma non solo". Questo aspetto è cruciale perché implica maggiore attenzione nell'analisi delle modalità di manifestazione, di produzione, di strutturazione e di interpretazione di un fenomeno più ampio che è quello del *senso*: qui che si innestano rapporti di filiazione interdisciplinari. La teoria della traduzione deve fare i conti con la forza centrifuga che esercita la materia complessa che è il *senso*. E sappiamo quanto il senso sia un fenomeno particolarmente restio a farsi addomesticare da una logica unidisciplinare. Difatti, dal punto di vista epistemico, in traduttologia, il superamento della soglia linguistica diventa apertura all'interdisciplinarità, intesa come ricerca di strumenti analitici e principi metodologici alternativi a quelli che finora aveva messo a disposizione la linguistica.

L'insoddisfazione dell'approccio linguistico emerge chiaramente nelle trattazioni traduttologiche moderne ma la ricerca degli strumenti di analisi *non solo linguistici* assume a volte un carattere irregolare. Basti pensare ad alcuni traduttologi che si sono rivolti alla scienza semiotica, disciplina a vocazione universalistica che studia le modalità di produzione e di interpretazione del senso a livello individuale, sociale e culturale.

Cécile Cosculluela[1] (1996, 2003) ripercorre i riferimenti al termine "semiotica" da parte dei traduttologi e denuncia la scarsa conoscenza, l'approssimazione e la mancanza di rigore con cui sono utilizzati e manipolati i concetti semiotici. Jean-René Ladmiral, Susan Bassnett, Gideon Toury[2], Basil Hatim e Ian Mason, sono alcuni teorici della traduzione che Cosculluela cita, rilevando i problemi terminologici, epistemologici ed etici; la prima critica a questi autori consiste nel loro non manifesto riferimento a una specifica corrente semiotica e all'impiego non rigoroso della terminologia.

> Car enfin que signifie 'sémiotique' en général? A peu près tout et rien, et il est nécessaire de rattacher ce terme à une théorie pour lui donner une cohérence. Sans quoi on s'expose à des problèmes épistémologiques, auxquels seule peut remédier une plus grande exigence déontologique. (Cosculluela 1996, 386)[3]

Pur essendo d'accordo con l'imperativo deontologico per cui bisogna informarsi, formarsi e dichiararsi apertamente e semioticamente peirceani, saussuriani, lotmaniani, gremiasiani, ecc., di fatto le idee viaggiano e allignano in modo spontaneo, senza che vi sia un'apparente filiazione. Tant'è vero, che non ci soffermeremo in questa sede su una critica che facilmente smaschererebbe usi impropri di concetti semiotici in ambito traduttologico.

È importante invece comprendere il motivo per cui i traduttologi fanno appello alla scienza semiotica. Due potrebbero essere le ragioni.

i. La ricerca teorica denota la mancanza di una metascienza, di un metalinguaggio e di una metodologia propriamente traduttologici. È nella ricerca di questi elementi che la traduttologia attinge a concetti semiotici. Se la semiotica, come scienza che studia la produzione e l'interpretazione del senso a livello individuale, sociale e culturale, si

---

1 Capitolo 6 della sua tesi di ricerca *Traductologie et sémiotique peircienne: l'émergence d'une interdisciplinarité* del 1996. Consultabile online sul sito della La Maison des Sciences de l'Homme et de la Société (Université Michel de Montaigne, Bordeaux III).

2 Cosculluela afferma che Toury utilizza il termine "semiotica" in modo ambiguo « *ce même terme de 'sémiotiqu' traîne avec lui son inéluctable cohorte d'ambiguïtés que la rigueur épistémologique nous convie à dissiper* » (Cosculluela 1996, cap VI). In realtà i riferimenti di Toury alla semiotica strutturalista e culturale di Juri Lotman (1977, 1985) e Lotman&Uspenskij (1973) sono abbastanza chiari. Infatti, questi autori, nonché tutta la ricerca della scuola di Tel Aviv e di Tartu, non sono mai citati nella tesi di Cosculluela.

3 <www.mshs.univ-poitiers.fr/Forell/CC/00Sommaire.html>

presta ad essere applicata alla traduzione, la traduzione, per converso, in quanto fenomeno ricostruzione del senso fornisce un campo di indagine adeguatamente sondabile con strumenti semiotici. Per molti autori, semiotici e traduttologi, l'emergere di un reciproco interesse è quindi un fatto naturale e auspicabile. La semiotica possiede un carattere *sufficientemente articolato* per fornire una strutturazione adeguata della significazione e prendere in carico buona parte degli aspetti teorici ed empirici del fenomeno della traduzione. Il "carattere sufficientemente articolato" si riferisce alla pertinenza e duttilità degli strumenti semiotici ad adattarsi a livelli di indagine preferenziali che vanno dalla descrizione dell'essenza immanente alla traduzione, allo studio del funzionamento della "vicenda della traduzione" in contesto socio-culturale, fino all'analisi del risultato testuale traduttivo come manifestazione tangibile prodotto di una sensibilità individuale.

ii. L'interesse emerge soprattutto quando l'approccio linguistico si rivela insufficiente a descrivere in modo soddisfacente le dinamiche che caratterizzano la traduzione[4]. La semiotica sembra rispondere alle moderne esigenze traduttologiche che premono per *una teoria del valore e per una strutturazione translinguistica della significazione dei testi.*

> Une théorie de la traduction des textes est (...) incluse dans la poétique, qui est la théorie de la valeur et de la signification des textes. (…) Traduire un texte est une activité trans-linguistique comme l'activité d'écriture même d'un texte, et ne peut pas être théorisée par la linguistique de l'énoncé, ni par la poétique formelle de Jakobson. (Meschonnic 1972, 49)

Eppure, per molti traduttologi la semiotica resta uno spazio opaco e la parola "semiotica" diventa un termine "ombrello" o piuttosto un *fourre-tout* che accoglie squarci di riflessioni su aspetti pragmatici, culturali, testuali, ecc. Urge quindi una messa a punto terminologica che permetta di collocare con rigore concetti e teorie prima ancora di decidere della loro spendibilità in materia di traduzione.

Per capire in quali termini la semiotica si applica alla traduttologia bisognerà dapprima prendere in esame il versante della semiotica interpretativa che si rifà agli studi di Charles S. Peirce (1931-1958, 1967, 1981, 1992-1998). L'interdisciplinarietà tra semiotica e traduttologia è una

---

4   L'idea che la svolta semiotica sia una forma di reazione agli approcci linguistici emerge anche in Hartama-Heinonen (2008, 171).

realtà consolidata proprio grazie ai contributi che richiamano la semiotica interpretativa.

Nella prima edizione dell'enciclopedia traduttologica, *Routledge Encyclopedia of Translation Studies* (Baker&Malmkjær 1998), sotto la voce *Semiotic Approaches* redatta da Umberto Eco e Siri Nergaard, si ritrovano i principali approcci semiotici applicati alla traduzione: l'approccio definito *strutturalista*, con qualche rapido riferimento a Roland Barthes, Charles W. Morris, Algirdas J. Greimas e soprattutto Louis Hjelmslev, e l'approccio *interpretativo peirceano* cui si rifanno Umberto Eco e Siri Nergaard. Questa voce enciclopedica (a uso e consumo dei traduttologi e degli studenti di traduttologia) appare fortemente influenzata alle riflessioni di Umberto Eco: ciò emerge in particolare nella trattazione della questione della traducibilità, nel postulato della lingua perfetta, e nella concezione della traduzione in quanto caso specifico dell'interpretazione (Eco&Nergaard in Baker&Malmkjær 1998, 222–223). Anche la definizione del concetto di equivalenza, spiegata in termini echiani di "enciclopedia", è una rielaborazione e un adattamento del pensiero di Peirce.

> The process of unlimited semiosis postulated by Peirce suggests that our linguistic competence is best explained within the format of an encyclopedia rather than a dictionary. In other words, it is best seen as a type of competence which provides instructions on how to interpret *(and even translate)* a given term according to the sense it acquires in a particular context and/or situation of production and reception, according to intertextual situations, and so on (Eco 1976, 1984). The encyclopedic view then consolidates the semantic and pragmatic approaches to meaning, making it possible to reassess the concept of EQUIVALENCE which has always received a great deal of attention in translation studies. *Translation is seen here as a subspecies of interpretation (there are, by contrast, many interpretations that cannot be strictly defined as translations).* Translation therefore does not simply involve substituting single terms with their alleged synonyms, nor does it involve comparing sign-systems per se. Instead, *it involves confronting textual situations against a background of different (partial) encyclopedias, that is, of specific forms of socially and culturally shared knowledge set in different historical situations.* (Eco&Nergaard in Baker&Malmkjær 1998, 221, corsivo nostro)

Nella seconda edizione della Routledge (Baker&Saldanha 2009), la redazione della voce *Semiotic Approaches* è affidata a Ubaldo Stecconi, traduttologo e semiotico di orientamento peirceano. Nella nuova definizione, non vi è molto spazio per la semiotica generativa e nonostante il riconoscimento dell'importanza euristica dei mezzi analitici che essa offre, l'autore afferma che l'approccio non si presta a risolvere questioni teoriche di natura più astratta.

62

> Thus although structural semiotics can provide useful heuristic and analytical tools, it is unsuitable for other tasks such as distinguishing translations from non translations and addressing the question of TRANSLATABILITY. (Stecconi in Baker&Saldanha 2009, 269)

Di fatto, la tradizione interpretativa peirceana si è fatta rapidamente strada in traduttologia, e questo grazie a un gruppo autori provenienti da orizzonti culturali e linguistici diversi. Dinda Gorlée (1989, 1994, 2004), Janice Deledalle-Rhodes (1989, 1990), Cécile Cosculluela (1996, 2003), Umberto Eco (1995, 1997, 2000, 2003), Susan Petrilli (1992, 1999, 2001, 2006a, 2006b, 2007), Ubaldo Stecconi (1994, 2004, 2007, 2008) e Siri Nergaard (1999, 2001) e Ritva Hartama-Heinonen (2008) riprendono, sviluppano e applicano i principi della semiotica triadica di Peirce allo studio della traduzione.

Le potenzialità degli strumenti derivati dalla semiotica generativa di Algirdas Julien Greimas restano invece tuttora inesplorate; questo vuoto teorico si spiega almeno in parte col legame che la semiotica interpretativa intreccia con l'antica tradizione ermeneutica che ha a sua volta segnato gli albori della storia della traduttologia e non ha mai cessato di investigare il problema del senso in termini di interpretazione.

Ripercorrere brevemente la vicenda "semiotraduttiva" così com'è stata scritta dai traduttologi peirceani permetterà di raggiungere tre obiettivi: pagare un tributo al lavoro pionieristico degli autori che hanno intrapreso la strada di una nuova interdisciplinarità; illustrare le premesse teoriche su cui si fonda il legame tra traduttologia e semiotica interpretativa; e infine fornire una nuova definizione del concetto di traduzione, intesa come caso specifico di interpretazione. Questi tre obiettivi soddisfano un'esigenza più ampia, che è quella di portare avanti lo studio della problematica epistemologica e metodologica. La seguente trattazione si sofferma unicamente sui contributi che hanno dato il maggiore impulso alla ricerca in campo di teoria traduttologica pura, tramite l'impiego di inediti schemi metodologici.

2.1 Elementi di semiotica interpretativa

Il primo riferimento alla semiotica peirceana si trova nel saggio di uno dei linguisti più citati in traduttologia. Nel saggio "On linguistic aspects of translation" Roman Jakobson (1959/2000) articola il discorso teorico sul concetto di *senso* e su come il senso di una parola possa essere colto ed elaborato nell'uso quotidiano della lingua. La prima constatazione è che il senso, oltre ad essere un'entità linguistica, è soprattutto un'entità semiotica.

> The meaning of the words "cheese," "apple," "nectar," "acquaintance," "but", "mere," and of any word or phrase whatsoever is definitely a linguistic—or to be more precise and less narrow—a semiotic fact. (Jakobson 2000, 113)

Da un punto di vista semiotico, riusciamo a spiegare il senso di una parola in modo più preciso e più ampio perché prendiamo in esame elementi non puramente linguistici e perché facciamo ricorso ad altre parole (funzione metalinguistica della lingua). Come Peirce, anche Jakobson sostiene che il senso di un segno è la traduzione di quel segno in un segno più "sviluppato".

> For us, both as linguists and as ordinary word-users, the meaning of any linguistic sign is its translation into some further, alternative sign, especially a sign "in which it is more fully developed," as Peirce, the deepest inquirer into the essence of signs, insistently stated. The term "bachelor" may be converted into a more explicit designation, "unmarried man," whenever higher explicitness is required. (Jakobson 2000, 113)

Prendendo spunto da queste citazioni, è possibile ricostruire i principali presupposti teorici che hanno costituito, da Jakobson in poi, l'impalcatura della traduttologia peirceana.
i. Il senso di un segno (linguistico) non è altro che la sua traduzione in un altro segno;
ii. L'altro segno (la traduzione) è più sviluppato rispetto al segno che traduce;
iii. La traduzione è produzione di senso;
iv. Se un segno ha senso soltanto se può essere tradotto, allora la traduzione è sempre possibile e l'intraducibilità è un controsenso.
Così come Peirce, anche Jakobson tende a utilizzare in modo intercambiabile i termini (in inglese) di *translation, conversion, interpretation, intepreting*, ma diversamente dagli altri traduttologi-semiotici nella sua classificazione preferisce il termine "traduzione" come iperonimo che riassume tutte le diverse operazione semiotiche.

Dopo Jakobson, l'approccio peirceano si è affermato e sviluppato in autori che hanno definito la traduzione secondo due prospettive
i. Il concetto di "traduzione" è stato identificato a quello di "interpretazione" e di "processo di semiosi". Questo ha portato a una rivalutazione dell'importanza degli aspetti non linguistici della traduzione. Dinda Gorlée è stata una vera antesignana in questo ambito; a questo

primissimo approccio interdisciplinare si affianca anche il lavoro di Susan Petrilli, Umberto Eco e Cécile Cosculluela.

ii. La traduzione intesa come sottoinsieme, come pars pro toto della semiosi, in Umberto Eco, Siri Nergaard e Ubaldo Stecconi, ha dato origine a una visione inedita della natura creativa e paradossale della traduzione e ha fornito una prospettiva inedita sul concetto di "equivalenza".

2.1.1 La semiotraduzione

Dinda Gorlée (1989, 1994) è la prima autrice ad avere applicato la logica peirceana alla traduzione. Il suo contributo è significativo perché supplisce alle difficoltà dell'approccio linguistico alla traduzione, e perché supera il "parassitismo" empirico che impedisce alla disciplina di spiccare un vero volo teorico.

Questo primo passo verso una nuova interdisciplinarietà ha suscitato anche reazioni avverse. L'autrice è stata criticata per aver condotto un ragionamento troppo tortuoso che fatica ad approdare a risultati coerenti e che si avvale della traduzione per indagare i processi semiotici. Per alcuni autori, addirittura, Gorlée non sarebbe riuscita a raggiungere l'obiettivo prefissato, ossia unificare le due discipline, *bridge the gap between semiotics and translation theory*" (Gorlée 1994, 27), e la montagna della *semiotranslation* – termine coniato da Gorlée – avrebbe in realtà partorito un topolino (Stecconi 2008, 161)[5].

Con il riferimento alla teoria peirceana e in un'opera intenzionalmente dedicata alla traduzione, Gorlée ha avuto a nostro parere il grande merito di aver rivalutato nella pratica traduttiva i meccanismi non linguistici, ovvero pragmatici e interpretativi della significazione.

As announced above, this study chooses Peircean semiotics to serve as its sign-theoretical paradigm. This choice (or rather, preference) is both the result of my (necessary limited) resources and a natural consequence of the broad scope of the concept of translation used in these pages; which is in no way confined to linguistic signs but concerns itself with signs of all sorts, linguistic as well non-linguistic. (Gorlée 1994, 26)

---

5   Non è questa la sede per analizzare le eventuali lacune dell'opera di Gorlée; per una discussione sulle contraddizioni teoriche all'interno della sua proposta. Cfr., a tale proposito Cosculluela (1993) e Stecconi (2005, 2008).

Il concetto di equivalenza, così come prospettato dall'autrice, getta nuova luce su un elemento fondamentale – che è spesso considerato come ovvio – della traduzione, ossia la natura della sua dipendenza all'originale. Si tratta di una dipendenza *sui generis* perché in termini di *temporaneità* la traduzione è *seconda*, e in termini di *causalità* essa è *conseguenza* dell'originale. Ciononostante, dal punto di vista ontologico, la traduzione deve essere considerata quale fenomeno autonomo e autosufficiente. Gorlée insiste sulla *irreversibilità* della traduzione rispetto all'originale e sull'impossibilità di ripercorrere il cammino traduttivo a ritroso. In questo senso traduzione e originale non sono intercambiabili.

> Yet in contradistinction to the interchangeability claim, the translation follows from and is cause by (Pierce would obviously say "is determined by") the original; it is its interpretant-sign. If both signs are lifted out of the infinite semiosic sequence and studied in isolation, the original is of the two the primary sign, both temporally and logically. (…) The mediating sign-action, once set into motion, is a recursive but irreversible process of sign translation. This implies that there is in the sense intended here no back-translation possible; (…) To reduce sign translation, linguistic or otherwise, to mimicry or to mirroring procedure is to respond to nothing but the sign's Firstness, and thus to atrophy its full signifying potential. (Gorlée 1994, 170–171)

La traduzione, come pratica semiotica, si trova non solo liberata dai limiti puramente linguistici ma anche da una visione ferrea e sterile derivata dalla logica dell'equivalenza intesa come identità.

Gorlée è la prima traduttologa ad aver evidenziato il parallelismo tra traduzione e semiosi: l'applicazione della semiotica peirceana ha come conseguenza naturale l'associazione della traduzione al processo semiosico.

> In short, this study affirms that translation is and may be logically assimilated to semiosis, or sign activity, in Peirce's sense of this concept. (Gorlée 1994, 7)

L'applicazione di concetti quali, semiosi, l'azione del segno (*sign-action*), per spiegare la traduzione rappresenta il punto di svolta di tutta la traduttologia semio-interpretativa. Quest'impostazione è ripresa e sviluppata nei successivi modelli traduttivi: tra questi esaminiamo il modello teorico di Cécile Coscullela e quello di Ubaldo Stecconi nonché la proposta di Susan Petrilli, il modello processuale di Siri Nergaard e la prospettiva di Umberto Eco.

2.1.2 I modelli triadici

Con *Traductologie et sémiotique peircienne: l'émergence d'une interdisciplinarité* (1996) tesi per l'ottenimento del dottorato in Studi Anglofoni all'Università di Bordeaux III, Cécile Cosculluela[6] sancisce definitivamente il legame tra semiotica e traduttologia. L'autrice non è la prima ad aver applicato i principi della semiotica peirceana alla traduzione, infatti buona parte del suo lavoro trae ispirazione dagli studi di Janice Deledalle-Rhodes (1989, 1990) e Dinda Gorlée. Il suo lavoro è tuttavia di grande interesse per la sistematicità e la completezza con cui l'autrice interpreta gli sviluppi della storia della traduzione e i successivi intrecci con la semiotica.

La sistematizzazione della storia della traduttologia in chiave peirceana è una proposta nuova e originale. Secondo Cosculluela, la storia evolve dalla secondità, da una logica binaria e diadica a una concettualizzazione dialettica di terzità. Le prime riflessioni sulla traduzione (dall'antica Grecia a Orazio, passando per Cicerone) sono di tipo dualistico e in quel periodo emerge l'opposizione senso vs. parola; negli autori quali Lutero, Dolet, Dryden la logica oppositiva si trasforma in ragionamento di complementarietà per cui senso e parola diventato entità inscindibili e ugualmente importanti per la traduzione (Cosculluela 2003, 105–106). Walter Benjamin invece, con la sua idea di *pura lingua* anticipa una visione triadica della traduzione e al contempo valorizza il ruolo del traduttore la cui funzione di mediazione si realizza grazie alle proprietà che le lingue hanno in comune.

> The translator's task, therefore, lies in his elaborating a third mediation (i.e., a mediation belonging to thirdness) between two—or more—second linguistic actualizations: he acts as the mediator of a triadic relationship centered on pure language. (Cosculluela 2003, 107)

Secondo Cosculluela, i vari periodi storici in cui la traduttologia passa da un'impostazione puramente linguistica a riflessioni di tipo pragmatico (Catford), semiologico (Vinay e Dalbernet, Mounin), antropologico (Nida), poetico (Meschonnic, Etkind), ermeneutico (Steiner), sociologico (Pergner),

---

6   Discutiamo solo due aspetti della proposta teorica di Cosculluela: la spiegazione triadica della storia della traduttologia, e la concezione semiosica della natura della traduzione. Tralasciamo invece la sua analisi del processo traduttivo (che si riduce a una definizione della figura del traduttore come *Interpeter*, *Muser* e *Graphist*) e dei metodi di traduzione (una reinterpretazione, in termini peirceani, dei procedimenti di traduzione di Vinay e Dalbernet).

e interpretativo (Seleskovitch e Lederer) sono la prova tangibile della precisa volontà di superare i limiti della linguistica e analizzare la dimensione semiotica della traduzione (Cosculluela 2003, 113).

Il meticoloso percorso storico dell'autrice e la puntigliosa analisi dell'*opus* traduttologico sono sicuramente di grande valore; la lettura triadica della storia della traduzione, è anch'essa innovativa. Resta tuttavia forte il dubbio che dietro l'eccessivo zelo vi sia una sospetta volontà di fare collimare il tutto in una logica che non sempre riesce a conciliare in modo convincente aspetti storici e contribuiti teorici.

Lo studio delle opere di Peirce porta Cosculluela, così come Gorlée precedentemente, a concepire la traduzione come fenomeno semiosico per eccellenza.

> A sign, or *representamen*, is something which stands to somebody for something in some respect or capacity. It addresses somebody, that is, creates in the mind of that person an equivalent sign, or perhaps a more developed sign. That sign which it creates I call the *Interpretant* of the first sign. The sign stands for something, its *object*. (CP 2.228)

La principale caratteristica del segno non è quella di rappresentare una classe di oggetti generali ma piuttosto una funzione, una relazione in cui un *representamen* (un supporto qualsiasi, figurativo, pittorico, filmico, gestuale o linguistico, ecc.) sta per qualcos'altro, ossia *l'oggetto* (il referente inteso come oggetto immediato o dinamico[7]) per qualcun altro, *l'interpretante* (una persona, un pensiero, un immagine mentale, ecc.). Per essere capito, un segno deve rimandare a un altro segno, e in questo processo di rinvio, l'interpretante diventa il representamen di un altro segno. Nella definizione di *semiosi* un segno che non rinvia a un altro segno non può essere un segno, poiché la caratteristica intrinseca del segno è la sua capacità di rinviare *ad infinitum*. In tal senso, la semiosi è illimitata perché non vi è primo o ultimo segno, vi è soltanto processo dialogico per cui un segno è tradotto in un altro segno che dice qualcosa in più – e quindi arricchisce – il primo segno.

---

7   *L'Oggetto immediato* è all'interno del segno, esso è implicato dal Representamen e implicito nell'Interpretante in quanto rappresentazione mentale di un oggetto. Quello che invece realmente esiste nel mondo esterno è l'*Oggetto dinamico*. Il segno non riesce a dire nulla sull'esistenza (l'ente in sé) dell'oggetto dinamico, esso non fa altro che *indicare, puntare* a esso, lasciando all'interpretante la definizione della sua natura, tramite il fenomeno dell'esperienza. (EP 2. 495)

Thinking always proceeds in the form of a dialogue – a dialogue between different phases of the *ego* – so that, being dialogical, it is essentially composed of signs. (CP 4.6)

Secondo la faneroscopia (lo studio delle caratteristiche universali dei fenomeni esperibili) di Peirce la realtà è esperibile secondo tre stadi progressivi: la *primità*, categoria della possibilità dell'essere inteso come uno e globale (mondo), la *secondità*, categoria dell'esperienza, dell'essere relativo a qualcosa (diade), e infine la *terzità*, categoria della mediazione, della sintesi dell'abito comportamentale e processuale, legge generale che permette la rappresentazione, l'intellettualizzazione e la comunicazione (triade).

Le tre categorie universali sono, secondo Cosculluela, applicabili alla storia della traduttologia come visto in precedenza, ma anche e soprattutto al fenomeno della traduzione in quanto processo di semiosi. Peirce stesso avrebbe indicato la strada da seguire con l'utilizzo del termine di *traduzione* per denominare la capacità di rinvio dei segni e la possibilità di comprendere un segno traducendolo in un altro segno.

Indeed, Peirce highlighted the firstness of translation when he noted that 'everything may be comprehended or more strictly translated by something' (…). He clearly relies on the logic of vagueness—which is typical of firstness —when he brings to the fore the universality of translation by writing that to a certain extent 'everything is a medium between something and something' (…). (Cosculluela 2003, 120)

La primità della traduzione è la *possibilità* di mediazione, di rinvio da un segno a un altro; la traduzione in quanto primità è onnipresente, soggiacente ad ogni processo di comprensione, essa è fondamento stessa del pensiero: se non vi è traduzione, non vi è nemmeno significato. In altri termini, la categoria della primità rappresenta l'assioma della traducibilità. La traduzione è secondità in quanto realizzazione in un corpo materiale, ed essa è terzità in quanto è mediazione e generazione di senso.

Translation is definitely at the core of semiotics. From the point of view of thirdness, it is a law regulating the various actual occurrences whose virtuality belongs to firstness. This law or habit consists in making 'a sign interpret itself in another sign'. (Cosculluela 2003, 121)

Inoltre, il *senso* di una proposizione è la *traduzione* di quella stessa proposizione.

Consequently, the meaning of a proposition 'is no other than the very proposition of which it is the meaning: it is a translation of it' (…). (Cosculluela 2003, 121)

In quanto semiosi, la traduzione *è rinvio*, e di conseguenza *è aumento, sviluppo, crescita di senso*.

> A sign is not a sign unless it translates itself into another sign in which it is more fully developed (…) Thought must live and grow in incessant new and higher translations, or it proves itself not to be genuine thought. (Peirce in Cosculluela 2003; 121)

La logica peirceana si basa su un postulato che pone la traduzione al centro della semiosi: senza traduzione non vi è significazione, un segno che non rinvia a un altro segno non ha capacità di significare, ossia vivere, crescere, essere tradotto in un altro segno. Senza traduzione non vi è processo significativo, non vi è vita.

Rispetto a Cosculluele e Gorlée, Ubaldo Stecconi (1994, 2004, 2007, 2008) pur adottando l'assunto peirceano per cui la traduzione è un processo significativo, procede anche a una puntualizzazione di grande importanza: la traduzione è una particolare forma di semiosi ed è necessario fare un distinguo tra semiosi generale e semiosi traduttiva in particolare. Anche se non è il primo traduttologo-semiotico a fare questo tipo di distinzione, la sua puntualizzazione ha valore epistemico in un momento in cui, sulla spinta dell'interdisciplinarietà, la traduzione è accomunata a fenomeni quali comunicazione, interpretazione, lettura e processi di comprensione e di apprendimento, ecc., ed è stata quindi paradossalmente impiegata per esplicitare e indagare la comunicazione e la semiotica e non viceversa. È questa critica che Stecconi rivolge a quegli autori che non si peritano ad esempio di distinguere la traduzione da altre forme di semiosi.

> Therefore, one should use semiosis to explain what translation is like rather than using translation to explain what semiosis is like. This distinction is crucial to stake a claim for translating amid other forms of semiosis. (Stecconi 2004, 473)

Distinguere significa definire. Secondo Stecconi, è possibile procedere scientificamente all'individuazione delle condizioni logico-semiotiche che costituiscono il fondamento della *T-semiosis* (semiosi traduttiva) soltanto se si accetta come premessa il fatto che la traduzione è un fenomeno limitato e delimitabile rispetto alla semiosi in generale. Riprendendo le tre categorie peirceane di primità, secondità e terzità, Stecconi definisce la traduzione tramite il suo fondamento (primità), tramite gli eventi (secondità) e il concetto (terzità). La primità è qualità di *possibilità*, la possibilità stessa che vi sia traduzione. Gli Eventi traduttivi, ossia le traduzioni intese come eventi fattuali, individuali e intenzionali, costituiscono la secondità della traduzione; l'evento traduttivo comprende "l'atto di traduzione", ossia il *processo* traduttivo nello spazio e nel tempo eseguito da un individuo-traduttore, ma anche il *prodotto*, il risultato, l'oggetto testuale (Stecconi 2004, 474–475).

Il Concetto rappresenta la terzità della traduzione. Il concetto riunisce le norme e l'abito comportamentale. Le norme sono istruzioni generali e interiorizzate dal traduttore, esse determinano i comportamenti e gli eventi traduttivi; esse sono ancorate a una specifica società e cultura e sono quindi suscettibili di cambiare e di evolvere in nuove norme. L'abito comportamentale del processo di traduzione – nonché i criteri di valutazione del prodotto – sono determinati dalle norme che a loro volta sono determinate dalla primità, il Fondamento della T-semiosis (Stecconi 2004, 476). La relazione tra Fondamento, Oggetto (Eventi) e Concetto (Norme) della traduzione non è di ordine causale ma di ordine consecutivo (primità-secondità-terzità) e di presupposizione, così come avviene nel segno. I tre pilastri che costituiscono la traduzione, così come descritta da Stecconi, possono essere così rappresentati (fig. 2.1)[8].

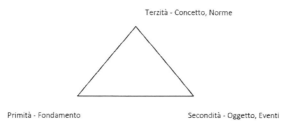

Fig. 2.1 La T-semiosis secondo U. Stecconi.

Rispetto alla secondità (eventi) e alla terzità (norme) che sono variabili la Primità in quanto Fondamento della traduzione è una caratteristica che si dà in negativo, in quanto possibilità generale. La Primità contribuisce allo sviluppo della teoria traduttologica generale; essa è definibile, triadicamente, da caratteristiche che individuano l'essenza della traduzione: *similarità, diversità, mediazione*.

---

8   Tratto della rappresentazione pubblicata nella *Routledge Encyclopedia of Translation Studies* (Stecconi in Baker&Saldanha 2009, 263).

La *similarità* è la prima caratteristica (primità) del Fondamento della traduzione, è condizione logica ma qualità indeterminata[9].Nella traduzione, e soltanto in essa, dice l'autore, ci si aspetta che vi sia un rapporto intertestuale di similarità. Per quanto questa posizione possa essere discutibile[10] essa getta una nuova luce sulla natura indeterminata (*vagueness*) della similarità: essa non esiste in quanto qualità positiva e definita in termini specifici, ma come una categoria astratta. È quindi il traduttore a determinare nel testo tradotto, seguendo (o contraddicendo) le norme, l'entità della similarità; sarà poi la comunità, la cultura di arrivo dell'epoca, a valutare, approvare e definire il grado e il valore di similarità della traduzione.

> In my model, similarity is a potentiality patiently waiting for individuals and communities to come along and determine it as they engage in translation. When they do, in time they will establish norms or habits. (…) in fact *the similarity character makes equivalence norms possible*. This excludes the option to use empirical analysis of equivalence relations and norms to arrive at an account of the similarity character. (Stecconi 2004, 479)

Un'obiezione può essere mossa a questo ragionamento: se la traduzione è similarità *virtuale*, in quanto potenzialità della norma di equivalenza, perché non indagare empiricamente l'equivalenza *realizzata* nel testo tradotto? Solo perché il Fondamento, e con esso la similarità, è concepito come qualità metafisica (*metaphysical goal*, Stecconi in Baker&Saldanha 2009, 263) dovremmo rinunciare a una verifica empirica?

La *differenza* è la seconda caratteristica del Fondamento della traduzione (secondità); si tratta di un dato intuitivo, dice l'autore, ed esperibile ogni giorno perché è ancorato agli eventi di traduzione. La *differenza* esula dalla predetta caratteristica di "non verificabilità" del Fondamento? Per Stecconi, anch'essa è da intendere in termini di possibilità.

> The character of difference is much more intuitive, because it is ultimately anchored to existing events. (…) However, this character, as it is represented in the Foundation of translation, is the mere possibility of such barrier. (…) this character refers to the process in which a pre-semiotic gap is brought inside T-semiosis. (Stecconi 2004, 479–480)

---

9   "one could not logically speak of translation without assuming some reference to similarity." (Stecconi 2004, 479)
10   È l'equivalenza a nostro parere a essere vera aspettativa nella traduzione. Ci si aspetta infatti che una traduzione sia equivalente, e non simile, all'originale.

La differenza è possibilità dell'esistenza di una barriera tra due sistemi semiotici, e implica quindi la preesistenza dei due sistemi semiotici. La percezione della differenza, descritta con la metafora della "piega" (*fold between semiotic systems*), rappresenta l'aspetto più tangibile della condizione stessa della traduzione: senza differenza non vi è traduzione. In altri termini, tutte le pieghe esistenti (l'oggetto dinamico) tra i sistemi semiotici sono esperite e confermate soltanto in modo generalizzato (l'oggetto immediato) nel riflesso semiotico della differenza percepita, differenza che non è soltanto di tipo linguistico, ma chiama in causa anche elementi che pertengono alla percezione, alle attitudini culturali e al canale di comunicazione.

> (…) language barriers are the main but not the only fold in the semiosphere. Translation-like operations are also required to overcome other folds in the fabric of communication, such as those created by the participants' perceptions or attitudes, by the materiality of communication channels, etc. (Stecconi 2004, 481)

La terza caratteristica del Fondamento della traduzione è la mediazione. La *mediazione* fa capo al discorso indiretto e al contempo alla possibilità di mediare tra due entità. La mediazione implica che vi siano due segni *diversi*, in ragione della barriera sistemica tra due semiosfere, ma che siano anche *simili* nel senso che "dicono" la stessa cosa.

> T-semiosis could not happen if the target sign were not seen as an interpretant of the source sign and, therefore, as 'saying the same thing'. (…) But the most salient determination is undoubtedly that *there is no translation if the target sign does not 'speak on behalf' of the source sign*. In actuality, two voices are always present in a translated text or utterance: that of the author and that of the translator. (Stecconi 2004, 482)

L'autore afferma che "parlare[11] al posto di" implichi che nel testo tradotto vi siano sempre due voci, quella dell'autore e quella del traduttore, fenomeno che emerge anche negli studi narratologici sulla traduzione di Theo Hermans (1996) e Giuliana Schiavi (1996). Ci si può chiedere a questo punto se sia

---

11 Notiamo a margine che in un recente articolo Stecconi (2007) critica l'utilizzo da parte di U. Eco del verbo dire (*saying*), in "dire quasi la stessa cosa", qui propone di utilizzare il verbo parlare (*speak*) per spiegare l'azione del segno tradotto rispetto al segno originale. Anche se sostenere che la traduzione non "dica qualcosa", ma piuttosto "parli al posto di" va a confortare l'ipotesi per cui il testo tradotto è un discorso indiretto mascherato, sarebbe interessante approfondire le implicazioni semiotiche derivate dalle due espressioni "dire quasi la stessa cosa" e "parlare al posto di".

davvero impossibile sottoporre a verifica empirica l'esistenza di queste due voci narratologiche tramite il confronto diretto tra originale e testo tradotto, e presupponendo che la voce del traduttore sia chiaramente distinguibile da quella dell'autore, proprio perché *dice qualcos'altro, in un altro modo*. La diversità si presenta come aspetto molto più complesso di quanto descritto dall'autore e degno quindi di essere ulteriormente indagato: differenza non significa soltanto divergenza tra due sistemi semiotici ma è caratteristica realizzata e intrinsecamente realizzante della traduzione, per esempio, nella voce del traduttore che si differenzia e si distingue da quella dell'autore.

Similarità, differenza e mediazione costituiscono infine il Fondamento (primità), il criterio che identifica la semiosi traduttiva e che interagisce costantemente con le Norme (terzità) e gli Eventi (secondità) del fenomeno "semiosi traduttiva". Di queste tre entità che contraddistinguono la Traduzione dagli altri fenomeni adiacenti (o compresenti) soltanto gli Eventi rappresentano l'unico aspetto empiricamente percettibile; le Norme sono deducibili e inducibili dal Fondamento che è, ribadiamo, nel modello di Stecconi è metafisicamente costruito e quindi di natura assiomatica.

> One can picture Foundation, events, and concepts as a ladder where the middle rung — events — is made of individual and discrete events, whereas the bottom and top rungs are intangible and continuous. We can have perceptual experience only of translation events, and from a phenomenological point of view, the concepts above and the Foundation beneath escape empirical verification. (Stecconi 2004, 485)

2.1.3 I modelli interpretativi

La tradizione ermeneutica

L'interpretazione è una nozione che in traduttologia è mutuata dalla corrente ermeneutica[12], lo studio e la comprensione della significazione, che a sua volta si ispira alle antiche discipline filologiche ed esegetiche. Il metodo ermeneutico si basa sulle ipotesi e le presupposizioni che l'interprete fa sul probabile significato testuale. Il senso di un testo è quindi un atto individuale, ancorato tuttavia alla comunità e alla tradizione.

Friedrich Schleiermacher e Hans-Georg Gadamer, principali esponenti dell'ermeneutica traduttologica, sono i primi a istituire un legame tra

---

12 Originariamente l'ermeneutica rappresentava l'arte dell'interpretazione critica di testi giuridici, biblici, storici e letterari; è l'antica scienza del testo da cui origina la semiotica testuale (Nöth 1990, 334).

traduzione e interpretazione e a concepire la natura della traduzione come fondamentalmente interpretativa. I due autori seguono tuttavia percorsi teorici diversi.

Per Schleiermacher (1838/1977) l'interpretazione è guidata dalla volontà di comprendere il senso originale, l'unica e vera intenzione dell'autore. Comprendere il testo significa ricostruire il pensiero dell'autore, riducendo al minimo l'arbitrarietà del lavoro interpretativo[13]. L'ermeneutica è quel procedimento che permette di arrivare a "un'interpretazione ricostruita e giusta", e la comprensione non è una semplice riproduzione ma un profondo lavoro di studio del testo per coglierne il senso profondo e per rendere manifesti quei processi che nell'opera potrebbero anche essere inconsci (Nöth 1990, 335).

Con Gadamer l'ermeneutica non si pone soltanto il problema della giusta interpretazione ma anche quello delle modalità con cui l'esercizio di comprensione riflette su se stesso, ovvero sul meccanismo che regge l'interpretazione al di là dell'orizzonte individuale e storico. All'ermeneutica normativa, al principio dell'interpretazione monosemica e corretta, Gadamer preferisce la polisemia testuale e la potenzialità produttiva della situazione ermeneutica, presente già nell'atto di lettura.

> Not only occasionally, but always does the sense of a text surpass its own author. Therefore understanding is not mere reproduction but always a productive behavior. (…) Understanding is in reality no better understanding. (…) It suffices to say that one understands differently, if one understands at all. (Gadamer in Nöth 1990, 337)

Problematizzando il concetto di intenzione dell'autore, insistendo sull'idea di "produttività" dell'io conoscitivo, Gadamer ribadisce la centralità della polisemia come faranno successivamente Julia Kristeva[14] con la nozione di polifonia (ripresa da Michail Bachtin 1975/1979) e Umberto Eco (1962, 1979) con il concetto di opera aperta e lettore modello.

Il processo di comprensione testuale dell'interprete si basa sull'aspettativa contestuale (il movimento circolare tra una parte del testo e il testo intero). L'interprete realizza una sorta di processo *construens* non tanto del senso "voluto" dall'autore ma piuttosto del senso "atteso", basandosi su quello che precede, ossia costruendo un filo rosso interno che sottende il

---

13 Vedi Dilthey (1958), Betti (1982) e Hirsch (1976) in Nöth (1990) per un approfondimento di questo versante dell'ermeneutica.
14 Julia Kristeva (in Nöth 1990, 323).

testo, che gli permette man mano di convalidare le ipotesi interpretative e aggiungere nuove informazioni al senso profondo.

L'anticipazione di senso che abbraccia la totalità diventa comprensione esplicita nella misura in cui le parti, che sono determinate dal tutto, determinano a loro volta questo tutto. Il lavoro di costruzione è già a sua volta guidato da una certa aspettativa di senso, che deriva dal contesto che precede.

> Quando ci poniamo a interpretare un testo, non ci collochiamo nella spiritualità dell'autore; se proprio si vuole parlare di "trasporsi", quello in cui ci trasponiamo è la prospettiva entro la quale l'autore è arrivato a quella determinata opinione espressa nel testo. (…) È compito dell'ermeneutica chiarire questo miracolo della comprensione, che non consiste in una comunione di anime, ma in una partecipazione ad un senso comune. (Gadamer 1972 tr. it. 1983, 341)

Il senso emerge tramite il cerchio ermeneutico, nell'aggiustamento dell'aspettativa. L'intelligibilità della parola dell'autore avviene secondo le *modalità* (la prospettiva) con cui egli l'ha costruita, tramite l'immersione nella *prospettiva creata* dall'autore e non nell'immedesimazione. Aspettativa e prospettiva sono le istruzioni epistemiche che fanno dell'ermeneutica una *teoria del senso condiviso nel testo.* Nel processo ermeneutico il senso non è esperito in quanto simbolismo oscuro e nemmeno come realtà traspositiva, ma come prospettiva le cui linee indicano il punto di fuga nel quale convergono le esperienze interpretative.

Il movimento di comprensione interpretativo, il dialogo ermeneutico che si instaura tra il testo e l'interprete è simile, sostiene Gadamer (1972 tr. it. 1983, 442), a quello della traduzione: la traduzione è sempre un'interpretazione, o meglio un atto interpretativo compiuto e la condizione del traduttore è identica a quella dell'interprete.

> L'esempio del traduttore che ha da superare la distanza tra le lingue mette bene in luce il rapporto reciproco che si istituisce fra l'interprete e il testo e che corrisponde al rapporto di reciprocità caratteristico del processo di comprensione che si attua nel dialogo. Ogni traduttore è, infatti, un interprete. Il testo in lingua straniera rappresenta soltanto un caso di accresciuta difficoltà ermeneutica, cioè un caso di particolare distanza ed estraneità da superare. (…) Il compito del traduttore non si distingue qualitativamente, ma solo per il diverso grado di intensità, dal compito ermeneutico generale che ogni testo ci propone. (Gadamer 1972 tr. it. 1983, 445)

Anche se l'idea che la traduzione si distingue dall'interpretazione solo e soltanto per grado di intensità può risultare sospetta (cosa si intende, infatti, per "intensità"?), si può facilmente essere d'accordo col fatto che il traduttore non debba soltanto capire la lingua ma anche interpretare il testo.

Nel processo di interpretazione, il traduttore procede per tentativi e la traduzione avviene sempre sotto il segno del compromesso.

> (…) il traduttore cerca, in un moto alterno di prove e tentativi, la migliore soluzione, che può essere sempre soltanto un compromesso. Come nel dialogo, per raggiungere questo scopo, ci si sforza di collocarsi nella posizione dell'altro per capire il suo punto di vista, così anche il traduttore si sforza di trasporsi completamente nel suo autore. (Gadamer 1972 tr. it. 1983, 444)

L'idea del compromesso[15] come fondamento della traduzione alimenta un forte giudizio di valore. Nella trasposizione la traduzione diventa riproduzione infedele, "ammissione di inferiorità da parte degli interlocutori", "scarto tra l'originaria lettera del discorso e la sua riproduzione, scarto che non si riesce mai completamente a superare" (Gadamer 1972 tr. it. 1983, 442). In quanto compromesso, la traduzione si realizza in una sorta di oscillazione tra "la chiarificazione enfatizzante" e l'esplicitazione di ogni sfumatura dell'originale e la "continua rinuncia", l'incapacità materiale di esprimere tutte le dimensioni del testo, la consapevolezza che "anche quando è perfetta, non è possibile che non le manchi qualcuna delle risonanze che si avvertono nell'originale" (Gadamer 1972 tr. it. 1983, 444).

Se si decide di condividere l'idea che il traduttore non riuscirà mai, nel rispetto del principio di fedeltà, a superare le differenze linguistiche e culturali, e che il suo lavoro è un continuo *compromesso*, sarebbe opportuno definire anche le speciali condizioni che realizzano tale compromesso.

La partecipazione alla creazione del senso testuale[16] implica l'idea che il senso non esiste in sé, ma attraverso un aggiustamento reciproco testo-interprete (o autore-interprete, secondo Gadamer). "L'orizzonte personale" dell'interprete è di conseguenza un'indispensabile parte *construens* del senso.

---

15 Concetto ripreso poi da Eco (2003) con la nozione di "negoziazione".

16 "Il testo porta a espressione un certo contenuto, ma che ciò accada dipende in definitiva dall'interprete. Entrambi sono partecipi di questa operazione". (Gadamer 1972 tr. it. 1983, 446)

Così l'orizzonte proprio dell'interprete si rivela determinante, ma anche qui non come un punto di vista rigido che si voglia imporre, ma piuttosto come un'opinione e una possibilità che si mette in gioco e che in tal modo aiuto ad *impadronirsi veramente* di ciò che nel testo è detto. (Gadamer 1972 tr. it. 1983, 446–447)

L'esistenza di un "orizzonte proprio" esplicita la natura fondamentalmente e intrinsecamente diversa della traduzione rispetto all'originale; la traduzione avviene nel segno dell'appropriazione ("impadronirsi veramente") ed è intesa come "luce nuova e diversa (…) che viene proiettata sul testo della nuova lingua e per il lettore della traduzione" (Gadamer 1972 tr. it. 1983, 442).

Nel discorso di Gadamer risulta evidente che la natura della traduzione è profondamente paradossale, perché implica il rispetto di due ragioni opposte (quello della lingua della traduzione e quello dell'originale), e perché è tanto più apprezzabile quando si presenta come "guadagno" rispetto all'originale, "ricreazione", rielaborazione, riscrittura, quando trasmuta e respira di vita nuova in un'altra opera.

In certi rari casi, di capolavori di traduzione, che sono vere e proprie ri-creazioni, tale perdita può essere compensata o addirittura risolversi in un guadagno: si pensi per esempio a come *Les fleurs du mal* di Baudelaire, nella traduzione poetica di Stefan George, sembrano respirare di nuova salute; il traduttore deve tenere ferme le ragioni della propria lingua e tuttavia saper riconoscere nel loro giusto valore le "ragioni" opposte del testo. (Gadamer 1972 tr. it. 1983, 444–445)

La traduzione ingloba l'interpretazione

Nei suoi studi Susan Petrilli (1992, 1999, 2001, 2006a, 2006b, 2007) propone di definire e indagare la traduzione tramite la struttura triadica del segno, così come intesa nella semiotica interpretativa.

Anche per la studiosa di Bari, ogni traduzione è un'interpretazione. La traduzione è costitutiva del segno poiché essa è fondamento stesso del significato di un segno.

Perché tradurre è un in primo luogo interpretare. Come tale, la traduzione è costitutiva del segno se conveniamo con Charles S. Peirce che non c'è segno senza interpretante e che il significato di un segno non è "esprimibile" senza un altro segno che faccia da interpretante. Tra significato e traduzione intercorre un rapporto di indissolubile interdipendenza. (Petrilli 1999/2000, 9)

Se la semiosi è la "situazione di rinvio" in cui un segno esiste soltanto perché rimanda a qualcos'altro ed è esprimibile soltanto in un altro segno, la traduzione non può che essere interpretazione, produzione di significato, meccanismo significativo.

> (…) semiosis, that is, the situation in which something functions as a sign, cannot subsist without translation for semiosis is itself a translation-interpretation process. (Petrilli 1992, 234)

L'equazione generale per cui la traduzione è semiosi, percorso interpretativo e realizzazione del significato determina una concezione della traduzione che potremmo definire universalistica e massimizzante. La traduzione è un'operazione segnica che avviene nell'universo dei segni verbali e non verbali, umani e non umani.

La traduzione non riguarda soltanto il mondo umano, *l'antroposemiosi*, ma è una *modalità costitutiva* della semiosi dell'intero mondo vivente della biosemiosi, della biosfera (Petrilli 1999/2000, 9)[17].

In questa visione immanente dell'atto traduttivo, la traducibilità diventa un processo gnoseologico-interpretativo, il fondamento della vita stessa, dell'essere significante.

In tal modo, la traduzione tra lingue (traduzione interlinguale) sarebbe per Petrilli compresa all'interno di altri fenomeni più ampi, che vanno dalla traduzione endoverbale (tradizione tra lingue naturali, anche all'interno della stessa lingua), a quella endolinguistica (traduzione in un solo linguaggio, ad esempio filmico, pittorico, ecc.), interlinguistica (traduzione tra diversi linguaggi, ad esempio tra linguaggio verbale e linguaggi filmico) e intersemiotica (traduzione tra diversi sistemi segnici). Questa classificazione è inclusa, nella sua totalità, all'interno di una macro-categoria, l'antroposemiosi, ovvero la traduzione umana.

Questa prospettiva presenta due grosse novità. Innanzitutto, essa pone la traduzione come fenomeno generale di significazione: Petrilli utilizza il termine "traduzione" in senso ampio[18]. Non solo, con le categorie di lingua,

---

17   Petrilli sostiene che la traduzione è inscrivibile nella semiosfera di Lotman: "*translation ranges across the whole biosphere or, to broaden Lotman's concept of 'semiosphere,' across the entire 'semiobiosphere,' as proposed in biosemiotics*" (Petrilli 2007, 313–314)

18   Petrilli usa il termine generale "traduzione" per riferirsi ai termini jakobsoniani di "riformulazione" (traduzione all'interno della stessa lingua) e "trasmutazione" (traduzione tra diversi sistemi semiotici) e si dissocia quindi dalla terminologia di Eco in

linguaggio, sistema segnico, Petrilli ipotizza e teorizza l'esistenza di una semiosi che non è solo umana (antroposemiosi) ma è, in senso lato, una "modalità costitutiva" del mondo vivente (Petrilli 1999-2000, 10).

Seguendo il pensiero della filosofa Victoria Welby, Petrilli (1992, 233–234), si situa quindi nella linea di pensiero che concepisce la traduzione in termini generalissimi di processo segnico, di metodo di indagine e scoperta del mondo, di operazione che coinvolge aspetti verbali e non verbali della costruzione del significato.

La traducibilità rinvia ai concetti di significatività, e di *esprimibilità*, e quindi, per Petrilli, la vera difficoltà della traduzione non risiede nelle differenze dei sistemi linguistici ma deriva dalle concrete possibilità linguistiche di esprimere una cosa, dalla disponibilità degli strumenti metalinguistici (Petrilli 1999/2000, 17).

Il *metalinguismo del verbale* è il vero fondamento della traducibilità e *l'esprimibilità* è la capacità di dire e riformulare qualsiasi cosa in tutte le lingue. Per poter riformulare bisogna comprendere la situazione comunicativa che rende significativo il testo e quindi innescare un processo di rinvii di interpretanti "che non solo non appartengono a tal lingua ma neppure a quella di partenza" (Petrilli 2001, 16).

Estendendo il ragionamento, come fa l'autrice, alle altre manifestazioni dell'esprimibilità, il discorso tradotto può essere facilmente assimilabile a operazioni quali, la significatività in senso lato, la comunicazione inter e intralinguistica, l'interpretazione, la spiegazione e la riformulazione, la parafrasi, ecc.

> (…) la traduzione tra lingue diverse non presenta differenze di principio dalla traduzione interna a una stessa lingua. In entrambi i casi interviene un'interpretazione, una spiegazione. Alla richiesta "che cosa vuoi dire? Spiegati meglio", si può rispondere riformulando l'enunciazione nella stessa lingua quanto in una lingua diversa: dipende soltanto dal tipo di rapporto che i parlanti hanno tra di loro rispetto ai linguaggi e alle lingue. In ogni caso si tratta di una riformulazione che necessariamente precisa il senso e orienta l'interpretazione. (Petrilli 1999/2000, 13)

Questi movimenti di orientamento, precisazione, avvicinamento e al contempo allontanamento dal senso portano a concepire la traduzione in termini paradossali. Più precisamente, l'idea del paradosso della traduzione emerge nell'articolo dedicato agli scritti autobiografici di Borges, "La

---

cui l'interpretazione ingloba la traduzione perché se una traduzione è sempre una interpretazione, il contrario non è sempre vero (Eco 2003, 225-253).

metempsicosi del testo e la corsa della tartaruga. Borges e la traduzione" (2000). L'autrice riprende il ragionamento di Zenone per istituire un parallelo tra Achille e la traduzione, la tartaruga e l'originale; così come la tartaruga avrà sempre il vantaggio di essere partita prima rispetto ad Achille segnando uno stacco abissale e incolmabile nel tempo e nello spazio, così pure l'originale avrà sempre il vantaggio di essere primo rispetto a una traduzione che sarà sempre seconda.

> C'è da chiedersi se il pié (sic) veloce Achille che insegue la lenta ma irraggiungibile tartaruga non somigli abbastanza all'abile e pertinente traduzione, la traduzione "*relevante*" (Derrida) che cerca di raggiungere l'originale, il quale, come la tartaruga, ha soltanto un piccolo vantaggio, quello di essere partita prima, quello di essersi messa in moto prima. Per questo vantaggio esso, come la tartaruga, risulta irraggiungibile. (Petrilli 2000, 221)

Eppure, ci chiediamo, se si decide si spiegare il paradosso in termini di temporalità, ossia di secondità del testo tradotto rispetto all'originale, non si rischia forse di incappare in questioni che pertengono all'ambito dell'intertestualità, dell'originalità e dell'*auctoritas* dell'opera in senso lato? In effetti, gli autori che vedono nella traduzione un problema di temporalità risolvono questa *impasse* sostenendo che ogni tipo di scrittura è traduzione (*all-writing-is-translation*): oltre ad esser un *supermeme* della traduttologia (letteraria) (Chesterman 1997), questa nozione annette alla traduzione problematiche, sicuramente interessanti, ma non rilevanti per descriverne la sua natura paradossale.

Più che spiegare il paradosso della traduzione, la questione della temporalità, così come viene posta da Petrilli, va piuttosto a sollevare dubbi sulla valutazione della qualità della traduzione: credere che il testo tradotto sia inferiore rispetto all'originale soltanto perché secondo ad esso, perché riorganizza la materia espressiva e ne cambia i contenuti è un giudizio di valore non pertinente. Tuttavia, Petrilli dimostra la non pertinenza di concetti quali *superiorità* e *inferiorità* con la regola della *trasmigrazione* del testo in un altro testo, argomento principe tra l'altro della semiosi e del processo interpretativo: la traduzione è seconda perché è interpretante dell'originale, ma essere secondo non significa essere inferiore, è piuttosto riprova della natura semiotica del processo traduttivo.

L'idea della trasmigrazione è riformulata in termini metaforici di "metempsicosi" per cui, la traduzione è un paradosso poiché implica uno stato di *fuga permanente*, di trasmigrazione continua del testo che non si svela pienamente né alla lettura né alla traduzione.

Ogni lettura, ogni traduzione, è una trasmigrazione. Una trasmigrazione infinita. La stessa questione della traduzione è un paradosso: il testo si sottrae al testo-lettura e al testo-traduzione perché irraggiungibile, ma proprio per questo resta prigioniero in una trasmigrazione senza fine. Una delle trasmigrazioni del paradosso della tartaruga è proprio la questione della traduzione. Petrilli 2000, 224)

Non solo l'esistenza del testo-traduzione è un paradosso, ma anche quella del testo-lettura. Il testo è uno e non può essere molti, i quali sarebbero contraddittoriamente simili e dissimili rispetto ad esso. Al tempo stesso però per il fatto stesso di essere, il testo da uno diventa due, e da due tre, e così all'infinito. La natura segnica del testo fa sì che la sua metempsicosi sia infinita (Petrilli 2000, 226).

Di nuovo, piuttosto che approfondire, l'autrice tende a generalizzare il ragionamento, associando il paradosso della traduzione a quello della lettura e del segno, e introducendo un nuovo concetto, la metempsicosi, che però ci sembra difficilmente spendibile in ambito traduttivo.

Se alcuni aspetti della teoria di Petrilli potrebbero lasciare un po' perplessi, il concetto di paradosso risulta essere un elemento interessante ai fini della nostra analisi. Anche se le pieghe argomentative tendono a diluire il concetto di paradosso traduttivo con altri atti segnici quali la lettura, la comprensione, la comunicazione e il funzionamento del segno in senso lato, studiare la questione della traduzione in termini di quello che potremmo definire uno "*stato contraddittorio controllato*" è di grandissima ispirazione e di incoraggiamento a continuare l'indagine in questa direzione.

Il processo cognitivo della traduzione

Siri Nergaard elabora un modello cognitivo della traduzione basato sui principi della semiotica peirceana in cui ribadisce l'idea che la traduzione non è una semplice sostituzione tra codici né un'operazione unicamente linguistica, ma un processo dinamico per cui un segno appartenente a uno o più sistemi semiotici è trasformato in un altro segno che lo interpreta (2001, 57).

Anche Nergaard vede la traduzione come un caso specifico di interpretazione: sulla scia di Eco (2003, 227–229) in riferimento al pensiero di Peirce, il termine "traduzione" è inteso come una metafora utilizzata per spiegare il processo di significazione piuttosto che per intendere un'identità formale tra i due fenomeni[19]. Tuttavia, pur concordando con la definizione di

---

19   Eco (2003) è di recente ritornato sulla questione dimostrando quanto "il lessico peirceano sia mutevole e non di rado impressionistico", e l'uso indistinto delle

Umberto Eco (2003, 236) per cui la traduzione è una sottospecie dell'interpretazione, l'autrice sostiene che una delimitazione più specifica e al contempo generale della traduzione non può esistere perché tale nozione e legata ad aspetti culturali e contestuali.

> Anticipiamo per il momento l'ipotesi che una linea di distinzione, che consideri la traduzione separatamente da tutte le altre forme di interpretazione (come la riformulazione, la parafrasi, il riassunto, e così via) non esista e che la sua definizione sia soggetta a cambiamenti sia a livello culturale (la definizione di traduzione data da una cultura precisa in un momento storico preciso), sia a livello testuale (ciò che riguardo a un testo può essere considerato traduzione, e riguardo a un altro testo può venire considerato come parafrasi, riassunto o qualche altra forma d'interpretazione). (Nergaard 2001, 59)

Se definire la natura della traduzione è una questione relativa, di tipo storico-culturale e testuale, è possibile invece, sostiene Nergaard, teorizzare in termini generali il *processo* traduttivo, basandosi sul concetto di rinvio segnico. Secondo Nergaard, la traduzione è terzità, intesa come transazione, trasformazione, trasfusione trascendentale, ecc.; essa coinvolge un Oggetto dinamico (il testo) e un Oggetto immediato (la rappresentazione mentale dell'oggetto dinamico), e si realizza nella relazione segno-oggetto (il Ground), le modalità con cui il segno seleziona alcuni, e soltanto alcuni, aspetti dell'oggetto. Il rapporto tra il segno e l'oggetto che esso interpreta è motivato e condizionato dalle convezioni culturali (Nergaard 2000, 60). Comprendere il rapporto che il segno intesse con il suo oggetto, ossia le modalità che motivano l'interpretante, permette anche di capire le due fasi processuali seguite dalla mente del traduttore. Una prima fase di lettura/interpretazione in cui, alla fine del processo semiosico, il traduttore determina l'interpretante logico del testo di partenza e una seconda fase di "lavoro traduttivo vero e proprio" in cui il traduttore traspone e trasforma il testo di partenza nel testo di arrivo. Nella seconda fase, sostiene Nergaard (2000, 67), il traduttore "interpreta e traduce la propria interpretazione". È in questa seconda fase del processo traduttivo che avviene l'arresto della catena semiosica e il riconoscimento dell'*interpretante logico finale*. L'atto di

---

espressioni "traduzione" e "interpretazione" non è da prendere alla lettera ma è da intendersi in senso figurato come sineddoche (non come metafora, Eco 2003, 227) del termine "interpretazione". Peirce non si riferiva alla traduzione in senso traduttologico, il suo obiettivo era piuttosto quello di spiegare, esemplificare, indagare la nozione di significato (*meaning*) in termini di traduzione di un segno in un altro segno.

traduzione si realizza pienamente solo nel raggiungimento dell'interpretante logico finale, l'abito comportamentale che si manifesta nel testo.

> A questo punto possiamo stabilire che la traduzione è un interpretante logico finale e cosa più importante, che quell'interpretante ultimo produce l'effetto del mutamento di abito. (Nergaard 2001, 67)

Per spiegare la traduzione in termini di abito comportamentale, Nergaard propone, servendosi della terminologia di Eco[20], di concepire l'atto traduttivo come momento in cui la semiosi si arresta e l'interpretazione diventa legge che ottiene il consenso della comunità linguistica e culturale.

> La traduzione, in quanto prodotto che viene pubblicato e probabilmente letto dalla comunità di cui entra a fare parte, si fonda sull'accordo (nella comunità) sull'interpretazione da lei rappresentata, e gioca sul carattere intersoggettivo dell'interpretazione in quella comunità. La traduzione come abito in questa prospettiva ha a che fare con la sorta di ruolo istituzionalizzato che essa indispensabilmente viene a prendere. (…) La traduzione ha in altri termini fissato e fermato (attraverso l'abito) la potenzialità interpretativa dell'originale (…) scegliendo un percorso e, appunto, *una* interpretazione a esclusione di tutte le altre. (Nergaard 2001, 68–69)

Eppure, affermare che "la traduzione è attualizzazione delle potenzialità interpretative dell'originale" significa porre l'accento più sul prodotto che sul processo, ovvero sulla concretizzazione delle potenzialità interpretative; quando Nergaard afferma che la traduzione propone una interpretazione che diventa *legge* (2001, 68) sorge il dubbio che la sua riflessione non sia più rivolta al processo traduttivo, ma piuttosto alle ipotetiche realizzazioni della "vita" di *una* traduzione. D'altra parte, una traduzione, in quanto testo pubblicato e versione autorizzata e accettata dalla comunità, è un'eccellente oggetto di studio della traduttologia descrittiva perché esso realizza anche i criteri di codificazione, culturalmente dipendenti, del concetto di traduzione. Ciò significa che il prodotto[21] resta un ottimo punto di partenza e di arrivo per uno studio critico della traduzione in senso gnoseologico e didattico.

---

20 Eco spiega l'abito in termini di "decisione in funzione delle letture successive che ne faremo" (Eco in Nergaard 2001, 68).

21 Sulla spinta del nascente cognitivismo, in traduttologia si tende a opporre e preferire l'analisi del processo traduttivo all'analisi del prodotto, il testo tradotto. Questa separazione interna all'oggetto di studio, processo vs. prodotto, è nata dapprima come reazione agli studi linguistici comparativisti che confrontavano direttamente originale e traduzione, ed è poi stata consolidata da discipline psicolinguistiche appunto di stampo cognitivista, si veda ad esempio l'uso dei *Think Aloud Protocols* (Jääskeläinen 1999;

Il fatto che la traduzione abbia scelto *una e una* sola interpretazione dovrebbe a maggior ragione fare riflettere sulle infinite potenzialità esplicative che quella interpretazione, e non un'altra, fornisce.

In Nergaard emerge infine, un aspetto che si ritrova spesso nella traduttologia peirceana: la nozione di paradosso.

> (...) una traduzione, in quanto interpretazione, "sposta" necessariamente il significato del segno. Se questo spostamento non avvenisse, e cioè se un segno non fosse rappresentato (nel nostro caso tradotto) da un altro segno, non ci sarebbe né interpretazione, né traduzione. La relazione tra il primo e il secondo segno (il secondo rappresenta il primo) è una relazione sia di *equivalenza*, che di *differenza*. (Nergaard 2001, 61–62)

Così come Petrilli, anche Nergaard sottolinea la necessaria differenza della traduzione rispetto all'originale, differenza dovuta alla temporalità e all'arricchimento di senso: la traduzione, in quanto segno interpretante è sempre successiva all'originale e non stabilisce un'equivalenza di uno a uno ma piuttosto una similarità di uno a molti. Nell'essere segno interpretante, la traduzione diventa, nel processo semiosico di slittamento e ampliamento, qualcosa di diverso; essa modifica, arricchisce e getta nuova luce sull'originale.

> In questo continuo slittamento in cui tutti gli elementi del triangolo si spostano abbiamo continuamente una nuova prospettiva sull'originale, vale a dire sul segno a cui l'interpretante della traduzione si riferisce, e si ottiene una sorta di *necessaria differenza* della traduzione rispetto all'originale, come appunto dell'interpretante rispetto al segno precedente. (Nergaard 2001, 71, corsivo nostro)

Tirkkonen-Condit&Jääskeläinen 2000). Studiare separatamente i processi traduttivi e il testo tradotto ha permesso di superare la pura "linguisticizzazione" del processo traduttivo e di rivalutare il ruolo del traduttore. Eppure, un sano ritorno al testo come fenomeno complesso rappresenterebbe invece una possibilità di recuperare l'indole ermeneutica della traduttologia. Il testo tradotto non è solo un evento circoscritto e singolare, prodotto finito e incapace di dare informazioni sulla complessa pratica della traduzione. Il testo tradotto è invece un'entità tangibile permette di reperire e analizzare nelle marche testuali dell'intervento cognitivo. Vedere la traduzione come fenomeno testuale non ha solo il vantaggio di recuperare i processi cognitivi come specifici processi traduttivi testuali ma permette anche di problematizzare il concetto di testo tradotto in quanto singolarità significativa e luogo che circoscrive il proprio senso specifico e suggerisce il senso generale della traduzione.

La negoziazione come condizione inerente alla traduzione

Nella corrente interpretativa vanno annoverati anche gli studi semiotici di Umberto Eco (1990, 1995, 1997, 2000, 2003). Se già ne *I limiti dell'interpretazione* (1990) emerge chiaramente l'idea peirceana per cui lo studio della traduzione è inscindibile da quello dell'interpretazione, contrariamente ad alcuni autori che intendono la traduzione in senso più lato, Eco (2003, 23) si dice invece più sensibile alle distinzioni e più scettico sull'utilizzo del termine "traduzione" per definire fenomeni conoscitivi più ampi. In riferimento all'uso che Peirce fa del termine "traduzione" per definire "l'interpretazione", Eco (2003, 227–229) spiega che l'intenzione del filosofo americano era di illustrare il funzionamento dei processi di significazione in quanto "traduzione di un segno in un altro segno" perché il significato di un segno viene colto tramite sostituzione e traduzione in un altro segno il quale permette di sviluppare le stesse inferenze logiche. "Il significato di un termine è tutto quello che si può inferire dalla piena comprensione del termine", afferma Eco (2003, 93), ma il ragionamento inferenziale non garantisce che vi sia identità tra le inferenze sviluppate da due segni, infatti l'interpretante produce sempre qualcosa di più (di più esplicito e complesso) rispetto al segno che interpreta. In altri termini, trovare un interpretante è condizione necessaria ma non sufficiente per tradurre: "non basta interpretare per tradurre" (Eco 2003, 87).

Da quest'ultima affermazione derivano una serie di conseguenze teoriche che permettono di identificare le specificità della teoria di Eco in merito alla traduzione. In sintesi:

i. una traduzione è sempre un'interpretazione ma non viceversa;

ii. se la traduzione è sempre un'interpretazione, essa è anche compromesso; interpretare significa negoziare il significato di un termine; la traduzione è un atto di negoziazione;

iii. la negoziazione si fa su vari livelli (espressione o contenuto, sostanza o materia, termine, frase, senso profondo, dominante testuale, ecc.) e implica sempre una condizione di rinuncia e la consapevolezza che l'equivalenza non esiste; la similarità di significato e l'equivalenza non sono quindi parametri di valutazione della qualità della traduzione

iv. la traduzione in quanto atto di negoziazione mira a ritrovare l'*intentio operis*, l'effetto creato dall'opera originale, con il maggior grado di reversibilità;

v. l'atto di negoziazione si fa nel rispetto del principio di fedeltà al senso, all'intenzione del testo.

La facilità con cui si può dimostrare che *ogni traduzione è un'interpretazione* risiede nel fatto che per "interpretazione" si intende il processo gnoseologico in generale, per cui *tradurre è sempre interpretare*, tradurre significa pensare e comprendere[22].

In realtà, spiega Eco (2003), per capire quando si è cominciato a parlare di identità tra traduzione, interpretazione e comprensione bisogna risalire agli scritti di Heidegger, Ricœur, Ebeling e Gadamer (Eco 2003, 229–235). Gadamer introduce tuttavia un chiaro distinguo tra le due pratiche: l'interpretazione è un fenomeno più ampio della traduzione e la anticipa; la traduzione avviene sempre nel segno del compromesso. Ispirandosi all'opera di Gadamer, Eco ribadisce (2003, 234) che "l'universo delle interpretazioni è più vasto di quello della traduzione propriamente detta" (Eco 2003, 234), e che "una interpretazione precede sempre la traduzione" (Eco 2003, 247). In questo modo Eco si pone sul versante opposto rispetto agli ermeneutici, come George Steiner (1975/1998) e Paul Ricœur (1999), che optano per una visione globalizzante del termine traduzione, inserendovi tutti i tipi di fenomeni di significazione.

Nel primo capitolo avevamo affrontato la questione della traduzione nella prospettiva della teoria del linguaggio e avevamo sottolineato il fatto che la nozione di traduzione e traducibilità poteva essere affrontata secondo due principali prospettive. Difendendo la prospettiva quineiana, per cui ogni trasferimento interlinguistico si basa sul principio dell'indeterminatezza, George Steiner ribadisce il fatto che l'indeterminatezza deriva dalla natura stessa del linguaggio, dalle sue specifiche funzioni che sono "*inseparable from the functions of non-information, privacy and poetics which are the creative attributes of human speech*" (1998, 311). Da questo punto di vista, la traduzione esplicita e ingloba al meglio tutti gli aspetti (di indeterminatezza, di unicità e di creazione) che concorrono a caratterizzare l'atto significativo in tutta la sua complessità[23].

Al relativismo linguistico, Eco risponde, peirceanamente e jakobsonianamente, che al di là delle differenze linguistiche, la traduzione è un fenomeno testuale e non sistemico (avviene tra testi non tra lingue) che realizza naturalmente la sua possibilità d'essere; il problema della traduzione

---

22   Quando Eco presenta i diversi tipi di interpretazione, tralascia dalla sua classificazione i fenomeni di trascrizione, che implicano un'attività di codifica non interpretativa, scevra di ogni necessità di ricorrere al contesto e all'enunciazione e quindi attuabile anche dalle macchine. (Eco 2003, 237)

23   "Undoubtedly translation contains a paradox of altruism – a word on which there are stresses both of 'otherness' and of 'alteration'." (Steiner 1998, 399)

non si pone in termini di traducibilità, e nemmeno di indeterminatezza delle lingue, ma piuttosto di pertinenza dell'interpretazione e di massima reversibilità dei livelli di senso negoziabili. A fronte del problema della traducibilità, derivato dall'*incommensurabilità* delle lingue e delle culture, vi è la convinzione che una *comparabilità* è sempre realizzabile poiché è sempre possibile esprimere le stesse cose, o quasi le stesse, anche nelle lingue più diverse. L'esprimibilità e la negoziazione del significato attribuito alle espressioni linguistiche sono nozioni ancorate a una teoria gnoseologica (Eco 1997/2005) cui facevamo riferimento nel primo capitolo e che riprendiamo brevemente ora per comprendere quali sono le ricadute per lo studio della traduzione.

L'autore presuppone l'esistenza di schemi mentali che permettono di riconoscere l'occorrenza di una cosa e di riferirsi a essa in modo *felice* e condivisibile intersoggettivamente. Questi schemi mentali sono definiti come Tipo Cognitivo (schema mentale individuale e soggettivo), Contenuto Nucleare, (l'espressione concreta e sociale di una data cosa) e Contento Molare (conoscenza allargata, approfondita e spesso settoriale). Il CN rappresenta le conoscenze minime e indispensabili per riconoscere una cosa e capire una data espressione linguistica; esso riunisce le informazioni minime di riconoscimento ed è un candidato ideale cui ancorare un'eventuale equivalenza di significato nella traduzione.

> La nozione di Contenuto Nucleare, se ci permette di maneggiare una idea di equivalenza di significato meno sfuggente, costituisce un limite per così dire inferiore, un requisito minimo dei processi di traduzione, ma non un parametro assoluto. (Eco 2003, 92)

Il CN permette di circoscrivere una base nozionale minima e necessaria all'atto di riferimento e alla realizzazione della comunicazione; nella traduzione di termini ambigui il mantenimento di questo limite inferiore garantisce al traduttore il rispetto del principio di fedeltà e di equivalenza. Il CN deve essere mantenuto in casi di negoziazione (perdite e/o aggiunte) di altre nozioni che rientrano nel CM o nel TC e che costituiscono la ricchezza di una data espressione. Spesso accade però che anche il CN diventa materia di negoziazione quando le nozioni di requisito minimo e limite inferiore non suscitano l'accordo intersoggettivo e non generano quel riferimento felice necessario alla comunicazione. Il traduttore soppesa informazioni, inferisce reazioni ed elabora la fedeltà al CN in contesto, culturalmente ed emotivamente. Per queste ragioni, afferma Eco, il CN non può essere considerato parametro assoluto, perché a esso si affiancano anche criteri che riguardano *l'auctoritas*, il rapporto con l'autore, la volontà del committente, il fattore tempo, ecc.

Nella teoria di Eco, gli schemi mentali TC, CN e CM dovrebbero tuttavia permettere di spiegare a grandi linee che cosa succede nella mente del traduttore quando decide di negoziare il significato di un termine. Un bravo traduttore, secondo Eco, traduce perché individua il CN di un'espressione, dopo averne identificato tutti gli effetti inferibili dal contesto e dopo aver negoziato quali dimensioni dell'espressione possono essere omesse nella traduzione.

> Tradurre significa sempre "limare via" alcune delle conseguenze che il termine originale implicava. In questo senso, traducendo, *non si dice mai la stessa cosa*. L'interpretazione che precede ogni traduzione deve stabilire quante e quali delle possibili conseguenze illative che il termine suggerisce possano essere limate via. (Eco 2003, 94)

Se quando si interpreta non si dice mai la stessa cosa, se un segno interpretante dice sempre qualcosa in più o di diverso rispetto al segno che interpreta ed esso si realizza in un movimento di conoscenza per approssimazioni successive, perché giustificare o sentire l'esigenza di ribadire che la traduzione non dirà mai la stessa cosa dell'originale? La risposta la fornisce quella tradizione traduttologica cui facevamo riferimento nel primo capitolo e che ruota ossessivamente attorno al concetto di equivalenza senza mai arrivare a una formalizzazione soddisfacente di questo eterno e scomodo problema. Ed è qui che appare tutta la forza liberatrice – ma non risolutrice – della prospettiva semiotica di Eco, che conforta la convinzione per cui concetti quali equivalenza e identità sono nozioni superate in traduttologia.

> A questo punto non solo si possono abbandonare concetti ambigui come similarità di significato, equivalenza e altri argomenti circolari, ma anche l'idea di reversibilità puramente linguistica. (…) Naturalmente questo prevede che il traduttore faccia una ipotesi interpretativa su quello che doveva essere l'effetto previsto dall'originale. (Eco 2003, 80)

Che cosa distingue allora il lavoro di un traduttore da quello di un interprete? Eco sostiene che sia la *fedeltà* all'*intentio operis,* e la riproduzione (massima reversibilità[24]) di tutti gli effetti possibili previsti da un'espressione e da un testo.

È davvero utile sostituire il concetto di equivalenza con quello di fedeltà e di intenzione dell'opera?

Eco fornisce alcuni esempi di negoziazione degli effetti testuali e fedeltà all'intenzione dell'opera.

Nella traduzione di *Sylvie* di Nerval, Eco deve tradurre in italiano il termine francese *chaumière*. L'espressione non esiste in italiano e secondo i dizionari francesi il termine è riferito a una « *petite maison rustique et pauvre couverte de chaume* »[25], una piccola costruzione rustica e povera, coperta di paglia. La parola deriva da *chaume*, termine che in francese si riferisce alla paglia, e che, secondo i dizionari francesi che citano l'opera di Hugo, Balzac o Maupassant, denota un uso poetico o letterario della parola.

Dato che *chaumière* non è traducibile in italiano con una sola parola, procedendo a una forma di *analisi semica* (scomposizione del significato di una parola in elementi di contenuto minimi definiti appunto "semi"[26]), Eco, seleziona le principali proprietà semantiche del termine: *chaumière* è una "casa di contadini", "piccola", di solito "in pietra", dai "tetti di stoppia" e "umile".

Nell'impossibilità di riportare tutte queste caratteristiche, Eco decide di negoziare in più punti del testo, e alla prima occorrenza di *chaumière* traduce:

> Voici le village au bout de la sente qui côtoie la forêt : vingt chaumières dont la vigne et les roses grimpantes festonnent les murs.

> Ecco il villaggio, al termine del sentiero che fiancheggia la foresta: venti casupole in pietra ai cui muri la vite e la rosa rampicante fanno da festone. (Eco 2003, 84)

Eco sceglie di fare emergere alcune proprietà del termine: si tratta di una "*casupola in pietra*", ossia di casa piccola e non di una capanna in legno e nemmeno di una casetta col tetto in tegole. Se bisogna rinunciare ad alcune proprietà "perché a esplicitarle tutte si rischia di fornire una definizione da dizionario, perdendo il ritmo" (Eco 2003, 83), l'italiano non sembra riprodurre il ritmo dell'originale (due versi da diciannove sillabe).

---

24 "(…) una traduzione soddisfacente deve rendere (e cioè conservare abbastanza immutato, ed eventualmente ampliare senza contraddire) il senso del testo originale". (Eco 1994, 138).

25 Le Petit Robert e il CNRTL

26 Il sema designa comunemente l'unità minima della significazione (DRTLit, 290).

90

Inoltre, sempre per questioni di economia di ritmo, si potrebbe evitare di esplicitare in italiano il materiale di costruzione delle casupole (in pietra) perché la vite e la rosa si arrampicano sui *muri*.

Nella seconda occorrenza di *chaumière*, in riferimento la casa della zia della protagonista del racconto, Eco traduce,

> La tante de Sylvie habitait une petite chaumière bâtie en pierres de grès inégales que revêtaient des treillages de houblon et de vigne vierge.

> La zia di Sylvie abitava in una casetta di pietra dai tetti di stoppia, ingraticciata di luppolo e di vite selvatica. (Eco 2003, 84)

In questo caso la *casupola* diventa *casetta*, e in italiano appare per la prima volta la proprietà "tetto in stoppia". Il lettore italiano non saprà mai che la casa della zia di Sylvie era piccola, forse più piccola delle altre (in francese *petite chaumière* vs. *chaumières*, e in italiano *casetta* vs. *casupola*); e nemmeno saprà che l'abitazione si distingue dalle altre non per il tetto in paglia ma per la pietra arenaria diseguale.

In questo caso i parametri di negoziazione non sono necessariamente dettati dal contesto ma piuttosto da ciò che il *traduttore* presuppone sia l'*intentio operis*, quindi dalla sua singola ed individuale sensibilità, dalla sua personale congettura interpretativa. Lungi dall'essere una semplice moltiplicazione, in cui, cambiando l'ordine dei fattori il prodotto non cambia, la negoziazione di un testo o di un'espressione presuppone una sensibilità globale sui diversi livelli di senso perché piccoli cambiamenti locali possono alla lunga alterare la percezione dell'opera. A una perdita di senso non corrisponde una compensazione, e laddove il traduttore compensa spesso aggiunge qualcosa di nuovo ed estraneo senza riuscire a recuperare il senso perduto. Che la traduzione non sia un'equazione lo dice naturalmente anche Eco.

> Ma la negoziazione non è sempre una trattativa che distribuisce equamente perdite e vantaggi tra le parti in gioco. Posso ritenere soddisfacente anche una negoziazione in cui ho concesso alla controparte più di quanto essa abbia concesso a me e tuttavia, considerando il mio proposito iniziale e sapevo che partivo in condizioni di netto svantaggio, ritenermi egualmente soddisfatto. (Eco 2003, 94)

Sulle conseguenze dell'atto di negoziazione, riprendiamo un altro esempio tratto dal romanzo di Eco, *Il pendolo di Foucault*. La citazione di Leopardi da parte di Diotallevi, uno dei personaggi del racconto, è stata così tradotta in francese, inglese, tedesco e nelle lingue iberiche (castigliano e catalano).

Ma tra picco e picco si aprivano orizzonti interminati – al di là della siepe, come osservava Diotallevi...

Mais entre un pic et l'autre s'ouvraient des horizons infinis – au-dessus des étangs, au-dessus des vallées, comme observait Diotallevi... (Jean-Noël Schifano)

... we glimpsed endless vista. Like Darién, Diotallevi remarked... (William Weaver)

Doch zwischen den Gipfeln taten sich endlose Horizonte auf-jenseits des Heckenzaunes, wie Diotallevi bemerkte... (Burckhart Kroeber)

Pero entre pico y pico se abrián horizontes illimitados: el sublime espacios Ilano, como observaba Diotallevi... (Ricardo Pochtar/Helena Lozano)

Però entre pic i pic s'obrien horitzons interminables: tot era prop i lluny, i tot tenia com una resplendor d'eternitat, com ho observava Diotallevi... (Antoni Vicens) (Eco 2002, 126–127)

Secondo Eco, con una traduzione letterale di "al di là della siepe" si perderebbe il rinvio all'*Infinito* di Leopardi e soprattutto non si capirebbe che la citazione ha una funzione determinante nella caratterizzazione psicologica del personaggio. Eco chiede ai traduttori di ricreare il richiamo letterario attraverso un riferimento a un altro autore, immediatamente riconoscibile al lettore della lingua e cultura di arrivo.

Per spiegare come un testo costruisce e organizza il senso, Eco introduce concetti quali Manifestazione Lineare e senso profondo.

Pertanto in un testo – che è già *sostanza* attuata – noi abbiamo una Manifestazione Lineare (quello che si percepisce, o leggendo o ascoltando) e il Senso, o i sensi di quel dato testo. Quando io mi trovo a interpretare una Manifestazione Lineare faccio ricorso a tutte le mie conoscenze linguistiche, mentre un processo assai più complicato avviene nel momento in cui cerco di individuare il senso di ciò che mi viene detto. (Eco 2003, 50)

Man mano che legge le vicende raccontate in un romanzo (Manifestazione Lineare), il lettore inferisce informazioni che gli permettono di accedere al senso del testo, alla *storia profonda*. In effetti, la Manifestazione lineare[27] corrisponde alla discorsivizzazione in frasi e paragrafi, è il susseguirsi di

---

27 La definizione di Manifestazione lineare richiama il concetto di "strutture discorsive" e manifestazione testuale di Greimas, che svilupperemo dei prossimi capitoli.

unità di contenuto, ed è al contempo la base su cui avvengono operazioni di incassamento[28] da preposizioni a iperproposizioni.

Eco spiegherebbe che leggere *l'Otello* e dire che "Otello è una storia di passione e gelosia" è un'operazione di incassamento da varie preposizioni della pièce teatrale, a una iperproposizione che individua l'isotopia /gelosia/. L'*isotopia*, un livello di senso omogeneo (Eco 2003, 51), conferisce coerenza e coesione al testo, e consente di capire che il senso emerge grazie a complesse operazioni di condensazione delle informazioni e di inferenze illative. Iperproposizioni, isotopie testuali e investimenti attanziali dei protagonisti sono operazioni che permettono di lavorare su vari livelli di senso, e di interpretare gli eventi e l'azione dei personaggi, secondo una storia profonda. Una volta chiarito che in un testo vi è Manifestazione Lineare e storia profonda, il compito del traduttore, sostiene Eco, consiste nello scegliere quali livelli di senso e quali dominanti del testo privilegiare.

> (…) cerca quale sia per te la dominante di questo testo, e su quella punta le tue scelte e le tue esclusioni. (Eco 2003, 53)

Rispettando questo principio, il traduttore dovrebbe arrivare a un risultato traduttivo sufficientemente ottimale, ossia di massima reversibilità.

> (…) è ottimale la traduzione che permette di mantenere come reversibili il maggior numero di livelli del testo tradotto, e non necessariamente il livello meramente lessicale che appare nella Manifestazione Lineare (Eco 2003, 68).

Ne *Il pendolo di Foucault*, i riferimenti letterari, tra cui *l'Infinito*, hanno la funzione, afferma Eco, di definire l'aspetto psicologico che caratterizza i personaggi, ossia la loro incapacità di esperire la realtà se non attraverso il filtro della letteratura: in tal senso, quando il personaggio Diotallevi cita Leopardi, la storia profonda non ci dice che /Diotallevi conosce Leopardi/ ma che /Diotallevi e gli altri protagonisti sono malati di letteratura/. Questa isotopia giustificherebbe la scelta traduttiva di "scambiare" Leopardi per Keats o Baudelaire.

Su questo vistosissimo caso di addomesticamento si esprime anche Bonfantini (1998, 2006) che critica Eco per questo libero scambio del proprio Leopardi con altri autori più riconoscibili al lettore della traduzione. Se Eco acconsente per amore di facilità della comunicazione ad

---

28 L'idea di incassamento richiama i meccanismi di conversione, condensazione ed espansione del senso, previsti dal percorso generativo di Greimas, che svilupperemo nei prossimi capitoli.

addomesticare la propria opera, altri autori invece, come ad esempio Milan Kundera, sono contrari a questi tipi di "sodomizzazioni" culturali (Kundera in Bonfantini, 2006, 28).

Eco risponde alla critica spiegando che nel caso dell'*Infinito* l'adattamento del rinvio letterario veniva giustificato dall'intenzione del testo e poteva essere ammissibile dato che i personaggi erano esperti di letteratura straniera.

> A questo proposito cito un'obiezione che mi è stata fatta quando raccontavo che, nell'episodio della siepe del *Pendolo*, avevo autorizzato i miei traduttori a inserire in luogo del rinvio leopardiano un riferimento alla loro letteratura. Il lettore straniero non avrebbe trovato bizzarro che tre personaggi italiani (e la vicenda si svolge chiaramente in Italia) citassero opere letterarie straniere, cogliendo bene il riferimento? La mia risposta è stata che in quel caso la variazione era ammissibile, perché i miei tre personaggi erano redattori editoriali e nel corso di tutto il romanzo si dimostravano sin troppo a giorno di letteratura comparate (Eco 2003, 176).

Sempre nel *Pendolo di Foucault*, Jacopo Belbo, uno dei personaggi del racconto, facendo chiaro riferimento a *Sandokan*, dice "Guardami, anch'io sono una Tigre!". Le traduzioni letterarie non permettono di cogliere il rinvio, e anche in questo case Eco (1995, 127) suggerisce che in francese il traduttore avrebbe potuto optare per la seguente soluzione *Regarde moi, je suis Edmond Dantès!*.

Se il compito del traduttore è ricreare l'effetto dell'originale, crediamo che vi sia una grossa disparità di effetti prodotti dalla lettura dell'*Infinito* di Leopardi e il *Sonnet XI, On First Looking Into Chapman's Homer* di John Keats. Lo stesso vale per gli effetti prodotti e l'ambientazione ricreata con un riferimento al Conte di Montecristo e la tigre di Mompracem. Resta ancora da decidere se i rinvii siano verosimili per il lettore della traduzione e se essi non vadano a spezzare la magia del racconto. Diotallevi avrebbe anche potuto citare un autore bulgaro o islandese, nelle traduzioni delle rispettive lingue, e questo nel pieno rispetto del patto di veridizione ("essere a giorno di letteratura comparate"). Eppure, quella storia profonda che serve da parametro di negoziazione degli effetti e dei livelli di senso, ci dice che oltre ad essere /malato di letteratura/ Diotallevi è italiano, cita un grande poeta italiano, e l'intera storia è intrisa di italianità. In altri termini, alla dominante /paranoia letteraria/ il testo affianca l'isotopia /italianità/. Eliminare questa isotopia significa addomesticare, non far sentire il rinvio più importante, che il testo è una traduzione. Quando il traduttore fa citare a Diotallevi i versi di Baudelaire, oppone a /cultura italiana/ l'isotopia /cultura francese/.

La traduzione risulta virtualmente "fedele" ma realizza in realtà l'infedeltà letterale e culturale all'originale.

La soluzione suggerita da Eco è considerata da alcun autori come soluzione ottimale, vale a dire che meglio risponde alle aspettative più diffuse. In tal senso, la traduzione non si pone come infedele, ma semplicemente come diversa, come alterità nei confronti dell'originale. Nella sua alterità, la traduzione sussiste autonomamente e al contempo in relazione oppositiva rispetto all'originale. Questo è l'aspetto più saliente della natura della traduzione.

Anche Eco suggerisce l'idea del paradosso, quando dice che la fedeltà è parametro di valutazione di una buona traduzione, ma è al contempo implicata nella traduzione. In altri termini: la traduzione è fedele perché è traduzione.

> Il paradosso è che non c'è regola per stabilire come e perché una traduzione sia fedele, ma nel giudicare una traduzione bisogna mantenere la metaregola per cui una traduzione deve essere fedele. (Eco 1995, 139)

Diversamente da Eco, riteniamo che il paradosso non derivi dal fatto che la traduzione è implicitamente fedele perché non fornisce le regole della propria fedeltà; il paradosso emerge piuttosto come una sorta di contraddizione nelle premesse dell'atto traduttivo: la traduzione promette di essere fedele pur sapendo che non lo può essere.

2.2 Riflessioni sui modelli interpretativi della traduzione

Chiedersi su quali livelli di senso agisce il traduttore, come viene recepito e ricostruito il senso nell'atto traduttivo, quali sono le condizioni che permettono di dire che vi è traduzione, qual è la natura della traduzione come oggetto di studio, ecc., sono quesiti che trovano una risposta nei contributi degli semiotici-traduttologi trattati in questo capitolo.

Eppure, nell'entusiasmo interdisciplinare e nelle generalizzazioni semiotiche che pongono la traduzione alla base di altri fenomeni cognitivi, comunicativi e linguistici , alcuni autori sottolineano soprattutto i rischi di un'eccessiva dispersione teorica che non permette di mettere a fuoco la natura della traduzione.

However, one must be careful. There is an intimate relationship between the logic of translating and sign-action in general; so intimate in fact that the two terms have often been made to overlap. (Stecconi 2004, 473)

Il rispetto delle frontiere disciplinari implica la necessità di riconoscere la vastità del fenomeno "semiosi" e le peculiarità della traduzione.

Niente vieta di allargare lo spazio semantico del termine [traduzione] per includervi fenomeni affini o analoghi (…). Tuttavia nella varietà della semiosi si danno fenomeni di cui, se è spesso utile sottolineare l'affinità, è parimenti utile sottolinearne la differenza, almeno dal punto di vista di una teoria semiotica. (Eco 2003, 235)

La traduzione è un sottoinsieme dell'interpretazione e si caratterizza, secondo Eco, per una costante negoziazione del senso e per la promessa di massima fedeltà all'originale. Tuttavia, queste due caratteristiche, negoziazione e fedeltà, che dovrebbero costituire il nocciolo duro e peculiare della teoria della traduzione sono generalizzate e deprezzate: "si negozia sempre nella vita" (Eco 2003, 88) e in realtà non esiste "una vera regola che stabilisca come e perché una traduzione sia fedele" (Eco 1995, 139).

La traduzione è sempre un'interpretazione, ma essa non lo è in modo spontaneo, come lo potrebbe essere un'interpretazione qualsiasi; essa è processo semiosico, ma comporta vincoli specifici che richiedono un'attenzione teorica finalizzata a vagliare tutti quegli aspetti che non sono necessariamente pertinenti allo studio dell'interpretazione; il traduttore è un interprete *sui generis* poiché la sua interpretazione traduttiva avviene nel rispetto (o nel tentativo di rispettare) l'istruzione dell'equivalenza che diventa un'istruzione operativa cogente.

Se Eco elabora una classificazione dei diversi tipi di interpretazione al fine di fornire qualche principio di massima per distinguere la traduzione ad esempio dalla parasinonimia o dal rifacimento, Nergaard invece, pur inserendosi nella stessa linea di pensiero, non sente la necessità di fornire linee di demarcazione tra la traduzione e altri fenomeni simili. La ragione di questa epochè teorica risiede nella variabilità culturale della definizione di "traduzione".

Allo stesso modo, ma secondo una prospettiva apparentemente più "traduttocentrica", Petrilli identifica la traduzione alla semiosi e in generale a ogni atto di significazione. In realtà, più che di logica inclusiva, come vorrebbe Eco quando dice che Petrilli e Steiner optano per una definizione "totalizzante" (Eco 2003, 232), dovremmo piuttosto parlare di un'equazione definitoria per cui traduzione uguale interpretazione: perché non vi è segno senza interpretante e non vi è interpretante senza traduzione.

Un altro concetto che ritorna spesso nella riflessione dei semiotraduttologi è quello di equivalenza. Questo perché Peirce stesso aveva ammesso l'idea dell'equivalenza e della possibilità che due segni possano rinviare alla stessa cosa o idea: uno *stesso* pensiero può manifestarsi tramite diversi sistemi linguistici e semiotici.

> One selfsame thought may be carried upon the vehicle of English, German, Greek, or Gaelic; in diagrams, or in equations, or in graphs: all these are but so many skins, of the onion, its inessential accidents. (CP 4.6)

I diversi modi in cui uno stesso pensiero può essere veicolato non sono altro che "gusci" materiali che non intaccano il suo essere "stesso".

> An equivalent of a proposition is the same proposition, differently materialized. For the proposition consists in its meaning. (Peirce in Gorlée 1994, 174)

Nella nozione peirceana di equivalenza la materialità rappresenta un dato di superficie cui soggiace un'esistenza significativa. Un pensiero può essere attualizzato in inglese, greco, tedesco, gaelico, perfino in diagrammi e in equazioni senza che vi sia cambiamento nel senso. È unicamente la forma (il supporto, il mezzo) che cambia, l'oggetto del pensiero per cui essa "sta al posto di" non cambia. In termini peirceani, due segni, due proposizioni, sono equivalenti se al variare dei representamen, gli oggetti e gli interpretanti non cambiano. L'equivalenza in quanto identità di oggetto e di interpretante, e la semiosi in quanto processo di rinvio teleologico[29] spiegherebbero il processo della traduzione e determinerebbero il compito del traduttore. Lo scopo della

---

29 "Both semiosis and translation must be understood and approached as dynamic, goal-directed processualities occurring between a (verbal or non-verbal) sign, its object (or referent in reality, or 'reality'), and what Peirce called the interpretant, or better the (infinite) series of interpretants (signs interpreting the primary sign)." (Gorlée 1994, 27). Il fatto che la semiosi sia un'attività "finalizzata" (goal-oriented) è inteso nella teoria della *semiotranslation* come processo dinamico che coinvolge il segno (representamen), l'oggetto e la serie di interpretanti. Anche in traduzione si parla di "finalità", si vedano ad es. la *Skopostheorie* (Vermeer 1987, Vermeer&Reiss 1984) e per certi versi anche la *Relevance Theory* (Sperber &Wilson 1999; Gutt 2000) nonché gli approcci funzionalisti di Nord (1988/1991) e Kussmaul (1995, 1997, 2000a&b); tuttavia, questi approcci pongono l'accento sugli interpretanti che un testo tradotto deve creare nel contesto di arrivo, dimenticando quindi il segno primario ("the primary sign"), visto in termini peirceani.

traduzione è trovare nel sistema di arrivo un representamen che faccia scattare lo stesso processo di semiosi con cui gli interpretanti ricostruiscono l'oggetto del sistema di partenza. Si tratta quindi di ricreare lo stesso rinvio per ottenere più o meno lo stesso effetto.

> La science des signes permet d'ores et déjà d'établir que la tâche du traducteur consiste à trouver dans le système d'arrivée un representamen capable de déclencher une semiosis dont les interprétants reconstruiront l'objet original du système de départ. (Cosculluela 1996, 430–431)

Sappiamo tuttavia che una variazione del representamen – ovvero della materia dei sistemi linguistici – determina "spostamenti interpretativi" non irrilevanti; e questo basta a indebolire l'ipotesi per cui una variazione del representamen non modifichi la funzione di equivalenza tra due segni.

Contrariamente a Eco, Gorlée problematizza la questione dell'equivalenza in termini di irreversibilità e non biunivocità tra originale e traduzione. L'interpretante crea il legame representamen-oggetto avviando così l'azione del segno, il processo di semiosi che una volta messo in moto diventa un movimento traduttivo irreversibile in cui un segno traduce e interpreta il precedente, e così di seguito: la reversibilità quindi non è un'operazione prevista dalla semiosi e l'intercambiabilità tra traduzione e originale è un puro paradosso.

> This implies that there is in the sense intended here no back-translation possible (...) This turns the very idea of interchangeability between original and translation into a paradox. (Gorlée 1994, 171)

In questa prospettiva il concetto peirceano di equivalenza si spiega nell'azione dinamica dell'interpretante: due segni sono dinamicamente equivalenti[30] perché possono essere logicamente derivati uno dall'altro. In altri termini la relazione segno-oggetto corrisponde alla relazione interpretante-oggetto; la corrispondenza tra le due relazioni è del genere *simile*.

---

30 Gorlée rileva le affinità con il principio di "equivalenza dinamica" di Eugene Nida, anch'essa basata sul rapporto dinamico che incorre fra recettore e messaggio (Gorlée 1994, 173).

A sign... is an object which is in relation to its object on the one hand and to an interpretant on the other in such a way as to bring the interpretant into a relation to the object corresponding to its own relation to the object. I might say "similar to its own" [,] for a correspondence consists in a similarity; but perhaps correspondence is narrower (PW: 32, 1904). (Gorlée 1994, 173)

L'equivalenza peirceana non è del tipo "identità" ma, del tipo "similarità", essa non si realizza come fenomeno statico ma come qualcosa che è sempre in divenire, come movimento vettoriale e teleologico; due segni sono equivalenti se puntano verso uno stesso oggetto (similarità di corrispondenza) e se i loro sensi hanno le stesse finalità (similarità teleologica), (Gorlée 1994, 174).

Secondo la definizione peirceana, quindi, quando il segno *viene messo in rapporto di equivalenza con un oggetto questo rapporto di equivalenza si realizza soltanto sotto *qualche rispetto o qualità*[31].

Now a sign has... three references: first, it is a sign to some thought which interprets it; second, it is a sign for some object *to which in that thought it is equivalent*; third it is a sign, in some respect or quality, which brings in into connection with its object. (CP 5.283, corsivo nostro)

In definitiva, identificare l'equivalente di un termine significa istituire una relazione di identificazione tra due termini precedentemente diversi.

Risulta chiaro quindi che l'equivalenza è una relazione creata ad hoc, in specifiche condizioni situazionali, tra due segni già esistenti.

Indeed, the process of getting an equivalent for a term, is an identification of two terms previously diverse. It is, in fact, the process of nutrition of terms by which they get their life and vigor and by which the put forth an energy almost creative – it has the effect of reducing the chaos of ignorance to the cosmos of science. (Peirce W1:464–465, 1866). (Gorlée 1994, 181)

---

31 Nergaard sostiene che Pierce concepisce l'equivalenza come un'entità stabilita intersoggettivamente: "la traduzione è *equivalente* all'originale *sotto qualche rispetto o qualità, per* un pensiero che lo interpreta. Non si tratta di un'equivalenza stabilita matematicamente, ma di un'equivalenza 'in quel pensiero' vale a dire per qualcuno che lo ha stabilito su criteri accettati intersoggettivamente (...)" (Nergaard 2011: 62). Tuttavia, la citazione ci dice semplicemente che il segno è conoscibile soltanto in modalità "individuale" e non fornisce ulteriori elementi che si riferiscano a "criteri accettati intersoggettivamente" e nemmeno al modo in cui questi criteri siano stabiliti e accettati. Sul fatto che l'equivalenza non sia identificabile con un'equazione algebrica insiste anche Gorlée, "*translational equivalence cannot be identified at least not wholly, with an algebric equation*" (Gorlée 1994, 174).

È il concetto di ordine, di vita e di creazione del senso da un'idea, da un segno primigenio che genera una catena di interpretanti animati dalla stessa anima.

> Each of these equivalents is the explication of what there is wrapt up in the primary – they are the surrogates, the interpreters of the original term. They are new bodies, animated by that same soul. I call them the *interpretants* of the term. And the quantity of these *interpretants*, I term the *information* or *implication* of the term. (W1: 464–465,1866). (Gorlée 1994, 181)

La logica della semiosi risponde quindi del carattere dinamico ed evolutivo (non statico) dell'equivalenza: due termini sono infatti "detti" e "identificati" come equivalenti in quanti spiegazione e informazione derivata da una unità (superiore) che li precede e che fornisce loro l'elemento che li accomuna. Siamo sempre nell'ordine della "similarità": i segni equivalenti sono "copie" (*new bodies*, *surrogates*) di un originale (*the primary, the original term*) che li precede e li giustifica.

> Equivalence, in the strictest sense, between sign and interpretant is therefore logically impossible: it would stifle the growth of knowledge, which growth is exactly the point of sign production and sign use. (Gorlée 1994, 181)

Al presupposto che un interpretante debba indicare esattamente lo stesso oggetto che indica il segno originale, si contrappone la constatazione che le relazioni che interpretante–oggetto e segno originale-oggetto cambiano necessariamente nello spazio e nel tempo. Il realizzarsi temporale della semiosi rende l'equivalenza (l'identità) logicamente impossibile.

Sulla condizione paradossale della traduzione, ritorna più volte anche Petrilli (2000). Abbiamo visto che con il paradosso di Achille e la tartaruga, recuperato in chiave borgesiana, Petrilli adatta la confutazione della molteplicità al concetto di traduzione fornendone la più brillante e promettente definizione in termini di paradosso.

> La traduzione, evidentemente, non è identica all'originale (…) Essa deve essere simile e non simile. È questo il paradosso della traduzione, che è lo stesso paradosso della molteplicità. Ammettere la possibilità della traduzione è ammettere, contraddicendo che qualcosa possa essere al tempo stesso simile e non simile. (Petrilli 2000, 221).

Paradosso e contraddizione rappresentano la base teorica su cui costruire il nucleo di una teorizzazione inedita e soddisfacente del fenomeno traduttivo. Utilizzando gli strumenti dalla semiotica greimasiana, cercheremo di portare avanti il discorso teorico sulla natura contraddittoria della traduzione, non

100

tanto nel senso temporale, come suggeriscono i teorici peirceani, ma piuttosto in senso strutturale e profondo: la traduzione è un oggetto semiotico paradossale (il quadrato semiotico è il quadro concettuale) perché si dice (protende e pretende di essere) equivalente all'originale ma in realtà (realtà verificabile attraverso la pratica e l'analisi dei testi tradotti) essa è fondamentalmente e qualitativamente diversa.

III. Il quadrato semiotico della traduzione

Nei capitoli precedenti abbiamo constatato che la riflessione sulla traduzione si articola per binomi concettuali che generalizzano alcuni aspetti della pratica traduttiva; la ripetitività sostanziale, se non formale delle problematiche, denuncia il persistere di lacune epistemiche e l'inadeguatezza degli strumenti metodologici.

In un contesto di gemmazione teorica fecondo ma tendenzialmente frammentato, emerge tuttavia una linea forte, un concetto fondamentale che preoccupa i traduttologi, muove le indagini dei critici e guida i traduttori nella loro pratica quotidiana: *l'equivalenza traduttiva*. Teorizzata come equivalenza formale, dinamica, comunicativa, pragmatica, semantica, lessicografica, funzionale, oppure intesa come equivalenza d'effetto, riproduzione della dominante testuale, ricreazione dinamica della finalità dell'originale, o come similarità, l'equivalenza è un elemento immanente al concetto stesso di traduzione.

Abbiamo ricostruito, nel secondo capitolo, la concezione della traduzione in prospettiva semiotica e abbiamo constatato che il taglio interpretativo di derivazione peirceana non solo ha dimostrato che è possibile procedere a un superamento del pragmatismo tramite un adeguato grado di astrazione scientifica della teoria generale traduttologica, ma ha anche contribuito a tracciare inedite direttrici di ricerca. La semiotica interpretativa attualizza la questione della teoria pura e astratta della traduttologia, rivalutando il carattere di autonomia e di diversità della traduzione rispetto all'originale e ponendo il problema traduttivo non solo in termini di equivalenza, ma anche di mediazione e di similarità, di approssimazione, di evoluzione differente e divergente dall'originale. La traduzione è un'equivalenza che si realizza nella differenza; in effetti l'idea stessa di semiosi fornisce i presupposti logico-semiotici per concepire la traduzione come evento a carattere paradossale.

Nella presente sezione continueremo a sondare le condizioni logico-semiotiche immanenti della traduzione tramite strumenti metodologici e teorici mutuati dalla semiotica generativa di A. J. Greimas. L'applicazione della semiotica generativa alla traduzione implica necessariamente un breve excursus sulla teoria del semiotico franco-lituano nonché su alcuni dei suoi successivi sviluppi. Sintetizziamo brevemente i capisaldi della semiotica generativa.

i. La semiotica generativa non ha come obiettivo studiare il senso come espressione della funzione segnica; essa non è quindi la scienza dei segni, come lo è invece la teoria semiotica peirceana.

ii. La semiotica generativa è lo studio della struttura e dei processi di significazione dei linguaggi semiotici. Nel momento in cui vi è significazione allora vi è anche sistema e struttura. Ogni linguaggio è *sistema* (asse paradigmatico, gerarchia delle funzioni di correlazione, le alternative del linguaggio, l'immanenza) e *processo* (asse sintagmatico e l'ordine posizionale e temporale, il testo, la manifestazione). Un linguaggio, secondo la glossematica di Louis Hjelmslev (1940, 1957/1959), ha come tratto fondamentale la relazione tra due piani solidali: il *piano dell'Espressione* (la fonazione, l'immagine acustica, articolata per scarti differenziali in femi e fonemi) e il *piano del Contenuto* (l'immagine mentale, articolata per scarti differenziali in semi e sememi). Espressione e Contenuto sono segmentati ulteriormente in: *Forma* – la forma della materia espressiva, ad esempio i grafemi e la forma della materia concettuale in cui ogni lingua segmenta la realtà – e *Sostanza* – sostanza dei fonemi, i suoni, e sostanza del contenuto, ossia il senso in un contesto con tutti i suoi risvolti materiali, pragmatici e psicologici. Postulando il parallelismo tra i due piani, Hjelmslev e Greimas studiano il piano Contenuto sull'impronta del modello fonologico e lo suddividono in *semi* (come i femi in fonologia) e in *sememi*; i *semi* sono strutture di significazione profonda, tratti distintivi, elementi minimi la cui combinazione genera *sememi*[1], unità minime di manifestazione semantica, effetti di senso di superficie, analizzabili indipendentemente dall'espressione che li manifesta. Il semema corrisponde a ciò che un linguaggio ordinario intende per accezione, senso particolare di una parola (DRTLit, 299).

---

1   Nella semantica strutturale di Greimas il semema, o un gruppo di sememi, costituisce il lessema che è quindi "un insieme di sememi (insieme che può essere, al limite, monosememico) raccolti da un nucleo semico comune. Cosi, il lessema 'tavola' comporta, oltre al semema designato dai dizionari come 'superficie piana retta da uno a più piedi', altri sememi riconoscibili come espressioni come 'tavola illustrata', 'tavole della legge', 'tavola pitagorica', ecc. Il lessema – in quanto unione di sememi – è, come si vede, il risultato della sviluppo storico di una lingua naturale, mentre il semema è un fatto strutturale, un'unità del piano del contenuto", (DRTLit, 300). Nella semiotica greimasiana, il concetto di sema è, in parte, mutuato da Bernard Pottier (1974).

iii. Ogni termine del sistema è dotato di un *valore*. Greimas (1966a, 1970, 1979, 1983a) prende le mosse dal concetto di valore linguistico di F. de Saussure: il senso risiede nelle differenze che si instaurano tra le parole, il valore è quindi sempre relativo e differenziale. Greimas propone allora di identificare il concetto di valore con il suddetto concetto di *sema*, preso all'interno di ogni categoria semantica che sussume due forme di contenuto opposte e articolabili nel quadrato semiotico (vedi infra). I semi, in quanto *valori investiti*, hanno tre modalità semiotiche di esistenza: virtuale, attuale e realizzata.

Una categoria semantica, rappresentata tramite il quadrato* semiotico, corrisponde allo stato neutro, descrittivo, dei valori investiti: visto allora il loro modo di esistenza*, si dirà che si tratta, a questo livello, di **valori virtuali***. La loro assiologizzazione* appare solo con l'investimento complementare della categoria timica *, che connota come euforica la deissi* positiva, e come disforica la deissi negativa. Questa categoria è di ordine propriocettivo*, quindi l'investimento timico è concepibile solo nella misura in cui tale valore – articolato sul quadrato – è messo in relazione con il soggetto*. Ciò conferma che i valori non sono assiologizzati – e da virtuali divengono **valori attualizzati*** – se non quando sono versati nelle cornici previste per loro all'interno delle strutture narrative di superficie e, più precisamente, quando sono investiti negli attanti* – oggetti degli enunciati di stato*. In questa istanza, i valori restano attuali finche sono disgiunti dai soggetti che sono allora solo soggetti secondo il volere*: la congiunzione* con l'oggetto di valore, effettuata a profitto del soggetto, trasforma il valore attuale in **valore realizzato***. (DRTLit, 375)

Questa definizione, per quanto intrisa di terminologia greimasiana, riassume perfettamente le modalità dell'esistenza di ogni oggetto semiotico (virtuale, attuale e realizzato) e introduce le istanze in cui la teoria generativa articola il senso: quadrato semiotico, grammatica narrativa e strutture superficiali. Elementi teorici che avremmo modo di spiegare in questo e nei prossimi capitoli.

iv. La descrizione dei processi di significazione si fa nel rispetto di due principi: la regola dell'*immanenza/manifestazione* e quella della *progressione*. Greimas (1979 tr. it. 2007) dichiara che il concetto di immanenza va sicuramente a sollevare un problema di ordine ontologico del senso: è esso nella mente oppure nelle cose? Con la volontà di liberare la semiotica dalle questioni metafisiche, Greimas sostiene che è opportuno,

"accontentarsi della messa in opera di alcuni concetti operativi*, chiamando universo semantico (il "c'è il senso") ogni semiotica* anteriormente alla sua descrizione, e oggetto* semiotico la sua esplicitazione grazie a un metalinguaggio* (e a linguaggi di rappresentazione*) costruito". (DRTLit, 152)

Rispetto alle posizioni trattate nel primo capitolo, dell'innatismo e del relativismo, la prospettiva greimasiana fornisce una risposta molto chiara: la ricerca semiotica procede anche senza necessariamente prendere una posizione sulla questione se la conoscenza debba essere considerata come una *descrizione*, ovvero esplicitazione del senso insito nelle forme immanenti, oppure come una *costruzione*, ovvero strutturazione del mondo "informato" e istituito dalla mente umana.

L'emergere dell'immanenza nella manifestazione avviene tramite un percorso progressivo: la forma del contenuto è costituita da unità minime e immanenti che sono prese in carico da unità più complesse, in una progressiva generazione del senso, fino al livello della manifestazione linguistica, ovvero della manifestazione testuale delle strutture discorsive. Immanenza e progressione sono i pilastri del *Percorso generativo del senso*, dispositivo che formalizza la dinamicità e la complessità del processo di significazione. Il Percorso generativo del senso è una rappresentazione visiva della significazione di ogni oggetto semiotico e spiega in quale modo tale significazione si suddivida in vari livelli di pertinenza, autonomi ma correlati, che articolandosi, in un percorso appunto che va dal più semplice al più complesso, prevedono i modi di produzione, di generazione del senso. Sulla base di questi principi, ci proponiamo di raggiungere due obiettivi:
- descrivere l'episteme traduttologica e dotare la teoria di categorie metalinguistiche semio-traduttive che permettano al concetto di traduzione di significare in modo articolato e specifico ad ogni cultura e contesto storico;
- fornire un modello descrittivo delle componenti concettuali che sottendono ogni pratica traduttiva; la nostra comprensione e ricostruzione dei meccanismi che permettono alla traduzione di funzionare ed esistere avviene nella convinzione che il senso del nostro oggetto di studio emerge come costituzione di un'identità testuale, individuale e soggettiva ma anche sociale.

Questi due obiettivi si realizzano su tre livelli di analisi i cui risultati andranno a fondare una nuova proposta teorica:

1) *Le condizioni logico-semiotiche della traduzione*. Il quadrato semiotico greimasiano, inteso come struttura elementare di significazione, ci porterà a individuare le condizioni logiche e veridittive che permettono al concetto di traduzione di significare. Vedremo che tali condizioni si basano sul presupposto che l'atto traduttivo e la presenza cognitiva del traduttore sono elementi che convergono verso una particolare categoria epistemica:

"Identità" e il suo emergere in rapporto alla categoria "Altro", sulla base delle nozioni di equivalenza, differenza, similarità, alterità.

La traduzione implicita necessariamente la presenza dell'Altro ed esplicita le modalità con cui il traduttore e la cultura ricevente si inscrivono all'interno del testo tradotto. Si vedrà che il rapporto Originale-Traduzione realizza il rapporto Altro-Stesso, tramite le "categorie veridittive". La sintesi delle categorie veridittive e delle dinamiche identitarie saranno rappresentate nel *quadrato semiotico traduttivo*, dispositivo a valenza teorica e metateorica che permette di sistematizzare il concetto di traduzione in seno alle varie teorizzazioni traduttologiche. L'attualizzazione del quadrato semiotico della traduzione tramite i contributi teorici più moderni comproverà il carattere paradossale del fenomeno: la traduzione attualizza l'equivalenza (nelle strutture testuali immanenti) rispetto all'originale e si realizza nella differenza (nelle strutture manifestanti). Il paradosso della traduzione risiede nel fatto che pur "dicendosi equivalente", genera di fatto una differenza occultata da un'equivalenza illusoria.

2) *La pratica traduttiva: traduzione come narrazione*. Secondo la teoria greimasiana, ogni categoria definitoria articolata nel quadrato semiotico è una significazione di tipo virtuale e suscettibile di essere "incarnata", ovvero attualizzata, nella dimensione umana: è questo lo snodo teorico che ci permette di passare dalla struttura concettuale alla pratica individuale, sociale e storica. Ci poniamo qui in una dimensione teorica che astrae e condensa la processualità nella dinamica strutturale: il passaggio di conversione dal quadrato semiotico allo schema canonico della narrazione è un momento di progressione ed evoluzione della struttura di significazione profonda. In questo modo, l'applicazione dello schema canonico della narrazione al fenomeno della traduzione e l'integrazione delle modalità semiotiche (*volere, dovere, potere e sapere*) permettono di derivare un *Modello semiotico della traduzione*.

3) *Critica della traduzione*. Il terzo momento teorico, è di tipo critico-analitico, e si basa sull'impiego delle strutture semiotiche di superficie del Percorso narrativo come strumento di critica della traduzione. Insisteremo in particolare sulle componenti enunciative e timiche del testo tradotto al fine di individuare le salienze traduttive in cui esso si differenzia dal testo originale. Per quanto questo terzo livello sia interamente rivolto all'analisi empirica del prodotto traduttivo esso diventa anche il supporto testuale di arricchimento e riprova della pertinenza esplicativa del modello e delle condizioni logico-semiotiche della traduzione. Pur nella consapevolezza che nella traduzione vi è spesso l'idea che ogni traduttore "costruisce la propria

teoria" e inscrive nel testo tradotto regole specifiche, e che il gesto traduttivo è un processo cognitivo intriso di soggettivismo, siamo anche convinti che sia possibile astrarre il fenomeno complesso in categorie epistemiche più semplici ma precipue alla traduzione, e che sia infine possibile identificare un universo significativo immanente ad ogni pratica empirica.

3.1 Premesse: differenza ed equivalenza, simulacro e copia

Nel secondo capitolo abbiamo visto che Ubaldo Stecconi concepisce la traduzione come una specifica forma di semiosi fondata su tre caratteristiche: similarità, differenza e mediazione. La similarità è intesa come potenzialità che concretizza le norme di equivalenza nel testo tradotto, la differenza è la barriera che separa due sistemi semiotici, e la mediazione è il rapporto discorsivo che si instaura tra due segni diversi, per cui un segno "parla al posto di" un altro segno, dicendo la stessa cosa.

Nell'illustrare la proposta di Stecconi avevamo accennato ad alcuni anelli deboli di questo ragionamento. L'autore afferma che la differenza è condizione anteposta al concetto di traduzione perché quest'ultima avviene unicamente in presenza di una differenza tra sistemi semiotici; egli presuppone che la differenza sia un valore discreto, una piega (*fold in the semiosphere*) che emerge in uno spazio "liscio", un continuum caratterizzato dal valore "equivalenza"; in tal senso la traduzione interverrebbe per mediare e per appianare queste pieghe discrete, ristabilendo il passaggio di informazioni e ripristinando appunto il continuum di equivalenza. Dal nostro punto di vista, invece, la differenza non è un valore discreto, un'insorgenza da superare e superabile con la traduzione, essa è semmai il fondamento esistenziale di ogni cosa, necessità ontologica perché vi sia semplicemente qualcosa; in questo senso la differenza è caratteristica immanente e condizione *sine qua non* della traduzione.

In traduzione, la differenza è un'idea complessa; essa potrebbe essere vista come differenza tra sistemi: se esiste una semiosfera A e una semiosfera B significa che tali sistemi sono necessariamente e per qualche ragione diversi. Ricordiamo invece che la traduzione avviene tra testi e non tra sistemi e la reificazione della differenza si manifesta nella produzione di eventi traduttivi che pongono in essere gli elementi e i meccanismi di un sistema rispetto a un altro. La differenza sistemica è quindi definibile come qualcosa di potenziale, indefinito e vago, e l'unico modo in cui si manifesta è come differenza testuale.

Lo stesso ragionamento è valido anche per l'equivalenza che nella traduzione è un valore astratto e intrinseco. Nella traduzione, due testi α e β sono in relazione non solo perché α precede β, ma anche e soprattutto perché β procede da α: la relazione di precessione e di derivazione è finalizzata all'*equivalenza*, β *deve essere equivalente* (e non simile) ad α, eppure nel suo realizzarsi β è inevitabilmente diverso da α. Il movimento di derivazione (β procede da α e α precede β) e il vettore che la guida (la derivazione è di tipo equivalente) indicano che nella traduzione vi è movimento dinamico che, nel momento della realizzazione della traduzione, paradossalizza (differenza/equivalenza) il risultato. Secondo una definizione statica, com'è appunto quella di Stecconi, sappiamo soltanto che la differenza esiste tra due sistemi semiotici, tra due lingue, due culture e due momenti di comunicazione. Secondo una definizione dinamica, la coppia equivalenza/differenza è dapprima virtualizzata e successivamente attualizzata. Con ciò intendiamo dire che, se presupponiamo che vi sia differenza pre-traduttiva, tale differenza rimane irriducibile, perché precede e segue l'atto traduttivo e continua ad abitare la traduzione, diventando in questo modo condizione immanente, sua prima caratteristica fondante.

Su questo punto si sofferma anche Lawrence Venuti (2002) quando sostiene che nonostante la pretesa relazione di analogia che si instaura tra l'originale e il testo tradotto, nessun tipo di similarità (similarità di forma, di senso e di ricezione nella lettura e nella cultura) precede il processo di traduzione; la similarità viene costruita sulla base di differenze tra sistemi, differenze che sono presenti prima che la traduzione avvenga e che perdurano anche dopo il processo traduttivo, nonostante la volontà del traduttore di superare quelle divergenze attraverso una scrittura trasparente e scorrevole (Venuti 2002, 216). Tali divergenze si manifestano nel testo come elementi differenziali – errori, aggiunte, modifiche, tagli, perdite, compensazioni, appianamenti stilistici, variazioni di registro, intonazione del testo, ecc. – che il traduttore ha cercato vanamente (presenza palese) o surrettiziamente (presenza occulta) di colmare.

La traduzione interviene come evento creatore che genera un testo tramite un processo di derivazione e con l'obiettivo dell'equivalenza. L'equivalenza è un valore che dovrebbe instaurarsi con l'atto traduttivo ma che non si realizza pienamente perché le divergenze restano, e queste divergenze sono per lo più spiegate, in traduttologia, col fenomeno di "perdita". Per quanto sia paradossale che il testo tradotto possa perdere qualcosa che non ha mai avuto, possiamo comprendere il concetto di perdita soltanto se sappiamo che la traduzione dichiara apertamente che il testo tradotto deve essere equivalente all'originale. L'equivalenza è la condizione minima, il presupposto logico fondante della traduzione.

Abbiamo illustrato, nel primo e nel secondo capitolo, che i teorici, semiotici e traduttologi, difficilmente trovano un terreno d'intesa e la definizione stessa di equivalenza resta tuttora problematica: si può parlare di equivalenza in traduzione? A quale livello, concettuale e testuale, essa si manifesta?

La materialità è certamente uno degli aspetti più importanti che influiscono sulla presenza o assenza di eventi testuali che si esprimono nel segno dell'equivalenza. In modo un po' contraddittorio abbiamo visto che per Peirce l'equivalenza esiste perché l'interpretante non cambia – che sia scritto in greco, in francese o espresso tramite grafici – ma dall'altra parte un segno equivalente è sempre un interpretante più sviluppato ed elaborato. Nei sistemi linguistici invece, secondo Hjelmslev[2], a ogni cambiamento della materialità del segno, del significante, dell'immagine acustica, ovvero della forma dell'espressione, corrisponde un cambiamento del piano del contenuto.

È in questo senso che bisogna interpretare le posizioni di alcuni traduttologi quando parlano di differenza nell'equivalenza e di equivalenza dichiarata piuttosto che formale ed effettiva. Ad esempio, per Lawrence Venuti (2002) e per Jacques Derrida (1967) gli aspetti materiali, il "corpo verbale" del testo originale costituiscono uno dei più vistosi cambiamenti dovuti alla traduzione, « *laisser tomber le corps, telle est même l'énergie essentielle de la traduction. Quand elle réinstitue un corps, elle est poésie* » (Derrida 1967, 312). L'essenza della traduzione è abbandonare la materialità del testo di partenza: per tradurre una poesia è necessario dimenticare le parole nella lingua di origine e i suoi effetti di senso che muovono proprio e soltanto da specifiche espressioni sonore e visive (termini, suoni, segni grafici, ecc.), dal corpo verbale insomma. La generazione di un nuovo corpo, una nuova materialità nel testo tradotto, non è altro che la traduzione di una

---

2   Hjelmslev postula la non conformità tra i piani dell'espressione e del contenuto nei sistemi linguistici. Con la prova della commutazione, il linguista, dimostra che ogni mutazione del piano dell'espressione procura una mutazione anche sul piano del contenuto (es.: una mutazione all'inizio della parola /.ane/ della figura /c/ con la figura /p/ determina una mutazione di contenuto all'interno del segno "cane" in "pane"). (Marsciani&Zinna 1991, 23–24)

poesia in un'altra lingua. L'espressione sonora e visiva incarna l'emergere del significato, e aderisce completamente a esso.

La prima cosa che distingue la traduzione dall'originale è la differenza nel corpo verbale, ma ricordiamo che la differenza è in realtà condizione stessa della traduzione: scrivere in un'altra lingua, rifiutare il corpo verbale dell'originale vuol dire rinunciare a "trasportare", a "trasporre" quel corpo, in qualche modo, a negarlo. Eppure, come si fa a perdere una cosa cui si rinuncia intenzionalmente proprio perché è d'ostacolo? E soprattutto come si fa a perdere una cosa che non si è mai davvero avuta, in quel contenuto e in quella espressione?

Quando il gesto traduttivo va a costruire una nuova realtà testuale, tale corpo differisce dall'originale non solo perché non possiede tutti gli effetti intratestuali, i rimandi fonici e grafici, ma anche perché non dispone di quel tessuto di relazioni intertestuali che conferisce all'originale un valore posizionale all'interno del tessuto delle opere scritte in quella lingua.

> In dropping the materiality of the foreign text, translation is radically decontextualizing: it dismantles the context that is constitutive of that text. This decontextualization is the first difference produced by the translating process itself. (Venuti 2002, 217)

Per quanto la rinuncia intenzionale alla corporalità del testo originale rappresenti "l'energia essenziale" della traduzione, gli effetti di tale rinuncia non sono secondari, perché quell'energia che non si lascia imbrigliare, produce e prolifera altri sensi (Derrida 1967, 316).

La traduzione non è solo rinuncia e decontestualizzazione perché nella ricostruzione della materialità linguistica essa partecipa a un vero e proprio atto di generazione di un testo dotato di meccanismi intratestuali e intertestuali propri. Possiamo definire il processo generativo della traduzione come una sorta di nuova ambientazione che rende il testo abitabile da un altro pubblico. La materialità del testo tradotto determina una ricontestualizzazione in un altro tessuto linguistico e culturale e manifesta quindi un secondo tipo di differenza rispetto all'originale.

> In restoring a materiality, in creating a text, translation is radically recontextualizing and thus produces a second difference, in fact a set of linguistic and cultural differences that are inscribed in the foreign text. (Venuti 2002, 217)

Per Venuti la differenza si manifesta nella materialità, come perdita della fisicità dell'originale e come ricostruzione ricontestualizzante di un corpo nuovo dotato di nuovo senso. Questa è una posizione che conferma una prospettiva teorica che vede la differenza come un valore pre-esistente in forma di potenzialità creata dal confronto tra due sistemi, reificata poi nel testo tradotto. La questione delle perdite e dei guadagni[3], ovvero la questione del grado di equivalenza tra i testi è anch'essa realizzata con la traduzione, interviene quando il testo tradotto si impone già come entità autonoma e indipendente, come risultato tangibile su cui s'innestano la critica della traduzione e i meccanismi analitici post-traduttivi; è in questa fase che emerge la dimensione normativa della traduzione, una dimensione regolata dall'intenzionalità del contratto che il committente pattuisce col traduttore al fine di realizzare l'equivalenza per il pubblico della lingua e della cultura ricevente.

Contrariamente a quanto affermano Venuti e Derrida sulla questione della corporeità del segno, abbiamo visto che nella logica peirceana, due segni sono equivalenti se entrambi rinviano allo stesso significato (*meaning*) e le variazioni nei representamen (la materialità del segno) non inficiano l'esistenza di una relazione di equivalenza, come risulta dallo schema che proponiamo qui di seguito (fig.3.1).

L'equivalenza traduttiva secondo Peirce

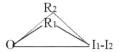

Fig. 3.1 L'equivalenza secondo Peirce.

Il processo di semiosi

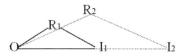

Fig.3.2 La semiosi.

Eppure, secondo la definizione di segno di Peirce, nel processo semiosico un segno è un oggetto che sta al posto di un altro segno e rispetto a quest'ultimo esso è *"new and higher"*, è prolungamento semiosico che fonda il progressivo generarsi del segno come entità derivata, ma nuova e autonoma (fig. 3.2). Ed è proprio la possibilità intrinseca della semiosi da una parte e l'imperativo di equivalenza dall'altra che determinano due antipodi, due elementi opposti che fanno della traduzione un fenomeno paradossale, che sussume un movimento di differenza e al contempo di equivalenza.

---

3   La limitata natura della traduzione costituisce la sua vera *raison d'être*. Parlare della perdita nella traduzione rappresenta in qualche modo una tautologia poiché il vero fondamento della traduzione è propria la perdita dell'equivalenza ideale (Michael Cronin 1995, 360).

112

Se la significazione si realizza nel rinvio di un segno a un altro segno, la semiosi è un altro modo di riproporre concetti quali *genesi* e *originale*: dove e come deve essere posto il punto di origine del processo semiosico?

Come scaturisce l'inizio originale, dove collocare l'originalità iniziale? La traduzione attinge a quell'inizio originale ed è quindi priva di originalità perché creata per processo di derivazione e ripetizione?

In un'ottica che si avvicina alla visione semiosica del senso di Peirce, Jacques Derrida introduce, col pensiero decostruzionista, l'idea di *différance*[4] (dall'etimologia latina, *differentia*). Con *différance* Derrida vuole evidenziare la temporalizzazione e la spazializzazione del segno accentuandone l'instabilità della componente esperibile nel presente,

> le signe représente le présent en son absence (…). Tout concept est en droit et essentiellement inscrit dans une chaîne ou dans un système à l'intérieur duquel il renvoie à l'autre, aux autres concepts, par jeu systématique de différences. (Derrida 1972, 9).

Il filosofo si serve di questo concetto per scardinare le strutture fisse e immobili dell'essere, del senso, del pensiero, dell'identità: *différance* significa inafferrabilità di un senso originario, il divenire di un senso che differisce, che slitta, scivola e sfugge, che viene creato e ricreato in un perpetuo spostamento, senza meta prefissata, senza un τέλος, in continua negazione di un senso immobile e immutato, trascendentale e originario.

> La problématique de l'écriture s'ouvre avec la mise en question de la valeur d'*arkhè*. (…) Tout dans le tracé de la *différance* est stratégique et aventureux. Stratégique parce qu'aucune vérité transcendante et présente hors du champ de l'écriture ne peut commander théologiquement la totalité du champ. Aventureux parce que cette stratégie n'est pas une simple stratégie au sens où l'on dit que la stratégie oriente la tactique depuis une visée finale, un *telos* ou le thème d'une domination, d'une maîtrise et d'une réappropriation ultime du mouvement ou du champ. (Derrida 1972, 6)

Rispetto alla *différance*, il concetto di traduzione come equivalenza all'originale è fondamentalmente paradossale perché presuppone che il senso del testo originale sia immobile, impassibile e immutabile. Dire invece che il senso di un'opera è storico, sociale e individuale significa sostenere che il suo senso interno è un fatto della storia e del soggetto, che si costruisce in divenire e non si dà come un fatto compiuto una volta e per sempre. Questa prospettiva va a spiegare perché una traduzione che si presuppone, si dice e

---

4   Conferenza del 27 gennaio 1967, pubblicata in *Marges de la philosophie* (1972).

si dichiara, *equivalente* all'originale sarà, in realtà, sempre *diversa* dall'originale.

Cette historicité de l'œuvre n'est pas seulement le *passé* de l'œuvre, sa veille ou son sommeil, par lesquels elle se précède elle-même dans l'intention de l'auteur, mais l'impossibilité pour elle d'être jamais au *présent*, d'être résumée en quelque simultanéité ou instantanéité absolues. (Derrida 1968, 26)

Différence et Répetiton (1968) di Gilles Deleuze è un'altra opera fondamentale che si propone di rovesciare l'idea di copia e di rappresentazione in senso platonico e hegeliano tramite una nuova prospettiva ontologica che ricontestualizza le nozioni di differenza, di ripetizione, di simulacro all'interno di una nuova visione del concetto di identità. Questa nuova architettura ontologica si basa sull'idea che nulla si ripete in modo identico, ogni fenomeno è sempre nuovo e irriducibile a quello che lo precede. *Essere* è *divenire*, e una stabilità permanente non esiste.

Differenza e ripetizione sono in Deleuze due concetti che instaurano una stretta relazione di complementarietà. Innanzitutto, la ripetizione deve essere distinta dalla *generalità* e da altri concetti che quest'ultima sussume, come ad esempio la *somiglianza*, dell'ordine del qualitativo, e l'*equivalenza*, dell'ordine del quantitativo (Deleuze 1968, 7). La generalità si fonda sul principio di interscambiabilità (vi è generalità se un'idea particolare è scambiabile con un'altra idea particolare), la ripetizione riguarda invece proprio ciò che non può essere sostituito perché non ha un pari somigliante o equivalente.

Ce n'est pas la fête de la Fédération qui commémore ou représente la prise de la Bastille, c'est la prise de la Bastille qui fête et qui répète à l'avance toute les Fédérations. (Deleuze 1968, 8)

In Deleuze, la generalità è la generalità del particolare, la ripetizione è l'universalità del singolare; se la generalità è il linguaggio razionale che ci permette di stabilire un'uguaglianza tra due termini, la ripetizione è il linguaggio irrazionale per cui ogni singolo elemento è insostituibile e può essere soltanto ripetuto.

La *ripetizione* è una singolarità universale che, dice Deleuze riferendosi al filosofo David Hume, non cambia in nulla e per nulla l'oggetto che si ripete, ma cambia qualcosa nello spirito del soggetto che lo contempla (Deleuze 1986, 97). Il cambiamento nello spirito di chi contempla traspare necessariamente nel testo-oggetto che il soggetto genera. La ripetizione deleuziana è un concetto che per esistere fa appello alla dimensione del vissuto umano e presuppone quindi la presenza di un soggetto attivo o passivo che sia, contemplatore o agente. La ripetizione determina un cambiamento, ovvero una modificazione, una differenza. La differenza si crea proprio nella ripetizione di qualcosa di irripetibile, di un oggetto insostituibile, di un'Idea platonica, del concetto puro. Ma, precisa Deleuze, contrariamente a quanto afferma Platone, la differenza non si instaura tra l'Idea e le sue copie, essa è interna al simulacro. Nel simulare (nel ripetere e non rappresentare, perché il ripetuto non può essere rappresentato ma deve essere significato[5]) si perviene alla differenziazione, alla creazione di una nuova identità.

Allo stesso modo, nella traduzione, accade che il soggetto traducente procede da un originale-modello, lo contempla, lo comprende, lo vive e crea il testo tradotto tramite "simulacralizzazione", tramite ripetizione simulacrale che genera la determinazione di un'identità autonoma e differente.

Alla filosofia platonica e neoplatonica dell'Origine esterna e anteriore[6], Deleuze contrappone l'Inizio inteso come riabilitazione del simulacro, gesto conoscitivo e costitutivo della possibilità di un senso *in fieri*. Ogni singola identità, afferma il filosofo, è simulata, è un effetto ottico in cui si proiettano la differenza creativa e la ripetizione simulacrale. La forza dinamica del tempo e dello spazio si oppone alla possibilità stessa che le cose conservino la loro identità nel concetto che le formalizza; ogni singola cosa, noi stessi non siamo mai fissati in uno stato o in un momento, siamo invece ancorati a un movimento che è sempre in divenire[7.]

Presentandosi come rovesciamento del modello al fine di apprenderlo e comprenderlo, il simulacro non è una semplice imitazione, ma istanza che accoglie una differenza intrinseca che abolisce ogni limite di somiglianza e di distinzione tra originale e copia.

---

5   Deleuze associa l'azione della ripetizione a quella della rimozione di Freud: « je refoule car je répète et j'oublie car je répète ». (Deleuze 1968, 29)

6   Idea cui in parte aderisce anche Peirce "Each of these equivalents is the explication of what there is wrapt up in the primary – they are the surrogates, the interpreters of the original term". (Peirce in Gorlée 1994, 181)

7   « Il n'y a pas de chose qui ne perde son identité telle qu'elle est dans le concept, quand on découvre l'espace et le temps dynamiques de sa constitution actuelle. [...] Car nous ne sommes pas fixés à un état ou à un moment, mais toujours fixés dans un mouvement en train de se faire ». (Deleuze 1968, 283)

Car, par simulacre, nous ne devions pas entendre une simple imitation mais bien plutôt l'acte par lequel l'idée même d'un modèle ou d'une position privilégié se trouve contestée, renversée. Le simulacre est l'instance qui comprend une différence en soi, comme (au moins) deux séries divergents sur lesquelles il joue, toute ressemblance abolie, sans qu'on puisse dès lors indiquer l'existence d'un original et d'une copie. (Deleuze 1968, 95)

È possibile, in parte, adottare la visione deleuziana per la comprensione del concetto di traduzione. In tal senso, la traduzione oscilla tra due modi di esistenza e due paradigmi teorici: somiglianza (la generalità) e ripetizione. In effetti, vedremo che la traduzione può essere pensata e descritta in termini di "somiglianza" rispetto all'originale, ma essa può anche essere concepita in termini di "ripetizione", perché essa cerca di ripetere un irripetibile, qualcosa che non può essere ricostruito, ma piuttosto rivissuto. Un testo che viene tradotto secondo le regole dell'equivalenza e della somiglianza, darà vita a una copia dell'originale; al contrario, un testo tradotto nel segno della ripetizione diventerà una forma simulacrale dell'originale.

Simulacro e *copia* forniscono una buona formulazione dei principali modi di essere della traduzione. Rispetto a un modello originario, la traduzione può realizzarsi come sua copia-rappresentazione oppure come suo simulacro. In Deleuze però, ogni singolo movimento esistenziale è sempre atto simulacralizzante; infatti, per quanto debba *apparire* come copia, la traduzione è *essere* temporale e spaziale che comprende in sé la differenza e veridifica, più di ogni altro simulacro, il "divenire" di ogni verità, di ogni senso, di ogni originale.

Apparire ed *Essere* si candidano come valori che, facendo rispettivamente appello ai concetti di copia e simulacro, di equivalenza e differenza, accolgono la complessità della traduzione.

Abbiamo dimostrato che questa distinzione è già presente in alcune teorie semiotiche e traduttologiche. Pur non prescindendo dalla nozione di equivalenza, la traduzione non è né imitazione né mimesi, afferma Gorlée quando parla dell'irreversibilità del processo semiotraduttivo, e vediamo con Derrida e Venuti che essa non lo è a maggior ragione perché la sua concretizzazione esterna, il suo corpo linguistico rivela la sua fondamentale diversità. La traduzione non tradisce l'originale ma rivela la sua assenza e svela una profonda differenza al momento della simulacrizzazione. Con la sua materialità la traduzione fissa il cerchio ermeneutico delle interpretazioni e approda a una verità simulacrale, a una realizzazione del senso come forma e formalizzazione testuale di un'identità nuova. Il paradigma del simulacro concepisce l'esistenza del senso solo e soltanto nella possibilità sostanziale della forma, e nel gesto operativo che la esegue. L'esecuzione della forma come restituzione generativa del senso è un passo logico fondamentale che spiega il meccanismo paradossale che pone in essere l'equivalenza traduttiva.

L'idea di *différance* derridiana e il binomio deleuziano differenza-ripetizione forniscono, seppure attraverso due diverse prospettive che non abbiamo modo di approfondire in questa sede[8], una risposta alla questione della differenza. In effetti, in modalità simili ma con risultanti filosofiche diverse, sia Deleuze, post-strutturalista e freudiano, che Derrida, antistrutturalista ma anch'egli freudiano, fondano il loro pensiero sull'idea di *scarto*, inteso come *differenza* e *singolarità*: la *differenza* a margine ma fondamentale e la *singolarità* anomala ma saliente scardinano le regolarità generali del giudizio normativo e diventano ragioni sufficienti perché la significazione sia possibile. Elemento pre-cosciente in Derrida e sub-rappresentativo in Deleuze, la differenza è fondamento dell'essere, e di ogni forma di senso.

---

8 Notiamo a margine una parentela tra il pensiero derridiano e quello deleuziano, spiegabile tramite l'influenza del Teatro della crudeltà di Antonin Artaud. In particolare si veda la definizione di Deleuze del simulacro: « *Le simulacre est précisément une image démoniaque, dénué de ressemblance ; ou plutôt contrairement à l'icône il a mis la ressemblance à l'extérieur, et vit de différence. S'il produit un effet extérieur de ressemblance, c'est comme illusion, et non comme principe interne ; il est lui-même construit sur une disparité, il a intériorisé la dissimilitude de ses séries constituantes, la divergence de ses points de vue, si bien qu'il montre plusieurs choses, raconte plusieurs histoires à la fois* » (Deleuze 1968, 167).
Si veda Derrida quando ribadisce la funzione catartica del teatro della crudeltà nei confronti del teatro classico e quando sottolinea, tramite Artaud, la differenza tra lo schiavo che si limita a riprodurre un testo prestabilito e un senso pre-stabilito e l'uomo libero che impavidamente diventa padrone della propria parola, del proprio senso e della propria identità: *La destruction du théâtre classique — et de la métaphysique qu'il met en scène — a pour premier geste la réduction de l'organe. La scène occidentale classique définit un théâtre de l'organe, théâtre de mots, donc d'interprétation, d'enregistrement et de traduction, de dérivation à partir d'un texte pré-établi, d'une table écrite par un Dieu-Auteur et seul détenteur du premier mot. D'un maître gardant la parole volée qu'il prête seulement à ses esclaves, ses metteurs en scène et ses acteurs. (...) Les différences dont vit la métaphysique du théâtre occidental (auteur-texte/metteur-en-scène-acteurs), sa différenciation et ses relais transforment les «esclaves» en commentateurs, c'est-à-dire en organes. Ici organes d'enregistrement. Or «Il faut croire à un sens de la vie renouvelé par le théâtre, et où l'homme impavidement se rend le maître de ce qui n'est pas encore (nous soulignons), et le fait naître. Et tout ce qui n'est pas né peut encore naître pourvu que nous ne nous contentions pas de demeurer de simples organes d'enregistrement».* (Derrida 1967, 278–279)

117

La différence n'est pas le divers. Le divers est donné. Mais la différence, c'est ce par quoi le donné est donné comme divers. La différence n'est pas le phénomène, mais le plus proche noumène du phénomène. Il est donc bien vrai que Dieu fait le monde en calculant, mais ses calculs ne tombent jamais juste, et c'est cette injustice dans le résultat, cette irréductible inégalité qui forme la condition du monde. Le monde « se fait » pendant que Dieu calcule ; il n'y aurait pas de monde si le calcul était juste (...). Tout phénomène renvoie à une inégalité qui le conditionne. Toute diversité, tout changement renvoient à une différence qui en est la raison suffisante. (Deleuze 1968, 286)

E in Derrida,

La différance, c'est ce qui fait que le mouvement de la signification n'est possible que si chaque élément dit «présent» (...) se rapporte à autre chose que lui-même, gardant en lui la marque de l'élément passé et se laissant déjà creuser par la marque de son rapport à l'élément futur, la trace ne se rapportant pas moins à ce qu'on appelle le futur qu'à ce qu'on appelle le passé, et constituant ce qu'on appelle le présent par ce rapport même à ce qui n'est pas lui (...). Il faut qu'un intervalle le sépare de ce qui n'est pas lui pour qu'il soit lui-même, mais cet intervalle qui le constitue en présent doit aussi du même coup diviser le présent en lui-même, partageant ainsi, avec le présent, tout ce qu'on peut penser à partir de lui, c'est-à-dire tout étant, dans notre langue métaphysique, singulièrement la substance ou le sujet. (Derrida 1968, 53)

Prendendo le mosse dal presupposto che ogni senso si crea da uno scarto – da un intervallo fondamentale, realizzato come differenza, come singolarità creatrice, ineguaglianza e slittamento – tracceremo n nuovo orizzonte teorico traduttologico, un orizzonte che coniuga in modo inedito e in seno alla traduzione, la concezione peirciana del senso in divenire e la visione greimasiana della struttura elementare del senso come categoria che sussume elementi opposti.

Questa nuova elaborazione teorica formalizza l'idea che la traduzione sia l'emergere, in uno spazio e in un momento storico dato, di un'identità specifica – individuale e sociale – determinata dalla relazione dei termini opposti "differenza" ed "equivalenza".

Studiare la traduzione come oggetto scientifico e impostare una sua formalizzazione teorica impone scelte di campo che sono di natura filosofica ed epistemologica. Spesso la traduttologia è segnata da oscillazioni in queste scelte di campo: se il testo tradotto è copia di un modello originale immobile e immutabile, detentore del senso primigenio, la traduzione diventa la storia di un'opera seconda, una riproduzione somigliante, un'imprecisa imitazione, raccontata da un traduttore consapevole che la sua è un'opera "apocrifa". Se invece si considera il testo tradotto alla stregua del simulacro che, secondo la prospettiva deleuziana, derridiana ma anche peirceana, realizza appunto il divenire e la mobilità dell'originale attraverso scarti e dissomiglianze, la traduzione diventa la storia travagliata di una paradossale equivalenza-differenza, raccontata da un soggetto traduttore che vive e s'inscrive nel suo stesso gesto enunciativo, e inscrivendosi instilla nell'enunciazione una verità storica, culturale e profondamente personale.

3.2 Il quadrato semiotico della traduzione

3.2.1 – Delle condizioni logico-semiotiche che fondano la traduzione

L'avvicinamento alla parte più astratta della teoria generativa ci permetterà di illustrare le premesse e le ragioni che motivano la nostra scelta teorica L'obiettivo di questa sezione è cercare di comprendere e di spiegare gli aspetti immanenti dell'oggetto semiotico "traduzione" tramite i meccanismi di funzionamento della struttura elementare di significazione: il quadrato semiotico.

La semiotica generativa è dotata degli strumenti euristici che consentono il riconoscimento della struttura di significazione elementare di ogni oggetto semiotico. La rappresentazione visiva del modello è definita col nome di *quadrato semiotico*.

> Si intende per quadrato semiotico la rappresentazione visiva dell'articolazione logica di una categoria semantica qualunque. La struttura elementare della significazione, quando è definita – in un primo tempo – come una relazione tra almeno due termini, si basa solo su una distinzione d'opposizione che caratterizza l'asse paradigmatico del linguaggio (…). (DRTLit, 265)

Il quadrato semiotico è una visualizzazione spaziale che organizza i termini tassonomici (unità di senso che costituiscono la *semantica fondamentale*) in operazioni sintattiche orientate (relazione e regole che costituiscono la *sintassi fondamentale*). Si tratta ovviamente di uno schema relazionale e astratto che virtualizza la possibilità di ogni significazione. Il quadrato semiotico rappresenta la produzione del senso tramite l'articolazione e la trasformazione di pochi termini primitivi, astratti e generali in interrelazioni sintattiche che sono suscettibili di creare nuove combinazioni tassonomiche, nuove unità di senso più complesse e man mano più concrete.

Il quadrato semiotico predispone una serie consequenziale di relazioni e operazioni logiche: in primo luogo, esso si fonda sul rapporto di opposizione tra due termini primitivi[9] s1 e s2. Tali termini individuano due valori minimi qualitativamente diversi ma appartenenti alla stessa categoria. Inoltre, s1 e s2 costituiscono l'asse semantico dei contrari[10] che simultaneamente si presuppongono poiché, s1 può esistere soltanto se simultaneamente rinvia al suo contrario s2.

Prendiamo ad esempio il quadrato di veridizione[11]. L'opposizione dei termini "essere" e "sembrare", costituisce l'asse semantico dei contrari, in cui "essere" si oppone a "sembrare[12]" e simultaneamente lo presuppone; la

---

9   Per quanto il quadrato semiotico faccia appello a concetti di logica aristotelica, i due termini primitivi non sono anteposti, ma si istituiscono emergendo come posizioni relazionali, come intersezioni di una serie di operazioni sintattiche, trasformazioni orientate e dotate di memoria (capacità memoriale); la relazione di opposizione è confermata dall'operazione di negazione che crea termini contradditori che risultano, tramite l'operazione di asserzione, complementari ai termini primitivi. La capacità memoriale è tale per cui i termini opposti sono tali solamente perché sono complementari ai corrispettivi termini contraddittori (DRTLit, 326).

10   Courtés fa notare che tutto il quadrato semiotico si regge su operazioni logiche, tranne la relazione fondante, quella di contrarietà dei primi termini. Infatti, i termini s1/s2 non sono "logicamente" contrari (come hanno dimostrato le analisi mitologiche di Lévi-Strauss). Secondo Greimas due termini possono essere detti contrari se la *presenza* di un termine presuppone l'altro e se *l'assenza* di uno determina quella dell'altro. Courtés invece non parla né di presenza né di assenza, ma insiste piuttosto sulla relazione di presupposizione e complementarietà tra un contraddittorio e un termine primitivo, ovvero se la negazione di un contrario può portare all'affermazione dell'altro, e viceversa: « *D'un avis plus général, deux termes (s1 et S2) sont dits* **contraires** *si, et seulement si, la négation de l'un peut conduire à l'affirmation de l'autre, et inversement* », (Courtés 1991, 157).
Entrambe le posizioni (presenza-assenza, affermazione-negazione) sono giustificate e a pari merito applicabili. D'altro canto, insiste Courtés, l'opposizione o la contrarietà dei termini s1 e s2 può essere sia di tipo *categoriale* (vita-morte) che di tipo *graduale* (ricco-povero; chiaro-oscuro).

11   Per illustrare le relazioni e le operazioni che intervengono nel quadrato semiotico facciamo riferimento al quadrato di veridizione così come è concepito da Greimas (DRTLfr1, 419; DRTLfr2, 34–35 e DRTLit, 377).

12   In francese, Greimas (1979, 1983a) parla di *être* e *paraître*. Nella traduzione in italiano del *Du sens II* (1983a tr. it. 1998) Patrizia Magli e Maria Pia Pozzato decidono di parlare di "essere" e "sembrare", mentre nella traduzione del *Sémiotique: dictionnaire raisonne de la théorie du langage, tome I* (1979 tr. it. 2007), Paolo Fabbri traduce "essere" e "apparire". Nella nostra ricerca abbiamo deciso di adottare la soluzione di Magli e Pozzato poiché "sembrare" è un termine che in italiano risulta più adeguato alla finalità

categoria semantica che sussume, iperonimizza e specifica i due termini è chiamata "verità". Tale categoria rappresenta un termine complesso, detto anche metatermine.

operazione di opposizione
asse dei contrari
relazione di contrarietà tra due termini primitivi
appartenenti a una categoria semantica

Fig. 3.3 Operazione di opposizione.

Una volta determinato l'asse dei contrari, ciascuno dei termini contrae una relazione privativa che implica un'operazione di negazione di una delle sue proprietà. Tale operazione genera altri due termini, detti contraddittori: non-s1 ("non-essere") e non-s2 ("non-sembrare"). La contraddizione esprime l'impossibilità della compresenza di un termine e della sua negazione.

Nell'esempio, diremo che la contraddizione non permette una coesistenza del tipo "essere" e "non-essere"; e allo stesso modo il termine "sembrare" non può coesistere col suo contraddittorio "non-sembrare". I termini contraddittori rappresentano l'asse dei subcontrari, una categoria semantica opposta alla categoria semantica dei termini primitivi. "Non-essere" e "non-sembrare" sono sussunti dall'asse semantico non-verità, ossia "falsità". L'asse dei contrari, asse semantico della *verità*, è in contrapposizione con l'asse dei subcontrari, sussunto nel metatermine *falsità*.

---

teorica del quadrato di veridizione, che è quella di opporre immanenza (essere)/ manifestazione (sembrare).

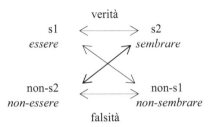

asse dei subcontrari
operazione di negazione, schema negativo e positivo
relazioni di contraddizione derivate dalla negazione dei due termini primitivi

Fig. 3.4 Operazione di negazione.

La seconda operazione è detta di asserzione dei contraddittori, ed è un'operazione di prova che permette di vedere se vi è implicazione tra asse dei contrari s1/s2 e asse dei subcontrari non-s1/non-s2. Se la doppia asserzione dei contradditori appare come un'implicazione dei termini primitivi, ovvero quando il termine s1 diventa il presupposto del termine contraddittorio non-s2 e quando il termine s2 è il presupposto del termine contraddittorio non-s1, allora è possibile dire con certezza che i termini primitivi, s1 e s2, appartengono a una sola categoria semantica.

La relazione che si stabilisce tra s1 e non-s2 nonché tra s2 e non-s1 è detta di complementarietà, e l'operazione è definita "deissi", positiva per i termini s1/non-s2, e negativa per i termini s2/non-s1. Nel quadrato della veridizione questo si traduce nella complementarietà tra il termine "non-essere" e "sembrare" poiché l'asserzione del "non-essere" implica il termine "sembrare". Allo stesso modo, quando si compie un'operazione di asserzione del termine "non-sembrare" si afferma il termine complementare "essere".

Le categorie che sussumono i termini complementari sono definite *segreto* e *illusione* (fig. 3.5). La semantica fondamentale riunisce posizioni valoriali statiche, s1/s1 e non-s1/non-s2, che sono però dinamizzabili tramite operazioni e modificazioni di sintattica fondamentale che vanno a negare e asserire i termini primitivi e i termini derivati.

verità

essere $\longleftrightarrow$ *sembrare*
s1   s2

segreto   ↑   ↑   illusione

non-s2 $\longleftrightarrow$ non-s1
non-sembrare   *non-essere*

falsità
operazione di asserzione
relazioni di complementarietà derivate dall'implicazione
tra termini contrari e termini subcontrari

Fig. 3.5 Operazione di asserzione.

Per completezza è necessario fare alcune puntualizzazioni sulle categorie semantiche che sussumono i termini contrari e i subcontrari: ogni asse semantico costituito dai due termini è una categoria semantica con cui gli stessi termini stabiliscono una relazione di iponimia. Tali categorie sono rappresentate nel quadrato come posizione di termini complessi o metatermini, "verità" e "falsità", "segreto" e "illusione". Nei metatermini coesistono i termini primitivi contrari (s1/s2), subcontrari (-s2/-s1) o complementari (s1/-s2 e s2/-s1). Il metatermine instaura con i due termini che lo compongono una relazione di gerarchia, una inter-specificazione. Ad esempio il termine complesso "verità" (s1/s2) è graduabile secondo la densità semica e la generalità di s1 ed s2; ovvero, s1 può specificare e determinare s2 perché ha una densità semica ("un peso specifico") maggiore ed è meno generale di s2 (relazione rappresentabile nel grafico come s1.s2); viceversa, s2 può avere una densità semica maggiore e un grado di generalità minore di s2 e quindi può specificarlo (s2.s1).

Nella teoria semiotica greimasiana, il quadrato semiotico è un modello descrittivo della significazione che si basa tanto sulle relazioni che si instaurano tra valori minimi, quanto su operazioni che permettono di passare da un termine all'altro, e di generare altri termini. A ogni classificazione dei valori del senso corrisponde un passaggio da un valore all'altro, alle relazioni di *contrarietà*, *contraddizione* e *complementarietà* corrispondono le operazioni di *opposizione*, *negazione* e *asserzione*. Sintesi di un sistema relazionale e di una rete operativa, il quadrato semiotico è un modello descrittivo dinamico, che prevede e consente anche un dinamismo nel discorso teorico, qualsiasi sia l'oggetto semiotico preso in esame.

123

La rappresentazione che forniamo qui di seguito riassume la *sintassi fondamentale*, ossia le posizioni logiche, le relazione e le operazioni riunite nel quadrato semiotico. Si tratta di un modello virtuale e astratto in cui i quattro termini non sono categorie semantizzate ma punti di intersezione delle relazioni e delle operazioni vettoriali. È a livello di *semantica fondamentale*, come mostrato con l'esempio di essere/sembrare, che tali posizioni sono lessicalizzate, assumendo appunto un contenuto semantico e descrittivo. Sintassi e semantica fondamentale costituiscono nel loro insieme *le strutture semio-narrative profonde*, fulcro di ogni processo di significazione.

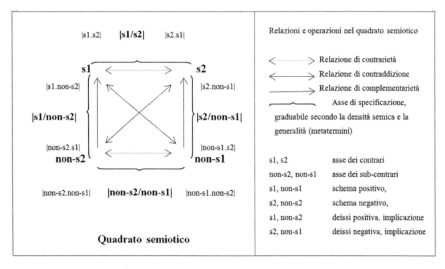

Fig. 3.6 Quadrato semiotico.

Il quadrato semiotico è la sintesi di alcune implicazioni teoriche ed epistemiche derivate dal concetto di "valore differenziale" di F. de Saussure e dalle correlazioni sistemiche di L. Hjelmslev[13].

_____

13   Per Hjelmslev (1943) il sistema (che costituisce, insieme al *processo*, un linguaggio) è definibile come un insieme gerarchico di funzioni, denominate funzioni di correlazione (funzioni paradigmatiche del tipo "o....o") e applicabile a qualsiasi livello di analisi (testo, frase, parole, elementi inferiori alla frase). Hjelmslev individua tre tipi di correlazioni: una correlazione qualitativa o di contrarietà che oppone due termini della stessa categoria (s1 vs. s2); correlazione privativa o di contraddizione che oppone due termini negandone uno (s1 vs. non-s1); correlazione partecipativa che oppone un termine primitivo con un termine complesso (s2 + non-s2 vs. s2). Ritroviamo queste

Il valore delle quattro posizioni tassonomiche e gerarchiche viene infatti definito in un reticolo di relazioni e di operazioni ordinate, secondo il principio della differenza per cui in un sistema di significazione vi sono soltanto differenze e il valore di ogni unità di senso è appunto differenziale.

Il quadrato semiotico si basa inoltre sule analisi mitologiche degli antropologi G. Dumézil e C. Lévi-Strauss (in Greimas 1970 tr. it. 2001[14]): nella lettura dei miti nelle società arcaiche, l'antropologo rivaluta il piano delle figure di superficie che rinviano, secondo una "logica concreta"[15] e precisa (tassonomica e posizionale), ai significati profondi. Nonostante la ricchezza della narrazione, il mito è riconducibile a un numero esiguo di significati che ritornano sovente nei miti di diverse culture. L'armatura del mito rappresenta il significato profondo, l'elemento invariabile, l'insieme delle proprietà strutturali comuni a tutti i miti-racconto; tale armatura si manifesta e viene presa in carico dalle figure del mondo zoo/antropomorfiche, la narrazione è la manifestazione del passaggio dall'unità-modello all'unità discorsiva transfrastica. A livello profondo, nell'armatura del mito, le unità di significato fondamentali[16] si organizzano in coppie oppositive e contraddittorie (nel mito bororo ad esempio: crudo-marcio e fresco-crudo in Greimas 2001, 206) che richiamano i termini s1/s2 e –s1/–s2 del quadrato semiotico.

Il riferimento alle analisi lévi-straussiane sarà fondante nella costruzione del Percorso generativo del senso, dispositivo analitico che Greimas deriva proprio dallo strutturalismo, e in cui ingloba il quadrato semiotico come livello di analisi profonda e come struttura immanente. Il quadrato semiotico delinea le condizioni minime di esistenza e di produzione del senso ma presenta al contempo anche un micro-universo di valori virtuali che prevede e chiede di essere attualizzato in oggetti concreti e in percorsi narrativi in cui si muovono personaggi che perseguono obiettivi e vivono eventi. È questa qualità "umana", derivata proprio dall'antropologia lévi-straussiana, che

---

correlazioni nel quadrato semiotico come relazione di opposizione, contraddizione e complementarietà.

14 In particolare le pagine 123–142, 150–153, 204–207 e il capitolo "Teoria del racconto mitico" pp. 195–241.

15 Espressione utilizzata da Greimas per intendere la presa in carico del senso da specifiche categorie figurative. (Greimas 1970 tr. it. 2001, 76)

16 Nella logica lévi-straussiana questi corrispondono ad archetipi cosmogonici (creazione dell'universo e nascita dell'uomo) e ontologici (cultura e natura), archetipi poi riformulati da Greimas come universo individuale (vita-morte) e universo collettivo (cultura-natura). (Greimas 1970 tr. it. 2001, 150–158)

contraddistingue, tra le altre cose, la semiotica generativa di Greimas dalla semiotica interpretativa di Peirce. Alla semiosi illimitata, Greimas oppone una significazione antropomorfizzata, un senso dotato di una dimensione umana.

Riprendendo l'esempio del quadrato di veridizione, vediamo come il dispositivo fornisce una descrizione semplice ma efficace dell'attività cognitiva ed epistemica proprio grazie alla complessificazione delle modalità dell'essere. La rappresentazione che proponiamo qui di seguito è derivata in parte dalla voce "modalità veridittive" del *Dizionario ragionato della teoria del linguaggio* (DRTLit 2007, 377).

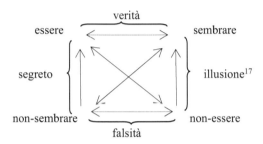

Piano della manifestazione: sembrare/non sembrare
Piano dell'immanenza: essere/non-essere
Metatermini:
verità (specificazione che unisce /essere/ e /sembrare/)
falsità (specificazione che unisce /non-sembrare/ e /non-essere/)
segreto (specificazione che unisce /essere/ e /non sembrare/)
illusione (specificazione che unisce /sembrare/ e /non essere/)
Asse di specificazione graduabile per densità semica e grado di generalità – Es. *verità*,
Se il primo termine ha maggiore densità semica ed è meno generale del secondo termine allora si dice che /essere/ specifica /sembrare/ e *verità* è una verità *avverata* che /sembra essere/
Se il secondo termine ha maggiore densità semica ed è meno generale del primo termine allora si dice che /sembrare/ specifica /essere/ e *verità* è una verità *evidente* che /è sembrata/
Se i due termini hanno uguale densità semica e uguale grado di generalità allora si dice essi si specificano reciprocamente *verità neutra* /essere.sembrare/

Fig. 3.7 Quadrato di veridizione.

Nel quadrato di veridizione lo schema "sembrare/non-sembrare" è il piano della *manifestazione*; si tratta della manifestazione (p. es. antropomorfa) di un evento e della manifestazione linguistica di un enunciato; lo schema

---

[17] Preferiamo chiamare questo metatermine con la denominazione "illusione" in riferimento al DRTL2, 34 piuttosto che "menzogna" del DRTL1, 32.

"essere/non-essere" è il piano dell'*immanenza*, è il noumenico di un evento e la significazione profonda di un enunciato. Il dispositivo è applicabile a qualsiasi oggetto semiotico di cui si vogliano analizzare le marche veridittive, sia esso atto linguistico oppure fenomeno di natura non-linguistica.

L'analisi delle modalità veridittive si basa su una premessa importante: esse non sono finalizzate alla verosimiglianza, ossia a una necessaria adeguazione a un referente esterno, esse descrivono il simulacro di verità rappresentato da chi scrive (lo scrittore o il destinante) e la particolare adesione di chi legge (destinatario). La categoria veridittiva è quindi quel contratto narrativo che si stabilisce tra il far-credere (persuasione) dell'enunciatore e il credere-vero (interpretazione) dell'enunciatario. Indistintamente tutti i discorsi, siano essi letterari, poetici, religiosi o scientifici, costruiscono un proprio referente interno, deliberando su oggetti ed eventi. Nella loro molteplicità e variazione retorica, tutti i testi si autodefiniscono come veridici (anche quando si pongono come contro-veridici), è quindi del tutto irrilevante sapere se essi sono davvero veritieri o verosimili poiché questa conoscenza è pattuita tra destinatario e destinante, tra enunciatore ed enunciatario, tra chi legge e chi scrive. Ogni oggetto semiotico "accende" le categorie veridittive presenti e previste nel quadrato ed è in questa "verità relativa " che risiede tutta la potenzialità di uno strumento descrittivo che presuppone l'immanenza e la sua manifestazione senza tuttavia dovere imporre una posizione ontologica.

> Nello spirito che tende ad evitare ogni presa di posizione ontologica, chiamiamo, arbitrariamente* e con un investimento* semantico minimo uno dei due assi della categoria della veridizione*, quello dell'essere*, asse dell'immanenza, e l'altro, quello dell'apparire, asse della manifestazione, restando inteso che ulteriori investimenti potranno dar luogo a delle interpretazioni dell'immanenza come "latenza" a come "noumenalità" (…). (DRTLit, 152–153)

La veridizione non ci consente soltanto di individuare le marche di veridizione inscritte nel discorso e di definire il grado di veridicità di ogni testo all'interno di ciò che nel testo si presume sia vero, ma essa ci fornisce anche un metalinguaggio capace di descrivere come il patto testuale di veridizione sia in grado di variare nel tempo e tra una cultura e l'altra.

A un livello metateorico, le modalità veridittive permettono alla teoria di derivare i fondamenti epistemici di una cultura, l'applicazione specifica del quadrato di veridizione alla ricezione, alla produzione e critica dei testi. Nella traduzione, un testo tradotto diventa un segno tangibile del differenziale veridittivo tra due culture e tra due epoche: il contratto di veridizione che instaura Livio Andronico con il suo destinatario latino quando nel III secolo a.C. traduce l'Odissea, non è lo stesso contratto che Salvatore Quasimodo instaura con il destinatario della traduzione della stessa opera nel 1945.

I contratti di veridizione cambiano non soltanto perché cambia l'atteggiamento del traduttore nei confronti del testo originale (poetica del tradurre e cultura dei testi) ma anche perché muta l'atteggiamento epistemico e teorico nei confronti della traduzione in generale (episteme e critica della traduzione). Poetica del tradurre ed episteme della traduttologia non sono altro, a nostro modo di vedere la traduzione, che due espressioni che fanno capo alla generazione di un'identità individuale (poetica del soggetto traducente) e di un'identità collettiva (episteme traduttologica). Lo studio della traduzione non può prescindere dallo studio delle condizioni con cui un'identità si pone in essere nell'atto traducente e nel testo tradotto e non può tantomeno astenersi dal verificare con quali modalità essa si attua.

Lo statuto dei testi tradotti e il loro grado di veridizione cambia col variare della cultura e dell'epoca. Se prima della nascita della traduttologia la percezione del testo tradotto si basava sulla veridicità della traduzione e su un'aderenza totale tra il far-credere del traduttore e il credere-vero del destinatario, col fenomeno della globalizzazione, con l'approfondimento delle componenti traduttive di natura socioculturale ed economica, con l'analisi della ruolo del traduttore, e più in particolare con la volontà di formalizzare il discorso e il fare traduttivo, l'atteggiamento che la teoria occidentale della traduzione adotta nei confronti del segno tradotto denota una maggiore consapevolezza dei meccanismi pre- e pro-traduttivi nonché una valutazione più attenta alla critica post-traduttiva.

Alla luce di queste premesse, non è più possibile affermare che la traduzione ricrea un semplice effetto di verosimiglianza perché essa è un fenomeno più complesso che fa appello a tutte le componenti veridittive: si realizza nella categoria del "vero" quando essa *è* e *sembra,* come nel caso delle traduzioni con originale a fronte. La traduzione si realizza anche nella categoria "segreto" (essere/non-sembrare) nel caso delle traduzioni "occulte" in cui non vi sono marche testuali o metatestuali che facciano supporre una traduzione. E si realizza infine nella categoria "illusione" (sembrare/non-essere), categoria che fonda buona parte dei testi tradotti come comunemente li conosciamo poiché la traduzione appare come originale ma in realtà non lo è.

Quest'ultima categoria ci pone di fronte a una nuova questione che riguarda più da vicino l'idea di *identità* del testo tradotto: quali sono le condizioni di esistenza dell'oggetto "traduzione", perché e come esso viene posto in essere? Il quadrato di veridizione ci permette di dire quando un oggetto semiotico è vero, falso, segreto, illusorio o menzognero, ma non ci dice molto sull'identità dell'oggetto[18].

Fondandoci sulle premesse costruite nel primo capitolo, riunendo le principali costanti del discorso teorico sugli aspetti fondanti del concetto di traduzione, e sulla scia delle considerazioni semiotiche illustrate nel secondo capitolo, possiamo ora affermare che *l'equivalenza* rappresenta una caratteristica immanente della traduzione. Implicitamente o esplicitamente, essa ha costituito e regolato la teoria e la pratica della traduzione, diventandone presupposto e conseguenza. In traduttologia, la linea teorica forte intende la traduzione come equivalenza realizzabile e realizzata; abbiamo visto che a volte, questo atteggiamento teorico è di tipo circolare: se vi è traduzione allora vi è equivalenza e l'equivalenza è la conseguenza della traduzione.

Con gli sviluppi più moderni della traduttologia, e soprattutto con i risultati derivati dalla critica della traduzione, l'innegabile non-equivalenza della traduzione diventa un dato empirico che determina un indebolimento della linea forte e l'affermarsi della nozione di *differenza*. Nella nostra proposta teorica, la differenza rappresenta la seconda caratteristica immanente della traduzione.

Questa linea debole si basa sulle nozioni di "similarità" (Arduini 2004; Chesterman 2004, Stecconi 2005), "similarità divergente" o "divergenza relativa" (Hewson 2012), nozioni che focalizzano l'attenzione sulle differenze precedenti la traduzione e presenti nel prodotto della traduzione, nel testo tradotto, rispetto al testo originale. L'influsso della semiotica interpretativa, soprattutto con Gorlée (1994), ma anche Petrilli (1999/2000) e Nergaard (2001), sancisce definitivamente la linea debole: la semiosi consente, anzi prevede che la traduzione, pur avendo come finalità l'equivalenza risulti necessariamente anche differente.

Nelle posizioni traduttologiche più recenti la condizione paradossale che caratterizza la traduzione è spesso riassunta nelle formule "equivalenza nella differenza" oppure "similarità divergente". Per quanto sia intuitivamente

---

18 Pur sostenendo che la categoria dell'identità non è definibile, Greimas (DRTLfr1) propone comunque alcune specificazioni per cui l'identità è un elemento opposto all'alterità (anch'essa indefinibile) allo stesso modo in cui "stesso" si oppone ad "altro"; questa coppia è interdefinibile dalla relazione di presupposizione reciproca ma essa è anche "indispensabile per fondare la struttura elementare della significazione" (DRTLit,150).

giusta, tale posizione merita di essere costruita con strumenti metodologici capaci di esaminare e spiegare questa apparente contraddizione.

I termini differenza/equivalenza rappresentano una costante della pratica e della teoria della traduzione, sono descrivibili come termini contrari che si presuppongono simultaneamente e sono quindi articolabili secondo le modalità del quadrato semiotico. Dal punto di vista semiotico-generativo *differenza* ed *equivalenza* sono due termini che appartengono e sono sussunti nella categoria dell'Io. La questione dell'identità rappresenta un aspetto epistemico necessario che non può mancare allo studio della traduzione, entità che si genera sempre in relazioni all'altro, nel confronto identitario, interculturale, interlinguistico, intertestuale e interpersonale. L'Io, l'identità culturale, individuale e traducente deriva e si forma in rapporto all'Altro. L'Altro, l'autore, il testo, l'altra cultura-lingua rappresentano la condizione intrinseca, lo spazio esterno che circoscrive e motiva la generazione e l'organizzazione dell'Io. Tradurre significa accogliere, modificare o respingere "frammenti esterni", secondo modalità e paradigmi di senso che determinano l'Io nei confronti dell'Altro. Tradurre è parlare di sé col pretesto dell'Altro, è l'atto che istituisce l'Io simulando l'Altro. In questo senso *l'identità è la categoria che completa il discorso sulla veridizione traduttiva e che istituisce assieme al quadrato veridittivo le condizioni logico-semiotiche della traduzione come oggetto di studio.*

Il *Cultural Turn* inaugurato nei contributi di Itamar Even-Zohar (1978, 1979) e Gideon Toury (1980, 1995) e sviluppato da Susan Bassnett e André Lefevere (Lefevere 1978, 1992a&b; Bassnet&Lefevere 1990), la convinzione che traduzione sia un "atto sociale" (Palma Zlateva 1993), e l'idea di etica della differenza di Venuti (1998) rappresentano un importante versante della traduttologia moderna dedicata allo studio della cultura ricevente e dell'influsso che essa esercita sul fenomeno della traduzione. Quello che tuttavia ci sembra mancare in questi studi è una visione d'insieme e un grado di astrazione che superi la descrizione del *case study*, di testi tradotti per approdare a una formalizzazione della traduzione come fenomeno culturale e ideologico che si realizza nel confronto identitario.

Proponiamo di applicare il quadrato semiotico di Greimas allo studio dell'identità Io e avanziamo al contempo una definizione di questa nozione intesa come *insieme di caratteristiche peculiari che rendono un soggetto, un oggetto o un evento diverso ed equivalente rispetto a un secondo termine, un altro soggetto, oggetto o evento.*

Per *differenza* intendiamo qui *la regola del contrasto, e dell'opposizione che permette l'emergere di un'identità individuale e unica;* la traduzione si

130

realizza innanzitutto come diversa forma dell'espressione, come corpo verbale che differisce dal testo originale. La sua differenza può tuttavia manifestarsi anche su ulteriori livelli di senso.

L'identità si costituisce principalmente come differenziazione e come previsto dal quadrato semiotico il primo termine "differenza" implica il suo opposto, "equivalenza". L'equivalenza è nella nostra definizione la regola della derivazione, la possibilità (e in realtà la necessità) che l'identità emerga come copia, come simulazione o come analogia rispetto a qualcosa d'altro; nella traduzione l'equivalenza è garantita dal permanere del senso nell'organizzazione e nelle relazioni stabilite, nella forma o sostanza del contenuto o nella forma o sostanza dell'espressione.

Perché vi sia equivalenza, ossia perché due oggetti siano detti equivalenti, è necessario innanzitutto che vi siano *due* oggetti, e se possiamo dire che essi sono due è perché essi differiscono per qualche cosa che li rende unici. Verifichiamo in questo modo la condizione *sine qua non* per cui i due termini opposti, "equivalenza" e "differenza", sono simultaneamente presupposti. Articolati nel quadrato semiotico, i termini equivalenza/differenza si trovano in rapporto gerarchico di iponimia con la categoria Io che li sussume e li specifica. L'io è il soggetto che si istituisce in quanto tale nell'emergere della sua identità, diversa e al contempo equivalente rispetto a un altro termine che designiamo come "non-io".

operazione di opposizione, asse dei contrari
relazione di contrarietà tra due termini primitivi appartenenti a una categoria semantica

Fig. 3.8 Operazione di opposizione.

Seguendo le articolazioni dettate dal quadrato semiotico, all'operazione di opposizione seguono due operazioni di negazione che danno origine ad altri due termini, detti contraddittori; la contraddizione esprime l'impossibilità, la non compresenza di un termine primitivo e della sua negazione: "differenza" e il suo contraddittorio "non-differenza" non possono coesistere, e allo stesso modo non possono coesistere i termini "equivalenza" e "non-equivalenza". I contraddittori si dispongono nell'asse dei subcontrari, una categoria semantica che si oppone alla categoria semantica dei termini primitivi. I subcontrari, "non-differenza" e "non-equivalenza", sono sussunti dall'asse semantico opposto all'identità e la posizione valoriale di questo termine complesso è definita come "non-io".

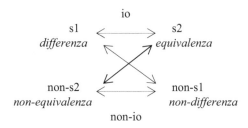

operazione di negazione, schema negativo e positivo, asse dei subcontrari
relazioni di contraddizione derivate dalla negazione dei due termini primitivi

Fig. 3.9 Operazione di negazione.

La successiva operazione permette di verificare che i termini primitivi "differenza" ed "equivalenza" appartengano a una sola categoria semantica e che siano implicati dai termini subcontrari. L'affermazione del contraddittorio di "differenza" dovrebbe rinviare al termine "equivalenza", e ugualmente l'asserzione del contraddittorio di "equivalenza" dovrebbe rinviare al termine "differenza". Nel quadrato, questa condizione è verificata perché il subcontrario "non-equivalenza" è complementare alla "differenza", e la complementarietà è verificata anche nel caso dei termini "non-differenza" ed "equivalenza".

Le operazioni di asserzione e le relazioni di complementarietà generano a loro volta, come nel quadrato di veridizione, due ulteriori termini complessi: "alterità", per la deissi positiva, e "similarità" per la deissi negativa. Le semantizzazioni di queste due posizioni sussumono e specificano in modo ottimale i termini complementari, e inoltre si rapportano tra di loro in modo oppositivo, come previsto dal quadrato canonico: "alterità" non solo sussume i termini "differenza" e "non-equivalenza" ma si oppone a "similarità" che a sua volta sussume e specifica "equivalenza" e "non-differenza".

132

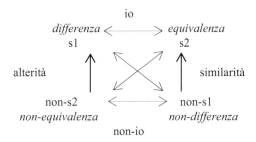

operazione di asserzione
relazioni di complementarietà derivate dall'implicazione
tra termini contrari e termini subcontrari

Fig. 3.10 Operazione di asserzione.

Riunendo le posizioni logiche fondamentali (termini primitivi e metatermini) nonché le relazioni che si instaurano tra queste posizioni possiamo infine presentare una rappresentazione completa di un quadrato che chiamiamo *Quadrato dell'identità* (fig. 3.11).

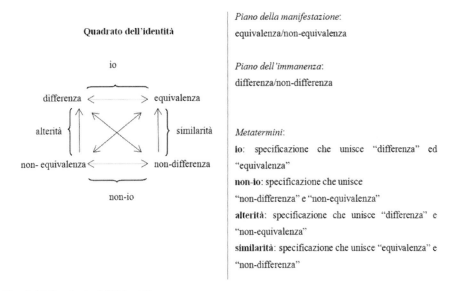

Fig. 3.11 Quadrato dell'identità.

Come da quadrato semiotico canonico (fig. 3.6) i metatermini sussumono e specificano i termini di prima generazione, e la specificazione è graduabile

133

per densità semica (densità della presenza di uno dei due termini) e grado di generalità (il termine con maggiore densità semica è anche più specifico).

Metatermine "io"

- Se il termine "differenza" ha maggiore densità semica ed è meno generale del termine "equivalenza", allora esso specifica il termine "equivalenza" e il metatermine "io" si situa principalmente come differenza nell'equivalenza. *"Io" differisce nell'equivalenza.*

- Se il termine "equivalenza" ha maggiore densità semica ed è meno generale del termine "differenza", allora esso specifica ed è meno generale di "differenza", e il metatermine "io" si situa principalmente come equivalenza nella differenza. *"Io" equivale nella differenza.*

- Se i due termini hanno uguale densità semica e uguale grado di generalità allora essi si specificano reciprocamente e in questo caso "io" differisce ed equivale al contempo. *"Io" si realizza come evento paradossale.* L'equilibrio che si instaura tra "differenza" ed "equivalenza" è sintomatico della soglia di resistenza dell'identità. In situazioni estreme se la soglia di tolleranza è elevata, il "non-io" è altamente partecipativo nella costituzione di "io", la distanza si azzera e non vi differenza tra "io" e "non-io"; viceversa, se la soglia di resistenza è elevata non vi nessuna partecipazione del "non-io", e in questo caso "io" vive, teoricamente, in autarchia totale. Queste due situazioni opposte rappresentano due estremi che in realtà annullano il concetto stesso di traduzione. Di fatto, la traduzione esiste perché tra i due metatermini vi è necessariamente mescolanza e "non-io" è sempre in stato di partecipazione a "io".

Metatermine "non-io"

- Se il termine "non-differenza" ha maggiore densità semica ed è meno generale del termine "non-equivalenza", allora esso specifica "non-equivalenza". In mancanza di categorie di definizione che potrebbero spiegare e cogliere il "non-io", il termine resta sempre un'entità opaca, indefinibile, come qualcosa di vagamente intuibile e mai pienamente afferrabile. Quando il termine "non-io" si situa principalmente nella "non-differenza", *esso è l'Indefinito.*

- Se il termine "non-equivalenza" ha maggiore densità semica ed è meno generale del termine "non-differenza" allora esso specifica "non-differenza". In questo caso la categoria del "non-io" si situa principalmente nella "non-equivalenza" ed emerge fondamentalmente come dissimile; qui il "non-io" *è l'Altro.*

- Se infine i subcontrari si specificano reciprocamente perché hanno uguale densità semica e grado di generalità, allora la categoria "non-io" è un bilanciamento di "non-differenza" e "non-equivalenza" ed è *l'Altro Indefinito*. Il non-io è l'altro perché non equivale (ancora) a "io" ed è indefinito perché appare nella vaghezza, come presagio di qualcosa di cui si può solo dire che è l'altro.

La semiotica greimasiana si basa sul presupposto che ogni fenomeno semiotico è suscettibile di essere avvalorato dalle modalità veridittive inscritte nel quadrato di veridizione.

Nella nostra formalizzazione, l'applicazione[19] delle modalità veridittive dell'essere sulle modalità dell'identità permettono di porre le fondamenta della significazione profonda e immanente del concetto di traduzione. La sintesi del quadrato di veridizione e del quadrato dell'identità riunisce tutte le condizioni logico-semiotiche necessarie alla realizzazione del nostro oggetto di studio.

Dalla nostra raffigurazione (fig. 3.12) risulta che la traduzione è l'emergere, vero, illusorio oppure segreto, di un'identità che è sempre un equilibrio tra differenza ed equivalenza, tra similarità e alterità.

QUADRATO SEMTIOTICO
DELLA TRADUZIONE

Fig. 3.12 Quadrato semiotico della traduzione

---

19 Si tratta qui di una vera e propria operazione di omologazione, di una procedura di sovrapposizione di categorie nel quadrato semiotico (DRTLit, 227–228; Greimas 1983a tr. it. 1998, 81)

Le condizioni logico-semiotiche della traduzione sono riassumibili in quello che d'ora in poi definiremo *Quadrato semiotico della traduzione*. In questo quadrato semiotico, la traduzione sovradetermina il termine complesso "io", essendo essa definita come oggetto la cui identità emerge come sintesi di "differenza" ed "equivalenza"; la traduzione è sovradetermina inoltre anche dal termine complesso "verità", come "essere nella differenza" e "sembrare nell'equivalenza". L'oggetto di studio emerge tramite le operazioni del quadrato (opposizione, negazione e asserzione)[20]. Nella sua realizzazione la traduzione farà quindi appello anche ai metatermini complessi "illusione" o "segreto", "alterità" o "similarità". Il quadrato è un dispositivo in cui le categorie e le relazioni fondamentali restano invariabili al variare, all'interno del quadrato, delle operazioni che identificano l'emergere dell'oggetto semiotico "traduzione".

L'unica variazione nella semantizzazione canonica delle posizioni valoriali del quadrato di veridizione è il metatermine opposto a "verità", che in Greimas (DRTLit, 267) è definito come "falsità" e nella nostra prospettiva diventa invece "controverità". Parlare di controverità piuttosto che di falsità ha una sua specifica ragion d'essere nel Quadrato semiotico della traduzione: la verità che viene detta e riferita nel testo tradotto dal traduttore, in una data lingua e in un dato momento storico non è in effetti una verità assoluta e autonoma, ma semmai una verità relativa e relazionata alla sua controparte, alla controverità del testo originale, della lingua dell'autore in un preciso istante temporale.

La presente semantizzazione del Quadrato semiotico rappresenta un *sistema, un universo di valori virtuali costitutivi della traduzione*. Nella teoria generativa, l'universo di valori, ossia le determinazioni della semantica fondamentale sono definite nel loro insieme col termine di

---

20 Si prospetta così un nuovo potenziale di ricerca per la traduttologia, disciplina in cui troviamo modelli per lo più statici che si limitano a descrivere la traduzione tramite classificazioni gerarchiche (cfr. classificazione di Jakobson, di Eco e di Petrilli) o individuazione di posizioni valoriali statiche (cfr. i modelli triadici di Stecconi e Cosculluela). Associando (per analogia) la traduzione ad altri fenomeni e descrivendone piuttosto il sistema relazionale che la mette in rapporto con valori simili (interpretazione, comunicazione, mediazione) questi autori e i loro modelli si limitano a un livello di analisi tassonomica e gerarchica tralasciando il livello operativo. Sappiamo invece che, in quanto fenomeno stratificato, la traduzione non si lascia imbrigliare da definizioni che affermano una caratteristica o anche più caratteristiche, essa richiede formule di descrizione dinamiche che seguano efficacemente quel sottile gioco di specchi fatto di affermazioni, negazioni e contraddizioni successive dei termini che la traduzione pone in essere.

assiologia[21]. L'assiologia è l'articolazione paradigmatica dei valori (logici, morali ed estetici), essa rappresenta un sistema tassonomico valorizzato.

> In semiotica, si designa con il nome di assiologia il modo di esistenza paradigmatico dei valori in opposizione all'ideologia che prende la forma del loro ordinamento sintagmatico e attanziale. Si può ritenere che ogni categoria semantica, rappresentata sul quadrato semiotico (vita/morte, per esempio), è suscettibile di essere assiologizzata per effetto dell'investimento delle deissi positive e negative a opera della categoria timica *euforia/disforia*. Tali assiologie (o micro-sistemi di valori) possono essere astratte (vita-morte) figurative (i quattro elementi della natura, per esempio): nella misura in cui si tratti di categorie generali – che possiamo considerare, a titolo di ipotesi di lavoro come universali (primitivi/universali) semantici – articolabili secondo il quadrato semiotico, si riconosceranno delle **strutture assiologiche elementari** (di carattere astratto) e delle **strutture assiologiche figurative**. (DRTLit, 16)

Nella semiotica greimasiana, ogni semantica fondamentale è assiologizzata secondo le categorie veridittorie e timiche[22]. Per categoria timica si intende il modo in qui un essere vivente si inscrive e si rapporta e reagisce all'ambiente che lo circonda; la categoria timica indica le attrazioni e le repulsioni istintive e soggettive (Greimas 1983a tr. it. 1998, 89) e si articola nei termini opposti *euforico/disforico*. Sulla necessaria "preferenza spontanea" di uno dei due termini, appunto nell'attrazione o repulsione, insiste anche Joseph Courtés.

> si chacun reste libre de marquer telle ou telle valeur soit positivement soit négativement, il n'est pas libre, en revanche de ne les point marquer : même le discours le plus objectivé, tel le discours scientifique, ne paraît pas échapper à un minimum d'axiologie. (Courtés 1991, 176)

Nel caso della traduzione i valori descrittivi del Quadrato dell'identità sono nella nostra proposta teorica sovradeterminati dalla categoria veridittoria; è possibile quindi applicare a tale quadrato la categoria timica. Questo avviene tramite l'attualizzazione del Quadrato semiotico della traduzione in una pratica sociale e culturale, ovvero tramite una soggettivizzazione del fenomeno e l'entrata in scena di soggetti del mondo, quali traduttore e committente, gli "attanti" di una pratica.

---

21 La sémantique fondamentale est le système axiologique virtuel qui est l'instance ab quo du parcours génératif. (DRTLfr2, 199)

22 Greimas individua due universi assiologici esistenziali: le categorie vita/morte e natura/cultura. Queste sono definite "strutture assiologiche elementari" sovradeterminabili dal quadrato veridittorio e dal quadrato della categoria timica euforia/disforia.

Infatti, come nel caso del quadrato canonico anche il Quadrato semiotico della traduzione è un dispositivo virtuale e descrittivo. Come preannunciato all'inizio del presente capitolo, la semiotica grcimasiana prevede tre modi di esistenza semiotica: la virtualizzazione, l'attualizzazione e la realizzazione. Un valore è virtuale quando appare nel quadrato semiotico, ovvero esso è suscettibile di essere attualizzato e realizzato tramite l'azione di un soggetto. Con la narrativizzazione e l'investimento in strutture attanziali, un valore inscritto nel quadrato semiotico è attualizzato per un dato soggetto attanziale, ovvero esso diventa valore quando un soggetto vi ambisce; successivamente tale valore è suscettibile di essere realizzato, nel momento in cui il soggetto attua una performanza per congiungervisi.

Nel Quadrato semiotico della traduzione, le condizioni logiche-semiotiche sono valori virtuali che si attualizzano per una data cultura (soggetto dell'episteme traduttologica) e si realizzano pienamente attraverso il *fare* del traduttore (soggetto del fenomeno traduttivo). In tal senso, è possibile impiegare il Quadrato della traduzione per individuare le modalità con cui, in una data epoca, una cultura concettualizza il fenomeno traduttivo, ovvero realizza alcune parti del quadrato semiotico. Il Quadrato semiotico della traduzione può essere impiegato come strumento metateorico perché le condizioni logico-semiotiche della traduzione si attualizzano in base al paradigma conoscitivo di una specifica cultura o di uno specifico traduttore.

3.2.2 – Dei paradigmi della traduzione

Nel primo capitolo, abbiamo passato in rassegna alcune delle principali posizioni teoriche in traduttologia, e abbiamo visto che già nell'antichità (Cicerone, Schleiermacher, Lutero) la traduzione era intesa come pratica di tipo creativo e ricostitutivo che, quando veniva applicata ai testi di natura letteraria o artistica, diventava un vero e proprio esercizio di stile finalizzato all'arricchimento e all'affermazione del proprio linguaggio (in particolare in Wilhelm von Humboldt 1816/2002 e Goethe 1819/2002). La traduzione era quindi lo strumento ideale non soltanto per effettuare mescolanze di forme retoriche ma anche per importare sistemi gnoseologici e contenuti legati a una identità specifica, l'identità dell'Altro. La traduzione era un chiaro riconoscimento dell'alterità e della lontananza dell'Altro, e si realizzava come differenza nell'equivalenza. Questo particolare paradigma può essere descritto nella seguente posizione traduttologica:

- Il termine "non-essere|non-differenza", che si trova nell'asse dei subcontrari, motiva e genera la concezione della Traduzione. Forma dell'espressione della categoria "io", la traduzione nasce in riferimento al "non-io", che è l'universo individuale e collettivo dell'Altro, posizione che nel quadrato è occupata dal testo originale e dalla cultura in cui quel testo nasce e agisce. Come indicato dall'asse di specificazione nel quadrato dell'identità quando "non-differenza" specifica "non-equivalenza" il termine complesso "non-io" si realizza come Indefinito. Qui la Traduzione avviene come un movimento finalizzato a cogliere l'Altro; ma l'Altro è l'indefinito che per essere "nominato" e compreso attraverso il processo traduttivo deve essere creato nella cultura e nelle strutture espressive dell'universo individuale e collettivo in cui la Traduzione agisce. In questo caso la Traduzione è un evento altamente produttivo poiché l'Altro entra a far parte pienamente dell'io, nell'unico modo in cui esso può veramente farne parte, ossia accolto tramite le strutture dell'identità ricevente.
- Per la relazione di contrarietà, il termine contraddittorio "non-essere|non-differenza" si riferisce simultaneamente al suo opposto "non-sembrare|non-equivalenza", che appare qui, proprio in ragione della minore densità semica, soltanto come termine-passaggio che permette alla traduzione di realizzarsi nel termine primitivo "essere|differenza".
- La Traduzione emerge pienamente concretizzandosi come "essere differenza"; qui la Traduzione determina la creazione di un'identità nuova e si realizza tramite deissi positiva, in cui appaiono i metatermini "segreto" e "alterità". Si tratta dell'avvento del *simulacro* deleuziano, che non è una semplice imitazione, ma un'istanza che implica la differenza, che abolisce la somiglianza e impedisce ogni possibilità di distinguere tra originale e copia (Deleuze 1968, 95).

Le operazioni di realizzazione della Traduzione come atto creativo sono:
1. non-essere|non-differenza => (2. non-sembrare|non-equivalenza) => 3. essere|differenza.

Questo non era l'unico modo di concepire la traduzione. Come illustrato nel primo capitolo la dualità della teoria emerge già in San Gerolamo quando predicava una traduzione libera e creativa per la traduzione dei testi letterari e una traduzione quanto più letterale possibile per i testi biblici.

Allo stesso modo, Schleiermacher teorizzava due metodi del tradurre, per cui il traduttore poteva realizzare una traduzione libera se aveva come obiettivo quello di avvicinare l'autore alla cultura ricevente e di obliterare ogni riferimento all'estraneità; al contrario poteva decidere di realizzare una traduzione più letterale, facilitando il meno possibile il lavoro del lettore avvicinandolo in tal modo alle differenze culturali e linguistiche dell'autore. Nei testi biblici e nel secondo metodo traduttivo di Schleiermacher, la traduzione è concepita come operazione generativa finalizzata a restituire tutti gli aspetti formali ed estranianti (per la cultura di arrivo) dell'opera anche a costo di fornire un testo "opaco" e di compromettere il processo di comprensione. Tale paradigma cognitivo della traduzione si presenta in questi termini nel Quadrato semiotico:

-   La Traduzione è motivata dal termine "non-sembrare|non-equivalenza". Ci troviamo nell'asse dei subcontrari, l'asse del "non-io" nel Quadrato dell'identità. La Traduzione è un "io" che emerge sempre nel confronto con il "non-io", attingendo alle sue categorie. In particolare, qui la Traduzione nasce nel "non-io" inteso come l'Altro nella sua assoluta alterità (non-sembrare e non-equivalenza). L'Altro come entità che non-sembra può altrimenti riferirsi a quelle ragioni che sottendono, per esempio, la traduzione dei testi biblici, in cui l'Altro non appare in modo semplice e immediato ma, come qualcosa di altamente simbolico, occulto cui soltanto l'interpretazione di pochi può accedere.

-   Il termine "non-essere|non-differenza" è il contrario simultaneo di "non-sembrare|non-equivalenza", termine che conduce poi all'operazione di asserzione del secondo termine primitivo "sembrare|equivalenza".

-   Definito l'asse dei subcontrari come asse generatore, la Traduzione si realizza nel suo termine ultimo con l'asserzione di "non-essere|non-differenza" che presuppone "sembrare-equivalenza". Anche in questo caso la Traduzione determina la creazione di un'identità nuova che sembra equivalente e si realizza tramite deissi negativa dove appaiono i metatermini "illusione" e "similarità": questi due termini si riferiscono al fatto che la Traduzione è un evento illusoriamente simile. Qui, la Traduzione avviene come copia e immagine derivata da un modello originario, dall'Idea che le ha dato origine; riprendendo il concetto di copia di Deleuze, il modello ha un'identità superiore e originaria mentre la copia è giudicata sulla base di una somiglianza interna derivata e imitativa: « les copies sont justifiées, sauvées, sélectionnées au nom de l'identité du modèle, et grâce à leur ressemblance intérieure avec ce modèle idéel » (Deleuze 1968, 166).

Le operazioni di realizzazione della Traduzione come atto ricostitutivo sono: 1. non-sembrare|non-equivalenza=> (2. non-essere|non-differenza) => 3. sembrare|equivalenza.

Qui di seguito riassumiamo queste due concettualizzazioni della traduzione. Esse rappresentano i due principali modi di traduzione che da sempre trovano un posto nella teoria traduttologica occidentale e sono espressi con le formule generali "traduzione libera" e "traduzione letterale".

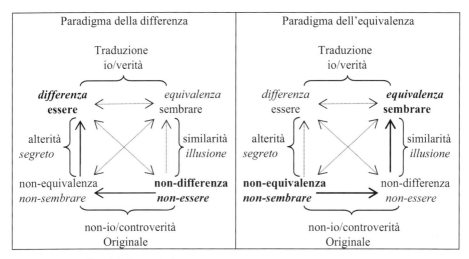

Fig. 3.13 I paradigmi della traduzione.

Per dare un rapido ma chiaro esempio di come questi due modi di pensare e realizzare la traduzione possano trovare un'applicazione anche nei testi tradotti, presentiamo breve esempio: l'incipit di *Du côté de chez Swann* di Marcel Proust tradotto in italiano da Natalia Ginzburg (1946) per la casa editrice Einaudi, e la traduzione di Giovanni Raboni (1983) per Mondadori.

Tab. 3.1 *Du côté de chez Swann*. Traduzioni in italiano a confronto.

Du côté de chez Swann (1913), Marcel Proust, Gallimard, 1999	La strada di Swann, M. Proust Natalia Ginzburg, Einaudi, 1946	Dalla parte di Swann, M. Proust Giovanni Raboni, Mondadori, 1983
Longtemps, je me suis couché de bonne heure. Parfois, à peine ma bougie éteinte, mes yeux se fermaient si vite que je n'avais pas le temps de me dire : « Je m'endors. » Et, une demi-heure après, la pensée qu'il était temps de	Per molto tempo, mi sono *coricato presto la sera*. A volte, non appena spenta la candela, mi si *chiudevan gli occhi così subito* che *neppure potevo dire* a me stesso: *"M'addormento"*. E, una mezz'ora dopo, il pensiero che dovevo ormai	A lungo, mi sono *coricato di buonora*. Qualche volta, appena spenta la candela, gli occhi mi *si chiudevano così in fretta* che non avevo il tempo di dire a me stesso: "Mi addormento". E, mezz'ora più tardi, il pensiero che era tempo di

141

chercher le sommeil m'éveillait ; je voulais poser le volume que je croyais avoir encore dans les mains et souffler ma lumière ; je n'avais pas cessé en dormant de faire des réflexions sur ce que je venais de lire, mais ces réflexions avaient pris un tour un peu particulier ; il me semblait que j'étais moi-même ce dont parlait l'ouvrage : une église, un quatuor, la rivalité de François Ier et de Charles Quint.	*cercar sonno* mi *ridestava*; volevo posare il libro, *sembrandomi averlo ancora fra le mani*, e soffiare sul lume; *dormendo avevo seguitato le mie riflessioni* su quel che avevo appena letto, ma queste riflessioni *avevan preso una forma un po' speciale; mi sembrava d'essere io stesso l'argomento del libro*: una chiesa, un quartetto, la rivalità tra Francesco primo e Carlo quinto.	cercar sonno *mi svegliava*; volevo posare il libro *che credevo di avere ancora fra le mani*, e soffiare sul lume; *mentre dormivo* non avevo smesso di riflettere sulle cose che poco prima stavo leggendo, ma le riflessioni avevano *preso una piega un po' particolare; mi sembrava d'essere io stesso quello di cui il libro si occupava*: una chiesa, un quartetto, la rivalità di Francesco I e Carlo V.

Senza voler fare una critica esaustiva delle due traduzioni – cosa che richiederebbe un'analisi delle motivazioni storiche, culturali e poetiche dei due traduttori – tentiamo qui di instaurare un primissimo *trait d'union* tra il livello testuale e una sua possibile presa in carico dal Quadrato semiotico della traduzione, e di rilevare alcune scelte traduttive che avvalorano i due paradigmi concettuali descritti nel Quadrato (fig. 3.13).

La traduzione di Ginzburg sembra avvicinarsi al primo paradigma del quadrato semiotico: il paradigma della differenza. In quanto primissima traduzione dell'opera di Proust essa trova la propria motivazione nella categoria "non-essere|non-differenza": l'originale è quel "non-io" Indefinito che la traduzione pone in essere come "io-traduzione". La traduzione è qui l'evento che permette all'altro di esistere nell'io, soltanto in esso e come "essere differente". La traduzione è forma simulacrale che avviene nel segreto e che implica la differenza. Per *differenza* intendiamo quelle impronte testuali in cui emerge la storicità e la cultura della traduzione: "coricarsi", "chiudevan" "cercar sonno", "avevan preso una forma un po' speciale", ecc.

Per differenza intendiamo l'emergere di Natalia Ginzburg, l'apparire dell'io soggettivo che qui si manifesta in alcune scelte lessicali letterarie e particolarmente ricercate nelle sonorità e nella brevità: "M'addormento", "presto la sera", "a volte... mi si chiudevan", "neppure potevo dire", "mi ridestava", "sembrandomi", "dormendo" , "avevo seguitato le mie riflessioni", "mi sembrava d'essere io stesso l'argomento del libro".

La traduzione di Raboni è pubblicata successivamente a quella di Ginzburg e in un'epoca in cui Proust era oramai conosciuto non solo nei circoli intellettuali ma anche dal grande pubblico. Nel Quadrato semiotico questa traduzione si avvicina al secondo paradigma, quello della categoria "sembrare|equivalenza". Anche in questo caso la motivazione è generata nel confronto con il "non-io", ma qui "non-io" è l'Altro come *piena e riconosciuta alterità*. Con questa consapevolezza la traduzione realizza l'altro all'interno dell'io traduttore come apparente equivalenza e come copia illusoria dell'originale. In Raboni questo emerge in alcune scelte traduttive che seguono da vicinissimo l'originale: "coricato di buonora", "gli occhi mi si chiudevano così in fretta che" , "volevo posare il libro che credevo di avere ancora fra le mani", "mi sembrava d'essere io stesso quello di cui il libro si occupava". Eppure, in questa traduzione notiamo diversi aspetti che tradiscono appunto quell'illusione di equivalenza e che presagiscono la presenza di un'identità individuale che pur cercando di obliterarsi, traspare inevitabilmente: " mentre dormivo", "stavo leggendo", "preso una piega un po' particolare" (uso più parlato e meno letterario dei verbi) "non avevo smesso di riflettere sulle cose" (uso della forma verbale "riflettere" per evitare la ripetizione del sostantivo "riflessioni", presente però due volte nell'originale).

Questi esempi meritano ulteriori approfondimenti che ci riserviamo eventualmente di fare in un'altra sede, per ora ci limitiamo a dimostrare l'applicabilità e l'efficacia del metodo con cui vogliamo descrivere la concettualizzazione e la pratica della teoria. In effetti, nonostante la brevità con cui delineiamo l'analisi delle due traduzioni dell'incipit dell'opera di Proust, riusciamo comunque a derivare qualche spunto di riflessione.

Innanzitutto, constatiamo che in entrambi i testi (ovvero nel passo analizzato) ritroviamo le stesse strutture profonde: il soggetto e le sue azioni permangono nei tre testi. Questa è una prima forma di garanzia dell'equivalenza, del fatto che siamo in presenza di una traduzione.

Il testo di Ginzburg sembra indicarci come le sue modalità di realizzazione possano corrispondere a una prima traduzione assoluta di un originale in una data lingua e cultura. Per introdurre in modo "accettabile" il testo originale, la traduzione di Ginzburg deve fare appello al termine "essere differente", narcotizzando in parte il termine "equivalenza apparente". Il testo di Raboni invece interviene in un momento in cui l'Altro, l'originale, l'autore con la sua opera si è già creato un posto specifico, un'identità riconosciuta all'interno di una cultura ricevente. La traduzione manifesta questo "riconoscimento" realizzandosi come "equivalenza apparente".

Restano tuttavia da chiarire alcune questioni legate ad esempio all'emergere di elementi divergenti anche quando la traduzione avviene come "equivalenza apparente", come succede ad esempio nel testo di Raboni. Questo ci indica che i due paradigmi descritti finora richiedono un'ulteriore riflessione che dia conto di queste complessificazioni anche a livello teorico.

La traduttologia moderna nasce e si sviluppa da una maggiore consapevolezza della propria indipendenza disciplinare. Questa nuova consapevolezza si basa su una visione "compatta" della traduzione e ammette una sua scissione nelle componenti linguistiche, pragmatiche, culturali e sociali soltanto a condizione che le analisi di queste componenti convergano in modo coerente nell'oggetto di studio, contribuendo alla sua comprensione.

Concepita come oggetto di studio unificato, la traduzione sollecita i termini del Quadrato semiotico in modo del tutto particolare e diverso dalle modalità finora analizzate. In particolare essa non è più motivata da un singolo termine della categoria degli opposti ma deriva in relazione diretta con il suo opposto, il metatermine "originale" e "non-io". Allo stesso modo, essa non si attua soltanto come un'entità che alternativamente *è* oppure *sembra vera*, ma riunisce i due termini veridittivi "essere" e "sembrare" e si attua più propriamente come discorso segreto e illusorio.

Vediamo in dettaglio come questa nuova concettualizzazione della traduzione attualizza il paradigma del paradosso.

- Se la traduttologia studia la Traduzione come oggetto di semiotico autonomo e composto, nel nostro Quadrato semiotico essa individua il suo punto di generazione in un'entità che si oppone e contrappone in modo altrettanto complesso. La Traduzione è quindi motivata dal metatermine "non-io|originale". In questo caso i due termini subcontrari si specificano reciprocamente poiché hanno uguale densità semica e uguale grado di generalità. Nel quadrato di veridizione tale posizione corrisponde a "controverità" metatermine complesso in cui si specificano reciprocamente "non-sembrare" e "non-essere". Nel Quadrato dell'identità "non-io" seleziona un punto di equilibrio tra "non-equivalenza" e "non-differenza". Riassumendo i due casi precedenti, la Traduzione muove dal "non-io" ovvero dall'Altro Indefinito che fa appello alla categoria della "controverità" e dell'originale. L'Altro, l'originale, resta indefinito, e, in un primo

144

tempo, "contro-vero" poiché la sua verità si realizza soltanto nel momento in cui la Traduzione avviene e appare nella cultura ricevente. Il senso dell'Altro si definisce soltanto e unicamente tramite la Traduzione. In altri termini, il senso dell'originale non è mai dato una volta per tutte, il suo essere e sembrare vero si dà nella Traduzione.

- Nel suo insieme l'asse dei subcontrari è la parte del Quadrato in cui si genera e si motiva la Traduzione. Il metatermine "Originale" si rapporta necessariamente al metatermine "Traduzione" e per le relazioni di complementarietà e tramite deissi positiva e negativa, i termini subcontrari "non-sembrare|non-equivalenza" e "non-essere|non-differenza" richiamano i termini che costituiscono l'asse dei contrari "essere|differenza" e "sembrare|equivalenza". Qui la Traduzione attualizza pienamente il suo statuto di oggetto-semiotico paradossale poiché sussume definitivamente i termini contrari. Essa è un'entità dotata di un'identità propria ("io-Traduzione"), identità che è caratterizzata dal fatto che sembra equivalente pur essendo differente. Nel suo processo generativo la Traduzione sollecita al contempo i metatermini "segreto" e "illusione", che a loro volta esplicitano il fatto che la Traduzione è un discorso doppiamente mascherato: mascherato soggettivamente, poiché appare segreto per sembrare vero e mascherato oggettivamente poiché, per essere accettato come vero, deve creare l'illusione di essere oggettivo, trasparente. Tramite la sua esistenza, la Traduzione veridifica l'Altro poiché è proprio grazie ad essa (e dentro di essa) che l'Altro viene simultaneamente posto in essere nella lingua e cultura ricevente.

Le operazioni di realizzazione della Traduzione come atto paradossale sono:
1) non-sembrare|non-equivalenza e non-essere|non-differenza => 2) essere|differenza e sembrare|equivalenza.

Esempi di questo paradigma della Traduzione sono sicuramente le posizioni teoriche della traduttologia moderna, come ad esempio in Derrida e Venuti, ma anche e soprattutto la visione semio-interpretativa e peirceana.

Un esempio testuale invece del paradigma teorico paradossale lo troviamo nella traduzione di U. Eco, Einaudi, 1983 di *Exercices de style*, R. Queneau, Gallimard, 1973. Riportiamo qui di seguito l'esercizio di stile sull'olfatto.

Tab. 3.2 *Exercices de style*. Traduzione di U. Eco.

Olfactif	Olfattivo
Dans cet S méridien il y avait en dehors de l'odeur habituelle, odeur *d'abbés, de décédés, d'œufs, de geais, de haches, de ci-gîts, de cas, d'ailes, d'aime haine au pet de culs, d'airs détestés, de nus vers, de doubles vés cés, de hies que scient aides grecs*, il y avait une certaine senteur de long cou juvénile, une certaine perspiration de galon tressé, une certaine âcreté de rogne, une certaine puanteur lâche et constipée tellement marquées que lorsque deux heures plus tard je passai devant la gare Saint-Lazare je les reconnus et les identifiai dans le parfum cosmétique, fashionable et tailoresque qui émanait d'un bouton mal placé. *Exercices de style*, R. Queneau, Gallimard, 1973	In quell'Esse meridiano v'erano, oltre agli odori abituali, puzza d'abati, di defunti presunti, d'uova al burro, di ghiandaie, d'ascie [*sic*] di pietre tombali, d'ali e di flatulenze e petonzoli, di *pretonzoli*, di sillabe e water closets, di *bignami e colibrí*, v'era un sentore di collo, giovane e scapicollo, un afrore di treccia, un untume di rogna, esalazioni di fogna e miasma d'asma, cosí che poco dopo, tra profumi d'issopo, passando alla stazione tra esalazioni d'icone, sentii l'odore estatico di un cosmetico eretico ed erratico, di un giovinastro emetico e di un bottone fetido, maleolente e insipido. traduzione di U. Eco, Einaudi, 1983

Non volendo fare un'analisi esaustiva degli effetti di senso creati nel testo di Queneau e della poetica che inaugura la sua scrittura, ci limitiamo di nuovo a individuare quelle scelte traduttive suscettibili di essere descritte all'interno del Quadrato semiotico della tradizione.

Tra gli elementi più importanti che emergono nel testo francese vi è innanzitutto il chiaro effetto di senso e di suono creato dai versi che riproducono la pronuncia dell'alfabeto francese: « *d'abbés, de décédés, d'œufs, de geais, de haches, de ci-gîts, de cas, d'ailes, d'aime haine au pet de culs, d'airs détestés, de nus vers, de doubles vés cés, de hies que scient aides grecs* »[23]. La scrittura di Queneau in generale e in particolare questo testo ha come obiettivo chiaro di giocare con la lingua riflettendo sugli effetti poetici (ripetizioni di *certaine, certaine, certaine, certaine*), ludici ed

---

23 Si tratta di un gioco di parole che riproduce, con qualche licenza, la fonazione dell'alfabeto francese: /a/ – /be/ – /se/ – /de/ – /ø/– /ɛf/ – /ʒe/ – /aʃ/ – /i/ – /ʒi/ – /ka/ - /ɛl/ – /ɛm/ - /ɛn/ – /o/ - /pe/ – /ky/ – / ɛr/ – / ɛs/ – /te/ - /y/ – /ve/ – /dublǝve/ – /iks/ – /igʀɛk/ – /zɛd/.

146

ironici (*deux heures plus tard je passai devant la gare Saint-Lazare*) e a volte sarcastico (*fashionable et tailoresque*[24]).

Eco procede nel rispetto della poetica generale di Queneau[25] e sostiene (Queneau 1973 tr. it. 1983, vi) che la sua traduzione non vuole essere una riproduzione letterale ma piuttosto una ricreazione degli effetti di senso generali attraverso le regole linguistiche messe in atto nel testo originale. La fedeltà all'intenzione dell'opera e allo "spirito" del testo dovrebbero essere, secondo Eco, i principi che guidano le scelte traduttive. Analizzando la sua traduzione vediamo però che non vi è nessun tentativo di ricreare quel gioco di suoni che riproducono l'alfabeto francese. Ci saremmo aspettati una riproduzione di questo effetto, nell'alfabeto italiano, o eventualmente un gioco linguistico che riproducesse la "filastrocca alfabetica" di Queneau. Niente di tutto ciò, la traduzione segue da vicino e in modo pressoché letterale l'originale (ad eccezione di alcune aggiunte, "bignami e colibrì").

A questo si sommano però alcune scelte traduttive che optano per l'eliminazione di alcuni elementi "profondi" dell'originale che si riferiscono al luogo e a uno degli attanti (non ritroviamo il riferimento alla stazione Saint-Lazare diventa i "profumi d'issopo", e sparisce del tutto il "galon", il gallone intrecciato, elemento che contraddistingue uno dei personaggi che appare anche negli altri esercizi di stile e diventa quindi una sorta di filo rosso dell'opera) e l'introduzione di riferimenti nuovi ("le icone", "eretico ed erratico, di un giovinastro emetico") che costellano il testo tradotto di un nuovo livello fonosimbolico e sono finalizzati a riprodurre lo spirito dell'originale.

Un altro aspetto importante che emerge nella traduzione è l'accentuazione della *prospettiva timico-assiologica* (« perspiration » – afrore", « je le reconnu et les identifiai dans le parfum... » – sentii l'odore... di un giovinastro emetico) che qui va a enfatizzare i termini negativi, l'assiologia disforica. Questi elementi meritano un'attenzione particolare, perché il Quadrato semiotico è un dispositivo virtuale che, per essere attualizzato e realizzato nei modi di esistenza semiotici, richiede un investimento valoriale che Greimas definisce appunto investimento

---

24 L'aggettivo *tailoresque* è costruito sulla parola inglese *tailor*, allusione all'espressione *"my tailor is rich but my English is poor"* prima frase scritta nell'*Anglais sans peine*, opera Assimil per imparare l'inglese.

25 Il gruppo di ricerca linguistica e letteraria OUvroir de LIttérature POtentielle [OuLiPo, 1960] era stato creato proprio da Queneau allo scopo di sondare la lingua non solo come vettore comunicativo ma anche come strumento e oggetto dotato di limiti creativi È questo il senso degli "esercizi di stile".

assiologico (valutativo) e timico, e soprattutto perché qui le scelte traduttive individuano uno dei fenomeni più evidenti ma meno studiati in traduttologia: la *proiezione della prospettiva timica del traduttore*.

Il testo di Eco è descrivibile all'interno del Quadrato semiotico e realizza quel paradigma concettuale della traduzione definito come paradosso dell'equivalenza nella differenza: il testo di Queneau, il non-io, l'altro indefinibile, è la molla generativa per una traduzione che cerca costantemente di equivalere all'originale, di stare al suo passo e di riprodurre la sua essenza. Il risultato, l'io, la verità che appare nella traduzione, è che essa si realizza come equivalenza apparente e differenza realizzata in un'identità diversa racchiusa in un diverso corpo linguistico.

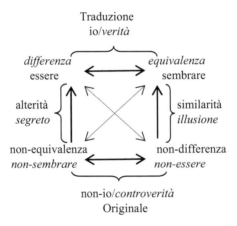

QUADRATO SEMTIOTICO
DELLA TRADUZIONE
Il paradigma del paradosso

Fig. 3.14 Il paradigma del paradosso

Questa rappresentazione oltre a riassumere le angolature teoriche più attuali in traduttologia, fornisce una visione forse più completa e certamente più complessa del concetto di traduzione. Abbiamo avuto modo di presentare i contribuiti di alcuni studiosi (Chersterman, Venuti, Nergaard, Petrilli) che accettano quella condizione paradossale che caratterizza la traduzione e che implica una compresenza nella traduzione di "essere/differenza" assieme a "sembrare/equivalenza".

Anche lo studioso Theo Hermans (2002) denuncia i paradossi e le aporie della traduzione. Tra gli aspetti più contraddittori vi è innanzitutto la

148

dissimulazione della presenza del traduttore, il preteso annullamento della sua voce le cui tracce restano invece sempre nel testo tradotto.

Nella traduzione non vi è mai neutralità, trasparenza e innocenza perché il traduttore, con il suo personale bagaglio conoscitivo, culturale e normativo, seleziona e importa gli elementi dell'originale all'interno della comunità ricevente trasformandoli in qualcosa di perfettamente comprensibile per membri di quella comunità.

Conclusioni

Il Quadrato semiotico della traduzione è un modello descrittivo che funziona su tre livelli di analisi.

A un primo livello teorico, esso è applicabile alle riflessioni sul concetto generale di traduzione. In questo modo, i tre paradigmi della traduzione rappresentano le declinazioni specifiche del Quadrato in quanto modello metateorico che descrive una teoria o une concezione particolare della traduzione.

A un secondo livello teorico, il Percorso generativo prevede l'estensione delle categorie del Quadrato alla realtà umana, alla dimensione antropologica del fenomeno semiotico-traduttivo. Procedendo in questo modo, la nostra riflessione ci porta ad analizzare la traduzione non più come concetto teorico, ma come pratica. Vi è quindi, nella conversione dei paradigmi della traduzione alla realtà umana, una vera e propria attualizzazione socio-culturale della dimensione virtuale del Quadrato semiotico. Questa nuova focalizzazione teorica sollecita in particolar modo le istanze della grammatica generativa, cosi come previsto nel Percorso generativo del senso: saremo quindi portati a definire gli attanti, i programmi narrativi e le modalità semiotiche che caratterizzano appunto la traduzione come pratica specifica.

Il terzo livello di analisi verte infine sulla manifestazione testuale del testo tradotto e alle specificità del quadro enunciativo della traduzione. Il Quadrato semiotico della traduzione offre la possibilità di instaurare un *trait d'union* tra la manifestazione linguistica dei testi tradotti e una sua possibile presa in carico dalle categorie nel quadrato stesso.

Come dimostrato nell'analisi degli esempi testuali è possibile che alcune scelte traduttive avvalorino i paradigmi concettuali descritti nel quadrato. Se il Quadrato semiotico descrive la traduzione come un evento fondamentalmente paradossale che emerge come discorso illusorio e al contempo segreto, nella sua manifestazione linguistica, tale affermazione è avvalorata dal fatto che il testo tradotto si fonda sull'illusorio occultamento delle impronte testuali del soggetto traduttore.

Nella sua manifestazione, il testo tradotto non offre semplicemente una decifrazione del testo originale ma richiede anche una riflessione sulle modalità e strategie adottate per effettuare tale decifrazione. In altri termini, il Quadrato semiotico consente di accogliere e sistematizzare le impronte testuali e i "filtri valutativi" assiologici e timici adottati dal traduttore. A questo terzo livello di analisi saremo naturalmente portati a prendere in esame le ultime istanze descrittive del Percorso generativo, ovvero le strutture discorsive di superficie. Sarà in particolar modo la definizione semiotica dell'enunciazione a fornirci la metodologia adatta a sondare le specificità dei meccanismi enunciativi nella traduzione e di conseguenza a individuare le modalità con cui emerge la voce enunciativa del traduttore nel testo tradotto.

IV. Dal concetto alla pratica: per un modello semiotico della traduzione

L'attualizzazione del Quadrato semiotico della traduzione pone l'accento sui modi traduttivi, ossia sulle *modalità* con cui il concetto di traduzione è posto in essere. La pratica della traduzione attualizza le componenti teoriche virtualizzate nelle categorie del Quadrato tramite l'azione di un soggetto dotato di competenze traduttive che attua un programma traduttivo finalizzato a realizzare un testo tradotto.

Nel Percorso generativo del senso, le categorie della semantica fondamentale sono convertite in oggetti sintattici, gli attanti, che a loro volta, sono convocati a livello di superficie, in una *rete di figure del mondo*. Allo stesso modo la sintassi fondamentale, ossia le *operazioni* di "negazione" o di "selezione" sui termini relazionali, e convertita in enunciati elementari: *fare* ed *essere*, ovvero gli enunciati di fare (le operazioni di trasformazione) o enunciati di stato (le relazioni di giunzione).

Questo "salto" descrittivo a un ulteriore livello di articolazione del significato è un aspetto peculiare della semiotica generativa e si basa sul principio per cui qualsiasi oggetto semiotico è la sovrapposizione di diversi livelli di profondità e il suo senso si dispiega in modo man mano più complesso e concreto. Ogni livello di profondità – in quanto sintesi di una componente sintattica e semantica – è descrivibile autonomamente e il passaggio da un livello all'altro è garantito da una regola di *conversione*.

La conversione è possibile perché vi è un certo grado di invarianza tra i vari livelli, e perché le operazioni sintattiche e le posizioni semantiche di due livelli sono riconducibili a una *costante*.

> Ora, le regole di conversione possono essere concepite soltanto su uno sfondo di equivalenza* ammettendo cioè che due o più forme sintattiche (o due o più formulazioni semantiche) possono essere riferite a una topica costante. Si noterà d'altra parte che l'equivalenza non è l'identità: certo bisogna riconoscere che la generazione della significazione, introducendo nuove articolazioni a ogni tappa del suo percorso, apporta nello stesso tempo un "arricchimento" a un "aumento" del senso, dato che la significazione* non è altro che articolazione. Ogni conversione quindi deve essere considerata contemporaneamente come un'equivalenza e come un surplus di significazione. (DRTLit, 61)

L'intero impianto della semiotica generativa si basa su un assunto di traducibilità: la generazione della significazione avviene tramite strutture che permangono in tutti i livelli descrittivi e al contempo si espandono arricchendosi, con l'emergere del senso nella sua manifestazione testuale.

Come visto nel capitolo precedente, il raffronto tra armatura del mito lévistraussiana e il quadrato semiotico greimasiano si fonda sul principio che questi due dispositivi siano finalizzati a descrivere la struttura profonda, del mito, secondo Lévi-Strauss, e di qualsiasi oggetto semiotico, secondo la teoria generativa di Greimas. La proprietà strutturale comune a qualsiasi oggetto semiotico è definita *isotopia*[1] *strutturale*; la manifestazione invece, in unità linguistiche (o visive, ecc.) è definita *isotopia discorsiva*. Tra l'isotopia strutturale profonda e quella discorsiva della manifestazione linguistica, Greimas sviluppa un'*isotopia narrativa*, l'insieme delle strutture antropomorfe che prendono in carico il senso profondo e, tramite programmi narrativi e figure attanziali, lo veicolano verso le strutture di superficie della manifestazione discorsiva.

> Il messaggio (…) si colloca su due isotopie contemporaneamente, dando luogo così a due letture diverse, una sul piano narrativo, l'altra sul piano strutturale. Per isotopia intendiamo un insieme ridondante di categorie semantiche, che insieme rendono possibile la lettura uniforme del racconto (…). *L'isotopia narrativa è determinata da una certa prospettiva antropocentrica*, la quale presenta il racconto come una successione di avvenimenti i cui attori sono esseri animati, agenti o agiti. (Greimas 1970 tr. it. 2001, 198–199, corsivo nostro)

Nella teoria generativa la regola di conversione permette l'espansione e l'arricchimento del senso nel passaggio dalle strutture profonde a quelle narrative e discorsive. Il concetto di *isotopia* fa invece da collagene, è la *topica costante* che garantisce il permanere delle strutture profonde ed immanenti: i termini relazionali del quadrato semiotico sono accolti ed espansi nelle strutture narrative che a loro volta sono concretizzate e figurativizzate nelle strutture discorsive.

---

1   In riferimento al percorso generativo del discorso e alla distribuzione delle sue componenti, si distinguerà l'**isotopia grammaticale** (o sintattica, nel senso semiotico) con il ricorrere delle categorie ad essa afferenti, e l'**isotopia semantica** che rende possibile la lettura uniforme del discorso, così come risulta dalle letture parziali degli enunciati che lo costituiscono, e dalla soluzione delle loro ambiguità che è guidata dalla ricerca di una lettura unica. (DRTLit, 171)

Si delineano, in questo modo, le principali componenti teoriche del percorso generativo del senso[2].

PERCORSO GENERATIVO DEL SENSO			
		componente sintattica	componente semantica
strutture semio-narrative	livello profondo	*sintassi fondamentale* operazioni sul quadrato	*semantica fondamentale* valori nel quadrato semiotico
	conversione dell'isotopia strutturale in isotopia narrativa		
	livello superficiale	*sintassi narrativa antropomorfa* schema narrativo canonico e modalità	*semantica narrativa* universo valoriale
messa in discorso: convocazione – enunciazione (débrayage, embrayage)			
strutture discorsive		*sintassi discorsiva* discorsivizzazione attorializzazione, temporalizzazione, spazializzazione, aspettualizzazione	*semantica discorsiva* tematizzazione figurativizzazione

Fig. 4.1 Percorso generativo del senso.

Il Percorso generativo si fonda su un assunto ben preciso che è quello dell'esistenza di una topica costante, di un'equivalenza che possiamo definire *equivalenza generativa*. L'equivalenza generativa costituisce la colonna portante di tutta la teoria greimasiana. Non solo. Essa è la spiegazione più convincente della traducibilità, della possibilità per cui, nonostante le diverse peculiarità linguistiche, è sempre possibile esprimere un dato senso, proprio in virtù di quei livelli di articolazione del senso che sono immanenti, indipendentemente dalla lingua e dal linguaggio in cui sono espressi. È questo un aspetto, ci sembra, comune alla semiotica greimasiana e alla semiotica peirceana: nel movimento generativo di Greimas, così come

---

2   La rappresentazione visiva (fig. 4.1) è una rielaborazione degli schemi in *Sémiotique: dictionnaire raisonné de la théorie du langage,* vol. 1 (1979), in Marsciani&Zinna (1991) e in Pozzato (2002).

nella semiosi di Peirce, vi è sempre la possibilità, pena l'assenza di comunicazione, di riprodurre uno "stesso" interpretante, ovvero di ritrovare l'isotopia strutturale.

D'altra parte però, la semiotica generativa elabora una descrizione precisa del percorso con cui il senso si genera, concepisce livelli di generazione autonomi ma tra loro collegati, e consente quindi, a chi studia le modalità di attualizzazione della traduzione, di descrivere in modo preciso le modalità, le azioni, gli attanti, e il risultato del fenomeno traduttivo.

Il Quadrato semiotico della traduzione fornisce la componente virtuale e astratta che è destinata a servire da metateoria per le diverse prospettive traduttologiche, e la sua attualizzazione in quanto pratica avviene unicamente grazie a una conversione a livello semio-narrativo della traduzione, livello sul quale si situano le operazioni e le relazioni che si instaurano tra gli attanti della traduzione. L'analisi del contesto storico-sociale e la critica delle strutture semio-discorsive del testo tradotto consentono di definire le modalità con cui sono definiti i ruoli e realizzate le azioni degli attanti della traduzione.

Di conseguenza, e come previsto dal Percorso generativo del senso di Greimas, anche il discorso traduttologico si genera su livelli semiotici man mano più concreti: *il Quadrato della traduzione, la sintassi traduttiva e il suo Modello semiotico, e infine il testo tradotto analizzato tramite una critica semio-traduttologica.* E viceversa, ogni livello rimanda a un successivo livello di generalizzazione e di astrazione che partendo dall'analisi critica del testo tradotto, passando per la narratività messa in atto dagli attanti della traduzione, approda a una teoria della traduzione che richiama i termini del Quadrato della traduzione, che descrivono in definitiva la realizzazione veridittiva di una identità, di una cultura.

In questa prospettiva, la conversione della componente fondamentale, profonda e virtuale porta a generare un livello operativo in cui i termini relazionali sono presi in carico da una struttura semantica e sintattica "umana". Nella traduzione le operazioni e le relazioni del Quadrato, sono *enunciati di fare o di stato* che corrispondono all'operare delle *figure* del traduttore e del committente. Le condizioni logico-semiotiche della traduzione sono attualizzate tramite l'azione del traduttore che realizza il "fare traduttivo".

La pratica della traduzione è teorizzabile grazie al principio di narratività: tradurre significa raccontare la storia di come una cultura codifica un'altra cultura e di come essa concepisce la traduzione. Tradurre è il racconto del traduttore che a sua volta recepisce e mette in atto quella concezione e quella serie di norme che dovrebbero regolare il prodotto del suo operare.

Prima di introdurre il modello semiotico esponiamo brevemente gli elementi teorici su cui si basa la nostra nuova proposta: la narratività e lo schema narrativo canonico e le modalità semiotiche.

4.1 Lo schema narrativo canonico

L'emergere delle strutture semiotiche profonde nelle strutture narrative antropomorfe si basa sulla convinzione che ogni tipo di teorizzazione trova il proprio fondamento nell'azione umana, e che l'azione umana è sempre narratività. Nella semiotica generativa, la narratività è il principio organizzatore di qualsiasi evento o oggetto semiotico, sia esso il racconto espresso in una lingua naturale oppure in un altro linguaggio semiotico (pittura, musica, sistemi multimediali). Tale convinzione prende le mosse dagli studi formalisti e strutturalisti degli anni '60 e '70.

Nel 1958 viene pubblicato in inglese *Morfologia della fiaba* (1928), opera con cui Vladimir Propp traccia un modello formalista per l'analisi delle fiabe. Il materiale di studio è un corpus testuale in russo e il modello si propone di individuare le funzioni narrative e le classi di personaggi che ricorrono nelle fiabe russe. Riprendendo il modello morfologico di Propp, Greimas (1966a, 194–203) fa notare che il processo di formalizzazione risente della tipologia del corpus testuale e della rigidità delle 31 funzioni[3] ricorrenti: anche se il modello presenta un notevole grado di astrazione

---

3   (1) allontanamento, (2) divieto, (3) infrazione, (4) investigazione, (5) delazione, (6) tranello, (7) connivenza, (8) danneggiamento o mancanza, (9) mediazione, (10) inizio della reazione e consenso dell'eroe, (11) partenza, (12) prima funzione del donatore (l'eroe messo alla prova), (13) reazione dell'eroe che supera la prova (14) conseguimento del mezzo magico, il donatore dà l'oggetto magico all'eroe, (15) trasferimento nello spazio tra due reami, (16) lotta, (17) marchiatura, (18) vittoria, (19) rimozione della mancanza, (20) ritorno, (21) persecuzione o inseguimento, (22) salvataggio, (23) ritorno in incognito, (24) pretese infondate del falso eroe/antagonista, (25) prova, all'eroe viene affidato un difficile compito, (26) assolvimento del compito, (27) riconoscimento dell'eroe, (28) smascheramento del falso eroe, (29) trasfigurazione dell'eroe, (30) punizione del falso eroe/antagonista, (31) nozze.

grazie ai quattro principi[4] operativi che sorreggono funzioni e tipi, esso resta ancorato al genere della fiaba russa ed è difficilmente applicabile ad altri racconti. L'opera di Propp è seminale e suscita un grande interesse negli anni '60, momento in cui Claude Lévi-Strauss e Georges Dumézil cercavano di individuare, con strumenti etnologici e linguistici, i motivi e la "struttura" della narratività mitologica.

Basandosi su questi studi, Greimas pone la narratività al centro della sua semiotica generativa; già presente nelle strutture narrative profonde (nelle operazioni sul quadrato semiotico e negli investimenti di valore sui termini relazionali che presuppongono il soggetto attante) essa emerge pienamente a livello di grammatica narrativa: la sintassi e la semantica profonda del quadrato semiotico reggono e regolano il funzionamento di categorie sintattiche e semantiche più concrete, complesse e antropomorfe (Greimas 1971 tr. it. 2000).

Il passaggio dal micro-universo semantico del quadrato al macro-universo umano delle strutture narrative esplicita la *realizzazione antropologica di una formalizzazione concettuale.* Nella nostra proposta teorica, questo passaggio esprime un ulteriore sviluppo teorico tramite la dinamicizzazione del Quadrato semiotico della traduzione, e la presa in carico del concetto di traduzione da parte di un modello narrativo ed esplicativo della pratica. Prima di illustrare in quale modo la narratività è lo strumento ideale per descrivere adeguatamente la prassi traduttiva, è opportuno spiegare cosa si intende per narratività in semiotica greimasiana.

La narratività è il fare antropomorfo, è quella serie di operazioni di trasformazione in cui *qualcuno* compie un'azione per ottenere un *qualcosa* che assume quindi uno specifico valore per quel qualcuno. Il fare antropomorfo si fonda sulla presenza di almeno due posizioni sintattiche, dette anche posizioni attanziali[5]: un attante che compie l'azione per ottenere qualcosa, e un attante che rappresenta la cosa desiderata.

---

4   a) le funzioni sono in numero limitato; b) la concatenazione temporale delle funzioni non cambia (a una funzione segue sempre un'altra); c) la concatenazione logica delle funzioni può cambiare (una funzione non esclude o implica necessariamente un'altra); d) più personaggi o sfere d'azione possono farsi carico di una o più funzioni (non vi è una corrispondenza biunivoca personaggio/sfera d'azione-funzione).

5   Il concetto di attante si basa sul presupposto tesneriano di *isomorfia* tra frase e racconto (Tesnière 1959). La nozione di verbo (o nodo verbale) consente l'omologazione della frase al racconto poiché, nel racconto, così come succede per la frase, ritroviamo un attante soggetto che è in relazione con un attante oggetto. L'attante è quindi un'unità sintattica formale priva di investimento semantico e/o ideologico che può essere

"Desiderare" ed "essere desiderato" descrivono posizioni sintattiche che sono tra di loro in rapporto (di presupposizione) e che sono definite Soggetto e Oggetto[6]. Questi attanti sono posizioni sintattiche legate tra di loro dalle funzioni di congiunzione o di disgiunzione: un Soggetto può essere in disgiunzione col proprio Oggetto e compie un'azione per congiungersi a esso. Le funzioni descrivono due relazioni elementari: il Soggetto *si trova* in congiunzione o in disgiunzione con l'Oggetto (modalità dell'*essere*), oppure il Soggetto *si congiunge* o *si disgiunge* con l'Oggetto (modalità del *fare*). *Essere* e *fare* sono le modalità semplici dell'enunciato: se il soggetto *fa essere* qualcosa, allora è un *soggetto di azione*, se invece *è*, allora è detto *soggetto di stato*.

Le funzioni di congiunzione e di disgiunzione sono due programmi narrativi, detti programmi di base.

Tab. 4.1 Programmi di base.

(a) PN1 $\{S1 \rightarrow (S2 \cap O)\}$ – trasformazione di congiunzione
(b) PN2 $\{S1 \rightarrow (S2 \cup O)\}$ – trasformazione di disgiunzione
S1; soggetto di fare o di divenire – il soggetto del *"far essere"*
$\rightarrow$; trasformazione/transizione da uno stato iniziale a uno stato finale
S2; soggetto di stato
$\cap$ congiunzione; $\cup$ disgiunzione; O oggetto di valore
Le parentesi tonde racchiudono un enunciato di stato, quelle graffe un enunciato di fare.

I due programmi narrativi (a) e (b) rappresentano una schematizzazione (l'unità minima di racconto) del passaggio dallo stato di mancanza all'eliminazione della mancanza, in cui il Soggetto (S1) si congiunge[7] all'Oggetto che prima apparteneva a un altro Soggetto (S2). Spesso, in un racconto, S1 corrisponde a S2 – ad esempio del discorso scientifico lo scienziato inventore è al contempo soggetto di fare e soggetto di stato in congiunzione con l'oggetto – e l'azione di fare è detta *riflessiva* (vi è sincretismo attanziale). Al contrario, se S1 e S2 sono due attanti separati,

---

applicato a unità superiori alla frase, appunto al racconto (Courtés 1991, 76). Nella semiotica generativa, gli *attanti*, presenti a livello di struttura narrativa antropomorfa, non corrispondono agli *attori* che sono i personaggi che appaiono invece nelle strutture discorsive del racconto, e sono quindi la manifestazione figurativa degli attanti.

6 L'oggetto oppure "oggetto di valore" rappresenta un valore reale o fittizio, individuale o collettivo, concreto o astratto, fattuale o possibile, attivo o passivo.

7 Per Propp si tratta della funzione dell'*appropriazione* derivata da una "mancanza". La mancanza è l'elemento generatore di ogni racconto.

allora l'azione di fare è detta *transitiva* – come nel caso del discorso traduttologico dove il destinante, ossia il cliente, il mandante (soggetto di stato), motiva l'esecuzione di un testo tradotto (oggetto di valore) da parte di un traduttore (soggetto del fare) disposto ad agire per ottenere l'oggetto di valore.

Dai due principali programmi narrativi – integrando le ricerche di Propp a quelle di Lévi-Strauss e impiegando alcuni principi operativi di Lucien Tesnière (1959) – Greimas costruisce l'ossatura del racconto come *schema narrativo canonico*. Si tratta di una formalizzazione schematica e invariante dell'azione umana, fatta di pochi elementi operativi (enucleati nel nodo verbale), applicabile a qualsiasi discorso narrativo (canonico) e che si pone come una "formalizzazione universale".

> In effetti, lo schema narrativo costituisce una sorta di quadro formale in cui viene a inscriversi il "senso della vita", con le sue tre istanze essenziali: la qualificazione* del soggetto, che lo introduce nella vita; la sua "realizzazione" attraverso qualcosa che egli "fa"; infine la sanzione* – retribuzione e ricompensa insieme – che è l'unica a garantire il senso dei suoi atti e ad instaurarlo come soggetto secondo l'essere. *Questo schema e sufficientemente generale per consentire tutte le possibili variazioni sul tema: considerato a un livello più astratto e scomposto in percorsi, esso aiuta ad articolare e a interpretare differenti tipi di attività, sia cognitive sia pragmatiche.* (DRTLit, 216, corsivo nostro)

Lo schema narrativo canonico permette si descrivere attività di tipo pragmatico e di tipo cognitivo. Nelle attività pragmatiche, fulcro dello schema canonico è *l'azione* del Soggetto (il programma narrativo di base, PN), motivata da un Destinante tramite un *atto manipolativo* e, valutata al suo compimento, tramite un giudizio, sempre del Destinante, definito *atto sanzionatorio*. L'azione del Soggetto si basa su una *competenza* preventiva, competenza che permette la realizzazione della *performanza*.

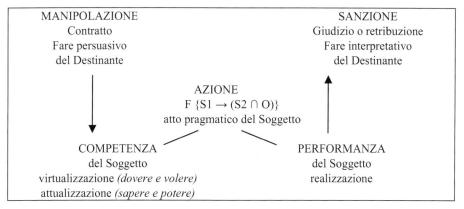

Fig. 4.2 Schema narrativo canonico.

Nello schema narrativo canonico[8] (fig. 4.2) il Destinante avvia l'azione attraverso un atto di *manipolazione* e pattuisce un *contratto* con il Soggetto, persuadendolo, inducendolo, obbligandolo o sfidandolo (nelle modalità *far fare, far sapere, far credere, fare persuasivo*) a intraprendere un programma narrativo. Nella fase di manipolazione[9], il Destinante propone un vero e proprio contratto sulla cui base un attante diventa Soggetto che vuole (modalità del *volere*) oppure che è tenuto (modalità del *dovere*) a fare qualcosa per conseguire l'Oggetto di valore e portare a termine il contratto narrativo. Il contratto narrativo è un momento fondamentale nella narrazione perché esso istituisce il Soggetto, stabilisce in che cosa consiste l'Oggetto di valore, instaura l'universo dei valori del Destinante e rappresenta l'adesione del Soggetto a tale universo. Quando il Soggetto ha portato a termine il programma narrativo, il Destinante interviene per giudicare e *sanzionare* (*fare interpretativo*) la sua azione. È nel momento della sanzione che si realizza il giudizio veridittivo, l'atto epistemico, che non è più il *far credere* della manipolazione, ma la formulazione di un giudizio, in base a un *credere* (*sapere vero* o *credere vero*). Manipolazione e Sanzione, fanno entrambe capo all'istanza del Destinante. È il Destinante che fa una proposta di contratto ed è lui che alla fine decide della veridizione dell'azione del Soggetto.

---

8 Ripreso dallo schema canonico in *Sémiotique : dictionnaire raisonné de la théorie du langage,* vol. 1 (1979) e in Greimas (1983a tr. it 1998).

9 Termine che in semiotica non implica nessun giudizio morale o valutativo.

Delle due categorie (manipolazione e sanzione) soltanto la sanzione può avere anche un aspetto pragmatico, quando la sanzione corrisponde ad esempio a una ricompensa. Courtés (1991, 113–114) declina di concetto di sanzione in due categorie: il *giudizio epistemico*, ossia la valutazione di conformità (o non conformità) rispetto ai termini contrattuali stabiliti con la manipolazione; e la *retribuzione* (contropartita per aver portato a termine il contratto) che può essere una ricompensa ma anche una punizione.

La manipolazione e la sanzione sono predicati che modalizzano il Soggetto, ovvero lo caratterizzano in quanto Soggetto manipolato (affinché compia qualcosa, modalità fattive del *far fare*) e sanzionato (giudicato per quello che *è*, modalità veridittive l'*essere dell'essere*). La modalizzazione veridittiva, l'episteme cognitiva, è di prerogativa del Destinante, tramite la sua sanzione: è il Destinante che giudica come vera, falsa, menzognera, illusoria, l'azione del Soggetto. In questo senso la manipolazione è concepita come un *fare persuasivo* e la sanzione come un *fare interpretativo*.

La manipolazione e la sanzione rappresentano un'evoluzione delle teorie comunicative in cui i ruoli dell'emittente e del ricevente sono di tipo neutro. Nella teoria semiotica generativa, questi ruoli sono dotati di competenze modali specifiche: l'emittente che fa sapere qualcosa agisce tramite un "fare persuasivo", e per converso, la ricezione del messaggio da parte del ricevente si traduce nella competenza del "fare interpretativo". Tali meccanismi cognitivi sono riuniti nei ruoli sintagmatici (che possono essere sincretici o separati) del Destinante-manipolatore che attua il *fare persuasivo* e il *far credere*, e del Destinante-sanzionatore che esegue un *fare interpretativo* ed emette l'*atto epistemico*. La manipolazione è un "convincere", un "portare qualcuno a riconoscere la verità di una proposizione o di un fatto" (Greimas 1983a tr. it. 1998, 113). Il riconoscimento della verità è invece un atto interpretativo che richiama il giudizio epistemico di chi attua una sanzione. L'atto epistemico è quindi il riconoscimento della verità inteso come identificazione di ciò che è nuovo sulla base dell'universo referenziale, ovvero sulla base di ciò che si sa già.

> Ora il ri-conoscimento (…), è un'*operazione di comparazione* tra ciò che viene "proposto" (= la proposizione logica, nel senso di "proposta" in quanto cioè suggestione e offerta) e ciò che si sa o si crede. Il riconoscimento, in quanto confronto, comporta necessariamente una *identificazione*, nell'enunciato offerto, della totalità o delle briciole di "verità" di cui già eravamo in possesso. (Greimas 1983a tr. it. 1998, 115)

L'identificazione è un'operazione di controllo che permette di avvalorare (o rifiutare) un adeguamento tra il nuovo e il vecchio. Le *modalità epistemiche* descrivono la relazione che si instaura tra l'attante che giudica e l'enunciato proposto; esse sono di tipo graduale e non categorico e rappresentano i poli estremi in cui si posiziona l'enunciato nuovo che può essere appunto pienamente *affermato* o *rifiutato*, *ammesso* oppure *messo in dubbio*. L'atto epistemico è suscettibile quindi di essere articolato in modalità proiettate sul quadrato semiotico (Greimas 1983a tr. it. 1998, 117).

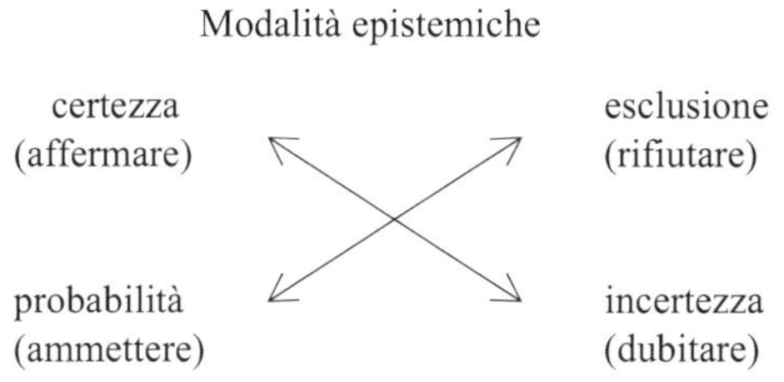

Modalità epistemiche

certezza   esclusione
(affermare)   (rifiutare)

probabilità   incertezza
(ammettere)   (dubitare)

Fig. 4.3 Modalità epistemiche.

Nello schema canonico narrativo, la persuasione motiva l'*azione* del Soggetto che agisce per portare a termine il programma narrativo di base e onorare il contratto stipulato nella fase di manipolazione. L'azione è la dimostrazione evidente di un'accettazione, da parte del Soggetto, del contratto proposto dal Destinante e quindi dell'adesione a un determinato universo di valori. Inoltre, un soggetto che passa all'azione "performa" attivando le sue competenze. L'azione, definita anche atto pragmatico (Greimas 1983a tr. it. 1998, 73) sussume due momenti narrativi: la competenza e la performanza del Soggetto. La *performanza*, l'aspetto più pragmatico dello schema canonico narrativo, corrisponde alla *realizzazione* (il *far essere*) propriamente detta del contratto, la congiunzione del soggetto con l'oggetto di valore. Per compiere una performanza, il Soggetto deve anticipatamente dotarsi delle competenze necessarie. La *competenza*[10] riunisce tutte le condizioni necessarie alla realizzazione di una performanza. In fase di manipolazione il Soggetto è motivato secondo un *volere* o un *dovere* (modalità virtualizzanti) e, per essere capace di compiere la trasformazione richiesta dal contratto, deve acquisire competenze descritte secondo le modalità del *sapere* e/o del *dovere* (modalità attualizzanti).

Uno degli aspetti specifici della teoria greimasiana è il passaggio da una semiotica dell'azione pura (di derivazione formalista e strutturalista) a una

10 Pozzato (2001, 49–50) parla di "competenzializzazione" del soggetto, ossia di equipaggiamento modale, Courtés parla invece di "acquisizione" (1991, 104).

semiotica che valorizza le funzioni modali. In effetti, abbiamo visto che l'azione, sia essa del Destinante (manipolazione e sanzione) o del Soggetto (performanza), è sovradeterminata dalle modalità del *volere, dovere, sapere* e *potere*. Tali funzioni permettono di ricreare la dimensione cognitiva e psicologica dell'azione umana, del Soggetto e del Destinante. In *Del Senso II* (1983a tr. it. 1998, "Per una teoria delle modalità") Greimas omologa i valori del *volere, dovere, potere* e *sapere* ai due predicati principali, *essere* e *fare*. In questa prospettiva il *voler fare*, e il *dover fare* modalizzano il Soggetto che aderisce alla manipolazione; il *poter fare* e *saper fare*, modalizzano invece la performanza del Soggetto.

Volere e *dovere, potere* e *sapere* sono ordinati in tre livelli di esistenza semiotica: virtualizzazione, attualizzazione e realizzazione.
a) *Modalità virtualizzanti* e instaurazione del Soggetto.
dover fare – gli obblighi e i doveri culturali del Soggetto in quanto attante sociale;
voler fare – i desideri e le aspirazioni del Soggetto, la sua individualità.
Tali modalità sono suscettibili di essere messe in quadrato.

Modalità virtualizzanti e competenzializzazione

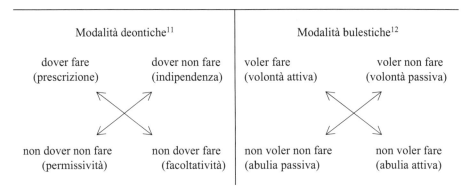

Fig. 4.4 Modalità virtualizzanti.

b) *Modalità attualizzanti* e qualificazione cognitivo-pragmatica del soggetto:
saper fare – il soggetto è dotato di competenze, di attitudini e inattitudini;
poter fare – il soggetto ha la possibilità e l'abilità pratica di agire (in base alle sue regole etiche e morali).

---

11   In Greimas 1983a tr. it. 1998, 75.
12   In Greimas 1983a tr. it. 1998, 83–85.

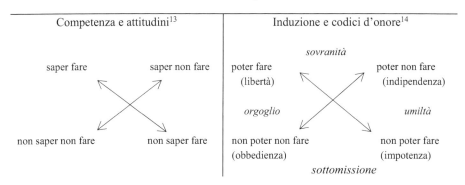

Fig. 4.5 Modalità attualizzanti.

c) *Modalità realizzanti*, il soggetto realizza (performanza, *far essere*) il suo programma narrativo.

Avevamo avuto modo di riferirci a questi tre modi di esistenza semiotica nel capitolo precedente, dove indicavamo che il quadrato semiotico si presenta come un dispositivo virtuale e che i suoi termini relazionali (categorie semantiche e operazioni) chiedevano di essere attualizzati e realizzati.

Nell'individuare le condizioni logico-semiotiche della traduzione avevamo implicitamente chiamato in causa le istanze esterne al Quadrato della traduzione (ma da esso presupposte), quali appunto cultura ricevente, committente, traduttore, testo tradotto, testo originale, l'autore, ecc. Queste istanze, che ora possiamo debitamente definire *attanti*, ci permettevano di selezionare e attualizzare le categorie del quadrato che ci sembravano pertinenti a descrivere il concetto di traduzione[15].

L'implicitazione, nell'emergere delle categorie del Quadrato della traduzione, delle istanze attualizzanti è una riprova della validità epistemica del percorso generativo del senso e dimostra che i livelli che lo compongono sono assolutamente solidali. Tale constatazione ci spinge quindi a portare avanti una descrizione semiotica della pratica della traduzione e ci legittima ad applicare a essa lo schema canonico della narrazione.

---

13 In Greimas 1983a tr. it. 1998, 85–87.
14 In Greimas 1983a tr. it. 1998, 211–212.
15 Le categorie non selezionate e non attualizzate restavano quindi virtualizzate.

In tal modo, la traduzione è opportunamente teorizzabile come narratività. Essa ci racconta la storia di come un Destinante-cultura-committente motiva (manipolazione) un Soggetto-Traduttore a impiegare le proprie conoscenze e abilità (competenza) per compiere un programma traduttivo finalizzato a produrre un testo tradotto a partire da un altro testo (performanza) sulla base del presupposto di equivalenza. Accettando di compiere il programma traduttivo, il Soggetto-Traduttore aderisce e integra le istruzioni (norme traduttive) implicate nel contratto col Destinante-cultura-committente: quest'ultimo poi sarà l'istanza che infine sancirà l'azione del Soggetto-traduttore, attraverso una sanzione cognitiva (approvazione, pubblicazione, gli aspetti "glorificanti") e retributiva (il pagamento, gli aspetti economici). La sanzione retributiva riguarda gli aspetti economici della traduzione, invece quella cognitiva si articola in modo più complesso poiché comprende un giudizio di valore e un giudizio critico sul testo tradotto.

Vediamo in dettaglio come si articola questo nuovo modo di concepire la traduzione.

4.2 Per un modello semiotico della traduzione

Sulla base dello schema canonico della narrazione, proponiamo di formalizzare la traduzione in un Modello semiotico in cui il Destinante è l'attante che avvia il "fare traduttivo" e il Soggetto è l'attante che "attua il fare traduttivo". Definiamo *Committente* il Destinante che genera l'azione traduttiva tramite un contratto traduttivo e che trova la propria figurativizzazione in diverse figure del mondo reale quali ad esempio, una casa editrice, un cliente privato, un'autorità pubblica, oppure, nell'ambito della didattica, un docente di traduzione che assegna un testo da tradurre ai propri studenti. Definiamo *Traduttore* il Soggetto che esegue un *programma traduttivo*. In questo modo, Committente e Traduttore sono figure del linguaggio concretamente realizzabili in varie e potenzialmente infinite figure del mondo.

Qualunque sia la figura del mondo che poi incarnerà di caso in caso il Committente della traduzione, sappiamo che tale figura è sempre motivata dalla *modalità fattiva* del *far fare* cognitivo, finalizzata a provocare l'attivazione delle competenze del Traduttore. Il Committente non solo avvia

164

l'azione pragmatica del Traduttore ma, a traduzione compiuta, giudica la sua performanza in modo pragmatico (retribuzione) e cognitivo (probabile gratificazione personale del soggetto).

Occorre tuttavia introdurre un'importante precisazione. Nella nostra prospettiva, *il Committente sussume la figura del destinante e al contempo contribuisce a definire quella del pubblico*, dei potenziali lettori che andranno a leggere la traduzione. In traduttologia si tende generalmente a separare la figura di chi avvia (e finanzia) una traduzione dalla figura del lettore cui il testo tradotto è destinato. Questa scissione potrebbe essere necessaria nel momento in cui sappiamo con certezza chi è il lettore (o piuttosto chi sono i singoli lettori nel tempo). Eppure, instaurare nel discorso traduttologico un attante lettore non ci permette di dire di più sul programma traduttivo cui aderisce il Traduttore, e non fornisce informazioni supplementari, rispetto a quelle che non siano già inscritte nella situazione contrattuale che sottende una pratica traduttiva. *La figura del lettore è un'istruzione inscritta nel contratto traduttivo*. Essa è un'istruzione sfuggente che spesso resta un'entità nebulosa e nella migliore delle ipotesi diventa una proiezione del Committente e del Traduttore che tentano di costruire la figura del destinatario del testo originale. In quanto proiezione, il lettore è inscritto nel contratto che lega il Traduttore al Committente e soltanto indagando le istruzioni del contratto possiamo capire in che modo il Committente costruisce l'immagine del lettore e come il Traduttore recepisce e riverbera tale immagine. Resta inoltre da comprendere in quale modo – esplicito o implicito – il contratto traduttivo costruisce l'immagine del lettore. In alcuni casi il Committente esplicita chiaramente l'immagine del pubblico di lettori cui il Traduttore deve attenersi, in altri casi questa indicazione è inscritta implicitamente nel testo oppure nel sistema di valori del Committente. In entrambi casi, tali informazioni influiscono sulla performanza del Traduttore e sulla sanzione del Committente, e la loro risultanza può apparire negli elementi discorsivi della manifestazione linguistica del testo tradotto.

L'indagine del rapporto che lega il Committente e il Traduttore, le istruzioni del contratto, il fare manipolativo e sanzionatorio del Committente, la competenzializzazione del Traduttore, la sua interpretazione del contratto traduttivo e la sua performanza pragmatica sono tutti elementi che richiedono l'introduzione di un altro attante: il Critico-Traduttologo.

Il Critico-Traduttologo è un attante *sui generis* perché opera in modo esclusivamente sanzionatorio estendendo il suo giudizio valutativo non soltanto alla performanza del Traduttore ma anche all'operare del

Committente, ovvero alle modalità con cui motiva la competenzializzazione del Traduttore e alle modalità con cui giudica l'assolvimento del programma traduttivo. Il giudizio del Critico-Traduttologo si estende anche a un eventuale giudizio epistemico del Traduttore nei confronti del contratto traduttivo quando emerge chiaramente nel testo tradotto o dichiaratamente nei testi programmatici (nota del traduttore, prefazioni, postfazioni, ecc.).

L'intervento del Critico è indubbiamente un fare interpretativo, è un sapere epistemico sulle modalizzazione del Traduttore e del Committente. Il suo è un sapere epistemico sul sapere epistemico che il Committente trasmette al Traduttore che il Traduttore, interpretando (ovvero deliberando epistemicamente) inscrive nel testo tradotto. Il giudizio del Critico-Traduttologo è il fondamento della teoria della traduzione, poiché deliberando sulle modalizzazioni degli attanti che realizzano un programma traduttivo determina in quale modo tali modalizzazioni vanno a realizzare le condizioni semiotiche e virtuali del Quadrato della traduzione.

È opportuno quindi scindere due principali programmi narrativi della traduzione: il programma traduttivo del Traduttore, e il programma traduttologico del Critico-Traduttologo.

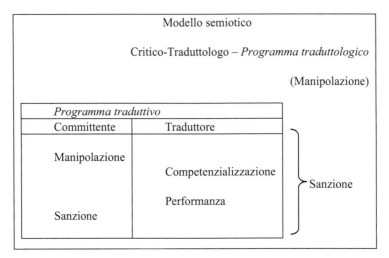

Fig. 4.6 Programma traduttivo e traduttologico.

Il Modello semiotico (fig. 4.6) è una concatenazione gerarchica di due programmi narrativi diversi: il programma traduttivo in cui il Traduttore è Soggetto e un secondo programma in cui il Critico-Traduttologo va a sanzionare il *fare* e l'*essere* del Committente e del Traduttore. Se il

166

programma traduttivo è un programma di base per il Traduttore, esso diventa un programma d'uso per il Critico-Traduttologo che si serve del programma traduttivo per costruire il discorso teorico e realizzare il proprio programma traduttologico.

L'instaurazione della figura Critico-Traduttologo nel Modello semiotico presuppone, in quanto attante sanzionatore, una preliminare competenza modale che preceda la sanzione, ovvero la manipolazione. Il Critico-Traduttologo è infatti motivato da un *voler fare* (virtualizzante) e un *saper fare* (attualizzante) che si realizza come costruzione di una proposta teorica tramite sua verifica e conferma.

4.2.1 La manipolazione: normatività ed etica

La manipolazione del Committente è un *far fare* che mira a proporre al Traduttore l'esecuzione di un contratto che richiede l'adeguamento (*dover fare*) a specifici valori culturali e finalità. Le principali modalità semiotiche con cui il Committente persuade il Traduttore ad accettare il contratto traduttivo sono il fare *persuasivo* oppure il fare provocatorio e *intimidatorio*.

La manipolazione implica l'emergere di un soggetto-competente: nel Modello semiotico essa corrisponde alla competenzializzazione del Soggetto-Traduttore tramite le modalità semiotiche contrattuali del *dover fare* o del *poter fare* nonché del *voler fare*.

Nei casi in cui il Traduttore si delinea come soggetto secondo il *dover fare*, il Committente ingiunge l'esecuzione del contratto attraverso forme di "convinzione" prescrittive, quali la minaccia, la costrizione, ecc. Il contratto di tipo ingiuntivo è retto dalle modalità deontiche "prescrizione" e "interdizione".

Queste situazioni si verificano ad esempio quando il programma traduttivo, la strategia di traduzione, ecc., sono imposti da un Committente di tipo autoritario: il Traduttore deve rispettare un *dover non fare* (*interdizione* alla traduzione, censura) oppure un *dover fare* (*prescrizione* alla traduzione). Anche in un contesto accademico il contratto può essere di tipo ingiuntivo: allo studente viene prescritto un contratto traduttivo che egli deve compiere (rispettando certe regole e un certo *modus operandi*). I programmi traduttivi derivati da questi due contratti implicano diverse modalità di azione, ma entrambi producono un testo che verifica il Quadrato semiotico della traduzione.

Sia nel caso di un *dover fare* che di un *dover non fare*, la competenzializzazione del Traduttore avviene secondo le modalità del *non poter non fare* (*obbedienza*) e del *non poter fare* (*impotenza*). Obbedienza e impotenza descrivono una situazione di sottomissione (Greimas 1983a tr. it. 1998, 212), situazione in cui il Traduttore è tenuto a compiere il proprio programma traduttivo in circostanze coattive.

Tab. 4.2 Manipolazione coattiva.

(i) Manipolazione	Modalità di competenzializzazione	
Far fare ingiuntivo intimidazione	Dover fare *(prescrizione)* Dover non fare	Non poter non fare *(obbedienza)* Non poter fare
minaccia	*(interdizione)*	*(impotenza)*
		Sottomissione

In questi casi (tab. 4.2) il Committente pattuisce col Traduttore un contratto di sottomissione e sollecita un forte adeguamento alle finalità e all'universo dei valori che il contratto attualizza. Se nel contratto vi sono rigide istruzioni ideologiche e in esso è inscritta una visione ben definita del fare traduttivo, il Traduttore non avrà altra scelta che adattarsi a questa visione, e il Critico-Traduttologo dovrà analizzare quali effetti pragmatici (scelte traduttive) impone un contratto di questo tipo. Si presuppone che in questi casi la performanza traduttiva, e il testo tradotto che ne risulterà, porteranno in sé tangibili marche testuali delle modalità manipolative che la motivano.

Allo stesso modo, è presumibile che la manipolazione traduttiva, vada ad attualizzare alcuni termini del Quadrato semiotico della traduzione: la traduzione può essere realizzata come *segreto* e *differenza* quando il testo tradotto altera profondamente l'originale o addirittura non manifesta la sua natura di traduzione. In questa situazione l'originale circola come traduzione occulta perché la cultura ricevente si appropria dei contenuti adattandoli ai propri valori. In alcuni casi, la traduzione può essere realizzata come *illusione* ed *equivalenza*: pur manifestandosi come traduzione, il testo tradotto oblitera gli aspetti dell'originale ritenuti incompatibili o inconcepibili all'interno dell'universo di valori sotteso al contratto traduttivo. In altri casi ritroviamo invece l'imposizione di effettuare traduzioni di opere di autori politicizzati oppure pubblicizzati, autori che promuovono una certa "immagine ideologica" (*prescrizione*).

Un esempio estremo è la negazione totale della traduzione, ovvero la censura completa della traduzione di testi che propagano idee contrarie all'ideologia di un regime totalitario (*interdizione*)[16]. In alcuni casi, diventa inoltre impossibile parlare di Quadrato di traduzione perché impossibile è la realizzazione stessa di qualsiasi tipo di significatività traduttiva.

Il Committente può esercitare il suo fare manipolativo basandosi invece sulle modalità persuasive (tab. 4.3). Proponendo un contratto traduttivo, il Committente convince il Traduttore facendogli sapere che egli possiede le competenze atte a compiere il contratto traduttivo e prospettando la possibilità di una ricompensa. In questo caso il Traduttore accetta deliberatamente il contratto, secondo la modalità del *voler fare,* la volontà attiva (Greimas 1983a tr. it. 1998, 83.). La manipolazione del Committente è una persuasione particolare perché si basa su una fondamentale libertà operativa, tramite la permissività (*non dover non fare*) e la facoltatività (*non dover fare*), modalità che lasciano un ampio margine di manovra nell'esecuzione del contratto da parte del Traduttore.

Tab. 4.3 Manipolazione persuasiva.

(ii) Manipolazione	Modalità di competenzializzazione	
Far fare persuasivo seduzione	Non dover non fare *(permissività)*	Voler fare
tentazione	Non dover fare *(facoltatività)*	Voler non fare

Eppure, nel decidere di aderire al contratto, il Traduttore è comunque tenuto a un *dover fare* che richiama la situazione precedente (*i*), ovvero l'ingiunzione, l'adeguamento all'*ideologia* sottesa al contratto di traduzione e alle finalità cui esso tende.

Nella teoria greimasiana questo termine non possiede nessuna accezione positiva o negativa, esso si riferisce unicamente all'*organizzazione di un universo di valori* nella narrazione (DRLTit, 150–151). Ogni universo di valori è articolabile in strutture paradigmatiche e sintagmatiche. La paradigmatica organizza i valori in sistemi tassonomici, definiti *assiologie*. Nel capitolo precedente avevamo affermato che il Quadrato semiotico della traduzione investito delle categorie semantiche (equivalenza-differenza, essere-sembrare) è un esempio di assiologia, ovvero un micro-universo di

---

16   Per un approfondimento delle dinamiche di circolazione dei testi tradotti nei regimi totalitari rinviamo all'opera di Ioana Popa (2010).

valori. Virtualizzate a livello di strutture semiotiche profonde, le assiologie sono prese in carico, ossia attualizzate e narrativizzate, da modelli ideologici. In tal senso, l'ideologia (la sintagmatica) realizza l'investimento assiologico nei ruoli attanziali del destinante, destinatario, soggetto, oggetto, ecc. L'assiologia si attualizza come ideologia con la *soggettivizzazione* (o l'antropomorfizzazione) dell'universo di valori, ossia tramite il *voler essere* e il *voler fare* di un soggetto che mira a congiungersi con un valore. Nel nostro caso, il Committente attualizza la sua ideologia tramite il Traduttore che è appunto manipolato a *voler essere* e *voler fare*, ovvero a realizzare un dato e specifico universo di valori.

Il termine "ideologico" ha assunto forse un'accezione negativa, soprattutto in traduttologia, quando la teoria del *Cultural Turn* ha messo in evidenza i meccanismi ideologici di un certo tipo di traduzione perlopiù addomesticante e deformante. Opteremo quindi per una denominazione più neutra di ideologia, e ogni volta che ci riferiremo all'assiologia realizzata a livello di attanti narrativi, parleremo di sistema o *universo di valori*.

Nel secondo caso (tab. 4.8) in modo persuasivo e meno ingiuntivo del precedente, il Committente propone un contratto in cui il Traduttore si impegna – per ragioni professionali e motivazioni economiche – a portare a termine il contratto traduttivo e adeguarsi all'universo di valori in esso inscritto.

I due tipi di manipolazione (ingiuntivo e persuasivo) sollevano questioni che riguardano la natura normativa e deontologica della traduzione:
a) che cosa avviene se nel contratto traduttivo non vi sono istruzioni chiare su come operare al momento del "fare traduttivo"? Come si comporta il Traduttore quando la situazione contrattuale lascia ampi margini interpretativi su come "performare traduttivamente"?
b) che cosa implica il *far fare* manipolativo e l'adesione a uno specifico universo di valori?
In risposta alla seconda questione (*punto b*) affermiamo che le implicazioni insite nel contratto traduttivo sono di *natura etica* e che in generale la questione deontologica in traduzione può essere opportunamente articolata soltanto se intesa come evento che avviene a monte, nel momento della manipolazione.

Nell'atto dell'accettazione del contratto il Traduttore non accetta unicamente di "fare", ma egli decide di accettare un "fare traduttivo" aderendo a una concezione marcata del mondo e dell'interazione Io-Altro. Il discorso teorico sul Quadrato della traduzione trova qui le sue motivazioni concrete poiché, con la competenzializzazione, il Traduttore si profila come

170

un Soggetto che attualizza e realizza specifiche relazioni semiotiche in cui l'equivalenza e la differenza permettono all'Io (cultura, cliente, ecc.) di emergere in rapporto all'Altro (cultura, autore, ecc.). *Il Traduttore si realizza in questo modo come voce singolare della diposizione collettiva impersonale.*

Il "fare traduttivo" è sempre un fare che declina l'impianto valoriale inscritto nel contratto iniziale, implica sempre un coinvolgimento da parte del Traduttore e non si risolve mai come risultato neutro. Sulle implicazioni semio-ideologiche di ogni progetto di traduzione insiste anche Greimas, che definisce il fare traduttivo come una presa di posizione marcata.

> [la traduction est] une activité programmée et se déroulant, de ce fait, comme la réalisation d'un projet, comportant, par conséquent, une visée, un but. Autrement dit, il n'existe pas de traduction objective, innocente, elle est inévitablement un faire intentionnel, c'est-à-dire un faire idéologique. (Greimas 1983b, 2)

L'adesione all'universo di valori del Committente ha un peso specifico nell'atto performativo e può avere conseguenze importanti nel momento in cui il Traduttore fa delle scelte linguistiche che "marcano" il testo tradotto. In questo senso la traduzione non si pone come una semplice trasposizione di contenuti da una lingua a un'altra, ma diventa il luogo in cui si genera una significazione[17] che chiede di essere innanzitutto indagata nei suoi risvolti etici e normativi.

Inoltre, l'accettazione del contratto da parte del Traduttore è sempre una questione etica poiché egli acconsente di essere retribuito[18] (sanzione pragmatica ed economica) anche nei casi in cui adduce una posizione di pretesa neutralità. In questo modo l'etica della neutralità in traduzione si accomoda sulla modalità semiotica dell'*abulia passiva* (Greimas 1983a tr. it. 1998, 84) di un *non volere fare* sotteso da *non dover non fare* permissivo.

---

17 Greimas afferma che la traduzione rappresenta il problema centrale della semiotica in generale (DRTLit, 363). Quando la semiotica indaga l'emergere del senso di un oggetto semiotico essa sempre fa appello alla traduzione, processo che le permette parlare e di interrogarsi sul senso in "altri termini", ridire cose e contenuti che altrimenti sarebbero inafferrabili; « *nous vivons dans un univers de paraphrases* » e la lingua è il luogo in cui si traducono i fatti semiotici, linguistici e non linguistici (Greimas 1983b, 1). Il pensiero greimasiano sembra congiungersi di nuovo con il pensiero peirceano: la generazione del senso si fonda su un processo traduttivo, come processo metalinguistico in Greimas e come azione del segno in Peirce.

18 La non-retribuzione è anch'essa un gesto etico e ideologico.

Certo, la traduzione basata su un contratto coercitivo dettato da istruzioni autoritarie implica una normatività e risvolti etici che differiscono notevolmente da una situazione in cui la traduzione è eseguita per un cliente privato in un contesto relativamente libero. Eppure anche in situazioni estreme è possibile dire che il Traduttore non è tenuto (da un *dover fare* prescrittivo) ad accettare un contratto, perché a ogni tipo di ingiunzione o persuasione corrisponde una scelta di *indipendenza* (*poter non fare*, fig. 4.5 Induzione e codici di onore)[19]. Nei casi di non accettazione del contratto, il Traduttore realizza modalità bulestiche che si riferiscono al concetto di *rifiuto* (Greimas 1983a tr. it. 1998, 84 e fig. 4.4).

Gli aspetti etici in traduzione sono strettamente dipendenti dal grado di prescrizione che regge i legami Traduttore-Committente e dalla *natura normativa* (punto a) del contratto che il Traduttore deve, vuole, può o non vuole realizzare.

Il contesto traduttivo può essere altamente normativo quando al Traduttore viene chiesto di adeguarsi sia alla prospettiva ideologica del Committente che a specifici processi linguistici. Per converso, la traduzione può avvenire in contesti che appaiono meno prescrittivi, quando il contratto traduttivo lascia un ampio margine di libertà al Traduttore nelle sue scelte performative.

In questi due casi, il Traduttore può decidere di agire in modo compatibile alla prescrizione normativa, adeguandosi alle norme traduttive, oppure può agire in modo incompatibile opponendo una *resistenza attiva*[20] o *passiva*[21] all'ambiente normativo e al fare traduttivo "normalizzato".
Gli effetti di adeguamento o di resistenza al contratto traduttivo sono inscritti nell'azione del traduttore e nel risultato della sua performanza. Su tali effetti si focalizza *l'atto epistemico del Committente*, che sanziona il *fare traduttivo del Traduttore* e le modalità di adeguamento al contratto.

Nel complesso le modalità cognitive della manipolazione traduttiva possono essere così riassunte.

---

19 Lo stesso vale anche per le questioni di natura economica poiché, porre la modalità utilitaristica davanti a quella etica è anch'essa una scelta di natura etica.

20 Le omologazioni della resistenza attiva sono a) *voler non fare* nei confronti di un *dover fare*, oppure b) *voler fare* nei confronti di un *dover non fare* (Greimas 1983a tr. it. 1998, 84).

21 Le omologazioni della resistenza passiva sono a) *non voler fare* nei confronti di un *dover fare*, oppure b) *non voler non fare* nei confronti di un *dover non fare* (Greimas 1983a tr. it. 1998, 84).

Tab. 4.4 Manipolazione e competenzializzazione del Traduttore.

Manipolazione		Competenzializzazione del Traduttore	
(i) *Far fare* ingiuntivo	⌐ Dover fare *(prescrizione)*	Adesione Non poter non fare *(obbedienza)*	
Intimidazione ⌡ Minaccia			Rifiuto
	Dover non fare ⌐ *(interdizione)*	Non poter far *(impotenza)*	Dover fare/ voler non fare
		Sottomissione	*(resistenza attiva)*
(ii) *Far fare* persuasivo	⌐ Non dover non fare *(permissività)*	Voler fare Voler non fare	Dover non far/ voler fare
Seduzione Tentazione ⌡		Adesione ↓	*(resistenza attiva)*[22]
	Non dover fare ⌐ *(facoltatività)*	Non poter non fare *(obbedienza)* Non poter far *(impotenza)*	
		Sottomissione	

È possibile distinguere tre situazioni:

a) Al *far fare ingiuntivo* (i) corrispondono le modalità dell'*obbedienza* e dell'*impotenza* per cui il Traduttore non può che adeguarsi al contratto di traduzione;

b) Al *far fare persuasivo* (ii) corrisponde il volere spontaneo e attivo del Traduttore; anche a un'adesione secondo il *volere* segue una competenzializzazione secondo le modalità del *potere* (impotenza e obbedienza), situazione che descrive il rispetto dell'impegno assunto nei confronti del Committente.

c) Il *rifiuto* del contratto traduttivo ha due principali motivazioni. Una di tipo *etico* per cui il Traduttore ha sempre la libertà di scegliere, anche in situazione di prescrizione totale, se accettare o rifiutare il contratto traduttivo. E una di tipo *normativo* per cui il Traduttore può decidere se adeguarsi o resistere alla prescrizione di eventuali norme traduttive. L'accettazione del contratto traduttivo può realizzarsi senza che vi sia in parallelo anche un adeguamento alle norme traduttive. Il Traduttore è

---

22 Per questa specifica omologazioni delle modalità deontiche e bulestiche, Greimas sostiene che in contesto europeo i ruoli attanziali che assumono una posizione di "resistenza attiva" (oppure "volontà attiva") sono valorizzati come ruoli "creativi". (Greimas 1983a tr. it. 1998, 85)

infatti – grazie alla competenzializzazione – libero esecutore del suo programma traduttivo.

In quest'ultimo caso sarà compito del Critico-Traduttologo analizzare le modalità epistemiche e fattive con cui il Traduttore interpreta ed esegue il contratto narrativo. Il Critico-Traduttologo emetterà un giudizio epistemico, costituendo principi teorici, sull'attitudine del Traduttore nei confronti del contratto proposto e i risultati che questa attitudine – apertamente dichiarata e desunta o ipotizzata – ha generato nel testo tradotto.

4.2.2 Gli atti epistemici in traduzione

La performanza del Traduttore si realizza come azione motivata dal fare persuasivo e sanzionata dal giudizio del Committente. Abbiamo visto che in particolari condizioni contrattuali, la performanza traduttiva è caratterizzata da un grado variabile di libertà. Il Traduttore può essere più o meno indotto a rispettare le istruzioni contrattuali, ma in linea di massima egli conserva un margine di manovra che deriva dalla natura *fiduciaria* del contratto traduttivo. Nella maggior parte dei casi (e nei contesti non altamente regolativi) tra le modalità virtualizzanti – il *dovere* e il *voler fare* contrattuale – e le modalità attualizzanti – il *potere* e *sapere fare* performativo – si crea uno spazio di libertà che esplicita il fatto che il Traduttore viene ritenuto "soggetto-esperto" e dotato delle competenze necessarie per portare a termine il proprio programma traduttivo.

Si apre qui però uno spazio modale già in nuce nella teoria di Greimas: il Soggetto di un programma narrativo non è soltanto un soggetto del fare ma è anche un soggetto dell'*essere del fare*, ovvero soggetto che per *far essere* deve anche interpretare le istruzioni contrattuali. La competenzializzazione del Traduttore come "soggetto-esperto" implica anche un *fare interpretativo*, un atto epistemico che si articola su due livelli e che delibera sul contratto traduttivo e sulle norme traduttive. Abbiamo visto infatti che il Traduttore, pur decidendo di tradurre o non tradurre (giudizio sul contratto), mantiene sempre una certa libertà nella realizzazione dell'atto traduttivo (giudizio sulle norme traduttive).

Concepito come soggetto-esperto, il Traduttore *giudica*, *attua* e *crea*, attraverso la sua pratica, norme traduttive che possono diventare a loro volta oggetto del giudizio epistemico di un "esperto", il Critico-Traduttologo. È fondamentale istituire confini teorici ben definiti tra il giudizio epistemico del Committente, quello del Traduttore e infine quello del Critico-

Traduttologo, perché tali atti sanzionatori agiscono su livelli e con motivazioni molto diverse.

Nella traduzione il giudizio sanzionatorio è quindi di tre di tipi poiché tre sono gli attanti che emettono atti epistemici.

L'atto epistemico del Committente è innanzitutto di tipo pragmatico (retributivo) e riconoscitivo (pubblicazione). Esso possiede tuttavia anche un risvolto cognitivo, di natura verificativa-assertiva, che consiste nel controllo dell'adeguamento tra l'aspettativa del contratto e il risultato traduttivo. Nella traduzione, ciò corrisponde a un adeguamento del risultato traduttivo all'impianto identitario, vale a dire al sistema di valori da cui trae origine il contratto. In quanto atto di riconoscimento, la sanzione del Committente è il primo luogo in cui si delineano i tratti principali dell'interazione Io-Altro. Avevamo già accennato al concetto di "riconoscimento", inteso come capacità di creare una compatibilità tra l'informazione nuova e l'universo referenziale. In questo senso, il Committente si pone come "guardiano" dello spazio identitario e culturale nei confronti di ciò che si traduce, appropriandosi ed espungendo gli elementi e le caratteristiche che costituiscono l'originale.

L'atto epistemico del Committente ha una natura categorica e puntuale (Greimas 1983a tr. it. 1998, 123) poiché si fonda sulle *modalità aletiche* "necessità" e "impossibilità". *Necessità* e *impossibilità* sono termini non graduabili e basati su un'opposizione che esclude una terza via. Il giudizio del Committente sovradetermina ciò che nella traduzione è necessario e adeguato alla cultura ricevente, e ciò che invece è impossibile perché inammissibile e non recepibile.

Modalità aletiche[23]
Giudizio del Committente

Fig. 4.6 Giudizio del Committente.

23   Greimas1983a tr. it. 1998, 76; DRTLit, 4–5

L'atto epistemico del Traduttore è applicato alle istruzioni contrattuali e alle modalità traduttive. Anche se non previsto dalla teoria greimasiana, il Soggetto del *fare* è anche un Soggetto cognitivo, poiché compie un fare interpretativo di carattere epistemico, in particolare nei confronti delle istruzioni del contratto e delle norme operative. In fase performativa l'atto epistemico si realizza attraverso le scelte traduttive e l'auto-revisione. In particolare il fare autocritico del Traduttore può essere spiegato come un fare autoregolativo derivato dal fare interpretativo che gli permette di accogliere e attuare le istruzioni del contratto traduttivo. Questo fare interpretativo è da intendersi come un vero e proprio atto epistemico poiché il Traduttore emette una veridizione (un *saper vero*) doppiamente articolata sul contratto traduttivo: la conoscenza del valore dei valori del Committente (l'adeguamento con l'accettazione) e la conoscenza del valore dei valori normativi. La performanza traduttiva procede e segue un *giudizio etico*, col rifiuto o l'aderenza al contratto ideologico del Committente, e un *giudizio normativo*, adeguandosi, rifiutando, oppure, ricreando forme di regole e regolarità attraverso una poetica personale della traduzione.

Oltre a essere fondato sul *sapere*[24], l'atto epistemico del Traduttore è inoltre un "voler-credere" e un "poter credere" al contratto e alle norme in uso. Contrariamente al giudizio del Committente, l'atto epistemico del Traduttore non è di natura categorica ma graduale e relativa.

La possibilità di modulare il giudizio è legata all'apprezzamento e alla capacità valutativa del soggetto (Greimas 1983a tr. it. 1998, 123). È necessario quindi sapere in quali luoghi testuali emergono eventi linguistici che manifestano un atto epistemico del Traduttore.

Nell'analisi del discorso epistemico Greimas (1983a tr. it. 1998, 125) distingue tra pensiero tecnico e pensiero pratico. Quest'ultimo rappresenta l'atto epistemico generato da un ragionamento paradigmatico, consequenziale, concorrenziale, di contiguità e di associazione. L'atto del Traduttore ha quindi tutte le caratteristiche di un pensiero pratico che formula giudizi epistemici sulla base di informazioni raccolte nella contiguità delle istruzioni contrattuali, delle norme traduttive, del senso del testo originale. Anche l'atto epistemico del Traduttore fa appello alle *modalità aletiche*, ma in particolare ai termini "possibilità" e "contingenza",

---

24 Il giudizio epistemico non dipende soltanto dal valore del fare interpretativo che lo precede (cioè del *sapere* veridittivo dell'enunciato), ma anche – in misura ancora da determinare – *dal voler credere* e dal *poter credere* del soggetto epistemico. (DRTLit, 108)

categorie che esplicitano il livello soggettivo e graduabile della necessità. Detto in altri termini, la necessità e l'impossibilità trasmesse tramite il contratto traduttivo dal Committente si realizzano come necessità soggettiva dell'azione possibile e contingente del Traduttore.

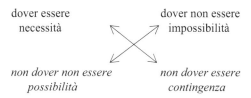

Fig. 4.7 Giudizio del Traduttore.

L'atto epistemico del Critico-Traduttologo, è il pensiero epistemico *tecnico* in contrasto a quello pratico (Greimas 1983a tr. it. 1998, 125); esso si basa su una necessità modale oggettiva (*non poter non essere*) ed è l'atto epistemico per eccellenza nel Modello semiotico, poiché esso seleziona i luoghi topici in cui viene costruito il senso della traduzione.

Fig. 4.8 Atto epistemico del Critico-Traduttologo.

L'atto epistemico del Critico-Traduttologo è un atto di identificazione e di riconoscimento (*l'essere del fare*) delle articolazioni del Quadrato della traduzione nell'analisi di nuovi testi tradotti. Questo riconoscimento permette di individuare le *strutture prototipiche* di ogni singolo testo tradotto e aggiunge (*affermando, rifiutando, ammettendo e dubitando*) nuova conoscenza al sistema descrittivo del Quadrato semiotico della traduzione.

Nel Modello semiotico che stiamo delineando, il Critico-Traduttologo articola l'analisi del fenomeno traduttivo su tre livelli di significazione: logico-semiotico (a), ideologico-modale (b) e critico (c).

a) Riconoscimento delle condizioni logico-semiotiche che emergono nel Quadrato semiotico.

b) Identificazione degli elementi manipolativi e sanzionatori che emergono in una situazione contrattuale specifica: analisi delle modalità semiotiche del Committente e del Traduttore, contestualizzazione storica, socio-economica e ideologica. Riconoscimento e conferma delle categorie di significazione profonda.

c) Identificazione degli elementi enunciazionali: riconoscimento dagli effetti ascrivibili alle modalità contrattuali sulla performanza traduttiva. Confronto testo originale/testo tradotto e analisi degli effetti di senso creati (salienze traduttive) dal Traduttore e dal Committente.

Apriamo una parentesi sulle ultime istanze del Percorso generativo del senso: le strutture discorsive (fig. 4.1) e la loro manifestazione nelle lingue naturali. Ogni discorso umano, afferma Greimas (1983a), è di ordine figurativo. Quando parliamo e scriviamo, convochiamo figure del mondo naturale che ci servono da referente esterno o interno al discorso. Questa è una prima *isotopia figurativa* che si realizza nella manifestazione discorsiva dell'immagine della realtà e delle figure che in essa si muovono. La manifestazione figurativa del discorso è vettore di un livello di significazione profondo, le tematiche, i valori, gli attori che sussumono gli attanti (Soggetto, Oggetto di valore, Antiattante, ecc.) del livello narrativo, *livello tematico e astratto*.

Nella traduzione, il testo originale presenta isotopie figurative che dotano il discorso di figure del mondo reale e si sovrappongono alle isotopie tematiche. Il testo tradotto deve riproporre, nella lingua e cultura di arrivo e nel rispetto del concetto di equivalenza, la stessa sovrapposizione tra livello figurativo e tematico. Nel caso in cui livello figurativo tradotto presenti alterazioni più o meno importanti rispetto al livello figurativo originale, allora tali alterazioni potrebbero influire sulla tematica soggiacente e determinare una differenza nei confronti dell'originale.

La traduzione sembra avere alcune affinità con i testi delle parabole (Greimas 1983a tr. it. 1998, 127–128). Si suppone che nonostante le variazioni figurative della manifestazione linguistica, la traduzione – così come la parabola – restituisca un unico fondo tematico di riferimento. Tuttavia sia la traduzione che la parabola si presentano, a un'analisi più attenta, nella forma del "ragionamento figurativo". Il ragionamento figurativo è riposto sulla non-omologazione tra attanti/funzioni (struttura) e isotopie figurative (discorso), tale non-omologazione genera una significazione ulteriore che rappresenta il campo di indagine del Critico-Traduttologo. Sarà infatti suo compito determinare l'entità e la natura degli scarti differenziali, figurativi e tematici, in quale modo tali variazioni sono generate dal contesto contrattuale (manipolazione e giudizio epistemico del Traduttore) e in quale modo esse sollecitano le condizioni logico-semiotiche fondamentali.

Questo è il passaggio dal discorsivo figurativo al discorsivo sintattico-tematico (Modello semiotico) e al discorsivo epistemico-teorico (Quadrato della traduzione).

Nota: la nozione di *fiducia* permette di distinguere l'atto epistemico del Committente e del Traduttore dall'atto epistemico del Critico-Traduttologo. Il *saper vero* del Committente (sulla performanza del Traduttore) e il *saper vero* del Traduttore (sul contratto traduttivo e sul senso del testo originale) sono entrambi basati su un *credere fiduciario* [25]. È nel segno della fiducia (modalità aletica del *dover essere*) che si pattuisce il contratto traduttivo.

Il carattere fiduciario dell'intero programma traduttivo fa sì che il testo tradotto appaia come testo confidenziale e segreto (essere differente) di cui bisogna riferire il senso (un sembrare equivalente). Il Critico-Traduttologo riconosce la natura fiduciaria della traduzione, estrapola le informazioni implicite e formula un discorso scientifico che per sua prerogativa si oppone a quello fiduciario perché fondato su relazioni semiotiche logiche fondamentali: il giudizio epistemico del Critico-Traduttologo situa la significazione del testo tradotto nell'immanenza del Quadrato semiotico e delle modalità traduttive del Modello semiotico.

4.2.3 La performanza del Traduttore

La competenzializzazione del Traduttore avviene in fase di manipolazione, quando il Committente propone di portare a termine uno specifico programma di traduzione stabilendo così una situazione contrattuale. Il

---

25 Dal momento che il *saper vero* non è che una questione di fiducia (…), una delle garanzie, e non certo delle più insignificanti, che riguardano l'efficacia del *discorso fiduciario* risiede nel suo carattere *confidenziale*, come cioè se la veridicità del discorso ci guadagnasse nel fare passare i propri contenuti in modo sottinteso e velato (Greimas 1983a tr. it. 1998, 126).

contratto traduttivo riunisce l'universo dei valori ideologici[26] del Committente.

Greimas (1983b) stesso definisce la traduzione come un *fare ideologico* e come un *oggetto assiologico* che istruisce una scala di modalità traduttive. Secondo Greimas le "modalità ideologiche" sono quattro: la traduzione si compie secondo le modalità dell'*essere* quando realizza un adeguamento tra due testi; quando la traduzione avviene secondo la modalità del *fare* essa realizza l'adeguamento tra il testo tradotto e il contesto d'arrivo (ad es. la traduzione giuridica); la modalità del *sapere* indica il fatto che tramite la traduzione si ricostruisce lo statuto e il tessuto culturale originale del testo di partenza così come veniva letto e recepito dalla cultura dell'epoca (ad es. la traduzione dei testi religiosi); infine una traduzione può realizzarsi secondo la modalità del *fare sapere* quando comunica contenuti specifici a un'istanza destinataria immaginata a priori (Greimas 1983b: 2–6). Le quattro modalità semiotiche manifestano chiaramente il carattere paradossale della traduzione, che riunisce esigenze contrarie, di fedeltà ed efficacia.

> C'est à ce moment-là que la tâche du traducteur se complique, celui-ci étant appelé à faire face à des exigences parfois contradictoires de *fidélité* et d'*efficacité*. (Greimas 1983b, 3, corsivo nostro)

E più in là,

> (...) à l'activité linguistique *stricto sensu* qu'est la traduction se trouve substituée une activité littéraire créatrice dont les règles du jeu sont très différentes. En effet, du point de vue de la véridiction, cette dernière se présente, sur le plan du «paraître» comme productrice de fiction affichée, statut qui lui permet, sur le plan de l'«être», de faire communiquer des contenus souvent cachés, mais «vrais». En assumant un tel rôle, le traducteur, de simple médiateur dans le processus de l'énonciation, se transforme en manipulateur conscient. (Greimas 1983b, 3)

Gli elementi contraddittori sono qui la fedeltà e l'adeguamento dell'*essere* e del *fare* traduttivo da una parte, e l'efficacia del *fare sapere* persuasivo dall'altra. Nella nostra prospettiva teorica tali elementi sono integrati nei due termini opposti di "equivalenza" e "differenza" del Quadrato semiotico della traduzione ed esplicitano, nella loro contemporaneità, la natura conflittuale del fare traduttivo. Inoltre, le quattro modalità che Greimas descrive come

---

26 Il carattere ideologico della traduzione è stato oggetto di studio di noti traduttologi (Bassnett & Lefevere 1990; Zlateva 1993; Venuti, 1992, 1995, 1998; Tymoczko&Gentzler 2002)

alternative, sono in qualche modo simultanee e compresenti in ogni traduzione anche se particolari indicazioni contrattuali possono far propendere l'azione traduttiva verso una o l'altra di queste modalità. Il fare traduttivo avviene sia secondo le modalità "adeguanti" dell'*essere* e del *far fare* ma anche secondo un *sapere* e un *far sapere* improntati all'efficacia. È la compresenza che genera la paradossalità.

Nella citazione, Greimas sottolinea inoltre due elementi fondanti della traduzione: il suo essere una attività dotata di una creatività sui generis (« *dont les règles du jeu sont très différentes* ») e l'importanza delle categorie di veridizione nel rapporto essere-sembrare.

Le considerazioni di Greimas sulla veridizione confortano la nostra convinzione per cui il Quadrato semiotico della traduzione permette di sistematizzare la traduzione come oggetto semiotico in cui l'emergere dell'identità traduttiva avviene come luogo intersecante un'apparente equivalenza (l'equivalenza nell'Altro, la fedeltà) da una parte e una fondamentale differenza (la differenza dell'Io, l'efficacia) dall'altra. Il Traduttore realizza, tramite la sua azione, la veridizione traduttiva; la sua performanza è la realizzazione, nel mondo umano, di quello che il Quadrato semiotico della traduzione virtualizzava come condizioni logico-semiotiche. Il Quadrato della traduzione, così come qualsiasi altro sistema teorico di impostazione semio-logica, risulterebbe incompleto se non tenesse conto delle trasformazioni cui i significati profondi vanno incontro al momento della presa in carico antropomorfa.

Un primo tentativo di applicazione delle modalità greimasiane alla traduzione lo troviamo in un breve saggio di A. Chesterman (2002). L'autore impiega tutte le modalità semiotiche per dimostrare come esse rappresentino altrettanti limiti e libertà per il traduttore. Il *dovere* è la necessità che delimita l'azione del traduttore e che consiste nel restituire lo stesso messaggio; la traduzione è limitata dalla modalità del *potere* poiché, la lingua di arrivo offre varie e diverse possibilità rispetto alla lingua di partenza; il *sapere* è la modalità che esplicita le conoscenze (generali e traduttologiche) del traduttore mentre il *volere* e l'*essere* sono le modalità che esplicitano le scelte personali (e idiosincratiche) nonché lo stato emotivo ed emozionale di chi traduce (Chesterman 2002, 154–155). Basandosi inoltre sul raggruppamento (DRTLit, 203) delle modalità esotattiche (*dovere*, *potere* e *fare*) e modalità endotattiche (*volere*, *sapere* ed *essere*) Chesterman sostiene che la traduzione è motivata da due tipologie causali: le cause esterne (modalità esotattiche) e le ragioni interne, teleologiche, i desideri (modalità endotattiche).

Nonostante il valore innovativo di questo primo tentativo di coniugare semiotica greimasiana e traduttologia, non possiamo fare a meno di notare alcune imprecisioni. L'autore non distingue tra *sovradeterminazioni modali* (*volere, dovere, potere, sapere*) e *funzioni-predicati elementari* che sono gli enunciati di stato (*essere*) e gli enunciati di *fare*. Chesterman non fa inoltre cenno alle posizioni sintattiche modali che gli enunciati elementari possono assumere: *essere* può modalizzare *fare* quando si parla di *competenza* del soggetto, viceversa *fare* può modalizzare *essere* se si parla di performanza e atto; inoltre sia *essere* che *fare* possono modalizzare se stessi nel quadrato della veridizione (*l'essere dell'essere*) e della fattività (*il fare del fare*). Questa puntualizzazione è importante perché, se da una parte la teoria stabilisce l'esistenza degli enunciati elementari (*essere* e *fare*) dall'altra, essa prevede pure l'esistenza di livelli discorsivi e narrativi transfrastici giustificati dalla ricorrenza delle modalità sovradeterminanti (*volere, dovere, potere* e *sapere*) (DRTLit, 202–204).

Per studiare la performanza (il *fare dell'essere*) del Traduttore è necessario quindi tener conto delle sue competenze (*l'essere del fare*) e successivamente vedere come si applicano le altre modalità sovradeterminanti (*volere, dovere, potere* e *sapere*). Le modalità della competenza e della performanza del Traduttore sono a loro volta sovradeterminate dal momento contrattuale e dalle modalità che transitivamente il Committente trasmette al Traduttore.

In fase manipolativa il Traduttore è competenzializzato come soggetto del programma traduttivo secondo il *voler fare* e il *dovere fare*. In qualità di soggetto instaurato (secondo il *volere* e il *dovere*) il Traduttore realizza l'universo di valori stabilito nel contratto, quello che Greimas definisce come ideologia. In questo modo, le sue competenze sono delimitate e attualizzate secondo le modalità dal *poter fare* e dal *saper fare*.

Dei quattro orientamenti ideologici suggeriti da Greimas due soltanto sono, secondo la nostra prospettiva, sufficienti e sempre compresenti nel momento della *realizzazione* traduttiva: il *far essere* e il *far sapere*, modalità che esplicitano il fatto che la performanza traduttiva si basa tanto sulla fedeltà che sull'efficacia, tanto sull'equivalenza che sulla differenza.

Tali modalità determinano l'adeguamento tra testo originale e testo tradotto (*essere*) nonché tra testo tradotto e contesto di arrivo (*fare*); esse dimostrano inoltre che la traduzione mira a ricostruire il testo originale secondo il codice di lettura di una data cultura (*sapere*) e a raggiungere nel modo più completo, efficace e persuasivo possibile un destinatario immaginato a priori (*far sapere*).

La performanza traduttiva è virtualizzata secondo il *voler fare* e il *dover fare* del Traduttore che orientano e attualizzano il suo *poter fare* e il *saper fare*, ed è infine realizzata nelle modalità del *far essere* e del *far sapere*.

Tab. 4.5 Modalità semiotiche della performanza traduttiva.

Virtualizzazione	Attualizzazione	Realizzazione
voler fare, dover fare	poter fare, saper fare	far essere, far sapere

La performanza del traduttore consiste nel *far sapere* un testo originale (attualizzazione del valore *equivalenza*) tramite il *far essere* di un testo tradotto (attualizzazione del valore *differenza*). Il *far sapere* è la modalità che esplicita l'adeguamento e l'efficacia della trasmissione del sapere, e presuppone il fatto che l'informazione trasmessa sia in qualche modo compatibile con il destinante-Committente e il suo universo di valori; questo realizza il termine *differenza* nel Quadrato semiotico della traduzione.

Il *far essere*, è un enunciato modale fattivo che si presenta, nelle attività umane, come una performanza cognitiva che si sviluppa in un "far credere", un "fare persuasivo" (Greimas 1983a tr. it. 1998, 73), questo corrisponde alla realizzazione del termine *equivalenza* del Quadrato semiotico della traduzione. Il fatto che la performanza del Traduttore si realizzi tramite la modalità del *sapere* (*far sapere*) ci porta a sottolineare ancora una volta il *carattere fiduciario* della traduzione. Vi è fiducia tra chi avvia e chi esegue una traduzione, vi è inoltre fiducia tra chi avvia/esegue e chi legge una traduzione. Il *far sapere* è necessariamente un *far credere* che sollecita nel caso della traduzione una forma di *convinzione traduttiva*, fondata sul presupposto dell'equivalenza, della trasparenza, della neutralità della traduzione e del Traduttore.

> Tutto avviene dunque come se l'operazione di "con-vincere" (…), consistesse in una serie di procedure, situate sul piano cognitivo, il cui scopo fosse riposto nella vittoria, ma una vittoria completa, accettata e condivisa dal "vinto", il quale si trasformerebbe così in "convinto". (Greimas 1983a tr. it. 1998, 119)

Nella traduzione, il "convinto", ovvero, "i convinti", il Committente, la comunità della cultura ricevente che usufruisce della traduzione, ma anche il Traduttore stesso, sono tutti cognitivamente persuasi che la traduzione sia un'equivalenza. Ovvero che la traduzione sia *soltanto* e principalmente un'equivalenza, anche nei casi in cui l'equivalenza "non è piena". Assume qui tutta la sua importanza l'atto epistemico del Critico-Traduttologo che con i propri strumenti analitici va a dissezionare le convinzioni, i presupposti e le operazioni persuasive che motivano gli attanti della traduzione.

La modalità del *sapere*, in quanto *saper essere*, riunisce inoltre le conoscenze generali e particolari del Traduttore. Chesterman (2002, 155) afferma che il *sapere* rappresenta le conoscenze che il Traduttore possiede del mondo, della lingua, del contesto ed eventualmente della norme traduttive. Greimas (1983a tr. it. 1998, 120) sostiene che il *sapere* che si articola come un s*aper vero* (*saper essere*) e rappresenta l'*universo referenziale*[27] del destinatario. Difatti, il Traduttore integra il nuovo messaggio (il testo originale) nei limiti e nelle possibilità del suo universo cognitivo di riferimento. Inoltre, l'universo referenziale del Traduttore è un universo soggettivo che integra l'universo collettivo della cultura di arrivo (mentalità, credenze, apertura/chiusura nei confronti di elementi esterni) e della cultura di partenza (mentalità, credenze, grado di generalità e di peculiarità). In questo senso è interessante andare a indagare in quale modo gli scarti (espansione, specializzazione, ampliamento) tra universi referenziali vanno a manifestarsi nelle scelte traduttive. Greimas giustifica infatti il carattere differenziale della traduzione proprio nella resa del testo tradotto, testo *ad quem*: tale differenza è derivata dalla non compatibilità e dal non adeguamento degli universi figurativi e referenziali del testo originale e del testo tradotto.

> È in quanto attività semiotica che la traduzione può essere scomposta in un fare interpretativo*del testo *ab quo*, da una parte, e in un fare produttivo del testo *ad quem*, dall'altra. La distinzione tra due fasi permette allora di comprendere come l'interpretazione del testo *ab quo* (o l'analisi implicita o esplicita di questo testo) possa sfociare sia nella costruzione di un metalinguaggio* che cerca di rendere conto, sia nella produzione (nel senso forte del termine) del testo *ad quem*, più o meno equivalente – per il fatto della non-adeguazione dei due universi figurativi* – al primo. (DRTLit, 364)

---

27 In riferimento alla nozione di *enciclopedia*, che potrebbe apparire simile a quello di universo referenziale, Greimas fa notare che "una simile designazione non ci dice niente sul modo di organizzazione di questo universo, dato che l'enciclopedia si caratterizza proprio in base all'assenza di ogni ordine intrinseco. Si può dire altrettanto per quanto concerne i "dati di esperienza" che vengono in soccorso al lettore, anche in questo caso si tratta di un'ammissione di impotenza che consiste nel liberarsi di una problematica imbarazzante rinviandola ad altre discipline che solo la nostra ignoranza ci può far considerare più competenti" (1983a tr. it. 1998, 120). Questa è una riconferma del fatto che la semiotica generativa concepisce il valore (semantico o non semantico) e l'attività epistemica dei soggetti in base alla validità delle relazioni paradigmatiche e sintagmatiche che organizzano l'universo cognitivo e lo integrano al processo della comunicazione.

4.3 Della dimensione timica e tensiva in traduzione

La questione della modalità con cui il Traduttore perviene a *far sapere* un testo originale attraverso il *far essere* di un testo tradotto chiama in causa alcune questioni semiotiche che riguardano la modalizzazione dell'essere, l'emergere della coppia Soggetto-Oggetto nonché la problematica della soggettivizzazione del processo traduttivo tramite la determinazione dell'oggetto di valore "testo-tradotto".

Nella semiotica greimasiana, il Soggetto è l'attante che compie un programma narrativo per congiungersi con un altro attante, l'*Oggetto di valore*[28]. L'Oggetto di valore costituisce un aspetto fondamentale della teoria poiché rappresenta la motivazione e la molla che avvia l'intera narrazione. Esso è definito come il luogo in cui emergono le determinazioni ossia i valori con cui il Soggetto tende a essere congiunto (DRTLit, 227). La raffigurazione reale e figurativa (concreta o astratta) dell'Oggetto è quindi il vettore in cui si "incarna" il *valore*, è la sua la determinazione semantica.

Per Greimas l'oggetto di valore non è mai conoscibile in sé ma solo attraverso le determinazioni percepibili come valori linguistici di carattere differenziale ed esistenti nel supporto che le concretizza nel mondo reale (Greimas 1983a tr. it. 1998, 20)

> I valori, che dal punto di vista semantico sono considerati termini semici suscettibili di essere selezionati all'interno del quadrato, possono dirsi convertiti quando sono investiti nelle entità sintattiche chiamate oggetti, i quali, a loro volta, sono definiti in base alla relazione di giunzioni da loro intrattenuta con i soggetti. I valori sono allora rappresentati come inscritti negli enunciati di stato (Greimas 1983a tr. it. 1998, 90)

I valori appaiono come determinazioni semantiche di posizioni virtualizzate sul quadrato semiotico. Nel Quadrato, le determinazioni semantiche specifiche (le condizioni logico-semiotiche) dell'oggetto "Traduzione" sono

---

28 Un oggetto qualsiasi diventa *Oggetto di Valore* perché assume un valore soggettivo per un attante che nel desiderare quell'oggetto diventa *Soggetto*. Dal punto di vista sintattico, nell'enunciato elementare (S U O) i due termini finali (S e O) sono tali perché legati da una relazione orientata in cui un soggetto è dotato di un volere (il valore) di un oggetto. Dal punto di vista semantico, l'Oggetto di valore può assumere diverse manifestazioni semiche (ad es. guadagno) e varie manifestazioni discorsive (ad. es. testo tradotto). Rinviamo al capitolo "Un problema di semiotica narrativa: gli oggetti di valore" (Greimas 1983a tr. it 1998) per approfondimento dei rapporti sintattici e delle possibili semantizzazioni degli oggetti di valore.

i valori equivalenza|differenza, essere|sembrare nonché i valori-metatermini complessi (*illusione* e *menzogna*, *verità*, *simulacro* e *copia*, *io* e *altro*). Tali valori rappresentano l'assiologia profonda della traduzione e sono attualizzati (grazie alla regola della conversione) nell'ideologia, nell'universo di valori espresso nel contratto traduttivo. Più precisamente il *"fare sapere equivalente"* è la determinazione che avvia il programma traduttivo che il Traduttore deve realizzare nel rispetto del contratto stipulato col Committente. Esito del programma traduttivo, il testo tradotto risulta essere il supporto, la concretizzazione e la realizzazione dei valori contrattuali, virtualizzati nel Quadrato semiotico della traduzione.

In quanto oggetto di valore inoltre, il testo tradotto comporta una *dimensione pragmatica*, la sua presenza come supporto concreto creato, trasmesso, ecc.; ma anche una *dimensione cognitiva*, perché è il luogo di manipolazione, di ricostruzione e di sanzione; e infine una *dimensione timica* che indica la sua componente affettiva, sensibile, emotiva (Fontanille 1989, 11–12).

In effetti, nel passaggio dalla virtualizzazione all'attualizzazione, il Quadrato semiotico della traduzione chiede, secondo la teoria greimasiana, di essere assiologizzato non solo tramite le categorie della veridizione ma anche attraverso le categorie timiche. Avevamo accennato a questo passaggio dicendo che un'omologazione della categoria timica sulla semantica fondamentale traduttiva – ovvero l'applicazione di valori timici ai valori descrittivi semantici e la conseguente trasformazione delle tassonomie descrittive in assiologie – richiede l'intervento di un attante soggetto che, individuato ora nella figura del Traduttore, va a convertire i valori descrittivi in aspetti timici[29].

Nella sua prima definizione, Greimas (1983a tr. it. 1998, 91) inserisce il timismo all'interno dello spazio modale dell'*essere* e lo definisce in termini di categoria ontica "primitiva", quasi archetipica dell'umanità poiché riferibile soltanto agli esseri senzienti e al modo in cui l'uomo percepisce se stesso e quello che lo circonda ipostatizzando tale percezione in un sistema

---

29 Il timismo è in qualche sorta lo sviluppo del *piano propriocettivo* del linguaggio, introdotto da Greimas già nell'opera *Sémantique structurale* (1966a) accanto al piano *interocettivo*, riferito al piano del contenuto, del tematico e dell'astratto, e al piano *esterocettivo*, il piano dell'espressione e del figurativo. Il propriocettivo è il piano della percezione corporea e sensibile del soggetto e la significazione avviene come sintesi di un linguaggio (interocettivo) col mondo esterno (esterocettivo) grazie a un soggetto dotato di una corporalità sensibile alle sensazioni (esterne) e alle emozioni (interne) (Fontanille 1998, 35).

euforico-disforico di attrazioni-repulsioni. I termini opposti di questa categoria sono suscettibili di essere articolati sul quadrato determinando così le principali posizioni valoriali dell'universo timico.

Categoria timica[30]

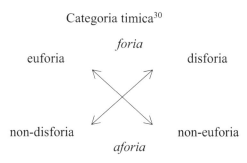

Fig. 4.9 Categoria timica.

Questa categoria ha un'importanza fondamentale nella interdefinizione della modalità dell'*essere*, tant'è vero che Joseph Courtés (1991) parla della necessaria caratterizzazione tramite uno dei due termini, *euforia* o *disforia*, di ogni tipo di discorso e narrazione. Il fenomeno di attrazione e repulsione che sottende l'assiologia è intrinseca peculiarità di ogni universo di valori.

Se nel passaggio dalla semantica fondamentale alla grammatica narrativa delle strutture antropomorfe Greimas (1983a tr. it. 1998, 91–95) integra, e per certi versi neutralizza, la categoria timica nella modalizzazione del rapporto soggetto-oggetto tramite l'omologazione dell'*essere* nei quattro termini modali (*desiderabile-nocivo, indispensabile-irrealizzabile, possibile-evitabile, autentico-illusorio*); egli ritorna nell'opera *Dell'imperfezione* (1987) sulla questione timica riattualizzandola in termini di esperienza estetica ed estesica (*esthesis*) del senziente nei confronti del sensibile. L'estetica serve ad "additare l'esperienza non tetica della percezione", essa rappresenta il momento patemico (da *pathos*) generativo in cui si delineano il Soggetto e l'Oggetto (Paolo Fabbri in Greimas 1987 tr. it. 2004, 13).

Questa evoluzione del pensiero greimasiano si sviluppa pienamente nell'opera *Sémiotique des passions* (1991) dove gli autori, Greimas e Fontanille, integrano e problematizzano nel quadro narrativo e discorsivo l'esperienza timica e passionale del Soggetto. In questo senso, nello schema canonico della narrazione che descrive il programma narrativo si innesta uno

---

30   Schema derivato da Courtés (1991, 160).

schema passionale canonico[31] che descrive la caratterizzazione emotiva del Soggetto e le trasformazioni passionali (Greimas&Fontanille 1991). Le specificità di questo schema passionale sono:
- la focalizzazione sugli attanti Soggetto-Oggetto;
- la differenziazione tra lo *spazio forico* (e patemico) che delinea l'Oggetto di valore come proiezione del Soggetto e l'*universo di valori* (del Destinante) che invece definisce l'Oggetto in modo descrittivo ed esterno;
- l'importanza dell'orizzonte tensivo.

Ai fini della nostra ricerca, risulta interessante approfondire la nozione di "orizzonte tensivo", di *tensività*[32] (Fontanille 1998; Fontanille&Zilberberg 1998). La tensività è la funzione che descrive il *gradiente*, l'evoluzione graduale della correlazione tra l'intensività e l'estensività dei valori presenziali e forici: l'*intensività* indica la forza qualitativa di un valore, di una presenza forica, l'*estensività* indica invece la posizione, e l'estensione quantitativa nello spazio e nel tempo di quel dato valore.

> Chaque effet de la présence sensible associe donc pour être justement qualifié de « présence », un certain degré d'intensité et une certaine position ou quantité dans l'étendue. La présence conjugue en somme des forces d'une part et des positions et quantités d'autre part. (...) le corps du sujet devient la forme même du rapport sémiotique, et le phénomène ainsi schématisé par l'acte sémiotique est doté d'un

---

31 Lo schema passionale riassume la sequenza canonica con cui una data cultura riconosce il percorso patemico di un soggetto timico in *costituzione* o "risveglio" affettivo (agitazione, accelerazione, sospensione, rallentamento del ritmo tensivo che indica l'inizio di uno stato passionale indeterminato e *in fieri*), *disposizione* o momento in cui la passione si precisa e il soggetto è capace di formare l'immagine passionale (paura, piacere, sofferenza, invidia, amore, gelosia, orgoglio, ecc.), *patemizzazione* o "pivot passionale" del soggetto che infine riconosce pienamente e nomina quella passione che nelle fasi precedenti si risvegliava in lui e lo predisponeva a un certo tipo di immaginazione, *emozione* o "conseguenza osservabile" della patemizzazione tramite l'espressione fisica che manifesta in società la passione (tremiti, rossore, pianto, grida, ecc.), *moralizzazione* o giudizio epistemico sulla propria passione e su quella di un altro soggetto, in questo passaggio conclusivo dello schema passionale emerge spesso un "senso assiologico" che va a svelare i valori etici della comunità che fondano e giudicano le forme passionali (Fontanille 1998, 121–125, traduzione e riassunto nostri).

32 Per Fabbri (in Greimas 1987) la tensività rappresenta il ritmo, la dimensione figurale del discorso, della sequenza timica, tramite l'uso di "aspetti" quali perfettivo o imperfettivo, incoativo, durativo o terminativo e iterativo. Il termine "vivente" ad esempio, analizzato nel racconto "Due amici" di Maupassant è dotato di una tensività creata dall'intersezione del durativo "non morte" con il terminativo "morte" (Greimas 1976, 34–35).

domaine intérieur (l'énergie) et d'un domaine extérieur (l'étendue). (Fontanille 1998, 66)

Le valenze sono graduabili e rappresentano un importante complemento alla teoria semiotica greimasiana che si fonda storicamente su elementi discontinui e discreti. Non solo, esse sono sempre associate a un Soggetto, alla sua protensione esterna e cognitiva (*visée, l'apertura*) e alla prensione interna e sensibile (*saisie, la chiusura*) (Fontanille&Zilberberg 1998, 14).

Il gradiente timico, in quanto intensità sensibile, nonché *la valenza estensiva*, in quanto estensione cognitiva di grandezze semantiche (Fontanille&Zilberberg 1998, 68) possono essere analizzati in base alla presenzialità percettiva del Soggetto.

In base a questi elementi, che certamente complessificano la teoria ma che al contempo rivolgono maggiore attenzione all'evento timico e alla problematica della gradualità della modalizzazione dell'*essere*, è possibile analizzare la performanza soggettiva del Traduttore. È possibile così indagare quello spazio di libertà d'azione in cui si muove il Traduttore e in cui egli opera scelte linguistiche che non sono soltanto di natura descrittiva e deontica ma che fanno appello anche alla dimensione assiologica e timica.

È possibile quindi analizzare il gradiente traduttivo timico di tipo euforico/disforico e assiologico, correlato da una parte al rapporto col Committente e al contesto contrattuale (universo di valori), e dall'altra a un *orizzonte ontico-forico* (componente esistenziale individuale) intrinseco al processo traduttivo e facente capo alla voce del Traduttore.

Lo studio dell'esistenza ontico-forica del Traduttore avviene nella manifestazione discorsiva del Percorso generativo del senso e richiede un'analisi teorica della prassi enunciazionale alla traduzione. Il Critico-Traduttologo deve adottare strumenti analitici che gli permettano di verificare in quale modo il quadro enunciativo della traduzione e le scelte linguistiche nel testo tradotto realizzano il fare semiotico del Traduttore, le condizioni contrattuali e infine le condizioni epistemiche virtualizzate nel Quadrato semiotico della traduzione.

Prima di passare alla parte più pratica e applicativa della teoria, presentiamo qui di seguito lo schema completo del Modello semiotico.

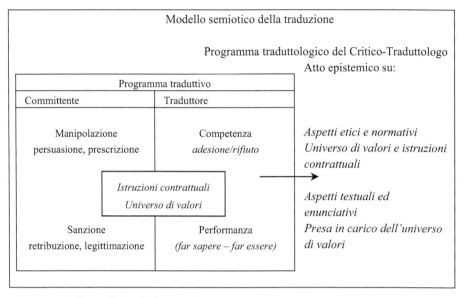

Fig. 4.9 Modello semiotico della traduzione.

4.4 Enunciazione e testo tradotto

Le strutture discorsive sono le ultime battute di complessificazione del Percorso generativo e realizzano il passaggio *dall'astratto atemporale aspaziale della narratività* al *figurativo tematico temporale e spaziale della narrazione nel testo*. La manifestazione del discorso è attuata dal s*oggetto dell'enunciazione*, che non indica un ruolo antropomorfizzato, ma è da intendersi come posizione, anch'essa attanziale, dotata di competenze narrative e linguistiche. A partire dalle strutture semio-narrative di superficie, il soggetto dell'enunciazione realizza le strutture discorsive della manifestazione testuale.

Nel nostro quadro teorico, l'atto epistemico del Critico-Traduttologo è rivolto proprio alla performanza traduttiva, ovvero alle operazioni enunciative effettuate dal Traduttore. L'analisi della struttura enunciazionale nel testo tradotto diventa il *trait d'union* che verifica la realizzazione testuale del sistema di valori profondo ed elementare della traduzione, ovvero le sue

190

condizioni epistemologiche del Quadrato semiotico e le componenti fenomenologiche riunite nel Modello semiotico.

Tab. 4.6 Livelli di analisi della traduzione

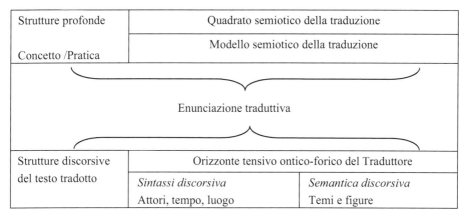

Strutture profonde	Quadrato semiotico della traduzione	
Concetto /Pratica	Modello semiotico della traduzione	
	Enunciazione traduttiva	
Strutture discorsive	Orizzonte tensivo ontico-forico del Traduttore	
del testo tradotto	*Sintassi discorsiva*	*Semantica discorsiva*
	Attori, tempo, luogo	Temi e figure

La semiotica generativa concepisce l'enunciazione come un'istanza linguistica sottesa e logicamente presupposta dall'esistenza dell'enunciato che ne è quindi il suo risultato e ne comporta tracce reperibili nel testo[33]. L'enunciazione converte in processo le virtualità della lingua e promuove il passaggio dalle competenze linguistiche alla performanza linguistica e quindi dalle strutture semio-narrative virtuali alle strutture discorsive realizzate (DRTLit, 104–105). L'enunciato è il prodotto (frase o discorso) che risulta dall'enunciazione di cui porta i segni e le marche. L'enunciazione è di tipo *enunciato enunciato*, quando la narrazione è oggettivata (come nel discorso indiretto) oppure può essere un'*enunciazione enunciata,* quando la narrazione è presentata come simulacro[34] che imita il fare enunciazionale (come nel discorso diretto). Tuttavia, anche nel caso dell'enunciazione enunciata, le istanze "io", "qui" e "ora" che si incontrano nel discorso, non saranno mai equivalenti al soggetto, allo spazio e al tempo dell'enunciazione (DRTLit, 105).

---

33 Contrariamente alle teorie della comunicazione, che intendono l'enunciazione come un'istanza referenziale e non linguistica sottesa alla comunicazione linguistica (DRTLit, 104–107).

34 Per simulacro si intende l'enunciato instaurato nel discorso: ad esempio gli attori, sono il simulacro degli attanti, la loro la raffigurazione modale, figurativa e tematica.

Il soggetto dell'enunciazione (*enunciatore* ed *enunciatario*)[35] è quell'istanza dotata delle competenze semiotiche necessarie alla concretizzazione delle strutture profonde in un'ambientazione, in un tempo e luogo particolari, dando vita e anima a personaggi e storie. Secondo Fontanille (1989, 1998, 2002) l'enunciato non è da intendersi come un'informazione trasmessa, ma come un dato vissuto e costruito in egual misura sia dall'enunciatore che dall'enunciatario[36]. La significazione è il luogo di costruzione e di ricostruzione in cui operano due soggetti: il *Soggetto manipolatore*, ovvero l'enunciatore che costruisce (*sintagma del saper fare manipolativo*) l'enunciato-discorso e *simula nell'enunciato* la posizione che deve assumere il *Soggetto sanzionatore*, ovvero l'enunciatario che riconosce e ricostruisce (*sintagma del saper fare sanzionatorio*) l'enunciato-discorso (Fontanille 1989 tr. it. 2002, 46–47).

Il luogo dell'enunciazione è variabilmente occupato dall'enunciatore e dall'enunciatario e, al momento della messa in discorso, tale variabilità va a identificare i "punti di vista", che Fontanille definisce come "sintassi dell'Osservatore", ossia il luogo e grado di osservabilità dell'enunciazione.

L'osservatore è la *manipolazione simulacrale dell'attività osservativa dell'enunciatario da parte dell'enunciatore* (Fontanille 1989 tr. it. 2002, 48). Fontanille (1989 tr. it. 2002) distingue quattro tipi di osservatori definiti secondo il punto di vista: il *Focalizzatore*, un narratore che adotta un punto di vista completamente implicito, è una sorta di "voce" cognitiva giustificata dal meccanismo di narrazione stesso e che garantisce un'apparente

---

35   Il dibattito sull'enunciazione e in particolare sull'enunciatario resta tuttavia aperto: c'è chi infatti parla del soggetto dell'enunciazione come un deus ex machina che proietta fuori di sé, tramite un'operazione di *schizie créatrice*, scissione creatrice (nella voce *Débrayage* del DRTLit, 69–71), ossia fuori dall'*ego hic et nunc* gli attori, tempi e spazi per dar vita a un mondo diverso da quello dell'enunciazione, il mondo dell'enunciato (Pozzato 2002). C'è poi chi invece rifiuta il punto di vista (troppo antropologico) della schizìa creatrice, e definisce *l'enunciatore come il testo stesso,* e visto che il testo, in quanto produzione dell'enunciatore, è l'enunciato allora l'*enunciato è il testo.* L'analisi del senso avviene nella pratica interpretativa locale.

36   Fontanille (1989) porta alcuni esempi per spiegare il posizionamento dell'enunciatore e dell'enunciatario nell'enunciazione: lo spettatore (enunciatario) e l'occhio della cinepresa (enunciatore) sono due punti di osservazione congiunti, così come lo sono il pittore e il suo spettatore davanti al quadro. Un altro esempio, tratto dalla traduzione e dall'interpretariato, conferma questa visione dell'enunciazione: l'interprete e la persona che parla, il traduttore e l'autore, sono figure che occupano lo stesso posto enunciativo. In questo senso, enunciatore ed enunciatario sono due punti di vista congiunti che si differenziano per la loro modalità attualizzante: l'enunciatore costruisce e manipola l'enunciato, predeterminando l'azione ricostituiva e sanzionatoria dall'enunciatario.

obiettività; nel momento in cui il focalizzatore è un soggetto definito figurativamente nonché nello spazio e nel tempo, è definito *Spettatore*; se il ruolo focalizzatore è assunto da un attore che assiste ma che non svolge un ruolo attivo (pragmatico o timico) allora è chiamato *Assistente*; infine il focalizzatore è completamente soggettivato nel momento in cui è assunto da un attore, attante che impone le sue categorie spazio-temporali e tematiche, questo tipo di focalizzatore è chiamato *Assistente-partecipante o Assistente-protagonista*. Per ragioni di tipo euristico e diversamente da quanto è applicato nelle teorie narratologiche, Fontanille scinde la ben nota figura del Narratore in due tipologie di attanti: *Performatore*, attante che realizza la dimensione pragmatica e che compie un percorso figurativo legato alla verbalizzazione, e *Osservatore*, attante che si fa carico secondo le categorie di cui sopra della dimensione cognitiva e timica degli eventi raccontati (Fontanille 1989, 47).

La posizione testuale dell'Osservatore stabilisce un vero ponte teorico tra le strutture discorsive di superficie e il livello tematico, attanziale e modale delle strutture narrative. Infatti, lungi dall'essere un puro strumento retorico, limitato a indicare le tecniche narrative, stilistiche e poetiche costitutive di un testo, il concetto di "punto di vista" diventa il luogo concreto in cui si costruiscono i percorsi significativi e interpretativi e di conseguenza le forme di contenuto più profonde. In definitiva, è questa concezione pensata e vissuta dell'organizzazione dei contenuti che distingue la prospettiva semiotica da ogni altra teoria narratologica, stilista o retorica. Ed è precisamente su questa concezione che vogliamo fondare l'analisi critica del testo tradotto.

> (...) la question de l'observateur et des points de vue n'est pas une affaire de technique, c'est-à-dire ne peut pas se réduire à une configuration de la forme de l'expression, à une « poétique » du texte narratif ou du film. (...) retrouver les traces et les opérations de l'observateur, et les modes de constructions des points de vue c'est établir des parcours signifiants, des formes de contenus, par lesquelles les discours prédéterminent la participation de l'énonciataire à l'interprétation, et préparent en somme des identifications. (Fontanille 1989, 43)

In traduzione, il Traduttore è sempre un attante a dimensione pragmatica perché, in quanto performatore del contratto traduttivo, porta a termine un programma pragmatico che consiste nella verbalizzazione in un'altra lingua del testo originale. Per quanto riguarda invece la dimensione cognitiva, dei quattro tipi di osservatori che esplicitano il *luogo e il grado di osservabilità dell'enunciazione,* il Traduttore realizza, in base alle istruzioni contrattuali, l'osservatore *Spettatore*: nell'enunciazione tradotta il punto di vista del Traduttore si installa nel discorso secondo la categoria della *equivalenza*, modalità che detta la sua "obiettività" e il completo adeguamento al punto di vista nell'enunciato-originale. In effetti, *il Traduttore è il Soggetto dotato di competenze epistemiche che simula il punto di vista dell'Autore*, e quindi si trova in posizione "sovrapposta" nell'enunciazione enunciata. La sovrapposizione simulata rafforza il presupposto su cui si fonda il Modello semiotico, ossia che il Traduttore è il luogo sincretico in cui si realizza non soltanto l'atto epistemico ma anche l'atto manipolatore, nella prospettiva di Fontanille, che costruisce pragmaticamente, cognitivamente e timicamente l'enunciato-discorso originale nell'enunciato-discorso tradotto.

Eppure, se il punto di vista, il luogo e il grado di osservabilità del Traduttore si discostano localmente da quello del Focalizzatore originale, questi scarti non sono riconducibili a nessuna delle categorie previste da Fontanille, poiché il Traduttore non appare mai apertamente negli eventi del testo, non è un attore Assistente della storia, né tantomeno un attore attivo, nel senso di Assistente-Partecipante. In realtà, la figurativizzazione e tematizzazione del Traduttore nell'enunciato tradotto non avviene tramite un'attorializzazione, ma come "punto di vista", la cui natura resta ancora da precisare ma di cui sappiamo che è interno ed è cognitivamente, timicamente e localmente variabile e che quindi può essere definito come *focalizzazione traduttiva*.

In questo senso l'enunciato tradotto è il dato tangibile che porta le tracce discorsive della presenza del Soggetto enunciativo: esso rappresenta un fatto testuale costruito dal Traduttore e analizzabile dal Critico-Traduttologo.

Nel momento della discorsivizzazione, l'atto dell'enunciazione rappresenta l'abbandono dell'enunciatore, dell'istanza empirica di produzione del discorso (disgiunzione dall'*ego-hic-et-nunc*) attraverso un meccanismo di proiezione che permette di installare nel discorso personaggi che si muovono su uno sfondo temporale e spaziale. Tale meccanismo è definito *débrayage*[37] e indica il modo in cui il Soggetto manipolatore si inscrive nella enunciazione. Vi sono diversi tipi di débrayage: il *débrayage attanziale* (DRTLit, 69–70) che genera attanti dell'enunciazione, ovvero attanti che simulano la presenza cognitiva della istanza enunciativa

---

37   Per rispetto della terminologia greimasiana utilizziamo, come pure fanno altri studiosi (Pozzato 2002) il verbo francese *débrayer,* che indica il "disinnesto", il distaccare dall'istanza pragmatica, mettendo in discorso una situazione enunciazionale. Per le altre forme, coniughiamo il verbo *débrayer* secondo le regole dell'italiano.

pragmatica e che sono in realtà i "punti di vista"; il *débrayage temporale e spaziale* che segnala le relazioni spazio-temporali tra l'istanza enunciativa e l'enunciazione enunciata, nonché all'interno dell'enunciato stesso; e infine il *débrayage timico*, che disinnesta nell'enunciato il sensibile, l'emotivo, i sentimenti, le emozioni e le pulsioni.

Tutti i tipi di *débrayage* sono riuniti in due grandi categorie: se nell'enunciato ritroviamo il simulacro degli attanti dell'enunciazione (enunciazione enunciata), come avviene ad esempio nei dialoghi o nei racconti in prima persona, siamo in presenza di un *débrayage enunciazionale,* in cui l'enunciazione rappresenta all'interno del testo la produzione del testo stesso. In questi casi il punto di vista è quello di un attore coinvolto direttamente negli eventi, e la focalizzazione corrisponde a un Assistente partecipante o protagonista. Se invece il discorso risulta oggettivato e raccontato in terza persona allora si parla di *débrayage enunciativo* (enunciato enunciato) e l'istanza enunciativa è unicamente implicata dall'enunciato ma di essa non si può dire di più (DRTLit, 69–72); nei racconti debraiati in modalità enunciativa, il punto di vista è quello di un Focalizzatore o Spettatore.

Il passo tratto nel racconto di Guy de Maupassant "Lo spago" (in Greimas 1983a tr. it 1998) è un esempio di *débrayage enunciativo*, perché il soggetto enunciativo debraia un quadro enunciazionale oggettivante, e la focalizzazione è quella di uno Spettatore.

> I contadini palpavano le vacche, se ne andavano, ritornavano, perplessi, temendo sempre di essere gabbati, senza avere il coraggio di decidersi, spiando lo sguardo dell'uomo, cercando di scoprire le astuzie del venditore e il difetto della bestia. (Lo spago in Greimas 1983a tr. it. 1998, 132)

L'enunciatore delega conoscenze ampie e dettagliate a uno Spettatore che coglie i dettagli mimici ed espressivi ("perplessi" "spiando lo sguardo"), e la dimensione timica degli attori osservati, ("temendo di essere gabbati", "senza avere il coraggio"). I verbi "andare" e "ritornare" che danno indicazioni precise sull'ubicazione spaziale dell'osservatore che in questo caso si situa vicino al venditore e ai suoi animali.

Nello stesso racconto troviamo anche un caso di *débrayage enunciazionale*, nel dialogo tra il protagonista della storia il contadino Hauchecorne e il sindaco del paese. Il punto di vista cambia alternativamente tra un Assistente-partecipante (il sindaco), un Assistente-protagonista (il padron Hauchecorne), e lo Spettatore.

- Padron Hauchecorne, – disse, – siete stato visto questa mattina raccattare, sulla strada di Beuzeville, il portafoglio smarrito da padron Houlbrèque, di Manneville.
Il contadino, interdetto, guardava il sindaco, già spaventato dal sospetto che pesava su di lui, pur senza capirci nulla.
- Io, io, io ho raccattato quel portafogli?
- Sì, proprio voi.
- Parola d'onore, io non ne so proprio nulla.
- Siete stato visto.
- Mi hanno visto? E chi mi ha visto?
- Monsieur Malandain, il sellaio.
Allora il vecchio si ricordò, capì e, rosso di collera, disse:
- Ah! Lui mi ha visto, quel tanghero! Lui mi ha visto raccattare questo spago: eccolo, signor sindaco!
E, frugandosi in fondo alla tasca, ne tirò fuori il pezzetto di corda.
Ma il sindaco incredulo scoteva il capo.
- Non vorrete farmi credere, padron Hauchecorne, che Monsieur Malandain, uomo degno di fede, abbia preso questa cordicella per un portafogli.
Il contadino, furibondo, alzò la mano, sputò di lato per attestare la sua onorabilità, ripetendo:
- Eppure è la verità del buon Dio, la sacrosanta verità, signor sindaco. Ve lo giuro, signor sindaco, possa morire dannato.
Il sindaco riprese:
- Dopo aver raccattato l'oggetto, avete anche continuato a cercare a lungo nella mota, per accertarvi se qualche moneta fosse caduta.
Il brav'uomo si sentiva soffocare per l'indignazione e per la paura.
- Ma guarda se si possono inventare... se si possono inventare... delle bugie come queste per rovinare un onest'uomo! Ma guarda cosa si può inventare... !
Ebbe un bel protestare, non gli credettero.
Fu messo a confronto con Malandain, che ripeté e sostenne la sua accusa. Si ingiuriarono per un'ora. Dietro sua richiesta, padron Hauchecorne fu perquisito. Non gli trovarono nulla addosso.
Alla fine, il sindaco, molto perplesso, lo lasciò andare, avvertendolo che avrebbe messo al corrente le autorità e avrebbe chiesto ordini. (*Lo spago* in Greimas 1983a tr. it. 1998, 134)

In questa sequenza, nell'enunciazione si alternano tre punti di vista, con diversi tipi di carico modale, cognitivo e timico.

a) L'Assistente-partecipante: il sindaco con il suo punto di vista inquisitorio e lapidario è un osservatore modalizzato secondo il *dover essere*, (convinzione e necessità) e si fa ambasciatore di una valutazione della realtà basata sui fatti, sulla razionalità; egli porta inoltre un pesante giudizio epistemico sul protagonista, mettendo in dubbio la sua versione dei fatti (es.: "Monsieur Malandain, uomo degno di fede", contrariamente, a padron Hauchecorne).

b) Assistente-protagonista: il Padron Hauchecorne è modalizzato secondo il *non poter essere* (certezza e convinzione, contraria al sindaco) e adotta un punto di vista fortemente investito timicamente e assiologicamente: egli è dapprima sorpreso e incredulo, poi sdegnato, offeso e spaurito, e infine furibondo. Nel dialogo, l'evoluzione timica è giustificata dal vissuto retrospettivo (il racconto inizia con una versione dei fatti che avvalora il punto di vista del protagonista) che consente, nel dialogo, una facile immedesimazione simulata del punto di vista di Hauchecorne; tale simulazione risulta inoltre "guidata" dalla focalizzazione dello Spettatore.

c) Il punto di vista oggettivante dello Spettatore interviene nella presentazione degli eventi inframmezzando il dialogo di commenti di tipo cognitivo e timico, focalizzando però sulle reazioni e sul vissuto del contadino, e governa il processo disforico cui Hauchecorne è soggetto: "il contadino interdetto", "spaventato dal sospetto", "rosso di collera", "furibondo, "il brav'uomo", "si sentiva soffocare per l'indignazione e la paura". Notiamo inoltre che la sequenza dialogata è seguita dalle osservazioni ("ebbe un bel protestare"), sempre dello Spettatore, che condensano la dimensione temporale ed evenemenziale, aumentando il carico cognitivo e forico: in effetti, in termini di "quantità di discorso", il dialogo tra il sindaco e il contadino risulta molto più dilazionato e lungo rispetto alla discussione ("di un'ora", come indicato nel testo) e le ingiurie tra il Hauchecorne e Malandain. Ovviamente l'isotopia tematica /accusa di Malandain/ non rappresenta una preoccupazione, ossia una tematica di vero investimento valoriale per Hauchecorne, non quanto lo sia invece l'isotopia tematica /sospetto del sindaco/ che ingloba la "paura dell'autorità" e veicola il "sospetto dell'intera società", e diventa quindi un luogo di alto investimento valoriale, cognitivo e timico, che ragionevolmente occupa una ampio spazio testuale.

A volte il *débrayage* può essere seguito dall'operazione contraria, ossia dal meccanismo di *embrayage* (DRTLit, 98–100): il ritorno all'istanza dell'enunciazione e l'identificazione (simulata) del soggetto dell'enunciazione con il soggetto dell'enunciato con conseguente effetto simulacrale di identificazione tra il soggetto dell'enunciato e il soggetto enunciativo. Se la presenza dell'istanza dell'enunciazione è simulata alla terza persona, e la voce di un attore non narratore che improvvisamente crea l'immagine referenziale dell'enunciatore simulato, come avviene per esempio nelle autobiografie raccontate alla prima persona, si parla allora di *embrayage enunciativo*. Invece, nei casi di racconti alla seconda persona, e quando l'istanza dell'enunciazione si esprime all'interno del testo creando un effetto di presenza e di presa immediata con la situazione enunciativa si parla di *embrayage enunciazionale*[38]. La teoria insiste sul fatto che l'embrayage debba essere considerato come un ritorno di tipo simulacrale[39], perché il ritorno all'istanza dell'enunciazione non avviene mai.

A seconda del tipo di embrayage (attanziale, temporale, spaziale, o sincretico, ossia di tutte e tre le dimensioni) si avranno diverse tipologie di osservatori.

Nell'esempio qui di seguito, tratto da *La modification* di Michel Butor, il quadro enunciativo è complesso: il protagonista racconta gli eventi in prima persona e al contempo da del "lei/voi" ("*vous*" in francese) al lettore che osserva in presa diretta quello che accade al personaggio; in questo caso l'enunciatore costruisce accuratamente e minuziosamente il luogo simulacrale dell'enunciatario, il cui punto di vista è fortemente demarcato dal meccanismo enunciativo. Nell'esempio tratto dall'opera di Italo Calvino, invece, il soggetto enunciativo si rivolge direttamente al lettore, che si lascia prendere per mano e si "lascia costruire" come Assistente-protagonista. In questi casi il gioco narrativo si complessifica e risulta difficile sapere se l'osservatore Assistente è partecipante o protagonista; nel racconto di Calvino, il protagonista può essere il lettore, la simulazione embraiata del Soggetto dell'enunciatore, oppure il meccanismo narrativo in sé.

Vos yeux sont mal ouverts, comme voilés de fumée légère, vos paupières sensibles et mal lubrifiées, vos tempes crispées, à la peau tendue et comme raidie en plis minces, vos cheveux, qui se clairsèment et grisonnent, insensiblement pour autrui mais non pour vous, pour Henriette et pour Cécile, ni même pour les enfants désormais, sont un peu hérissés et tout votre corps à l'intérieur de vos habits qui le gênent, le serrent et lui pèsent, est comme baigné dans son réveil imparfait, d'une eau agitée et gazeuse pleine d'animalcules en suspension. (Michel Butor, *La modification,* 1957)
Stai per cominciare a leggere il nuovo romanzo Se una notte d'inverno un viaggiatore di Italo Calvino. Rilassati. Raccogliti, Allontana da te ogni altro pensiero. Lascia che il mondo che ti circonda sfumi nell'indistinto. La porta è meglio chiuderla; di là c'è sempre la televisione accesa. (Italo Calvino, *Se una notte d'inverno un viaggiatore,* 1979)

---

38   Esistono inoltre casi di *embrayage interno* (l'embrayage permette di riallacciare una digressione o una espansione temporale al racconto principale), di *embrayage omocategorico* (débrayage e consecutivo embrayage operato su una stessa categoria) e infine di *embrayage eterocategorico* (quando l'embrayage che segue il débrayage opera su categorie attanziali e attoriali diverse) (DRTLit, 100).

39   Courtés la chiama illusione enunciativa (1991, 259).

Nella traduzione il soggetto enunciativo simula la propria non-presenza. Il testo tradotto diventa una sorta di doppio simulacro, doppiamente "marcato" e doppiamente "proiettato", dall'istanza enunciativa originaria e dall'istanza enunciativa traduttiva. Il Traduttore è tenuto a rispettare il ruolo di focalizzazione che il programma traduttivo gli assegna, quello dello Spettatore; egli ha l'istruzione contrattuale di ricreare nel testo tradotto tutti gli effetti di débrayage ed embrayage presenti nel testo originale, ha il compito di non alterare la voce enunciativa, dell'originale, e di seguirla da vicinissimo – principio di *equivalenza* – nelle modalità con cui essa racconta la storia e ne convoca gli attori, i tempi, i luoghi, i temi e le figure.

Quello che spesso succede però, è che accanto al rispetto del principio di equivalenza, la voce enunciazionale del Traduttore emerge più o meno impercettibilmente all'interno del testo tradotto, realizzando in tal modo la categoria della *differenza*. Riprendiamo i brevi esempi di cui sopra e raffrontiamoli con le loro traduzioni per comprendere dove e in quale modo si manifesta la voce enunciativa del Traduttore e come la presenza del suo punto di vista è luogo di realizzazione del suo orizzonte ontico-forico.

Les paysans tâtaient les vaches, s'en allaient, revenaient, perplexes, toujours dans la crainte d'être **mis dedans**, n'osant jamais se décider, **épiant l'œil du vendeur, cherchant sans fin à découvrir la ruse de l'homme et le défaut de la bête.** (Maupassant, *La ficelle*, 1883, 218)	I contadini palpavano le vacche, se ne andavano, ritornavano, perplessi, temendo sempre di **essere gabbati**, senza avere il coraggio di decidersi, **spiando lo sguardo dell'uomo, cercando di scoprire le astuzie del venditore e il difetto della bestia.** (*Lo spago* in Greimas 1983a tr. it 1998, 132)

In questo brevissimo paragrafo la voce enunciativa del Traduttore è già percettibilmente presente. Analizziamo i punti segnalati in grassetto;

a) Nel testo francese si dice che i contadini temevano di « *être mis dedans* », un'espressione, secondo il dizionario Le Petit Robert[40], familiare che indica il fatto di ingannare, « *tromper* »; in italiano tale espressione è tradotta con "gabbare" verbo, di uso piuttosto letterario, derivato dal francese antico[41] riferito all'inganno e alla beffa, ma anche alla derisione e al

---

40 Fam. Mettre, ficher qqn dedans, le tromper. « *je me suis trompé, fichu dedans, fourré le doigt dans l'œil* » (C. Simon). Le Petit Robert.

41 gabbare v. tr. e intr. [dal fr. ant. gaber; v. gabbo]. –1. tr. Ingannare con frode o per scherno: g. il prossimo; rimanere gabbato; g. Cristo e i santi, riuscire a ingannare chiunque; avuta la grazia (o passata la festa) gabbato lo santo, modo prov., a proposito

prendersi gioco di qualcuno. La scelta traduttiva cade su un verbo che, pur corrispondendo in parte al contenuto dell'espressione francese, crea un effetto stilistico "letterario" che altera il registro familiare e che nell'originale si riferisce molto probabilmente all'estrazione sociale e alla lingua parlata dai contadini. Si tratta qui di una scelta traduttiva interessante, e anche se limitata a un unico passaggio testuale, indica già una pista da seguire nell'analisi dell'intero racconto.

b) alla fine del paragrafo, nella frase segnalata in blu, il traduttore decide di tradurre « *l'oeil du vendeur* » con "lo sguardo dell'uomo" e « *la ruse de l'homme et de le défaut de la bête* » con "le astuzie del venditore e il difetto della bestia". Si tratta di un cambiamento minino e forse irrilevante. Eppure, il racconto *Lo spago* è incentrato sul tema dell'astuzia: il protagonista, Padron Huchechorne, un economo e astuto normanno, è accusato di aver trovato per terra e rubato il portafogli di un altro contadino; la società è convinta che il contadino abbia commesso quel fatto, ma l'idea, per quanto fondata[42], che tutti lo credano capace di tale atto si risolve nella malattia e nella morte del protagonista. L'astuzia è una tematica importante, se non la principale, ed è fondamentale mantenere l'ordine della frase, tanto più che quella frase sembra svelare il pensiero del Focalizzatore narratore e non dello Spettatore relatore della storia; la frase anticipa e rinvia a un contenuto profondo del racconto, quello dell'astuzia umana, e non unicamente del venditore. Questo è un esempio localizzato, in cui l'associazione tema-figura ("uomo" e non "venditore") non può essere alterata senza che vi siano trasformazioni anche del senso profondo del testo.

Sempre nello stesso racconto analizziamo due altri passi per verificare l'ipotesi al punto a) sugli slittamenti di registro e sull'effetto creato nel testo tradotto.

---

di chi fa tante promesse per ottenere un favore o un beneficio, e una volta ottenutolo si dimentica facilmente del benefattore. Anche deridere, beffare: se questa donna sapesse la mia condizione, io non credo che così gabbasse la mia persona (Dante); con lo stesso sign., nella forma intr. pron., farsi beffe, prendersi gioco: tutti si gabbavano di lui. Dizionario Treccani.

42 Nel racconto il protagonista si arrovella perché sa che gli altri lo ritengono capace di commettere un furto: " Tornò a casa vergognoso e indignato, strozzato dalla rabbia e dalla confusione, irritatissimo anche perché, con la sua astuzia da normanno, era capace di fare ciò di cui lo accusavano e magari anche di vantarsene" (Greimas 1983a tr. it. 1998, 135).

200

Toute l'aristocratie de la charrue mangeait là, chez maît' Jourdain, aubergiste et maquignon, **un malin qui avait des écus**. Les plats passaient, se vidaient comme les brocs de cidre jaune. **Chacun racontait** ses affaires, ses achats et ses ventes. **On prenait des nouvelles** des récoltes. Le temps était bon pour **les verts**, mais un peu **mucre** pour les **blés**. (Maupassant, *La ficelle*, 1883, 219)	Tutta l'aristocrazia dell'aratro mangiava lì, da padron Jourdain, oste e sensale, un furbacchione **ben provvisto di quattrini.** I piatti passavano e si vuotavano, **al pari** delle brocche di sidro giallo. **Tutti parlavano** dei propri affari, degli acquisti, delle vendite, **si informavano** dei raccolti. Il tempo era buono per i **pascoli**, ma ancora un po' **umido** per le **messi**. (*Lo spago*, in Greimas 1983a tr. it. 1998, 133)

In questo passaggio le scelte semantiche del francese segnalano uno sviluppo particolare della focalizzazione con un passaggio graduale dal punto di vista dello Spettatore a quello degli Assistenti contadini. Se l'inizio della frase con « *toute l'aristocratie de la charrue* » è un enunciato dell'osservatore Spettatore, la fine della frase con « *un malin qui avait des écus* » sembra palesare piuttosto il punto di vista degli altri contadini. In effetti, assistiamo a passaggio dal punto di vista di uno Spettatore, astante che sembra essere a tavola con gli attori, a quello degli Assistenti, i contadini; tale passaggio avviene nel testo in quattro battute: « *les plats passaient* », « *chacun racontait*" », « *on prenait* », « *le temps était bon pour le verts mais un peux mucre pour les blés* ». Il pronome indefinito e invariabile "*on*" in francese fa appello a un soggetto non definito ma, nel linguaggio parlato, indica spesso un soggetto collettivo che include anche chi parla. L'uso di questo "on" in questo racconto è fondamentale perché in alcuni punti crea dei repentini cambiamenti nelle prospettive focalizzanti come nel seguente esempio dove il soggetto della seconda frase è « *tout le monde fut debout* », "tutti si alzarono" e la focalizzazione è quella dello Spettatore, ma a metà frase appare di nuovo il pronome indefinito « *on* » che sembra moltiplicare il punto di vista su ogni singolo Assistente che si muove nella sala.

Tout à coup, le tambour roula, dans la cour, devant la maison. **Tout le monde aussitôt fut debout**, sauf quelques indifférents, et **on courut** à la porte, aux fenêtres, la bouche encore pleine et la serviette à la main. (Maupassant 1983, 219)

Tornando all'esempio precedente, nell'ultima frase, le scelte lessicali « *verts* », « *mucre* », « *blés* » segnalano, a nostro avviso, una forma di embrayage enunciativo con un ritorno agli enunciatori-contadini che ritrovandosi a tavola utilizzano un linguaggio tecnico ma locale, quasi dialettale.

Secondo il dizionario Le Petit Robert[43] « *le vert* » indica il foraggio fresco, l'erba dei prati; il termine « *mucre* »[44] è un termine dialettale, utilizzato soltanto nella regione della Normandia, e che indica le condizioni climatiche umide.

Nella traduzione invece la voce enunciativa resta estremamente distaccata e molto poco flessibile agli avvicinamenti e allontanamenti prospettici del testo francese: "ben provvisto", "al pari", "tutti parlavano… si informavano", "i pascoli", "l'umido" e "le messi" non soltanto non riportano l'embrayage enunciativo con il ritorno all'istanza enunciativa dei contadini, ma istituiscono il punto di vista di uno Spettatore intriso di letteratura di tipo bucolico, che pondera ogni singola scelta semantica; quando invece nell'originale la lingua è quasi parlata, legata certamente alla realtà agricola ma in stile più piano e meno lirico.

Nello stesso racconto, ritroviamo alcune scelte traduttive, che tradiscono l'oralità dell'originale, il linguaggio parlato e legato alla vita agricola della Normandia.

Le maire l'attendait, assis dans un fauteuil. C'était le notaire de l'endroit, homme gros, grave, à phrases pompeuses.	Il sindaco lo stava aspettando seduto in una poltrona. Era il notaio del luogo, un omone grave, che parlava pomposamente.
- Maître Hauchecorne, dit-il, on vous a vu ce matin ramasser, sur la route de Beuzeville, le portefeuille perdu par maître Houlbrèque, de Manneville.	- Padron Hauchecorne, – disse, – siete stato visto questa mattina raccattare, sulla strada di Beuzeville, il portafoglio smarrito da padron Houlbrèque, di Manneville.
Le campagnard, interdit, regardait le maire, apeuré déjà par ce soupçon qui pesait sur lui, sans qu'il comprît pourquoi.	Il contadino, interdetto, guardava il sindaco, già spaventato dal sospetto che pesava su di lui, pur senza capirci nulla.
- **Mé, mé, j'ai ramassé çu portafeuille** ?	- **Io, io, io ho raccattato quel portafogli?**
- Oui, vous-même.	- Sì, proprio voi.
- Parole d'honneur, **j' n'en ai seulement point eu connaissance**.	- Parola d'onore, **io non ne so proprio nulla**.
- On vous a vu.	- Siete stato visto.
- **On m'a vu, mé ? Qui ça qui m'a vu ?**	- **Mi hanno visto? E chi mi ha visto?**
- M. Malandain, le bourrelier.	- Monsieur Malandain, il sellaio.
Alors le vieux se rappela, comprit et,	Allora il vecchio si ricordò, capì e, rosso di

---

43 (1596) Fourrage frais. *Mettre un cheval au vert*, le nourrir au fourrage frais. Le Petit Robert.

44 Secondo il Centre National de Ressources Textuelles et Lexicales (CNRS), *Mucre*, adj. *Région.* (Ouest, Normandie et Canada). Synon. de *moite, humide*.

rougissant de colère:

- **Ah ! i m'a vu, çu manant ! I m'a vu ramasser c'te ficelle-là, tenez, m'sieu le Maire.**

Et, fouillant au fond de sa poche, il en retira le petit bout de corde.

Mais le maire, incrédule, remuait la tête.

- Vous ne me ferez pas **accroire**, maître Hauchecorne, que M. Malandain, qui est un homme digne de foi, a pris ce fil pour un portefeuille.

Le paysan, **furieux**, leva la main, cracha de côté pour attester son honneur, répétant :

- C'est pourtant la vérité du bon Dieu, la sainte vérité, m'sieu le maire. **Là, sur mon âme et mon salut, je l' répète.**

Le maire reprit :

- Après avoir ramassé l'objet, vous avez même encore cherché longtemps dans la boue, si quelque pièce de monnaie ne s'en était pas échappée.

Le bonhomme suffoquait d'indignation et de peur.

- Si on peut dire !... si on peut dire... des **menteries** comme ça pour dénaturer un honnête homme ! Si on peut dire !...

Il eut beau protester, **on** ne le crut pas.

Il fut confronté avec M. Malandain, qui répéta et soutint son **affirmation**. Ils s'injurièrent une heure durant. **On** fouilla, sur sa demande, maître Hauchecorne. **On** ne trouva rien sur lui.

(Maupassant, *La ficelle*, 1883, 221–222)

---

collera, **disse**:

- **Ah! Lui mi ha visto, quel tanghero! Lui mi ha visto raccattare questo spago: eccolo, signor sindaco!**

E, frugandosi in fondo alla tasca, ne tirò fuori il pezzetto di corda.

Ma il sindaco incredulo scoteva il capo.

- Non vorrete farmi **credere**, padron Hauchecorne, che Monsieur Malandin, uomo degno di fede, abbia preso questa cordicella per un portafogli.

Il contadino, **furibondo**, alzò la mano, sputò di lato per attestare la sua onorabilità, ripetendo:

- Eppure è la verità del buon Dio, la sacrosanta verità, signor sindaco. **Ve lo giuro, signor sindaco, possa morire dannato.**

Il sindaco riprese:

- Dopo aver raccattato l'oggetto, avete anche continuato a cercare a lungo nella mota, per accertarvi se qualche moneta fosse caduta.

Il brav'uomo si sentiva soffocare per l'indignazione e per la paura.

- Ma guarda se si possono inventare... se si possono invitare... delle **bugie** come queste per rovinare un onest'uomo! Ma guarda cosa si può inventare... !

Ebbe un bel protestare, **non gli credettero**.

Fu messo a confronto con Malandain, che ripeté e sostenne la sua **accusa**. Si ingiuriarono per un'ora. Dietro sua richiesta, padron Hauchecorne **fu perquisito**. Non gli trovarono nulla addosso.

(*Lo spago* in Greimas 1983a tr. it. 1998, 133–134)

Non è questa la sede per fare un'analisi dettagliata di ogni singolo cambiamento traduttivo, notiamo tuttavia che questo passo è indicativo di come il testo originale tratteggia l'identità sociale e linguistica dei due attori con la simulazione di un dialogo contrassegnato dall'oralità e dai dialettalismi del protagonista da una parte, e da una lingua standard-elevata[45] per il sindaco, dall'altra. Questa sequenza dialogata segnala in particolare l'estrazione sociale del personaggio principale grazie anche al netto contrasto che nelle scelte linguistiche operate invece dal sindaco (« *homme gros, grave, à phrases pompeuses* ») che parla una lingua non marcata da regionalismi e più elaborata rispetto al contadino. Tali informazioni sono assenti nel testo tradotto, non si capisce che Hauchecorne ha una parlata popolare, non si capisce qual è la sua reazione di fronte all'autorità, e si perdono in definitiva i tratti che definiscono la sua identità, la sua reazione timica. Infine, difficilmente possiamo pensare che, pieno di collera, il padron Malandain usi il termine "tanghero", inoltre egli è « *furieux* », cioè "furioso" e non "furibondo".

Gli stessi strumenti di analisi applicati a un altro breve esempio di traduzione dall'italiano al francese permettono di individuare i luoghi testuali in cui emerge la focalizzazione del traduttore.

Hai gettato ancora un'**occhiata smarrita** ai libri intorno (o meglio: erano i libri che ti guardavano con l'**aria smarrita** dei cani che **dalle gabbie** del canile municipale vedono un loro **ex compagno** allontanarsi al guinzaglio del padrone venuto a riscattarlo) **e sei uscito.** **È uno speciale piacere che ti dà il libro appena pubblicato,** non è solo un libro che porti con te ma la sua novità, che **potrebbe essere anche** solo quella dell'oggetto uscito ora dalla fabbrica, la bellezza dell'asino di cui anche **i libri s'adornano, che dura finché** la copertina non comincia a ingiallire, un velo di smog a depositarsi sul taglio, e il dorso **sdrucirsi** agli angoli, **nel rapido autunno delle biblioteche.** No, tu speri sempre di imbatterti nella novità vera, che **essendo stata novità una volta continui** a esserlo per sempre.	**En passant**, tu as jeté aux livres alentour un **regard douloureux** (mieux : ce sont les livres qui te regardent de **cet air douloureux** qu'ont les chiens **quand** ils voient **du fond des cages** d'un chenil municipal l'un **des leurs** s'éloigner, **tenu** en laisse par son maître venu le reprendre). **Et tu es sorti.** **Un livre qui vient de paraître te donne une sorte de plaisir particulier,** ce n'est pas le livre seulement que tu emportes : c'est sa nouveauté, qui **n'est peut-être pas si différente de celle** d'un objet tout juste sorti de l'usine, **car les livres aussi connaissent** cette beauté du diable **qui cesse dès** que la couverture jaunit, **dès que** la tranche se voile de suie, et que, **dans le rapide automne des bibliothèques,** la reliure **se flétrit** aux angles. Toi, tu rêves toujours de rencontrer la nouveauté véritable — **la nouveauté d'un jour, qui sera** nouveauté de toujours.
Italo Calvino, *Se una notte d'inverno un*	Italo Calvino, *Si par une nuit d'hiver un*

---

45   Si noti il verbo « accroire »: Vx, littér. ou région. *Faire, laisser accroire qqch.* : faire, laisser croire une chose fausse. *Il veut nous faire accroire que…* Le Petit Robert.

viaggiatore, 1979.	voyageur, trad. par Danièle Sallenave et François Wahl, Paris, Seuil, coll. « Points Romans », 1995.

L'istanza traduttiva si delinea qui su tre principali livelli testuali che riguardano gli aspetti forici, il punto di vista, la dimensione cognitiva delle categorie logiche e le variazioni dei contenuti profondi.

a) Dimensione forica: all'inizio del passo gli aspetti timici risultano intensificati ed estensificati nel testo tradotto. Lo sguardo dei libri è come lo sguardo dei cani al canile, "smarrito" ossia « égaré » e non « douleureux », come invece si legge nel francese; e i cani guardano "dalle gabbie" e non « du fond des cages ». Queste scelte traduttive hanno come effetto forico quello di amplificare, in intensività ed estensività, l'aspetto disforico del testo italiano. Non solo alcuni elementi che pertengono alla dimensione cognitiva del punto di vista e alle categorie logiche contribuiscono ad accentuare l'orizzonte timico del testo tradotto.

b) Il punto di vista meriterebbe di essere analizzato in un capitolo a parte, ma per brevità riassumiamo a grandi linee le peculiarità del testo tradotto. Il testo originale mette in scena un embrayage di tipo enunciazionale, dove il ruolo dell'enunciatore-destinante è simulato nel discorso e il percorso narrativo dell'enunciatario-destinatario è apertamente ricostruito. In tal modo, l'osservatore è un Assistente-partecipante, ossia il simulacro di Italo Calvino che si rivolge a un Assistente-protagonista il cui punto di vista aderisce a quello tracciato dall'Assistente-partecipante. Nella traduzione questa struttura cambia notevolmente: molteplici aggiunte (en passant, ont, quand, tenu) vanno ad amplificare il primo paragrafo, che in italiano è una frase unica, e in francese è suddiviso in due frasi. Nel testo tradotto, questa espansione, nonché la lunga pausa creata dal punto dopo la prima frase, snaturano quello che sembra essere la volontà del testo originale, cioè mettere in parentesi la breve metafora del "libro-cane"; in francese questa parentesi è isolata, enfatizzata e amplificata col punto finale e dalla breve e lapidaria frase , "Et tu es sorti". Queste scelte hanno poi altre ripercussioni sull'immagine e le sensazioni che procura il libro e la dimensione cognitiva che esso crea. L'immagine che l'osservatore costruisce del libro è molto complessa, perché complesso è il rapporto che il protagonista istituisce con il suo oggetto di valore; tale complessità emerge nella scelta accurata delle parole e nella creazione di una dimensione timica quasi-amorosa: "uno speciale piacere" è posticipato nel francese che diventa poi « *une sorte de plaisir praticulier* », i libri si "adornano" della bellezza e non « *connaissent* », il dorso "si sdrucisce" e non appassisce, « *se flétrit* ».

c) Con l'analisi delle categorie logiche vogliamo dimostrare che il ragionamento figurativo e tematico del testo italiano appare molto più complesso di quello del testo francese; ciò accade perché, come detto nel punto b), il rapporto soggetto-oggetto di valore è elaborato fino a risultare quasi cervellotico e sofisticato. Il concetto di "novità" del libro è messo in rilievo: la novità infatti "potrebbe essere anche solo quella dell'oggetto uscito ora dalla fabbrica" e qui l'italiano fa appello alla categoria logica dell'esclusività e dell'unicità, nel senso che la novità del libro potrebbe anche essere unicamente o esclusivamente quella dell'oggetto nuovo di zecca.

Nel testo francese invece, la novità « *qui n'est peut-être pas si différente de celle d'un objet tout juste sorti de l'usine* » fa appello alla categoria della similarità, la novità del libro non è molto diversa, ovvero è simile a quella dell'oggetto uscito di fabbrica. Inoltre, il testo francese esplicita i passaggi logici « *car, qui cesse dès que (...) dès que* » laddove l'italiano lavora per giustapposizioni di immagini e mette in moto un ragionamento figurativo più che logico. E infine, nell'ultima frase, il francese sembra addirittura cambiare il tema profondo parlando di « *nouveauté d'un jour, qui sera nouveauté de toujours* » quando invece l'italiano parla di una novità "essendo stata novità una volta continui a esserlo per sempre"; il punto di vista è diverso perché il francese si fonda su un tempo futuro (« *sera* ») e l'italiano su un congiuntivo ("continui"); lo Spettatore-Traduttore vede un futuro quasi-certo, su una novità che potrà essere per sempre, invece l'Assistente-protagonista di Calvino esprime un desiderio-ipotesi che si basa su una trasformazione graduale e continuata della "novità", che per il fatto di essere stata (essendo stata), resti tale per sempre.

Osserviamo a margine anche qualche elemento metodologico: per quanto in semiotica generativa e in particolare nell'accezione di Fontanille (1989) la dimensione pragmatica, cognitiva e timica siano teorizzate come categorie discrete e distinte, negli esempi citati, la focalizzazione e la dimensione cognitiva (punti b e c) non sono scindibili dalla dimensione timica, ma vanno semmai a modularla in modo sensibile nella sua intensività ed estensività.

Conclusioni

In questo capitolo siamo passati dalla concettualizzazione virtuale e astratta – Quadrato semiotico della traduzione – alla sua attualizzazione in un Modello che formalizza le componenti modali cognitive e pragmatiche della pratica. Con la presentazione completa del Percorso generativo del senso abbiamo illustrato l'importanza del concetto di narratività, inteso come spiegazione a dimensione umana del "senso della vita". La narratività è il meccanismo che prevede la qualificazione del soggetto tramite una modalizzazione di tipo manipolativo, la sua realizzazione in quanto soggetto attante che agisce tramite le sue conoscenze e le sue competenze, e infine il suo riconoscimento tramite il giudizio altrui che sancisce la sua azione, determinando il grado di verità. Lo schema narrativo canonico definisce questi tre momenti ontici come *manipolazione, azione, sanzione*. Lo schema attanziale è completato da una dimensione modale, ovvero da modalità che modalizzano l'azione (*fare* o *essere*) rendendola possibile, eventuale, necessaria, desiderabile, nociva, ecc. Su queste premesse abbiamo analizzato la pratica della traduzione come narrazione specifica che attualizza lo schema canonico nella concatenazione di un programma traduttivo e un programma traduttologico. Questi due programmi costituiscono nella nostra proposta teorica il Modello semiotico.

Il *programma traduttivo* descrive l'azione dell'attante soggetto Traduttore, la sua competenzializzazione tramite l'atto manipolativo dell'attante Committente e l'istituzione di un contratto traduttivo che accoglie tre istruzioni: le istruzioni orientate all'universo di valori della lingua e al rapporto cultura di partenza-cultura di arrivo (rapporto io-altro); le istruzioni orientate alla definizione del pubblico della traduzione; e infine le istruzioni riguardo alla produzione della traduzione stessa. Il programma traduttivo prevede una *manipolazione* (persuasiva o prescrittiva), una *sanzione* (retributiva e/o legittimante) e una *azione*. Per il tramite del contratto traduttivo, la manipolazione istituisce il Traduttore, ovvero lo competenzializza in quanto "soggetto competente". La qualificazione del Traduttore è fondamentale perché ha risvolti *etici* (il Traduttore può rifiutare o aderire al contratto traduttivo e all'universo di valori sotteso) e *normativi* (il Traduttore può decidere di accettare o rifiutare le norme traduttive in vigore). La sanzione corrisponde principalmente all'atto pragmatico di retribuzione al compimento del contratto traduttivo. Oltre a essere retributiva la sanzione è anche legittimante, infatti, il Committente tramite il suo giudizio epistemico veridifica l'adeguamento del prodotto traduttivo al sistema di valori che fonda il contratto traduttivo. È in questa sede che avviene buona parte della realizzazione del rapporto io-altro, secondo i termini e la rete di relazioni previste del Quadrato semiotico della traduzione. All'atto epistemico del Committente si affianca, l'atto epistemico del Traduttore: il programma traduttivo prevede, in complemento alla teoria greimasiana, una dimensione cognitiva del soggetto attante espressa nell'atto epistemico con cui il Traduttore interpreta a sua volta le istruzioni contrattuali e attribuisce loro uno statuto di verità. La realizzazione delle istanze del Quadrato semiotico della traduzione avviene nella performanza del Traduttore, che si presenta come una azione retta dalle modalità del *far sapere* (compatibilmente ed efficacemente rispetto all'universo di valori) e *far essere* (*far credere*) un testo tradotto: queste due modalità indicano che la traduzione implica un adeguamento all'universo referenziale (*far sapere* e *saper essere*) e alla convinzione traduttiva (*far essere equivalente*).

Il Modello articola anche un *programma traduttologico*, attuato da chi cerca di cogliere in modo scientifico le essenzialità della pratica della traduzione. Il programma del Critico-Traduttologo è rivolto in particolare all'indagine delle istruzioni contrattuali, alle modalità manipolative e alle condizioni fattuali del programma traduttivo. Il Critico-Traduttologo esamina le componenti etico-normative della competenzializzazione del Traduttore, contestualizza la sua azione e analizza il prodotto della sua performanza. Il giudizio epistemico del Critico-Traduttologo è il meccanismo di verifica degli elementi che compongono la nuova proposta teorica perché da una parte descrive il modo in cui le condizioni logico-semiotiche della traduzione sono realizzate nella dimensione umana, e dall'altra parte perché conferisce al Modello un ulteriore grado di realizzazione tramite la critica del prodotto che risulta dall'azione del Traduttore.

Il Percorso generativo prevede, tramite la regola della conversione, il passaggio dalla grammatica narrativa alla manifestazione del discorso. Questo passaggio deriva direttamente della performanza del soggetto Traduttore. Il testo tradotto, non è analizzabile semplicemente replicando gli esempi di analisi semiotica testuale pubblicati finora (in particolare Greimas 1976; Groupe d'Entrevernes 1988; Courtés 1980, 1991; Pezzini 1998; Hébert 2001, 2003; Pozzato 2007) perché le premesse che lo pongono in essere si rifanno a una specifica significazione profonda (Quadrato semiotico), ma anche soprattutto, come dimostrato in questo capitolo col Modello semiotico, perché il suo *modus essendi* è inserito all'interno della performanza del Traduttore che è a sua volta istruito dalle condizioni tra Committente e Traduttore. La traduzione è quindi concetto, pratica e prodotto. Per analizzare il testo tradotto, inteso come prodotto che realizza la dimensione teorica del Modello semiotico e dal concetto di Traduzione, abbiamo utilizzato gli strumenti di analisi semiotica testuale sviluppati da Greimas: l'analisi dell'enunciazione traduttiva attraverso le marche testuali presenti nella traduzione. Nella semiotica greimasiana il testo enunciato porta le tracce tangibili e analizzabili dell'enunciazione, che è quindi il suo presupposto logico. I meccanismi enunciativi (débrayage-embrayage) descrivono il modo in cui sono messi in discorso i fatti, i personaggi, il tempo e lo spazio, e di conseguenza permettono di comprendere in quale modo il Traduttore, osservatore esterno e non contemplato nella struttura discorsiva, focalizza i fatti e presenta i personaggi nel testo tradotto. Riassumendo i pochi ma significativi esempi presentati nella sezione, possiamo tentare un approccio empirico più ampio, applicato a interi testi e corpora di testi tradotti, e basato sui seguenti livelli di analisi.

Ricostruzione del punto di vista dell'osservatore Traduttore che costruisce lo spazio cognitivo e timico tramite interventi che vanno a costituire:

- le isotopie attanziali, riferite al Soggetto della narrazione, all'Oggetto di valore, e agli altri attanti, Assistenti oppure Antiattanti; le isotopie tematiche riferite allo specifico universo di valori;
- l'estensività e l'intensività timica traduttiva.

Nell'analisi della performanza del Traduttore, che corrisponde in particolare all'analisi del testo e in generale anche al contesto traduttivo, determineremo, assumendo la posizione del Critico-Traduttologo, le modalità con cui il Traduttore realizza le condizioni previste dal Quadrato semiotico. È in questa fase che è possibile reperire il momento di veridizione auto-regolativo anche per la nostra teoria. Il cerchio si chiude nel momento in cui la proposta teorica (Quadrato e Modello semiotico) funziona nella sua dimensione empirica, tramite il fare interpretativo e sanzionatorio del Critico-Traduttologo. Questo atto "sovra-epistemico" ci permetterà, con un'applicazione pratica affidata a uno studio pilota, di convalidare e accertare i nostri fondamenti teorici. Procediamo nel nostro cammino conoscitivo tenendo presente il fatto che ogni proposta teorica è a sua volta un fare persuasivo basato sulla modalità del sapere. Nel nostro caso il fare persuasivo si appoggia ulteriormente su un fare analitico scientifico che ha la finalità di dimostrare il nostro *saper vero*, e di convincere quindi della validità del nuovo Modello semiotico della traduzione.

V. Testo a fronte: strumenti critico-analitici

5.1 Del genere testuale: discorso filantropico e discorso di marca

In questo capitolo ci proponiamo di analizzare la traduzione in italiano e in francese di un testo scritto in inglese britannico. Il testo descrive un progetto scientifico finanziato dalla società orologiera Rolex. Tale progetto fa parte di una serie di iniziative che vengono definite filantropiche[1].

Sarebbe interessante approfondire la nascita, gli obiettivi e i recenti sviluppi delle *grant-making* e *charities* nelle forme più evolute e recenti di *venture philantropy* e *corporate philantropy*, per comprendere come le attività filantropiche diventino sempre più varie e complesse nella loro organizzazione man mano che a esse sono applicati schemi di gestione aziendali e societari. Ciò esula tuttavia dalla nostra ricerca, e dovremo limitarci in questa sede a individuare alcuni principi generali che sono alla

---

[1] Filantropia è un termine di difficile definizione che ha profonde origini storiche ed è fortemente connesso a ideali sociali, etici e religiosi, ma anche artistici (mecenatismo) e non da ultimo a esigenze di sviluppo economico e politico. Dal XX secolo in poi, l'agire filantropico, è spesso associato all'agire imprenditoriale tant'è vero che molti esperti che studiano il fenomeno parlano di un'inedita ibridazione tra sfera economica e sfera morale e sociale. Queste nuove forme di ibridazione sono spesso definite col nome di "*corporate philantropy*", filantropia di impresa (Gemelli 2004, 93–144) e si distinguono dalle antiche forme di mecenatismo perché perseguono essenzialmente una strategia finalizzata al "ritorno degli investimenti" e coniugano obiettivi apparentemente agli antipodi: conseguire profitti e al contempo investire nel sociale (Ramunni 2004, 271).
Pratica che affonda le proprie radici nella storia europea, con i principi religiosi volontaristici e di donazione, di solidarietà ma anche di progresso sociale, la filantropia ritrova un senso nuovo proprio nella storia delle grandi fondazioni americane, finanziate dai capitali generati dal sistema della new economy e finalizzate a realizzare, proprio con l'incorporazione dell'agire filantropico, il benessere e il progresso della società.
Giuliana Gemelli (2004, 8–7) afferma: "Si comprende perciò come la filantropia scientifica nel contesto statunitense, sia stata, nel corso del XX secolo, in modo ambivalente ed in un equilibrio instabile tra le sue due anime, uno strumento di giustizia distributiva, un correttivo agli eccessi del capitalismo, e al tempo stesso, un fattore di sostegno al suo sviluppo, nel segno della separatezza, tra l'economico e il sociale, avvalorata scientificamente dalla teoria economica dominante."

base dell'attività filantropica moderna e che riguardano anche il *Rolex Institute*, il Committente dei testi dei testi originali e dei testi tradotti quivi analizzati.

In generale:
- le fondazioni filantropiche sono spesso emanazioni di società di capitali dalle quali traggono le risorse (Bertozzi 2004, 60);
- rigore scientifico e reciprocità sono i principi che guidano la fase valutativa, lo studio di fattibilità la valutazione dell'impatto dei progetti finanziati e follow-up, (Bertozzi 2004, 67);
- la visibilità dei filantropi e la "spettacolarizzazione" sono caratteristiche fondanti dei nuovi modelli filantropici (Ramunni 2004, 253–278).

Questi tre principi si applicano senz'altro ai programmi che Rolex definisce filantropici: *Rolex Mentor and Protégé Arts Initiative*, che finanzia collaborazioni tra giovani e artisti affermati, e i *Rolex Awards for Enterprise*, la prima iniziativa filantropica che promuove sin dal 1976 varie attività scientifiche volte al benessere e allo sviluppo della società. In realtà Rolex ha da sempre condotto una vera e propria attività di sponsorizzazione finalizzata al marketing e alla promozione della propria immagine: già nel 1927 associa il proprio nome a quello della prima donna al mondo ad aver attraversato a nuoto il canale della Manica, Mercedes Gleitze, e con una costosa ma fortunata campagna pubblicitaria che annuncia l'exploit della nuotatrice sulla prima pagina del giornale britannico Daily Mail, Rolex assicura al proprio prodotto, l'orologio impermeabile Oyster un successo impensato per l'epoca. La fortuna commerciale della Casa ginevrina è senza alcun dubbio legata a una diffusione capillare del proprio nome tramite diversi mezzi pubblicitari, ma in particolar modo alla promozione mediante testimonial, e non da ultimo ai programmi di filantropia premiano progetti ideati da personalità di spicco che incarnano la perfezione (Süssli 2000).

I Rolex Awards for Enterprise sono banditi nel 1976 (con la denominazione in italiano Premi Rolex per un'Ingegnosa Impresa), allo scopo di celebrare il 50° anniversario del brevetto Oyster, la cassa impermeabile che caratterizza gli orologi Rolex. Nel 1978 sono resi noti i nomi dei vincitori di un premio di 50.000 franchi svizzeri e di un orologio Rolex in oro (HRAE 1996; BRAE 1996); sin da quell'anno, la casa ginevrina decide di riproporre il Premio a scadenze biennali come riconoscimento del lavoro di ricercatori e scienziati che contribuendo al benessere generale dell'umanità si fanno ambasciatori dello "spirito di intraprendenza". Le aree disciplinari cui fanno capo i progetti premiati sono cinque, come le punte della corona del marchio: Scienza e salute, Tecnologia applicata, Esplorazioni e scoperte, Ambiente, Preservazione del patrimonio culturale.

Sullo sfondo di un'azione che si definisce di filantropia si collocano tutta una serie di progetti realizzati da ricercatori cui Rolex associa il proprio nome sulla base di quei valori che costituiscono l'universo della marca orologiera: spirito di iniziativa, originalità, fattibilità e impatto potenziale sull'intera umanità o sul pianeta. Stretto è quindi il legame che unisce la filantropia Rolex e la promozione dell'immagine di una marca che si pone come universale ma esclusiva, tradizionale ma moderna. E per una società che si posiziona in un mercato altamente competitivo, le attività filantropiche diventano una nuova forma di pubblicità che mira a "promuovere per promuoversi".

Rolex rappresenta quindi un caso di ibridazione tra vecchi e nuovi modelli filantropici perché coniuga la *sponsorship*, destinata ad alimentare la visibilità della società, all'alleanza collaborativa (*venture philantropy*) tra istituto erogatore di risorse e individui che fanno parte della comunità tecnico-culturale-scientifica.

Per comprendere come la *sponsorship* determini una maggiore visibilità della società è necessario fare riferimento a un altro tipo di discorso teorico, o meglio un altro modo di vedere e analizzare il discorso filantropico di marca.

Il discorso filantropico diventa in realtà un altro modo, forse più complesso, con cui un'azienda si inserisce, trascendendo il proprio settore di attività e risemantizzando il proprio discorso di marca all'interno della società.

> La marca cosiddetta postmoderna, schivando le maglie della razionalità economica e le stesse strategie di mercato, si pone come pura forma capace di assumere sostanze diverse, dalla politica, al turismo, dallo spettacolo all'umanitarismo, all'educazione alla gastronomia, ecc. – vettore forte di senso qualsiasi, purché ce ne sia uno. (Marrone 2009, 18)

Il discorso di marca, di cui "l'essere filantropico" è una componente importante, non è altro che una forma narrativa che tramite "piccole narrazioni" propone la realizzazione di progetti di identità. Le piccole narrazioni, i progetti filantropici, non solo celebrano gli sviluppi tecnico-scientifici, culturali e sociali, ma fanno di questi aspetti le proprietà costitutive dell'immagine della marca, del suo senso.

Il punto è che le marche importanti propongono tutte un mondo possibile, e grazie al mondo possibile sono in grado di influenzare e addirittura creare elementi consistenti della nostra identità. In questo sta il loro potere. Le marche, con i loro mondi possibili e immerse nell'imperversante presenza della consumosfera, si sono sostituite alle grandi narrazioni e hanno imposto le loro piccole narrazioni. (Ferraresi 2008, 10)

Non solo, il senso che non è dato una volta per tutte ma, di piccola narrazione in piccola narrazione, si trasforma, evolve e si adatta ai tempi e soprattutto al pubblico.

> La marca nasce con il dna dell'adattamento. È molto più duttile delle grandi narrazioni, perché è maggiormente in grado di sopravvivere mutando. La marca è un virus che si adatta. (Ferraresi 2008, 12)

Nel caso di Rolex diventa quindi estremamente difficile tracciare una linea netta tra discorso filantropico e discorso di marca teso a utilizzare figure del mondo che si incaricano, di volta in volta, con varie tematiche che cambiano nel tempo, di veicolare contenuti in grado di costituire un proprio sistema di valori, una propria assiologia.

Certamente, il discorso filantropico è mosso da principi e assume proporzioni che vanno al di là della semplice volontà "visibilistica" di marca, perché in fondo implica anche una importante partecipazione finanziaria; tuttavia, almeno per Rolex, la cura e la dovizia con cui sono realizzati e pubblicizzati i programmi filantropici, e innanzitutto l'appropriazione dei valori filantropici (benessere dell'umanità, intraprendenza, ambientalismo, sviluppo, ecc.) all'interno della logica di marca sono una dimostrazione chiara che ci troviamo in presenza di un vero e proprio processo di significazione che costruisce l'identità di marca.

Sarà quindi importante, nell'analisi dei testi tradotti, tenere presente questi elementi di significazione profonda che fanno capo al contempo al discorso filantropico e al discorso di marca.

5.2 Tradurre la filantropia della marca Rolex: studio pilota

Per saggiare gli strumenti metodologici di analisi testuale, abbiamo scelto di prendere in esame un breve testo scritto in inglese e le sue traduzioni in italiano e in francese. L'analisi sarà orientata a individuare le strutture testuali del testo di partenza e in parallelo a descrivere in quale modo tali strutture entrano nell'orizzonte tensivo ontico-forico del Traduttore.

Il testo scelto descrive un progetto scientifico che si inserisce nell'ambito disciplinare "Ambiente" e che riguarda, in particolare, la protezione di specie minacciate di estinzione o in via di estinzione. Nel racconto, il Soggetto narrativo è un ricercatore ed ecologista messicano, Rodrigo Medellín, vincitore di merito dei Premi Rolex 2008 per le sue iniziative e campagne informative riguardanti la tutela dei pipistrelli in territorio messicano.

Il Modello semiotico che avevamo proposto nel quarto capitolo ci portava ad approfondire la ricerca su elementi testuali legati alla performanza del Traduttore. In tal senso, l'enunciato traduttivo si configura come il dato tangibile che porta le tracce discorsive dell'enunciazione traduttiva.

Nella semiotica generativa, il concetto di enunciato può identificare quello di testo e di *discorso*. Ricordiamo che per Greimas (DRTLit, 86–89) *il discorso è il processo semiotico*, ossia, un insieme di pratiche discorsive, linguistiche e non linguistiche. Infatti, l'autore sostiene che "prendendo in considerazione le sole pratiche linguistiche, si dirà che il discorso è l'oggetto di sapere cui mira la linguistica discorsiva. In questo senso, esso è sinonimo di testo", (DRTLit, 86).

Il testo tradotto diventa quindi una pratica discorsiva identificabile col concetto di enunciato, inteso come luogo di realizzazione di una serie di pratiche semiotiche i cui principi generali sono riuniti nel Modello semiotico e le cui virtualizzazioni sono previste dalla struttura elementare di significazione, il Quadrato semiotico della traduzione.

Il testo tradotto diventa qui una *minisemiotica* (DRTLit, 88) del "discorso traduttivo", ossia l'oggetto semiotico in cui il *discorso sulla traduzione* realizza le organizzazioni profonde, definibili come assiologie traduttive descrivibili nel Modello semiotico e articolabili nel Quadrato semiotico della traduzione.

In questa prospettiva, limiteremo dapprima il nostro campo di analisi all'enunciato tradotto, per individuarvi le tracce testuali che costituiscono la voce, il punto di vista e l'orizzonte ontico-forico del Traduttore. Cercheremo poi di comprendere in quale modo i risultati ottenuti nell'analisi testuale vanno a informare le istanze sintattiche del Modello e le istanze assiologiche del Quadrato.

L'analisi testuale si basa sui seguenti livelli di indagine:

Livello isotopico: individuare e descrivere le isotopie testuali. La teoria greimasiana concepisce l'isotopia (termine che Greimas deriva dall'ambito chimico-fisico) come un concetto operativo, che, tramite l'iterazione delle categorie semiche (tematiche e figurative) costituisce una griglia di lettura che rende omogenea la superficie del testo, risolvendone le ambiguità.

> Da questo punto di vista, fondandosi sull'opposizione riconosciuta – nell'ambito della semantica* discorsiva – tra la componente figurativa e la componente tematica, si distingueranno rispettivamente delle **isotopie figurative** che sottintendono le configurazioni* discorsive, e delle **isotopie tematiche**, situate a un livello più profondo, conformemente al percorso generativo*. a) In certi casi, l'isotopia figurativa non ha alcuna corrispondenza a livello tematico: così una ricetta di cucina, situata al piano figurativo e che rinvia all'isotopia molto generale di *culinaria*, non si ricollega ad alcun tema preciso. b) Altre volte avviene al contrario che a una isotopia figurativa corrisponda una isotopia tematica: così l'isotopia *fornitore/consumatore* è illustrata da un insieme di comportamenti somatici dell'Orco e di Pollicino: questo è il caso più frequente, tipico del processo normale della generazione* del discorso (come passaggio dall'astratto al figurativo): in effetti si può postulare che una isotopia più profonda presupponga quella di superficie, e non inversamente. c) Capita alle volte che a molte isotopie figurative corrisponda una sola isotopia tematica: ne sono un buon esempio le parabole evangeliche relative a uno stesso tema, come d'altronde certe opere ossessive a tematica ricorrente. (DRTLit, 171–172)

Oltre a essere figurative e tematiche le isotopie individuano un livello omogeneo del discorso in riferimento agli attanti del racconto: Soggetto narrativo, Oggetto di valore, Antiattanti, Attanti Aiutanti del Soggetto, ecc.
Sulla base delle isotopie attanziali e tematiche analizzeremo le modalità con cui il Traduttore *virtualizza* oppure *realizza*, rispetto al testo originale, tratti semantici legati agli attanti Soggetto e Oggetto di valore, Antiattanti e Aiutanti, nonché i tratti semantici riferiti a tematiche testuali (ad esempio: /utilità/, /visibilità/, /impatto/, ecc.)

Ipotizziamo quindi che sarà a livello isotopico che il Traduttore determinerà variazioni testuali, virtualizzando alcuni tratti semantici e realizzandone altri. Definiamo l'emergere di queste variazioni come *salienze traduttive*[2].

La salienza è l'indicatore principale del quadro enunciativo, dell'orizzonte ontico-forico del Traduttore e del contratto traduttivo. La

---

2   La salienza è un concetto operativo applicato alla realtà traduttiva e adattato alla nostra proposta teorica, che si distingue quindi dalle definizioni di "salienza linguistica". Per un approfondimento del concetto di "salienza linguistica" rinviamo agli studi di Frédéric Landragin (2003, 2004, 2006, 2007, 2011) e Olga Inkova (2011).

salienza traduttiva è il luogo testuale in cui emerge chiaramente una nuova identità e di conseguenza essa fa appello ad altri aspetti della teoria, pertinenti al Modello semiotico e al Quadrato della traduzione.

Per l'analisi testuale abbiamo creato codici specifici, assegnati contestualmente a ogni salienza traduttiva riferita a tratti semantici isotopici.

Tab. 5.1 Codici riferiti alle variazioni nelle isotopie attanziali

Livello isotopico che comprende:
Gli attanti: a) Attante Soggetto, tratto semantico legato all'attante Soggetto realizzato nella traduzione e virtualizzato nell'originale (IsoSgVR), oppure viceversa, virtualizzato nella traduzione e realizzato nell'originale (IsoSgRV) – L'attante Soggetto è il protagonista del racconto, nel testo analizzato è Rodrigo Medellín. b) Attante Oggetto di valore, tratto semantico legato all'attante Oggetto di valore realizzato nella traduzione e virtualizzato nell'originale (IoOvVR), virtualizzato nella traduzione e realizzato nell'originale (IsoOvRV) – Nel testo analizzato l'oggetto di valore è l'obiettivo è la protezione di alcune specie di pipistrelli, e in generale dalla protezione di questa specie. c) Antiattanti, tratto semantico legato agli Antiattanti, realizzato nella traduzione e virtualizzato nell'originale (IsoAntiVR), virtualizzato nella traduzione e realizzato nell'originale (IsoAntiRV) – Gli Antiattanti si riferiscono agli ostacoli e alle difficoltà (materiali o psicologiche) che si presentano all'attante Soggetto. d) Attanti Aiutanti, tratto semantico legato all'attante Aiutante realizzato nella traduzione e virtualizzato nell'originale (IsoAdVR), virtualizzato nella traduzione e realizzato nell'originale (IsoAdRV). I temi (IsoTemVR / IsoTemRV) che nel testo specifico sono: /utilità/, /visibilità/, /impatto/, /scontro/, /determinazione/, /risorse economiche/, /ignoranza/, /violenza/, ecc. I temi sono individuati e definiti in base al comportamento traduttivo; ciò significa che nella nostra analisi non vi sarà una descrizione esaustiva di tutte le isotopie tematiche del testo, originale, ma vi figureranno unicamente quelle che sono sollecitate dalle salienze traduttive.

Livello tensivo – abbiamo definito la tensività come funzione che descrive l'evoluzione graduale, il *gradiente*, della correlazione tra l'intensità e l'estensività dei valori presenziali e forici: l'*intensività* indica la forza qualitativa di un valore, di una presenza forica, la *estensività* indica invece la posizione, e l'estensione quantitativa nello spazio e nel tempo di quel dato

217

valore. Ci proponiamo quindi di individuare e descrivere le salienze traduttive a livello di:

estensività – variazioni nella profondità classematica o gerarchica, eliminazione di tratti semantici e generazioni di altri tratti semantici; operazioni estensive che vanno a espandere o contrarre le strutture sintattiche del testo originale. Nella categoria estensiva inseriamo anche il livello aspettuale che fa capo al punto di vista dell'osservatore Traduttore che ne costruisce il suo spazio cognitivo (tempi verbali, aggettivi e avverbi, registro e stile).

Qui di seguito, indichiamo i codici associati a ogni tipo di intervento estensivo nel testo tradotto.

Tab. 5.2 Codici riferiti alle variazioni nell'estensività

Estensività nullità => unità, (EstNU), operazione estensiva con realizzazione di un tratto semantico non presente (aggiunta).
Estensività unità => nullità (EstUN), operazione estensiva di annullamento di un tratto semantico (omissione).
Estensività classematica (EstClass), operazione estensiva di cambiamento classematico (gerarchizzazione), operazione estensive di tipo assolutizzante (iperonimi), oppure operazione di tipo terminologico con impiego di termini tecnici e scientifici, onde evitare ripetizioni. Secondo Fontanille e Zilberberg (1998, 139), tra i due estremi opposti dell'estensività vi è la non presenza, "nullità", e la presenza completa e totale, "totalità", di una data caratteristica; tra gli altri elementi quantificatori dell'estensività vi sono "dualità, pluralità, globalità/totalità, generalità/universalità". Le operazioni estensive non sono altro che cambiamenti nei quantificatori, ad esempio il passaggio da "nullità" a "unità" indica l'emergere di una caratteristica isolata che prima non era presente.
Estensività espansiva (EstEsp), operazione estensiva che espande, ad esempio, una struttura duale in due frasi, oppure un sintagma in un'intera frase, ecc.
Estensività sintetizzante (EstSin), operazione estensiva che contrae a livello sintattico, ad esempio, una struttura duale in una struttura unica.
EstStr, Operazione espansiva che richiama una realtà esotica e crea un effetto straniante.
EstAsp, Operazione estensiva aspettuale, variazione nello stile, nel registro, ma anche nei tempi verbali, nelle forme valutative, e nell'instaurazione diretta di un soggetto cognitivo, osservatore e umano; quivi includiamo anche la modificazione del flusso informativo del testo.

intensività timica – individuare e descrivere le variazioni di tipo forico nel testo tradotto, in particolare le scelte traduttive che magnificano oppure narcotizzano gli aspetti euforici e disforici.

Tab. 5.3 Codici riferiti alle variazioni nell'intensività

IntTimDisAnti, operazione intensiva timica che aumentando l'intensività disforica dell'Antiattante accentua l'intensività euforica dell'attante Soggetto/dell'Oggetto di valore. IntTimEu-/+, operazione intensiva timica con riduzione/aumento dell'intensità del timismo euforico. IntTimDis-/+, operazione intensiva timica con riduzione/aumento dell'intensità del timismo disforico. IntTim-Lung, operazione intensiva timica con riduzione dell'intensità del timismo in relazione alla ritmicità e lunghezza della frase.

I risultati derivati da questi livelli di indagine ci permetteranno di riunire le variazioni salienti nei testi tradotti e di tracciare uno stile di traduzione inteso come profilamento di una identità traduttiva. Ricordiamo che il Traduttore non è un attore rappresentato nell'enunciato ma la sua presenza è rintracciabile nelle operazioni isotopiche, estensive e di investimento e disinvestimento timico. In questo quadro rientra anche la scelta di prendere in esame due traduzioni dello stesso testo originale: basandoci sull'ipotesi per cui il Traduttore inscrive all'interno del testo tradotto una propria "identità", riteniamo che tale identità costituisca un vero e proprio "stile traduttivo" che emerge nella sua peculiarità all'interno delle traduzioni, nel nostro caso, in italiano e in francese. L'analisi delle salienze traduttive fornisce, nella nostra prospettiva, una visione più precisa di quello che Mona Baker definisce come stile traduttivo.

> More crucially, a study of a translator's style must focus on the manner of expression that is typical of a translator, rather than simply instances of open intervention. It must attempt to capture the translator's characteristic use of language, his or her individual profile of linguistic habits, compared to other translators. Which means that style, as applied in this study, is a matter of patterning: it involves describing preferred or recurring patterns of linguistic behaviour, rather than individual or one-off instances of intervention. (Baker 2000, 245)

L'analisi semiotica dei livelli isotopici, intensivi ed estensivi in corpora ampi ed estesi a un periodo relativamente lungo, ci consentirà, grazie a uno strumento di analisi computerizzata dei testi un particolare trattamento informatico dei testi, di individuare i tratti più salienti dello stile dei traduttori.

Questo lavoro è sotteso da una conoscenza pregressa sull'universo traduttivo dei Premi Rolex. Infatti, sulla base di informazioni fornite dalla persona che internamente coordina le attività traduttive, sappiamo che, sin dall'inizio, le traduzioni in italiano sono sempre state eseguite da una stessa persona, e la revisione viene effettuata nella sede italiana di Rolex; per la traduzione in francese intervengono sempre due traduttori: uno esegue la traduzione e l'altro la revisione, e viceversa. E infine il pubblico cui i testi (originale e traduzione) riferiti è molto ampio.

> Le public cible est: acteurs du programme RAE ; filiales Rolex ; organisations dans les catégories environnement, exploration, enseignement, information sciences ; personnalités, VIP. (Comunicazione del coordinatore Rolex RAE, 12 dicembre 2012)

Qui di seguito confrontiamo il testo originale in inglese e le traduzioni in francese e in italiano.

Tab. 5.4 Testo originale e traduzione in francese e in italiano a confronto

Save endemic and endangered bats through habitat protection and education	Sauver des chauves-souris endémiques et menacées d'extinction en protégeant leur habitat et en sensibilisant la population	Salvare dall'estinzione i pipistrelli messicani mediante campagne di sensibilizzazione e protezione del loro habitat
§1 SUMMARY *Superior pollinators and insect predators, bats are, with a few exceptions, valuable assets to mankind. Yet these flying mammals are reviled and killed. Rodrigo Medellín's passionate advocacy of bats through conservation and education is dispelling harmful myths and bringing about harmony between these animals and their human neighbours.*	*RÉSUMÉ* *Remarquables pollinisatrices et prédatrices d'insectes, les chauves-souris sont, à quelques exceptions près, très utiles à l'humanité. Pourtant, ces mammifères volants sont honnis et tués. Rodrigo Medellín les défend avec ardeur par son action de conservation et de sensibilisation, qui fait un sort à des mythes dangereux et instaure une certaine harmonie entre ces animaux et leurs voisins humains.*	*SINTESI* *Grandi predatori di parassiti e importanti vettori dell'impollinazione, i pipistrelli svolgono una funzione essenziale per l'equilibrio ecologico. Tuttavia, questi mammiferi volanti sono vittime di tutta una serie di leggende che li rendono il bersaglio di una caccia spietata. Con un'appassionata campagna di sensibilizzazione, e con la difesa del loro habitat, Rodrigo Medellín sta riuscendo a sfatare le credenze popolari e a portare pace fra pipistrelli ed esseri umani.*

220

§2 Once worshipped as deities, bats held a place of honour in the rich cultural landscape of the Maya civilisation. But these remarkable animals – in some areas of the world a keystone species critical for healthy ecosystems – have suffered from centuries of misconceptions and folklore that portray them as sinister, disease-carrying, bloodsucking demons. Through ignorance and fear, humans wipe out entire colonies of bats through pesticides, encroachment or by mining, burning or dynamiting the caves where they roost.	Jadis vénérées en tant que divinités, les chauves-souris occupaient une place d'honneur dans le riche paysage culturel de la civilisation maya. Depuis des siècles, cependant, ces animaux remarquables – essentiels pour le maintien d'écosystèmes sains dans certaines régions du monde – ont pâti des idées fausses et du folklore qui font d'eux des démons sinistres, suceurs de sang et porteurs de maladies. Par ignorance et par peur, les humains détruisent des colonies entières de chauves-souris au moyen de pesticides, en empiétant sur leur territoire ou en minant, brûlant ou dynamitant les grottes où elles nichent.	Un tempo adorati come divinità, i pipistrelli occupavano un posto di primo piano nella grande civiltà dei Maya. Tuttavia questi straordinari animali, che svolgono una funzione essenziale nell'equilibrio ecologico di alcune regioni del mondo, continuano a essere le vittime di un folklore ottuso che li dipinge come demoni assetati di sangue e portatori di malattie. Spinti dall'ignoranza e da paure immotivate, gli esseri umani hanno spazzato via, con l'uso di pesticidi, intere colonie di pipistrelli ed hanno bruciato e fatto esplodere molte delle grotte in cui essi trovavano riparo.
§3 Severely under-studied, omitted from conservation plans, bats are among the world's most rapidly declining mammal species. A total of 1,116 species of bats exist worldwide, and are found everywhere except polar regions and desert extremes. Eighty-five species are endangered, and in many cases, the main threat to them stems from mankind's fear and hatred.	Malencontreusement peu étudiées, oubliées dans les plans de conservation, les chauves-souris comptent parmi les espèces de mammifères qui connaissent le déclin le plus rapide. Il en existe 1 116 espèces dans le monde, et l'on en trouve à peu près partout sauf dans les régions polaires et les milieux désertiques extrêmes. Quatre-vingt-cinq espèces sont menacées d'extinction, le plus souvent à cause de la peur et de la haine viscérales qu'elles inspirent à l'être humain.	Poco studiati e tralasciati nei vari programmi di protezione della natura, i pipistrelli sono fra i mammiferi più minacciati: delle 1.116 specie di chirotteri, diffuse in tutte le regioni del mondo, salvo ai poli e nei deserti più aridi, 85 sono a rischio di estinzione, spesso proprio a causa dei timori e dell'odio dell'uomo.

§4 For Rodrigo Medellín, however, bats are nothing less than astonishing. Mexico's foremost authority on bats and an ardent conservationist determined to change their image, he is Professor of Ecology at the National Autonomous University Of Mexico (UNAM), where he has devoted over 30 years to creating awareness of the invaluable role they play in keeping ecosystems and lucrative agricultural crops healthy.	Rodrigo Medellín, lui, trouve les chauves-souris tout simplement stupéfiantes. Principale autorité du Mexique en matière de chiroptères et ardent partisan de leur conservation, il est décidé à changer leur image. Il est professeur d'écologie à l'Université nationale autonome du Mexique (UNAM), où il a consacré plus de trente ans à sensibiliser le public au fait que les chauves-souris contribuaient de façon précieuse à la santé des écosystèmes et d'une agriculture lucrative.	Per Rodrigo Medellín, invece, i pipistrelli sono creature sorprendenti. Medellín, grande studioso messicano dei chirotteri e convinto ambientalista, è professore di ecologia all'Università Nazionale Autonoma del Messico (UNAM) e da oltre 30 anni conduce campagne volte a spiegare il ruolo indispensabile che questi animali svolgono nell'equilibrio del pianeta e nello sfruttamento ottimale delle risorse agricole.
§5 Medellín was 12 years old when he first encountered bats in a hot, damp cavern teeming with life. Vampire bats hung in one corner and nectar-feeding bats mated in another. Insects burrowed into mounds of bat guano, while a snake hunted sleeping bats. "It was incredible. Surrounded by life, I couldn't find a single spot on which to focus," he says. Discovering this wealth of biodiversity in that single location was a pivotal moment in his decision to study one of the most ecologically diverse mammals in the world and to correct the many misconceptions about them.	Il avait 12 ans lorsqu'il vit pour la première fois des chauves-souris dans une grotte chaude et humide grouillante de vie. Des vampires étaient suspendus dans un coin de la grotte et des chauves-souris nectarivores dans un autre. Des insectes avaient creusé des galeries dans les monticules de déjections, et un serpent chassait les chauves-souris endormies. « C'était incroyable. J'étais entouré de vie, je ne savais plus où porter mon regard », se rappelle l'écologue. La découverte de cette concentration de biodiversité en un seul lieu joua un rôle crucial dans sa décision d'étudier l'un des mammifères présentant la plus grande	All'età di 12 anni, in una grotta umida, caldissima e brulicante di vita, Medellín si imbatté per la prima volta in una colonia di chirotteri. I cosiddetti pipistrelli vampiro dormivano a testa in giù mentre gli impollinatori si accoppiavano a poca distanza. Gli insetti si rintanavano sotto montagne di guano e un serpente dava la caccia ai mammiferi alati. "Era incredibile: letteralmente assediato da forme di vita, non sapevo più dove guardare", racconta il ricercatore messicano. L'esperienza in quella grotta, una vera finestra sulla biodiversità, indusse Medellín a dedicarsi allo studio dei pipistrelli e a lottare contro molti dei pregiudizi che queste specie catalizzano da millenni.

222

	diversité écologique au monde et de corriger les nombreuses idées fausses le concernant.	
§6 Bats are natural controllers of night-flying insect pests and consume almost the equivalent of their weight in mosquitoes and crop pests each night. Corn earworm moths cost farmers billions of dollars annually, yet in one night, a million Mexican free-tailed bats (*Tadarida brasiliensis*) can destroy ten tonnes of moths.	Les chauves-souris sont des régulateurs naturels des populations d'insectes nocturnes et consomment chaque nuit environ l'équivalent de leur poids en moustiques et insectes nuisibles pour les cultures. La noctuelle de la tomate coûte chaque année aux agriculteurs des milliards de dollars ; or, en une nuit, un million de tadarides du Brésil (*Tadarida brasiliensis*) peuvent détruire dix tonnes de ces papillons nocturnes.	I pipistrelli sono dei guardiani naturali che ci difendono dagli insetti notturni e si nutrono, in una sola notte, di zanzare e parassiti in una quantità equivalente a metà del loro peso. La lotta contro la tignola del grano costa agli agricoltori miliardi di dollari ma, in una sola notte, i pipistrelli messicani a coda sporgente (*Tadarida brasiliensis*) possono mangiarne decine di tonnellate.
§7 Across Mexico's lush rainforests, sprawling savannahs and vast deserts, bats pollinate flowers of many hundreds of species, such as columnar cacti and agaves (a vital ingredient in the production of tequila), and disperse seeds of many species that promote forest restoration. In fact, bats distribute up to five times more seeds per square metre than birds, and can account for up to 95 per cent of forest regrowth. Mexico, renowned for its extraordinary biological diversity, boasts an astonishing variety of bats – Medellín	À travers les forêts pluviales, les savanes et les déserts du Mexique, les chauves-souris fécondent les fleurs de centaines de sortes de plantes, telles que cactus colonaire et agave (ingrédient essentiel de la tequila), et dispersent les graines de nombreuses espèces qui favorisent la restauration de la forêt. En fait, elles disséminent jusqu'à cinq fois plus de graines par mètre carré que les oiseaux, et peuvent être à l'origine de 95 % de la repousse forestière. Le Mexique, renommé pour son extraordinaire biodiversité, possède une population de chiroptères incroyablement variée. Selon les estimations de Medellín, on y compterait	Nelle lussureggianti foreste pluviali del Messico, nelle savane e nelle estese aree desertiche, i pipistrelli provvedono all'impollinazione di centinaia di specie vegetali, come i cactus e le agavi (che forniscono un ingrediente essenziale per la produzione della tequila) e trasportano i gameti di molte piante favorendo la rigenerazione delle foreste. In realtà l'impollinazione dei pipistrelli è cinque volte superiore a quella degli uccelli e contribuisce al 95% della crescita delle foreste. Il Messico, noto per una straordinaria biodiversità, pullula letteralmente di specie di pipistrelli. Secondo Medellín, sono non meno di 138, di cui 19 ufficialmente minacciate di estinzione.

estimates that his country has about 138 species, of which 19 are officially threatened or endangered.	138 espèces, dont 19 sont officiellement considérées comme menacées ou en voie de disparition.	
§8 Three of Mexico's bat species feed on the blood of higher vertebrates, and there have been reports of the common vampire bat, *Desmodus rotundus*, attacking humans. But, Medellín says, "in Mexico, this is a very rare occurrence. The risks to humans are extremely low. In fact, virtually all bats are completely harmless, and 100 per cent beneficial, even crucial to ecosystems and humans.	Trois espèces de chauves-souris du Mexique se nourrissent du sang de vertébrés supérieurs, et l'on a signalé des incidents où le vampire commun, *Desmodus rotundus*, aurait attaqué des humains. Mais, dit Medellín, « au Mexique, cela arrive très rarement. Il y a très peu de risques pour l'homme. En fait, presque toutes les chauves-souris sont absolument inoffensives et bénéfiques, voire d'une importance cruciale, pour les écosystèmes et l'être humain».	Tre delle specie di chirotteri che vivono in Messico si nutrono di sangue dei vertebrati superiori e si hanno notizie di attacchi agli esseri umani da parte del pipistrello vampiro (*Desmodus rotundus*). "Ma", puntualizza Medellín, "questi casi sono molto rari nel nostro paese e i rischi per l'uomo restano molto contenuti. Praticamente tutti i pipistrelli sono innocui e svolgono un ruolo benefico, se non essenziale, nel loro ecosistema".
§9 With the benefits brought by so many bat species so high, and the risks to humans from a handful of species so low, Medellín saw the significant decline in the population of his country's 10 major bat colonies as a call to action. In 1994, he founded the Program for the Conservation of Bats of Mexico, in partnership with his university and Bat Conservation International. Under his direction, a comprehensive strategy was established, based	Conscient de la grande utilité de la plupart des chauves-souris et des risques très faibles que seul un petit nombre d'entre elles représentait pour les humains, Rodrigo Medellín décida que l'importante diminution des dix principales colonies de chiroptères de son pays était un appel à l'action. En 1994, il fonda le Programme pour la conservation des chauves-souris du Mexique, en partenariat avec son université et l'association Bat Conservation International. Sous sa direction, une stratégie	Nonostante questi elementi positivi, Medellín lamenta la forte diminuzione della popolazione di almeno dieci delle maggiori colonie di pipistrelli del suo paese. Nel 1994, lo studioso istituiva il Programma per la protezione dei pipistrelli messicani, frutto di una collaborazione fra l'Università Nazionale Autonoma e Bat Conservation International. Sotto la sua direzione veniva elaborata una strategia globale, fondata sulla ricerca, sulle campagne di sensibilizzazione e sulla protezione dei chirotteri.

on research, education and conservation.	globale intégrant recherche, éducation et conservation fut mise en place.	
§10 Today, Medellín and his 30-member team, drawn from master's and Ph.D. students, identify priority sites among Mexico's estimated 30,000 caves, and then develop management and recovery programmes for threatened species. Ranchers, for instance, believing them to be vampire bats that prey on their cattle mistakenly destroy thousands of beneficial bats; Medellín and his team defuse the problem by teaching them vampire-bat control strategies. As part of the programme, educational materials are made available, community workshops held regularly and an accurate picture of bats and their usefulness is presented via nationwide media exposure, including an award-winning radio show that reaches millions of listeners. "Adventures in Flight" is a series of 15-minute broadcasts, aimed mainly at children, with each programme covering an aspect of bat biology or conservation.	Aujourd'hui, Medellín et son équipe de trente étudiants de maîtrise et doctorants recensent les sites prioritaires parmi les quelque 30 000 grottes du Mexique, puis élaborent des programmes de gestion et de restauration des espèces menacées. Les éleveurs de bétail, par exemple, détruisent des milliers de chauves-souris bénéfiques parce qu'ils pensent qu'il s'agit de l'espèce vampire qui s'attaque à leurs bêtes. L'équipe d'écologues calme leurs craintes en leur enseignant des stratégies de contrôle des chauves-souris vampires. Le programme consiste notamment à diffuser de la documentation, à organiser régulièrement des ateliers communautaires et à décrire avec exactitude les chauves-souris et leur utilité dans les médias nationaux – à la radio, par exemple, dans la série *Aventuras al vuelo*, qui a été primée et atteint des millions d'auditeurs. Ces émissions d'un quart d'heure destinées surtout aux enfants présentent chacune un aspect de la biologie ou de la conservation des chauves-	A quattordici anni di distanza, Medellín e un'équipe di trenta studiosi, formata da laureandi e dottorandi, individuano siti di importanza prioritaria nelle circa 30.000 grotte del Messico e sviluppano programmi di protezione delle specie minacciate. I *rancheros*, ad esempio, nella convinzione che i pipistrelli vampiro attacchino il bestiame, uccidono migliaia di chirotteri che svolgono un'utile funzione ecologica. Per ovviare alla distruzione sistematica di un delicato equilibrio ambientale, Medellín e i suoi collaboratori lottano contro queste false credenze insegnando ai *rancheros* efficaci strategie di difesa dai pipistrelli vampiro. Il programma prevede anche la distribuzione di materiale informativo, workshop nelle comunità rurali, e la "riabilitazione" dei pipistrelli mediante il ricorso a mass media di importanza nazionale: è stato indetto, ad esempio, un programma radiofonico a premi che viene seguito da milioni di ascoltatori, e una trasmissiva televisiva per i piccoli, *Avventure nella notte*, che presenta a ogni puntata vari aspetti della biologia dei chirotteri e insegna come proteggerli.

	souris.	
§11 Medellín's overall strategy has proved highly effective, becoming a model for similar initiatives in Bolivia, Costa Rica, Guatemala and elsewhere. He believes that if young people do not change their attitudes, bats are doomed. His teams work with schools and communities located near habitats for threatened bat species. Games, toys and storybooks are used to enlighten children. "We've reached well over 200,000 people, at least half of them children," Medellín says, adding that thanks to radio programmes, coverage on television and articles in the press, millions of people now have access to accurate information about bats.	La stratégie globale de Rodrigo Medellín s'est avérée très efficace et a inspiré des initiatives semblables en Bolivie, au Costa Rica, au Guatemala et ailleurs. L'écologue est convaincu que si les jeunes ne changent pas d'attitude, les chauves-souris sont condamnées. Ses équipes travaillent avec les écoles et les localités situées près des habitats des espèces menacées. Elles utilisent jeux, jouets et livres d'histoires pour informer les enfants. « Nous avons atteint largement plus de 200 000 personnes, dont au moins la moitié sont des enfants », précise Medellín, qui ajoute que grâce aux émissions de radio et de télévision et aux articles de presse, des millions de gens reçoivent maintenant des informations exactes sur les chauves-souris.	La strategia di Medellín si è dimostrata molto efficace ed è servita da modello per iniziative consimili in Bolivia, Costa Rica, Guatemala e in altri paesi. Lo studioso messicano è convinto che la sopravvivenza dei pipistrelli sia legata alla nascita di una nuova consapevolezza ecologica nei giovani. Pertanto il suo gruppo interviene nelle scuole e in comunità vicine alle colonie delle specie minacciate. L'opera di proselitismo fa ricorso anche a giochi, giocattoli e libri illustrati. "Abbiamo affrontato l'argomento con oltre 200.000 persone, di cui almeno la metà sono bambini in età scolare", afferma Medellín precisando che, grazie ai programmi radiotelevisivi e agli articoli pubblicati dalla stampa, milioni di suoi connazionali possono ora avvalersi di informazioni corrette sui pipistrelli.
§12 One striking example of the strategy's success occurred in 1996, soon after Medellín and his team worked with a school near Monterrey in northern Mexico. Rumours began to circulate that a livestock-killing creature, the Chupacabras, lurked in the famous Cueva de la Boca caves, home to the	Un épisode survenu en 1996, peu après que Medellín et son équipe eurent travaillé avec une école proche de Monterrey, dans le nord du pays, est une preuve frappante du succès de la stratégie. On commençait à raconter qu'un animal tueur de bétail, le *chupacabras*, se cachait dans une célèbre grotte, la Cueva de la Boca, où vit la	Un solo esempio basti a illustrare il successo della strategia adottata da Medellín: nel 1996, poco dopo un intervento in una scuola di Monterrey, nel Messico settentrionale, iniziarono a circolare voci secondo le quali un predatore di bestiame, il Chupacabras, si nascondeva nelle famose grotte di Cueva de la Boca, dove è insediata la più grande colonia di pipistrelli messicani a coda sporgente. Gli

226

world's largest Mexican free-tailed bat population. Locals threatened to burn the cave until schoolchildren – newly informed about bats by Medellín´s team – intervened and explained their benefits. Local people grew to appreciate the Mexican free-tailed bat, and its population increased from a low of 100,000 in 1991 to 2.5 million by 2001. "To this day, the cave remains protected and cherished," says Medellín.	plus importante population de tadarides du Brésil qui existe au monde. Des habitants menaçaient de brûler la grotte lorsque des écoliers – à qui l'équipe venait de parler des chauves-souris – leur expliquèrent en quoi l'espèce était bénéfique. Les habitants commencèrent à apprécier la tadaride, dont la population a beaucoup augmenté, passant de 100 000 individus en 1991 à 2,5 millions en 2001. « À ce jour, la grotte reste protégée et aimée », se félicite Medellín.	abitanti della regione erano seriamente intenzionati ad appiccare il fuoco nelle grotte, finché i bambini della scuola, freschi degli insegnamenti del gruppo di Medellín, spiegarono agli adulti la vera funzione dei pipistrelli e l'influsso positivo che essi esercitano sull'ambiente. Gli abitanti di Monterrey iniziarono così ad apprezzare i pipistrelli a coda sporgente e la loro popolazione crebbe da 100.000 esemplari nel 1991 a 2.500.000 nel 2001. "E oggi le grotte sono diventate quasi un oggetto di venerazione", conclude Medellín.
§13 He explains that one major challenge of his work is convincing those funding conservation that bats are worth supporting. "This is a constant battle because most donors focus on charismatic species such as big carnivores or birds. Patience and education are needed, we have to explain to donors the importance of investing in bat conservation."	Il explique que l'une de ses tâches les plus difficiles est de convaincre ceux qui financent la conservation que les chauves-souris méritent un soutien : « C'est une bataille constante, parce que la plupart des donateurs s'intéressent essentiellement à des espèces charismatiques, tels les grands carnivores ou les oiseaux. » Il faut de la patience et un travail de sensibilisation. Nous devons expliquer aux bailleurs de fonds qu'il est important d'investir dans la conservation des chauves-souris. »	Lo studioso messicano spiega che la maggiore difficoltà consiste nel convincere gli sponsor dell'utilità dei pipistrelli. "È una fatica di Sisifo, perché i finanziatori vorrebbero destinare i loro fondi alla protezione di animali più emblematici, come i grandi carnivori o gli uccelli. Soltanto con una paziente opera di convincimento riusciamo a guadagnare alla nostra causa gli sponsor potenziali".
§14 The funds from Medellín's Rolex Award will be a welcome boost, allowing him and his team to work in ten	Le montant du Prix Rolex donnera un coup d'accélérateur bienvenu à l'action du Lauréat associé. Lui et son équipe	L'importo del Premio Rolex è una benvenuta iniezione di fondi che permetterà di estendere l'iniziativa di Medellín a dieci Stati del Messico intervenendo

states, selecting ten new priority caves beyond the 25 that had been previously identified as needing conservation. They will also focus on five endangered species, including the flat-headed bat (*Myotis planiceps*). Declared extinct by the World Conservation Union (IUCN) in 1996, this tiny animal – at 3 grams, one of the world's smallest bats – was rediscovered by Medellín and his associates in 2004.	pourront travailler dans dix États et choisir dix nouvelles grottes prioritaires pour les mesures de conservation, en plus des vingt-cinq qui avaient déjà été recensées. Ils concentreront aussi leurs efforts sur cinq espèces en voie de disparition, dont le murin *Myotis planiceps*. Déclaré disparu par l'Union mondiale pour la nature (IUCN) en 1996, ce minuscule animal de trois grammes, l'une des plus petits chiroptères au monde, a été redécouvert par Medellín et ses associés en 2004.	su altre 10 colonie (delle 25 individuate mediante il Programma per la protezione dei pipistrelli messicani). I paladini dei chirotteri concentreranno i loro sforzi su 5 specie minacciate, fra le quali il pipistrello a testa piatta (*Myotis planiceps*). Dichiarato estinto dalla World Conservation Union (IUCN) nel 1996, questo minuscolo animale che, con 3 g di peso, è uno dei più piccoli pipistrelli al mondo, è stato riscoperto da Medellín e dai suoi collaboratori nel 2004.
§15 Deeply committed to safeguarding not only bats but all of Mexico's wildlife, Medellín is extending his work to other species, including the pronghorn antelope, bighorn sheep, black bears and the first-ever nationwide population estimates of jaguars in Mexico. In demand at conferences and universities worldwide as a speaker and educator, Medellín has become a potent force in changing negative perceptions and restoring pride in one of Mexico's most unusual animals, earning along the way several major honours, including the Whitley Award.	Résolument décidé à préserver non seulement les chauves-souris mais toute la faune sauvage du Mexique, Rodrigo Medellín étend son travail à d'autres espèces, dont l'antilocapre, le mouflon d'Amérique et l'ours noir, ainsi qu'aux premières estimations nationales de la population de jaguars jamais effectuées au Mexique. Très demandé pour des conférences et dans des universités du monde entier, il contribue efficacement à transformer en fierté l'image négative dont souffrait l'un des animaux les plus étonnants du Mexique. Il a reçu plusieurs distinctions importantes, dont le prix Whitley.	Acceso sostenitore della tutela delle specie, Medellín sta estendendo il suo intervento ad altri esemplari della fauna selvatica del paese, quali l'antilocapra, la pecora selvatica, gli orsi neri e l'intera popolazione dei giaguari messicani. Grazie a un'intensa attività di conferenziere, Medellín è riuscito a cambiare un atteggiamento negativo e a restituire dignità a una specie che fino a poco tempo fa era oggetto di molti pregiudizi. Per quest'opera meritoria ha ottenuto numerosi riconoscimenti, fra i quali il Premio Whitley per la Conservazione Animale.

§16 "Rodrigo is brilliant, and…because of his intellect, passion, commitment and humour, he is able to convince people from all walks of life of the importance of bat populations, and their need to get informed and involved in their conservation," says Dr Mary C. Pearl, president of the Wildlife Trust, in New York.	Mary C. Pearl, présidente du Wildlife Trust, à New York, parle de lui en ces termes : « Rodrigo est brillant, et (…) par son intelligence, sa passion, sa volonté et son humour, il arrive à convaincre les publics les plus divers de l'importance des populations de chauves-souris, et de la nécessité pour eux de s'informer et de participer à leur conservation. »	"Rodrigo è un personaggio affascinante che, con intelligenza, passione, impegno e senso dell'humour, riesce a convincere persone di tutte le estrazioni della funzione essenziale dei pipistrelli, della necessità di capire il loro ruolo biologico e di proteggerli", spiega la dottoressa Mary C. Pearl, presidente del Wildlife Trust di New York.
§17 For Medellín, the words of a young boy are the best validation of his work. A few years ago, he says, "after my education team had already worked in a cave in western Mexico, I arrived at the cave incognito with some donors. As we got out of our vehicles, a child no older than nine approached us and offered to tell us about the importance of the bats that lived in that cave if we gave him a peso. I immediately gave him a couple of coins and he proceeded to tell us all about bats and their pest control, pollination, and seed dispersal services. I could not have been happier!"	Rodrigo Medellín estime que la plus belle preuve de la valeur de son travail lui a été donnée par un petit garçon il y a quelques années : « Après que mon équipe pédagogique eut travaillé dans une grotte de l'ouest du Mexique, j'y allai incognito avec des donateurs. Nous étions à peine sortis de nos voitures qu'un enfant – de 9 ans tout au plus – nous proposa de nous parler de l'importance des chauves-souris qui vivaient dans cette grotte si nous lui donnions un peso. Je lui donnai immédiatement quelques pièces et il commença à nous parler des chauves-souris et des services qu'elles rendaient : destruction d'insectes nuisibles, pollinisation et dispersion des graines. J'étais aux anges ! »	Per Medellín, la reazione di un bambino è la migliore prova del successo del suo programma: "Qualche anno fa, dopo che la mia équipe era intervenuta nel Messico occidentale, mi trovai a visitare una grotta della regione, in incognito e accompagnato da alcuni sponsor. Eravamo appena usciti dalle nostre auto che un bambino di non più di nove anni ci avvicinò offrendoci una visita guidata della grotta… per il modico prezzo di un peso. Gli porsi immediatamente due o tre monete e lui ci tenne tutta una conferenza sulla funzione antiparassitaria dei pipistrelli, sull'impollinazione e sul trasporto dei gameti. Potete immaginare qualcosa di più gratificante"?
§18 What made you decide from an early age to devote your life to	Qu'est-ce qui vous a décidé très jeune à consacrer votre vie à une	Come mai ha deciso, giovanissimo, di dedicare la sua vita allo studio di una specie

such a maligned species as bats? I realized that bat biology is as diverse as that of any group of species in the world, that I would never grow weary of learning about them or researching them. This is not work, it's a passion for me.	espèce aussi décriée que les chauves-souris ? J'ai compris que la biologie des chauves-souris était aussi diverse que celle de n'importe quel autre groupe d'espèces au monde, et que je ne me lasserais jamais d'étudier ces animaux ou de leur consacrer ma recherche. Pour moi, ce n'est pas du travail, c'est une passion.	così poco amata come i pipistrelli? Mi sono reso conto che la biologia dei pipistrelli è talmente diversa da quella di altre specie che non mi sarei mai stancato di studiarli. Il mio non è un lavoro, è una passione.
§19 What would you consider as a life-changing moment in your career? Entering that first hot cavern at age 12 in the Mexican tropics, I thought to myself: this is an entirely unknown universe –and hardly anybody is working on it! This is my chance to work protecting and studying these misunderstood animals. My fate was sealed then.	Quel moment a déterminé chez vous le choix de cette carrière ? En entrant à 12 ans dans cette première grotte étouffante sous les tropiques mexicains, je me suis dit : voici un univers entièrement inconnu – et presque personne ne s'y intéresse ! C'est ma chance, je travaillerai à protéger et étudier ces animaux incompris. Les dés ont été jetés à ce moment-là.	C'è un episodio determinante che l'ha portata a questa decisione? All'età di dodici anni mi trovai a entrare in una grotta nella regione dei tropici, in Messico. Mi dicevo: "Qui c'è tutto un universo da scoprire e nessuno lo sta facendo. La mia missione sarà lo studio e la protezione di questi animali di cui ignoriamo praticamente tutto. Il mio destino era segnato".
§20 What have been your toughest challenges over the span of your career? Trying to change the negative image that bats have in Mexico; you realize you have to change the minds of 100 million people if you want to have an impact. We realized we could do it one step at a time.	Quels ont été les pires obstacles que vous ayez eu à surmonter dans l'ensemble de votre carrière ? Essayer de changer l'image négative que les chauves-souris ont au Mexique. On se rend compte que, si l'on veut obtenir des résultats, il faut changer la mentalité de 100 millions de personnes. Nous avons compris que nous pourrions le faire petit à	Quali sono state le più grandi sfide che ha affrontato nel corso della sua carriera? La cosa più difficile è stata sfatare le leggende sui pipistrelli messicani. Mi sono reso conto che, per avere un impatto concreto, avrei dovuto cambiare l'atteggiamento di 100 milioni di persone (vale a dire il 90% degli abitanti del Messico). Ed ho cominciato a farlo, un passo dopo l'altro.

	petit.	
§21 What do you foresee as the most important impact of your project? New data will be produced that will justify the creation of protected areas. My dream is that the government takes bats and other wildlife into account as an integral part of their assets. Society is catching up rapidly on the importance of bats for their wellbeing, so I believe we are winning the war.	Quel sera, selon vous, l'effet le plus important de votre projet ? On aura de nouvelles données qui justifieront la création de zones protégées. Mon rêve est que le gouvernement considère les chauves-souris et les autres animaux sauvages comme faisant partie intégrante de ses ressources. La société prend rapidement conscience de l'importance des chauves-souris pour son bien-être, donc je crois que nous sommes en train de gagner la bataille.	Quale sarà l'effetto positivo del suo progetto? La raccolta di nuovi dati che giustificheranno l'istituzione di aree protette. Il mio sogno è che il governo dichiari i pipistrelli e altre specie selvatiche come una risorsa naturale. La collettività sta cambiando atteggiamento riguardo a questi animali; la nostra guerra si sta per concludere vittoriosamente.
§22 What is your favourite bat? Mexico's largest and rarely seen Linnaeus' false vampire bat (*Vampyrum spectrum*), which has a metre-long wingspan and lives in remote rainforests. I've only seen it four times in my life. Each time was a big adrenaline kick. My whole body was shaking.	Quelle est votre chauve-souris favorite ? Le faux vampire de Linné (*Vampyrum spectrum*), la plus grande et la plus rare des chauves-souris du Mexique, qui a un mètre d'envergure et vit dans les forêts pluviales isolées. Je n'en ai vu que quatre fois dans ma vie. Chaque fois, j'ai eu une grosse montée d'adrénaline. Je tremblais de tout mon corps.	Qual è il suo pipistrello preferito? Non c'è dubbio: il falso vampiro di Linneo; è il più grande e il più raro pipistrello messicano, ha un'apertura alare di un metro e vive in remote foreste pluviali. L'ho avvistato solo quattro volte nella mia vita. E ogni volta sentivo fiumi di adrenalina scorrermi nel sangue. Tremavo per l'emozione, letteralmente.
Rolex Awards for Enterprise 2008 Associate Laureate	Les Prix Rolex à l'esprit d'entreprise 2008 Lauréat associé	I Premi Rolex per un'Ingegnosa Impresa 2008 Premiato di merito

Analisi per paragrafo e lingua delle salienze traduttive

Paragrafo 1 italiano

"*Grandi predatori di parassiti / insect predators*". Operazione estensiva di tipo classematico (EstClass) poiché varia l'estensività del termine "*insect*": gli insetti non sono tutti "parassiti" e non tutti i parassiti appartengono alla classe degli insetti (ad es.: i funghi sono parassiti vegetali). Nel testo inglese ritroviamo il concetto di "insetto-parassita" piuttosto che "parassita vegetale". Considerando le modalità semiotiche (virtualizzazione, attualizzazione e realizzazione) questa scelta traduttiva realizza un tratto semantico di tipo tematico, ossia l'isotopia /utilità/, riferita all'Oggetto di valore della narrazione (IsoOvVR – /utilità/): infatti, "grandi" è inteso nel senso di "importanti"; "predatori di parassiti" è inteso come "predatori di insetti nocivi". A livello intensivo, tale operazione implica un'accentuazione dell'intensità timica euforica riferita all'Oggetto di Valore (IntTimEu+).

"*bats are valuable assets to mankind / i pipistrelli svolgono una funzione essenziale per l'equilibrio ecologico*". In inglese i pipistrelli "rappresentano una risorsa di grande valore per l'umanità" e quindi meritano di essere salvaguardati; in italiano il soggetto della frase ha un ruolo attivo perché non solo rappresenta qualcosa di prezioso, ma "svolge una funzione" che è "essenziale" non solo per l'uomo, ma per "l'equilibrio ecologico" in generale. Si tratta qui di operazioni estensive classematiche (EstClass) che mettono in atto un cambiamento nell'azione dell'Oggetto di valore, con lo sviluppo del tema isotopico /utilità/ (svolgono una funzione essenziale) nei confronti della "natura" (equilibrio ecologico) (IsoOvVR – /utilità/). La traduzione neutralizza inoltre un effetto timico di tipo disforico presente nel testo inglese: infatti, nell'originale vi è un inciso che informa del fatto che i pipistrelli "with a few exceptions", "con qualche eccezione", sono appunto una risorsa preziosa per l'umanità; omettere questo elemento sortisce, a nostro avviso, un'attenuazione dell'intensità timica disforica (IntTimDis-) e rappresenta una operazione estensiva di annullamento di un tratto, unità => nullità (EstUN).

"*Grandi predatori di parassiti e importanti vettori dell'impollinazione*". Operazione estensiva di tipo aspettuale (EstAsp) in particolare con modificazione del flusso informativo; il testo italiano organizza la struttura informativa della frase diversamente dall'inglese poiché anticipa l'informazione "predatori di parassiti" a "impollinatori". Questa operazione rispecchia il flusso informativo presentato nell'intero testo che illustra dapprima i benefici agricoli ed economici dell'azione dei pipistrelli (§6) e successivamente i vantaggi ecologici in qualità di impollinatori (§7). Dato che il paragrafo qui in esame è una sintesi dell'intero racconto, è possibile presupporre che si tratti qui di una topicizzazione che realizza la struttura informativa del testo nel suo complesso, creando una maggiore coesione isotopica.

"Yet these flying mammals are reviled and killed / Tuttavia, questi mammiferi volanti sono vittime di tutta una serie di leggende che li rendono il bersaglio di una caccia spietata". La coppia di verbi passivi che in inglese indica che i pipistrelli "sono denigrati e uccisi" viene sviluppata in una lunga frase principale seguita da una frase relativa. Si tratta qui di un'operazione estensiva che espande una struttura duale ("reviled+killed") in due frasi (EstEsp); in particolare "reviled[3]" è espanso nella frase "vittime di tutta una serie di leggende", invece "killed" è a sua volta espanso nella frase " che li rendono il bersaglio di una caccia spietata". L'operazione estensiva determina la generazione di elementi figurativi e tematici che sono più volte ripetuti nel testo italiano e che costituiscono l'isotopia "animale vittima delle leggende" associata l'ignoranza alimentata da miti oscurantisti (IsoAntiVR - /ignoranza/) e all'isotopia /violenza/ (IsoAntiVR - /violenza/): in particolare in questa occorrenza i pipistrelli sono vittime "di una serie di leggende" e nella seconda occorrenza §2 sono vittime "di un folklore ottuso". Vi sono quindi indizi testuali che fanno pensare a un tessuto isotopico più denso e compatto nella traduzione rispetto al testo originale e di conseguenza a una minore variazione lessicale ma una maggiore intensità timica. In effetti, da punto di vista intensivo, la scelta traduttiva determina un'intensificazione dei tratti negativi dell'Antiattante, che in questo caso rappresentano la popolazione messicana che teme questi animali, nella prima parte della frase (vittime della leggenda) (IntTimDisAnti) e quindi li uccide (caccia spietata) perché li ritiene nocivi (IntTimDisAnti). L'effetto complessivo è quello di accentuare il ruolo positivo del Soggetto.

"Rodrigo Medellín's passionate advocacy of bats through conservation and education / Con un'appassionata campagna di sensibilizzazione, e con la difesa del loro habitat". Operazione estensiva classematica (EstClass) che specifica il senso di "advocacy[4]" (appassionata campagna), quello di

---

3   1. to assail with contemptuous or opprobrious language; address or speak of abusively; Syn. 1. abuse, vilify, vituperate, berate, disparage. (Webster's)

4   the act of pleading for, supporting, or recommending; active espousal. (Webster's)

"education[5]" (sensibilizzazione) e delimita il senso di "conservation" (difesa dell'habitat). Nel complesso, le scelte traduttive in italiano costruiscono un'immagine del Soggetto narrativo che amplifica le isotopie /visibilità/ e /intraprendenza/, (IsoSgVR – /visibilità/, /intraprendenza/), che sono isotopie programmatiche e fondamentali dei Premi Rolex. Queste scelte traduttive accentuano l'intensività timico-euforica perché magnifica gli sforzi del Soggetto del racconto (IntTimEu+). Operazione estensiva di tipo aspettuale (EstAsp) con modificazione del flusso informativo; il testo italiano organizza la struttura informativa della frase diversamente dall'inglese poiché anticipa l'informazione "education" (campagna di sensibilizzazione).

"*Harmful myths / credenze popolari*". Operazione estensiva di tipo classematico (EstClass) perché soltanto una parte delle "credenze popolari" rappresenta i "miti nefasti". Nel testo in italiano il tema del folklore ritorna più volte che nel testo inglese, ma qui che l'aspetto più saliente della scelta traduttiva è la virtualizzazione del tratto semantico /nefasto/ e la realizzazione del tema isotopico "ignoranza" (IsoAntiVR – /ignoranza/).

"*harmony / pace*". Operazione estensiva di ordine classematico (EstClass) perché in generale possiamo accettare il fatto che /pace/ includa anche /armonia/, tuttavia /pace/ richiama necessariamente il suo opposto /guerra/ termine qui virtualizzato ma precedentemente realizzato in "bersaglio di una caccia spietata". Per ragioni di tipo isotopico questa scelta traduttiva realizza il tratto "scontro" (IsoOvVR – /scontro/) in particolare l'attante Oggetto di valore e l'Antiattante, "popolazione"; questa operazione accentua l'intensività euforica (IntTimEu+).

Paragrafo 1 francese

"*valuable[6] assets / très utiles*". Dell'espressione inglese "bene prezioso", il francese esplicita unicamente (EstClass) un tratto semantico /utilità/ che è sicuramente un tratto presente nell'espressione inglese e nell'isotopia testuale, ma che qui risulta riduttivo (IsoOvRV – /impatto/), e determina anche una forma di attenuazione dell'intensità del timismo euforico dell'originale (IntTimEu-).

---

5   1.the act or process of imparting or acquiring general knowledge, developing the powers of reasoning and judgment, and generally of preparing oneself or others intellectually for mature life. 2. the act or process of imparting or acquiring particular knowledge or skills, as for a profession. (Webster's)

6   1. having considerable monetary worth; costing or bringing a high price: *a valuable painting; a valuable crop*. 2. having qualities worthy of respect, admiration, or esteem: *a valuable friend*. 3. of considerable use, service, or importance: *valuable information*. (Webster's)

"*reviled and killed / honnis et tués*". Come già indicato nel commento al testo italiano il verbo "revile" è definito nel dizionario Webster's come l'azione di chi "vitupera" o "denigra verbalmente"; allo stesso modo il dizionario Oxford[7] lo definisce come l'azione di criticare in modo ingiustificato e con insulti. Nella traduzione in francese non si legge l'informazione per cui questi animali sono "descritti in modo denigratorio" (EstClass) ma si accentua l'intensità del sentimento d'odio che gli uomini provano nei loro confronti, (IntTimDisAnti); l'effetto complessivo è quello di magnificare l'azione del Soggetto.

"*dispelling / qui fait un sort*". In francese, il verbo "dispel" ("dissiper, chasser"[8]) viene tradotto con una espressione definita familiare dal dizionario Le Petit Robert, e che indica l'azione di farla finita in modo radicale[9]. Le variazioni di stile, o dei tempi verbali e delle forme comparative determinano operazioni estensive di tipo aspettuale (EstAsp) e una accentuazione del grado di intensità timica (IntTimEu+), in questo caso quella euforica, perché è inerente all'azione del Soggetto (action de conservation et de sensibilisation) che sortisce l'effetto positivo (qui fait un sort à des mythes dangereux).

"*bringing about harmony / instaure une certaine harmonie*". L'aggettivo "certa" riferito al sostantivo "armonia" aggiunge una sfumatura di tipo aspettuale (EstAsp) che non è presente nel testo inglese che parla di semplice "harmony" e in qualche modo attenua leggermente il timismo euforico dell'originale (IntTimEu-).

Paragrafo 2 italiano

"*place of honour / posto di primo piano*". Si tratta di due scelte semantiche che seguono due isotopie testuali simili ma differenti. In inglese, "place of honour" realizza l'isotopia /rispetto/ che si riferisce alla venerazione dei pipistrelli nel panorama culturale della civiltà dei Maya; anche in italiano "posto d'onore" si riferisce al posto riservato a colui che riceve rispetto e ossequio. Operazione classematica, assolutizzante, poiché "posto di primo piano" diventa iperonimo di "posto di onore" (EstClass) che virtualizza i tratti semantici presenti nel testo originale (IsoOvRV).

---

7   to criticize in an abusive or angrily insulting manner. (Oxford)
8   Larousse.
9   Fam. En finir d'une manière radicale. *Faire un sort à une bouteille*, la boire. (Le Petit Robert)

"*Rich cultural landscape / grande*". Operazione estensiva sintetizzante poiché riunisce in "grande" l'espressione "ricco panorama culturale" (EstSin).

"*keystone species critical for healthy ecosystems / svolgono una funzione essenziale nell'equilibrio ecologico*". Nel §1 avevamo già discusso di questa scelta traduttiva, in particolare del sintagma " equilibrio ecologico", scelta traduttiva che si ripete tre volte in tutto nel testo italiano.

"*have suffered from centuries of misconceptions and folklore / continuano ad essere vittime di un folklore ottuso*". Si tratta di due tipi di operazioni estensive. La prima operazione classematica (EstClass) che "diluisce" la nozione temporale ("from centuries") in una nozione di tipo timico ("continuano ad essere vittime"). La seconda che contrae una struttura duale, "misconceptions and folklore", in una struttura unica, "folklore ottuso", (EstSin): intensificazione dei tratti timici disforici dell'Antiattante (il folklore ottuso delle popolazioni messicane d'oggi nei confronti di una vittima che continua ad essere tale) e magnifica i tratti euforici dell'oggetto di valore e di conseguenza del Soggetto (IntTimDisAnti).

"*sinister / –*". Operazione estensiva di annullamento di un tratto semantico, unità => nullità (EstUN). Si tratta inoltre di un'operazione intensiva timica con riduzione dell'intensità del timismo disforico (IntTimDis-).

"*Through ignorance and fear / Spinti dall'ignoranza e da paure immotivate*". L'aggiunta nel testo italiano dell'aggettivo "immotivate" rappresenta un'operazione estensiva nullità=>unità con realizzazione di un tratto non presente (EstNU), reitera l'isotopia tematica /ignoranza/ (IsoAntiVR – /ignoranza/), e al contempo accentua il timismo disforico dell'Antiattante (gli esseri umani, in particolare, i messicani) e di conseguenza esalta i tratti euforici legati all'azione del Soggetto (IntTimDisAnti).

"*wipe-out by mining, burning or dynamiting / hanno spazzato via, hanno bruciato e hanno fatto esplodere*". Operazione estensiva aspettuale con variazione nello stile e nei tempi verbali e instaurazione diretta di un soggetto cognitivo (EstAsp). I tempi verbali dell'inglese sono il presente e il gerundivo strumentale, essi illustrano un'azione continuativa e abituale; in italiano invece l'azione è raccontata al passato e risulta quindi un fatto compiuto. L'assenza di termini quali "mining" e "dynamiting", determina un'operazione estensiva di sintesi di alcuni tratti semantici (EstSin) che sono virtualizzati in un unico verbo (fatto esplodere, IsoAntiRV – /distruzione/).

Paragrafo 2 francese

"*Depuis des siècles, cependant*". Il testo francese organizza la struttura informativa della frase diversamente dall'inglese poiché anticipa l'informazione "from centuries" a inizio frase. Questa operazione, che mette in primo piano l'informazione temporale, esprime l'emergere del punto di vista del traduttore che organizza (EstAsp) il flusso informativo similarmente alla frase precedente (che inizia con un avverbio temporale "jadis"): questa scelta traduttiva accentua il valore dell'avversativa (cepedant/but) nonché il contrasto tra un passato idillico (jadis) e un passato-presente sfavorevoli (depuis dès siècles). Nel complesso si genera una forte coerenza e compattezza isotopica.

"*Portray them / font d'eux*". Il testo francese elide e generalizza (EstAsp) la forza evocativa del verbo inglese, figurativo "portray", dipingere, che esiste anche nella lingua francese come "dépeindre/peindre[10]".

Paragrafo 3 italiano

"*the world's most rapidly declining mammal species / i mammiferi più minacciati*". Operazione estensiva che contrae una struttura plurima in una struttura sintattica più compatta (EstSin), con virtualizzazione del tratto semantico /tempo-luogo/, presente in inglese e assente in italiano (IsoTemRV – /tempo&luogo/).

"*bats / chirotteri*". Operazione estensiva classematica di tipo terminologico (EstClass), che denota in questa scelta traduttiva una volontà di fare appello a termini tecnici e scientifici, onde evitare le ripetizioni. La scelta traduttiva rispetta anche una diversa sensibilità, dell'italiano alla terminologia specializzata: laddove l'inglese utilizza un termine generale ("bat") l'italiano può preferire un termine più specifico (chirottero).

Paragrafo 3 francese

"*Mankind's fear and hatred / de la peur et de la haine viscérales qu'elles inspirent à l'être humain*". Operazione estensiva classematica assolutizzante (EstClass) con l'aggiunta dell'aggettivo "viscérale" che accentua l'isotopia

---

10   1) *Dépeindre* : Décrire et représenter par le discours. → brosser, décrire, évoquer, peindre, représenter. Il est bien tel qu'on me l'a dépeint. Dépeindre une scène. → raconter. 2) *Peindre* : Représenter par le discours, en s'adressant plus spécialement à l'imagination. (Le Petit Robert)

testuale "ignoranza" (IsoAntiVR – /ignoranza/), nonché l'effetto intensivo timico disforico (IntTimAntiDis+) dell'azione dell'Antiattante.

Paragrafo 4 italiano

"determined to change their image / –". Operazione estensiva di annullamento di un tratto, unità => nullità (EstUN) e attenuazione del timismo euforico (IntTimEu-)

"the invaluable role they play in keeping ecosystems and lucrative agricultural crops healthy / il ruolo indispensabile che questi animali svolgono nell'equilibrio del pianeta e nello sfruttamento ottimale delle risorse agricole". Operazione estensiva di tipo aspettuale (EstAsp): lo "sfruttamento ottimale delle risorse agricole" determina una forma di accentuazione dell'isotopia /utilità-risorse economiche/ legata alla figura dell'Oggetto di valore (IsoOvVR-utilità).

Paragrafo 4 francese

"Mexico's foremost authority on bats / Principale autorité du Mexique en matière de chiroptères". Così come in italiano, anche il francese sceglie una terminologia specifica più tecnica (chiroptère) e scientifica (EstClass).
"the invaluable role they play in / au fait que les chauves-souris contribuaient de façon précieuse à". Il testo francese "segue da vicino" il testo inglese, con poche modulazioni nell'estensività e intensità del racconto, tuttavia alcune scelte traduttive, per quanto esaurienti, sembrano attenuare la vivacità e l'intensità del ritmo dell'inglese. In questo esempio, la lunghezza della frase in francese (per questioni legate alla sintassi delle frasi EstAsp) determina appunto una dispersione della forza evocativa dell'inglese (ad esempio "invaluable" tradotto come "façon précieuse") e "diluisce" il gradiente nell'intensità del timismo (IntTimEu-);

Paragrafo 5 italiano

"bats / colonia di chirotteri". Sappiamo che la traduzione avviene spesso nel segno della sinonimia, e la sinonimia determina variazioni estensive che precisano oppure generalizzano le forme dei contenuti; in questo senso, "colonia di chirotteri" (EstClass) si riferisce certamente all'inglese "bats" ma al contempo dice qualcosa di più e di più preciso, quindi espande il ritmo complessivo della frase (EstAsp) e aggiunge ulteriori elementi qualitativi e quantitativi.

"*Vampire bats / I cosiddetti pipistrelli vampiro*". Operazione estensiva con realizzazione di un tratto ("cosiddetto") non presente nell'originale che risulta essere di ordine valutativo e aspettuale (EstAsp).

"*Hung / dormivano a testa in giù*". Operazione estensiva di ordine aspettuale (EstAsp): il fatto che i pipistrelli stessero a testa in giù (hung) non significa necessariamente che dormissero.

"*nectar-feeding / impollinatori*". Operazione estensiva di tipo classematico (EstClass), perché tutti i pipistrelli sono impollinatori (anche quelli che si nutrono di insetti) ma non tutti i pipistrelli sono nettarivori; virtualizzazione di un tratto isotopico testuale "animale benefico" (IsoOvVR – /utilità/).

"*sleeping bats / mammiferi alati*". Si tratta di un'operazione estensiva di annullamento di un tratto semantico (sleeping) (EstUN) e della realizzazione di un tratto semantico di tipo figurativo (alati) che è virtualizzato nel termine "bat" (IsoOvVR).

"*Surrounded by life / letteralmente assediato da forme di vita*". Operazione estensiva (EstEsp) che espande (assediato, forme di vita) l'esperienza vissuta dal Soggetto (IsoSgVR) e intensifica il timismo emotivo (IntTimEu+).

"*he says / racconta il ricercatore messicano*". Operazione estensiva con tratto semantico (ricercatore messicano) reiterato nella traduzione poiché è virtualizzato nell'isotopia testuale legata all'attante Soggetto (IsoSgVR). Questo tipo di operazione è fondamentalmente legata a un uso della lingua italiana che rifiuta le forme pronominali egli/ella, ormai relegate a un passato letterario.

"*Discovering this wealth of biodiversity in that single location was a pivotal moment / L'esperienza in quella grotta, una vera finestra sulla biodiversità, indusse Medellín*". Operazioni estensive che determinano una contrazione della traduzione italiana rispetto alla struttura inglese (discovering => esperienza; in that single location => in quella grotta, pivotal moment => indusse) (EstSin).

"*one of the most ecologically diverse mammals in the world / pipistrelli*". Operazione estensiva di annullamento di un tratto, con l'eliminazione dell'indicazione (in inglese) dei pipistrelli come "una delle specie più diversificate dal punto di vista biologico" (IsoOvVR).

"*correct the many misconceptions about them / lottare contro molti dei pregiudizi che queste specie catalizzano da millenni*". La scelta del verbo "lottare" illustra un tipico esempio di operazione intensiva timica di tipo euforico, riferita al Soggetto del racconto (IntTimEu+); a questo si aggiunge "catalizzano da millenni" che rappresenta al contempo un'operazione estensiva (EstEsp) che espande vari tratti semantici figurativi e tematici non presenti nel testo inglese, quali "catalizzano" e "millenni" ma che in realtà accentuano l'isotopia tematica "mito nocivo" (IsoAntiVR – /ignoranza/).

Paragrafo 5 francese

"*encountered / vit*". Variazione estensiva di tipo visivo, in particolare nell'instaurazione di un soggetto osservatore umano che nella versione francese delimita il proprio campo di azione unicamente al senso della vista (EspAsp).

"*Vampire bats hung in one corner and nectar-feeding bats mated in another / Des vampires étaient suspendus dans un coin de la grotte et des chauves-souris nectarivores dans un autre*". Operazione estensiva di annullamento di un tratto, unità => nullità (EstUn); il francese annulla il tratto semantico inglese "mated".

"*guano / déjections*". Operazione estensiva di tipo terminologico, che denota in questa scelta traduttiva una volontà di fare appello a termini scientifici, (EstClass).

"*he says / se rappelle l'écologue*". Variazione nell'aspettualizzazione del verbo (EstAsp), e reiterazione nella traduzione di un tratto semantico (écologue) (EstNU) poiché è virtualizzato nell'isotopia testuale riferita all'attante Soggetto (IsoSgVR). L'aspettualizzazione del verbo ("rappelle" perché si tratta in effetti di un ricordo del Soggetto) e la reiterazione della funzione del Soggetto (écologue) determinano una maggiore coesione isotopica.

"*wealth of biodiversity / concentration de biodiverisité*". Scelta traduttiva che realizza il tratto semantico /abbondanza/ e che accentua gli aspetti quantitativi dell'espressione inglese "wealth" e determina una variazione nell'ordine classematico /qualità/=>/quantità/ (EstClass) e un'attenuazione dell'effetto timico euforico (IntTimEu-).

"*Discovering this wealth of biodiversity in that single location was a pivotal moment in his decision to study one of the most ecologically diverse mammals in the world and to correct the many misconceptions about them. / La découverte de cette concentration de biodiversité en un seul lieu joua un rôle crucial dans sa décision d'étudier l'un des mammifères présentant la plus grande diversité écologique au monde et de corriger les nombreuses idées fausses le concernant.*" Di nuovo, il testo francese segue da vicino il testo inglese, con poche modulazioni nell'estensività e intensità del racconto, tuttavia, alcune scelte traduttive, per quanto esaurienti, sembrano attenuare la

240

vivacità e l'intensità del ritmo dell'inglese. La lunghezza della frase in francese (EstAsp) determina appunto una dispersione della forza evocativa dell'inglese e "diluisce" in particolar modo il gradiente nell'intensità.

Paragrafo 6 italiano

"*Bats are natural controllers of night-flying insect pests / I pipistrelli sono dei guardiani naturali che ci difendono dagli insetti notturni*". Operazione estensiva classematica (controllers=>guardiani EstClass) con realizzazione di tratti figurativi (guardiani, ci difendono) virtualizzati nel testo inglese che fanno capo all'isotopia "scontro" (IsoOvVR–/scontro/); per gli stessi tratti semantici, registriamo un'operazione intensiva timica con aumento dell'intensità del timismo euforico (IntTimEu+).

"*the equivalent of their weight / in una quantità equivalente a metà del loro peso*". Operazione estensiva aspettuale, (EstAsp) che elimina cambia la determinazione quantitativa (equivalent of their weight=>metà del loro peso). Operazione riferita all'isotopia dell'attante Oggetto di valore (IsoOvVR).

"*– / la lotta contro*". Operazione estensiva nullità=>unità (EstNU) con realizzazione nel testo italiano di un tratto tematico (lotta) virtualizzato nel testo inglese e riferito all'Antiattante "insetti nocivi" (IsoAntiVR- /scontro/).

Paragrafo 7 italiano

"*columnar cacti and agaves (a vital ingredient in the production of tequila) / i cactus e le agavi (che forniscono un ingrediente essenziale per la produzione della tequila)*". Operazione estensiva di annullamento di un tratto (columnar) (EstUN).

"*seeds / gameti*". Operazione estensiva di tipo terminologico, che denota in questa scelta traduttiva una volontà di fare appello a termini tecnici e scientifici (EstClass).

"*In fact, bats distribute up to five times more seeds per square metre than birds, and can account for up to 95 per cent of forest regrowth / In realtà l'impollinazione dei pipistrelli è cinque volte superiore a quella degli uccelli e contribuisce al 95% della crescita delle foreste*". Operazione di tipo aspettuale, che in italiano presenta un diverso soggetto della frase ("impollinazione", invece di "pipistrelli") e determina l'eliminazione di un tratto semantico (per square meter) (EstAsp). L'operazione aspettuale che riorganizza gli aspetti sintattici (esplicitazione dell'azione dei pipistrelli) nonché l'eliminazione di un dato numerico che sfronda alcuni dati specifici (m^2) generano una coerenza isotopica che si riferisce all'azione dell'attante Oggetto di valore (IsoOvVR).

Paragrafo 7 francese

"*lush rainforests, sprawling savannahs and vast deserts / les forêts pluviales, les savanes et les déserts* ". Operazione estensiva di annullamento di alcuni tratti semantici (EstUN) che determinano un'attenuazione dell'intensività timico-euforica (IntTimEu-).

"*Mexico (...) boasts an astonishing variety of bats / Le Mexique (...) possède une population de chiroptères incroyablement variée* ". Del verbo inglese "boast[11]", il francese esplicita unicamente un tratto semantico, /appartenenza/, che è sicuramente un tratto presente nel verbo inglese e nell'isotopia testuale, ma che risulta in qualche modo concettualmente riduttivo (EstAsp), e determina anche una forma di attenuazione dell'intensità del timismo euforico dell'originale (IntTimEu-).
"*Medellín estimates that his country has about 138 species / Selon les estimations de Medellín, on y compterait 138 espèces*". Operazione aspettuale che in francese rende il soggetto della frase impersonale ("On", invece di "Medellín") e che attenua il grado di certezza dei contenuti con l'uso del condizionale (compterait) (EstAsp).

Paragrafo 8 italiano

"*Medellín says / puntualizza Medellín*". Specificazione verbo di tipo aspettuale (EstAsp) che genera una maggiore coesione isotopica, perché in effetti si tratta di una precisazione sul grado di /non-pericolosità/ del pipistrello vampiro di conseguenza sul grado di determinazione dell'attante Soggetto a difendere questo animale.

"*bats are completely harmless, and 100 per cent beneficial, even crucial to ecosystems and humans / i pipistrelli sono innocui e svolgono un ruolo benefico, se non essenziale, nel loro ecosistema*". Operazione estensiva aspettuale che trasforma ed elimina alcuni tratti semantici (100 per cent => ruolo; eliminazione di "completely", "humans") (EstAsp) riferiti all'isotopia dell'attante Oggetto di valore (IsoOgVR). Operazione intensiva timica con minima riduzione dell'intensità del timismo euforico (IntTimEu-).

---

11   to be proud in the possession of: *The town boasts a new school.* (Webster's)

Paragrafo 8 francese

"*reports of the common vampire bat, Desmodus rotundus, attacking humans / incidents où le vampire commun, Desmodus rotundus, aurait attaqué des humains*". Operazione estensiva aspettuale che attenua il grado di certezza dei contenuti con l'uso del condizionale (aurait attaqué) (EstAsp), con allineamento al punto di vista del Soggetto (IsoSgVR) e l'attenuazione del timismo disforico legato all'Oggetto di valore (IntTimDis-).

    "*100 per cent beneficial / bénéfiques*". Operazione estensiva di annullamento di un tratto semantico (100 per cent) (EstUn) e operazione intensiva timica con minima riduzione dell'intensità del timismo euforico (IntTimEu-).

Paragrafo 9 italiano

"*With the benefits brought by so many bat species so high, and the risks to humans from a handful of species so low, Medellín saw the significant decline in the population of his country's 10 major bat colonies as a call to action. / Nonostante questi elementi positivi, Medellín lamenta la forte diminuzione della popolazione di almeno dieci delle maggiori colonie di pipistrelli del suo paese*". Si tratta qui di una complessa operazione estensiva e intensiva; il traduttore riscrive completamente il testo inglese. L'inizio della frase in italiano (Nonostante questi elementi positivi) condensa ben due subordinate in inglese (With the benefits brought by so many bat species so high, and the risks to humans from a handful of species so low) originando quindi una forte contrazione estensiva (EstSin) riferita all'isotopia dell'attante Oggetto di valore (IsoOvRV). In realtà tale operazione genera qui una certa omogeneità discorsiva poiché la frase in italiano richiama direttamente tratti semantici presenti nel paragrafo precedente (cfr. §8 in cui vengono descritti "rischi" e "ruolo benefico" legati ai pipistrelli); la seconda parte della frase genera invece una espansione della struttura timica disforica nei confronti dell'Antiattante (il calo nelle colonie di pipistrelli), perché se nell'inglese il Soggetto sente "la necessità di intervenire" (call to action) in italiano egli "lamenta" (IntTimDisAnti).

    "*he founded / lo studioso istituiva*". Operazione estensiva classematica (EstClass) che specifica un tratto semantico (studioso) legata all'attante soggetto (IsoSgVR).

Paragrafo 9 francese

"*with the benefits brought (…) / conscient*". Modificazione del flusso informativo con generazione e anticipazione (EstAsp) di un tratto semantico che riguarda la /determinazione/ del Soggetto (Medellìn, posticipato nella frase) (IsoSgVR – /determinazione/).

"*saw / decida*". Operazione estensiva aspettuale (EstAsp) con introduzione di un verbo con maggiore grado di "determinazione" da parte del Soggetto. Questa scelta ha principalmente una ripercussione sull'intensità timica euforica verso il Soggetto (IntTimEu+) e crea maggiore coesione isotopica in riferimento ai tratti semantici "determinazione" e "impegno" (IsoSgVR – /determinazione/).

Paragrafo 10 italiano

"*Today / A quattordici anni di distanza*". Operazione estensiva aspettuale e temporale (EstAsp). In particolare il testo italiano presenta una consequenzialità temporale più chiara e immediata dell'inglese, che invece àncora "today" al momento presente della lettura del testo stesso.

"*Ranchers / rancheros*". Operazione estensiva che richiama una realtà esotica e crea un effetto straniante (EstStr).

"*Ranchers, for instance, believing them to be vampire bats that prey on their cattle mistakenly destroy thousands of beneficial bats; / I rancheros, ad esempio, nella convinzione che i pipistrelli vampiro attacchino il bestiame, uccidono migliaia di chirotteri che svolgono un'utile funzione ecologica*". Operazione aspettuale (EstAsp) che modifica il punto di vista, che nel testo originale inglese appartiene chiaramente al Soggetto (believing, mistakenly) invece nella traduzione in italiano questo dato risulta virtualizzato (IsoSgRV).

"*beneficial / svolgono un'utile funzione ecologica*". Espansione (EstEsp) che reitera alcuni tratti semantici già enunciati (svolgono, funzione) (IsoOvVR – /utilità/), e accentua l'intensività timico-euforica (IntTimEu+)

"*Medellín and his team defuse the problem by teaching them vampire-bat control strategies / Per ovviare alla distruzione sistematica di un delicato equilibrio ambientale, Medellín e i suoi collaboratori lottano contro queste false credenze insegnando ai rancheros efficaci strategie di difesa dai pipistrelli vampiro*". Operazione estensiva che espande una serie di tratti semantici (EstEsp) che sono virtualizzati nel testo inglese (distruzione, equilibrio, lottare, false credenze, efficaci strategie) e che realizzano le isotopie generali /impatto/ e /scontro/ riferite all'attante Soggetto (IsoSgVR

– /impatto/, /scontro/) e hanno come effetto quello di aumentare il timismo euforico verso il Soggetto dell'azione (IntTimEu+).

"*accurate picture of bats* / "*riabilitazione dei pipistrelli*". Operazione estensiva classematica (EstClass): l'immagine che viene trasmessa non è soltanto "accurata", ma determina anche un effetto positivo, quello di riabilitare l'Oggetto di valore. Tale operazione determina una realizzazione dell'isotopia "impatto" legata all'azione del Soggetto (IsoSgVR /impatto) e accentua l'intensività euforica (IntTimEu+).

"*series of 15 min / puntata*". Operazione estensiva che annulla un tratto semantico (15 min) (EstUN).

Paragrafo 10 francese

"*Medellín and his team diffuse the problem / L'équipe d'écologues calme leurs craintes*". "Calme leurs craintes", operazione estensiva di ordine classematico (EstClass) per cui l'espressione "diffuse the problem" ("parlare, rendere noto il problema") ha come effetto quello di "attenuare i timori" (IsoSgVR /impatto/) degli allevatori e di tutta la popolazione indigena, ma questo non è l'unico effetto. Tale scelta traduttiva genera un'accentuazione dell'intensità timica euforica (IntTimEu+) nei confronti dell'azione del Soggetto (e dei suoi Aiutanti).

"*As part of the programme, educational materials are made available / Le programme consiste notamment à diffuser de la documentation*". Operazione estensiva aspettuale (EstAsp, con "notamment").

"*Adventures in Flight / Aventuras al vuelo*". Operazione estensiva che richiama una realtà esotica e crea un effetto straniante (EstStr).

Paragrafo 11 italiano

"*He believes that if young people do not change their attitudes, bats are doomed. / Lo studioso messicano è convinto che la sopravvivenza dei pipistrelli sia legata alla nascita di una nuova consapevolezza ecologica nei giovani*". Operazione estensiva (EstClass) con tratto semantico (lo studioso messicano) reiterato nella traduzione poiché è virtualizzato nell'isotopia testuale legata al /Soggetto/ (IsoSgVR). Modificazione del flusso informativo (EstAsp) con anticipazione della conseguenza (sopravvivenza) rispetto alla causa (nuova consapevolezza) e cambiamento della negazione in affermazione (do not change attitude =>nascita di una nuova consapevolezza; doomed=>sopravvivenza); questa scelta determina una realizzazione dell'isotopia sensibilizzazione (consapevolezza) (IsoSgVR – /impatto/) e un'accentuazione dell'intensività euforica timica (IntTimEu+).

"*Games, toys and storybooks are used to enlighten children. / L'opera di proselitismo fa ricorso anche a giochi, giocattoli e libri illustrati*". Operazione estensiva di cambiamento classematico (EstClass): "enlighten[12]" si riferisce all'istruzione corretta e alla campagna di sensibilizzazione; "proselitismo" è invece un termine molto più forte che magnifica l'isotopia tematica (IsoSgVR – /impatto/), e che implica una forte adesione alla causa per cui si batte il Soggetto e aumenta l'intensità timica euforica nei confronti del Soggetto e della sua azione (IntTimEu+).

"*We've reached well over 200,000 people, at least half of them children / Abbiamo affrontato l'argomento con oltre 200.000 persone, di cui almeno la metà sono bambini in età scolare*". Operazione estensiva di cambiamento classematico (EstClass): il verbo "reach" non implica necessariamente "affrontare l'argomento" che indica un'azione di "presenza fisica" e accentua l'isotopia /impatto/ (IsoSgVR /impatto/) nonché l'intensità timica euforica (IntTimEu+). Operazione estensiva con realizzazione di un tratto non presente (in età scolare) dovuta ancora una volta alla struttura della lingua italiana: in italiano si dice bambino soltanto fino all'età di nove, dieci anni.

Paragrafo 11 francese

"*Medellín's overall strategy has proved highly effective, becoming a model for similar initiatives / La stratégie globale de Rodrigo Medellín s'est avérée très efficace et a inspiré des initiatives semblables en Bolivie*". Operazione estensiva di lieve cambiamento aspettuale (EstAsp) nel verbo "becoming a model" tradotto con il verbo francese "inspirer[13]" che accentua l'isotopia /impatto/ (IsoSgVR /impatto/) e presenta un carico semantico emotivo, timico euforico in questo caso, superiore rispetto all'inglese (IntTimEu+).

"*enlighten / informer*". Operazione estensiva di cambiamento classematico (EstClass): il verbo "informer" risulta leggermente riduttivo; in

---

12 to give intellectual or spiritual light to; instruct; impart knowledge. (Webster's)

13 1. Animer d'un souffle, d'un élan divin. Apollon inspirait la Pythie. 2. Donner l'inspiration, le souffle créateur à (dans l'art, les activités intellectuelles). 3. Être cause et sujet d'inspiration pour. Les paysages de Provence ont beaucoup inspiré Cézanne. « Inspirez-nous des vers, mais ne les jugez pas » (Rostand). 4. Faire naître en suscitant (un sentiment, une idée, un dessein). donner, imprimer, insuffler, suggérer. (Le Petit Robert)

effetti se il testo in italiano accentua i tratti semantici "spirituali" (proselitismo), la scelta traduttiva in francese determina un appiattimento del carico emotivo del verbo "enlighten" (IntTimEu-) e una attenuazione dell'isotopia "impatto" (IsoSgRV – /impatto/).

Paragrafo 12 italiano

"*One striking example of the strategy's success occurred in 1996, soon after Medellín and his team worked with a school near Monterrey... / Un solo esempio basti a illustrare il successo della strategia adottata da Medellín: nel 1996, poco dopo un intervento in una scuola di Monterrey...*". Operazione estensiva che modifica (EstAsp) un aggettivo (striking) in struttura frastica (un solo esempio basti a illustrare), accentuando il timismo euforico (IntTimEu+) e l'isotopia "impatto" (IsoSgVR – /impatto/). Altre operazioni estensive modificano il flusso cognitivo con riorganizzazione delle informazioni temporali, e sintesi delle informazioni su attori e azioni (eliminazione di "and his team", "near Monterrey", nonché "worked with" tradotto con "intervento").

"*To this day, the cave remains protected and cherished," says Medellín. / E oggi le grotte sono diventate quasi un oggetto di venerazione*", conclude *Medellín*". Operazione estensiva di cambiamento aspettuale (EstAsp), si tratta di una grotta (cave) e non di più grotte, inoltre il verbo "cherish[14]" indica l'azione di "protezione" e "di particolare cura, quasi amorevole" e non presenta i tratti semantici di "venerazione" come invece appare in italiano. Questa scelta traduttiva accentua l'isotopia impatto (IsoSgVR – /impatto/) nonché l'intensità timismo euforico (IntTimEu+).

Paragrafo 12 francese

"*One striking example of the strategy's success occurred in 1996, soon after Medellín and his team worked with a school near Monterrey in northern Mexico... / Un épisode survenu en 1996, peu après que Medellín et son équipe eurent travaillé avec une école proche de Monterrey, dans le nord du pays, est une preuve frappante du succès de la stratégie*". Operazione estensiva di tipo aspettuale, con variazione nel flusso informativo, temporale

---

14   1. to hold or treat as dear; feel love for: *to cherish one's native land*. 2. to care for tenderly; nurture: *to cherish a child*. 3. to cling fondly or inveterately to: *to cherish a memory*. (Webster's)

(anticipazione dell'anno 1996) e tematico (posticipazione dell'espressione striking example => preuve frappante) (EstAsp, IsoSgVR /impatto/).

"To this day, the cave remains protected and cherished," says Medellín. / À ce jour, la grotte reste protégée et aimée », se félicite Medellín". Come in italiano anche qui, la traduzione del verbo "cherish" con "aimé" intensifica, assieme al verbo "se félicite" (says), il timismo euforico (IntTimEu+), tuttavia questa operazione estensiva aspettuale (EstAsp) enfatizza i tratti semantici di dell'isotopia /impatto/ (IsoSgVR – /impatto/).

Paragrafo 13 italiano

"*He explains that one major challenge of his work is convincing those funding conservation that bats are worth supporting. 'This is a constant battle because most donors focus on charismatic species such as big carnivores or birds'. / Lo studioso messicano spiega che la maggiore difficoltà consiste nel convincere gli sponsor dell'utilità dei pipistrelli. 'È una fatica di Sisifo, perché i finanziatori vorrebbero destinare i loro fondi alla protezione di animali più emblematici, come i grandi carnivori o gli uccelli'*". Operazione estensiva che tende a espandere l'originale (EstEsp) con alcune aggiunte (lo studioso messicano, i loro fondi) alcune modifiche classematiche: comparativo assoluto "la maggiore difficoltà" (one major challenge), l'assolutizzazione con "la fatica di Sisifo"; un finanziatore non è necessariamente uno "sponsor[15]" (funding conservation); alterazione dei verbi "vorrebbero destinare" (focus on). Tali operazioni tendono a sottolineare l'isotopia "ostacoli" e "scontro" in riferimento all'azione del Soggetto (IsoSgVR – /scontro/) e del vero Aiutante (Rolex) che si oppongono ad altri finanziatori e alle loro risorse economiche, che quindi si configurano come Antiattanti perché oppongono resistenza all'azione del Soggetto (IsoAntiVR – /risorsa economica/). Aumento del timismo disforico nei confronti dell'Antiattante (IntTimAntiDis);

"*Patience and education are needed, we have to explain to donors the importance of investing in bat conservation. / Soltanto con una paziente opera di convincimento riusciamo a guadagnare alla nostra causa gli sponsor potenziali*". Operazione estensiva che espande e modifica (EstEsp) vari tratti semantici dell'originale (opera di convincimento, riusciamo a

---

15 1. Azienda, società commerciale, ente o singola persona che sostiene finanziariamente una manifestazione sportiva, artistica, culturale, un'impresa scientifica, una trasmissione radiotelevisiva o altre iniziative, allo scopo di pubblicizzare i propri prodotti o di aumentare il proprio prestigio e la propria notorietà. (Treccani)

guadagnare, nostra causa, potenziali) in una struttura più complessa (paziente opera di convincimento). Le operazioni estensive determinano, nel loro complesso, una forte accentuazione dell'isotopia /determinazione/ riferita all'azione del Soggetto che riesce a superare i principali ostacoli (IsoSgVR – determinazione) e aumentano al contempo l'intensività timico-euforica nei confronti del Soggetto (IntTimEu+).

Paragrafo 13 francese

"*Patience and education are needed, we have to explain to donors the importance of investing in bat conservation.* / *Il faut de la patience et un travail de sensibilisation. Nous devons expliquer aux bailleurs de fonds qu'il est important d'investir dans la conservation des chauves-souris*". Operazione estensiva aspettuale (EstEsp) il termine "education" è espanso in una struttura più complessa (travail de sensibilisation) e la frase inglese è scissa in due frasi separate in francese, generando così una pausa sintattica che in realtà determina un'accentuazione dell'isotopia /determinazione/ riferita all'azione del Soggetto (IsoSgVR – /determinazione/). Intensificazione del timismo euforico nei confronti l'azione del Soggetto (IntTimEu+).

Paragrafo 14 italiano

"*The funds from Medellín's Rolex Award will be a welcome boost* / *L'importo del Premio Rolex è una benvenuta iniezione di fondi*". Operazione estensiva di tipo classematico (EstClass) poiché in inglese il termine "boost[16]" indica un'azione di incoraggiamento, da parte dell'attante Aiutante, che non è unicamente riferito al tema /risorse/ isotopia su cui insiste invece la traduzione in italiano (IsoAdVR – /risorsa economica/).

   "*allowing him and his team to work in ten states, selecting ten new priority caves beyond the 25 that had been previously identified as needing conservation* / *permetterà di estendere l'iniziativa di Medellín a dieci Stati del Messico intervenendo su altre 10 colonie (delle 25 individuate mediante il Programma per la protezione dei pipistrelli messicani)*". Operazione estensiva (EstEsp) con espansione del verbo inglese "to work" nell'espressione "permetterà di estendere l'iniziativa", con esplicitazione del luogo "ten states" in "dieci Stati del Messico", nonché con esplicitazione del generale "needing conservation" in "Programma per la protezione dei

---

16   an act, remark, or the like, that helps one's progress, morale, efforts. (Webster's)

pipistrelli messicani". Nel suo complesso queste scelte traduttive fanno appello a tratti semantici che reiterano l'isotopia tematica /impatto/ (IsoSgVR –/impatto/).

"They will also focus on five endangered species / I paladini dei chirotteri concentreranno i loro sforzi su 5 specie minacciate". Operazione estensiva (EstEsp) che modifica nel testo tradotto il verbo "focus on" (concentreranno i loro sforzi) e genera un nuovo tratto semantico (paladini dei chirotteri) che realizza l'isotopia /scontro/ (IsoSgVR – scontro), e implica inoltre una forte intensività timica euforica nei confronti del Soggetto narrativo (IntTimEu+).

Paragrafo 14 francese

"focus on / concentrerons leurs efforts". Operazione estensiva aspettuale con lieve espansione del verbo inglese nella traduzione (EstEsp) con messa in primo piano dell'azione del Soggetto rispetto all'isotopia /determinazione/ (IsoSgVR – determinazione).

Paragrafo 15 italiano

"In demand at conferences and universities worldwide as a speaker and educator Medellín has become a potent force in changing negative perceptions and restoring pride in one of Mexico's most unusual animals / Grazie a un'intensa attività di conferenziere, Medellín è riuscito a cambiare un atteggiamento negativo e a restituire dignità a una specie che fino a poco tempo fa era oggetto di molti pregiudizi". Operazione estensiva che annulla e sintetizza (EstSin) tratti semantici (universities, worldwide, educator potent force, most unusual animals). Nel loro complesso queste operazioni determinano una maggiore coerenza e coesione isotopica perché insistono sul risultato (è riuscito a cambiare), ossia sull'impatto dell'azione del Soggetto (IsoSgVR – /impatto/) e reiterano l'isotopia legata ai pregiudizi derivati dai miti (IsoAntiVR – ignoranza). Vi è inoltre un'accentuazione dell'intensità timica euforica legata all'azione del Soggetto (IntTimEu+), poiché tanto più difficile è l'ostacolo che si frappone alla sua azione tanto più valorizzante sarà la sua riuscita.

Paragrafo 15 francese

"has become a potent force in changing negative perceptions and restoring pride in one of Mexico's most unusual animals / contribue efficacement à

transformer en fierté l'image négative dont souffrait l'un des animaux les plus étonnants du Mexique". Operazione estensiva aspettuale (EstAsp "contribuer efficacement" traduce "become a potent force") che realizza il risultato dell'azione del Soggetto (IsoSgRV – /impatto/), nonché e l'isotopia che abbiamo definito come /ignoranza/ (l'image négative dont souffrait) legata all'azione dell'Antiattante (IsoAntiVR – ignoranza).

Paragrafo 16 italiano

"*Rodrigo is brilliant / Rodrigo è un personaggio affascinante*[17]". Operazione estensiva aspettuale (EstAsp) con slittamento semantico: "brillant" si riferisce all'isotopia /eccellenza/, all'ammirazione generata da una persona che si fa notare e che spicca per particolari doti (intelligenza, passione, impegno, ecc.); "affascinante" magnifica tratti semantici che sono virtualizzati nell'originale e che nel contesto si riferiscono all'isotopia tematica "fascino" e genera un'accentuazione del timismo affettivo (IsoSgVR – IntTimEu+).

"*get informed / capire il loro ruolo biologico*". Operazione estensiva classematica (EstClass) che traduce il verbo inglese (get informed) in qualcosa di più specifico (il ruolo biologico) che si riferisce all'isotopia /utilità/ dell'oggetto di valore (IsoOvVR – utilità) e che intensifica l'intensità timica euforica (IntTimEu+).

Paragrafo 16 francese

"*Mary C. Pearl, présidente du Wildlife Trust, à New York, parle de lui en ces termes*". Operazione estensiva aspettuale (EstAsp) che modifica il flusso informativo con anticipazione del Soggetto che enuncia il discorso diretto; espansione del verbo inglese "say" (parle de lui en ces termes). Generazione di una maggiore coesione isotopica che unisce la fine della frase precedente (plusieurs distinctions importantes) e la frase in esame, determinando una continuazione dell'isotopia "impatto" legata all'azione del Soggetto (IsoSgVR – /impatto/).

---

17   Che affàscina, incantevole: *donna a., di una. bellezza*; *sguardo, sorriso, parole a.*; *spettacolo, musica a.*; che attrae fortemente: *un progetto, una prospettiva affascinante.* (Treccani)

Paragrafo 17 italiano

"*For Medellín, the words of a young boy are the best validation of his work. A few years ago, he says / Per Medellín, la reazione di un bambino è la migliore prova del successo del suo programma*". Operazioni estensive classematiche (EstClass) che pur annullando alcuni tratti (a few years ago, says) e ne modificano altri ("reazione" invece di "words" "migliore prova del successo" invece di "best validation") che accentuano l'isotopia legata all'azione del Soggetto, quindi al suo impatto (IsoSgVR – impatto) e determinano una maggiore intensività euforica (IntTimEu+).

"*offered to tell us about the importance of the bats that lived in that cave if we gave him a peso / offrendoci una visita guidata della grotta per il modico prezzo di un peso*". Operazione estensiva che elimina (EstUN) tratti semantici (importance of bats…) e ne genera (EstNU) altri (visita guidata) che reitera l'isotopia /visita/ già annunciata nella stessa frase (mi trovai a visitare) determinando una coesione isotopica. Operazione aspettuale (modico prezzo, EstAsp) che aumenta l'intensiva timico-euforica (InTimEu+).

"*he proceeded to tell us / ci tenne tutta una conferenza*". Operazione estensiva di tipo aspettuale e valutativo (EstAsp) perché "tenere tutta una conferenza" implica e amplifica il fatto di "iniziare a raccontare" (proceed to tell), e al contempo accentua il timismo euforico (IntTimEu+).

"*I could not have been happier! / Potete immaginare qualcosa di più gratificante?*" Operazione estensiva aspettuale valutativo (EstAsp) che modifica il soggetto della frase ("voi" invece di "io"), la modalità enunciativa (retorico-interrogativa invece di esclamativa) e aggiunge infine un tratto semantico più specifico rispetto a "happier" che è la felicità "gratificante" e morale. Intensificazione del timismo euforico (IntTimEu+).

Paragrafo 17 francese

"*For Medellín, the words of a young boy are the best validation of his work. A few years ago, he says… / Rodrigo Medellín estime que la plus belle preuve de la valeur de son travail lui a été donnée par un petit garçon il y a quelques années*". Operazioni estensive aspettuale (EstAsp) che modificano l'aspettualità valutativa ("la plus belle preuve de la valeur" invece di "best validation") e accentuano l'isotopia impatto (IsoSgVR – /impatto/) nonché intensività euforica nei confronti dell'azione del Soggetto (IntTimEu+).

"I could not have been happier! / J'étais aux anges". Operazione estensiva aspettuale di tipo valutativo (EspAsp) che accentua il timismo euforico (IntTimEu+).

ANALISI DELL'INTERVISTA

Paragrafo 18 italiano

"devote your life to such a maligned species as bats / dedicare la sua vita allo studio di una specie così poco amata come i pipistrelli". Operazione estensiva aspettuale (EspAsp): "maligne[18]" indica il fatto di "parlar male", di "denigrare", in italiano la traduzione "poco amata", virtualizza il tratto semantico riferito all'azione "parlare diffamando" e magnifica il tratto timico, in questo caso disforico, riferito all'Antiattante (IntTimDisAnti)

"as diverse as that of any group of species in the world / talmente diversa da quella di altre specie". Operazione estensiva classematica (EstClass), poiché l'italiano si riferisce a una "diversità assoluta" mentre in inglese si parla di una diversità comparabile a quello di un "gruppo di specie". Tale operazione va a generare una maggiore coesione isotopica (IsoOvVR – utilità) in relazione alle tematiche /utilità/, ma anche "protezione" e "rarità".

"I would never grow weary of learning about them or researching them / non mi sarei mai stancato di studiarli". Operazione estensiva che sintetizza (EstSin) due verbi (learn, research) in uno (studiare) e determina compattezza e coesione isotopica (IsoSgRV – determinazione).

Paragrafo 19 italiano

"in your career / questa decisione". Operazione estensiva che elimina un tratto semantico (career, EstUN) e che ne genera un altro (decisione, EstNU), reiterando un tratto semantico già presente nel paragrafo precedente e che si riferisce all'isotopia /determinazione/ ("come mai ha deciso...") (IsoSigVR – determinazione).

"hot cavern / grotta". Operazione estensiva aspettuale con eliminazione di un tratto figurativo (hot) (EstAsp).

"this is an entirely unknown universe – and hardly anybody is working on it / Qui c'è tutto un universo da scoprire e nessuno lo sta facendo".

---

18   to speak harmful untruths about; speak evil of; slander; defame: *to malign an honorable man.* (Webster's)

Operazione estensiva aspettuale (EstAsp), che trasforma ed elimina alcuni tratti semantici ("da scoprire", eliminazione di "hardly") magnificando l'isotopia /determinazione/ (IsoSgVR – determinazione).

"*my chance / la mia missione*". Operazione estensiva aspettuale (EstAsp), che reitera l'isotopia /determinazione/ (IsoSgVR – determinazione).

"*misunderstood animals / di cui ignoriamo praticamente tutto*". Operazione estensiva che espande (EstEsp) e assolutizza l'aggettivo inglese "misunderstood" e accentua l'isotopia tematica /ignoranza/ (IsoAntiVR – ignoranza).

Paragrafo 19 francese

"*hot cavern / grotte étouffante*" Operazione estensiva aspettuale (EstAsp).

"*This is my chance to work protecting / C'est ma chance, je travaillerai à protéger*" Operazione estensiva aspettuale (EstAsp) con verbo al futuro e maggiore grado di certezza; accentuazione dell'isotopia /determinazione/ (IsoSgVR – determinazione), legata all'azione del Soggetto.

"*misunderstood / incompris*". Operazione estensiva aspettuale (EstAsp) che realizza il tratto semantico /umano/ agli animali ("incomprensione" è in effetti un'azione riferita agli esseri umani, IsoAntiVR – ignoranza) e accentua il timismo disforico antiattanziale (IntTimDisAnti).

"*my fate was sealed / les dés ont été jetée*". Operazione estensiva aspettuale (EstAsp) (con riferimento all'espressione attribuita a Giulio Cesare "alea iacta est").

Paragrafo 20 italiano

"*trying to change negative image / la cosa più difficile è stata sfatare le leggende*". Operazione estensiva che espande il testo originale ("cosa più difficile" specifica "trying" e "leggende" specifica "negative image", EstEsp), reitera l'isotopia tematica /mito nocivo/, accentuando il timismo disforico antiattanziale (IntTimDisAnti).

"*impact / impatto concreto*". Operazione estensiva aspettuale che aggiunge un tratto semantico valutativo (EstAsp), che si riferisce in senso lato all'isotopia /determinazione/ (IsoSgVR – determinazione).

"*mi...avrei, ho cominciato*". Operazione estensiva aspettuale (EstAsp) con cambiamento e reiterazione, nella traduzione in italiano, di un Soggetto unico ("io", Medellìn, invece dell'inglese più generale "you" e "we", IsoSgVR).

"- / (vale a dire il 90% degli abitanti del Messico)". Operazione estensiva che genera (EstNU) nuovi tratti semantici, reitera l'isotopia tematica "impatto" dell'azione del Soggetto su una grande percentuale di popolazione messicana (IsoSgVR – impatto), e va a magnificare il timismo euforico nei confronti dell'azione del Soggetto (IntTimEu+).

Paragrafo 20 francese

"toughest challenges / les pires obstacles que vous ayez à surmonter". Operazione estensiva che espande l'espressione inglese (EstEsp), che accentua le isotopie /riuscita/ e /determinazione/ (IsoSgVR – determinazione) nonché il timismo disforico nei confronti dell'azione dell'Antiattante (IntTimDisAnti).

Paragrafo 21 italiano

"What do you foresee as the most important impact / Quale sarà l'effetto positivo". Operazione estensiva aspettuale (EstAsp) che elide ogni dubbio (foresee) e aumenta il grado di certezza (effetto positivo); realizzazione dell'isotopia /determinazione/ (IsoSgVR – determinazione) e aumento del timismo euforico (IntTimEu+).

"Society is catching up rapidly on the importance of bats for their wellbeing, so I believe we are winning the war / La collettività sta cambiando atteggiamento riguardo a questi animali; la nostra guerra si sta per concludere vittoriosamente". Operazione estensiva di annullamento (EstUN) di un tratto semantico (importance of bats for their wellbeing) e accentuazione l'isotopia "scontro" (IsoSgVR – scontro) (grazie al verbo "si sta per concludere" e all'eliminazione in italiano del verbo inglese "I believe"); intensificazione del timismo euforico (IntTimEu+).

Paragrafo 21 francese

"What do you foresee as the most important impact / Quel sera, selon vous". Operazione estensiva aspettuale (EstAsp) che elimina ogni dubbio (foresee) e aumenta il grado di certezza (verbo al futuro "sera"); realizzazione dell'isotopia "impatto" (IsoSgVR – impatto).

"I believe we are winning the war / je crois que nous sommes en train de gagner la bataille". Operazione estensiva aspettuale (EstAsp) che diminuisce il grado di certezza (si può vincere una battaglia "bataille" ma non la guerra "war") e il timismo euforico (IntTimEu-) ma che va a reiterare

un tratto semantico già annunciato nel testo ("bataille constante", § 13) (IsoSgVR - scontro).

Paragrafo 22 italiano

"*Mexico's largest and rarely seen Linnaeus' false vampire bat (Vampyrum spectrum) / Non c'è dubbio: il falso vampiro di Linneo, è il più grande e il più raro pipistrello messicano*". Operazione estensiva aspettuale (EstAsp) che elimina la definizione scientifica della specie (Vampyrum spectrum) per aggiungere un elemento che è di tipo valutativo, timico (IntTimEu+) riferito al legame Soggetto-Oggetto di valore.

"*Each time was a big adrenaline kick. My whole body was shaking. / E ogni volta sentivo fiumi di adrenalina scorrermi nel sangue. Tremavo per l'emozione, letteralmente*". Operazione estensiva aspettuale (EstAsp) che col cambiamento del Soggetto (attiva e in prima persona in italiano, passiva in inglese) e l'aggiunta di tratti semantici che aumentano l'isotopia legata all'esperienza /corporea/ (sangue, emozione, letteralmente) (IsoSgVR) e necessariamente il timismo euforico (IntTimEu+).

Paragrafo 22 francese

"*Each time was a big adrenaline kick. My whole body was shaking. / Chaque fois, j'ai eu une grosse montée d'adrénaline. Je tremblais de tout mon corps*". Operazione estensiva aspettuale (EstAsp) che col cambiamento e la reiterazione del /soggetto umano/(j'ai eu, je tremblais) (IsoSgVR) e accentuano il timismo euforico (IntTimEu+).

5.3 Statistiche qualitative tramite programma QDA Miner

Il programma QDA Miner, sviluppato dalla società canadese Provalis Research (Montreal), è uno strumento che permette di codificare i testi ed effettuare varie analisi sui codici. Dopo aver testato alcuni programmi simili (tra cui Paraconc e Atlas), abbiamo preferito riportare l'analisi testuale di cui sopra su QDA Miner, programma di uso intuitivo, che non richiede l'apprendimento di specifiche conoscenze informatiche, e che offre un'ampia libertà nella definizione dei parametri di indagine e nella determinazione dei codici da assegnare alle specifiche parti del testo (paragrafi, frasi, sintagmi e parole).

Con questo programma è possibile annotare, con codici appositamente definiti, un gran numero di testi, ed esplorare poi, grazie a strumenti di statistica qualitativa, la presenza, le affinità, le co-occorrenze e la distribuzione delle annotazioni codificate. Tali risultati sono rappresentabili tramite schemi, tabelle, grafici e mappe termiche che permettono di visualizzare le salienze traduttive; i risultati sono sempre verificabili ed esportabili in altri progetti e inoltre sono facilmente modificabili in corso d'opera.

Ai fini della nostra ricerca, abbiamo deciso di applicare il programma QDA Miner a questo primo esempio pilota, il testo Rolex Awards for Enterprise, su Rodrigo Medellín; abbiamo riadattato l'analisi testuale presentata nella sezione 5.1 alla configurazione del programma, e abbiamo creato un progetto dotato di casi, variabili e codici.

La creazione di un progetto implica la definizione dei CASI (*cases*), che nel nostro esempio sono i tre testi, inglese, italiano e francese, la definizione di VARIABILI (*variables*), che qui abbiamo definito come File (nome del File.Rodrigo Medellin_2008 en/fr/it), Document (indica che il testo è di tipo "document", in formato MS Word, WordPerfect oppure RTF), Raedate (data indicativa di pubblicazione del testo; la data è indicativa, perché sappiamo con certezza l'anno e in una certa misura anche il mese, ma indicativamente indichiamo come giorno, il primo giorno del mese), Domaine (ambito disciplinare in cui è inserito il progetto descritto nel testo, ricordiamo che Rolex premia progetti che intervengono in cinque aree disciplinari: Scienza e salute, Tecnologia applicata, Esplorazioni e scoperte, Ambiente e Tutela patrimonio culturale). Le annotazioni vere e proprie sono invece assegnate alle parti del testo tramite la funzione CODICI (*codes*) che riunisce i codici veri e propri isotopici, estensivi e intensivi.

Di seguito presentiamo un'immagine (fig. 5.1) della finestra di lavoro del programma QDA Miner: al centro si trova il testo, in questo caso già annotato, le annotazioni appaiono alla destra dello schermo, con colori diversi per ogni codice; i dati riguardanti il progetto sono invece a sinistra dello schermo, con i casi *Cases,* i testi con il nome del file, precedentemente definito col nome del ricercatore premiato da Rolex, la data di premiazione e l'indicazione della data; le variabili *Variables,* il nome del file, il tipo di file (document), la data (RAEDATE), e l'ambito disciplinare (Environment); i codici, *Codes* suddivisi in tre grandi categorie, le isotopie (*Isotopy*) attanziali e tematiche, l'estensività (*extensivity*) e l'intensività (*intensivity*); ogni grande categoria è composta da singoli codici (*SubjectVR/RV*, *ValueObjectVR/RV*, *AntiactantVR/RV*, *AssistantVR/RV*, ecc.)[19]. Le parti di testo annotate appaiono in blu, questo colore indica la presenza di un hyperlink chc permette di associare una parte del testo italiano, ad esempio, con la sua traduzione in inglese: un doppio click sull'hyperlink permette di arrivare direttamente sulla parte del testo inglese associata a quella parte di testo tradotto.

Fig. 5.1 Finestra del programma QDA Miner.

Abbiamo riportato l'analisi manuale di cui sopra (5.2) tramite l'assegnazione di codici sui testi tradotti: l'annotazione è effettuata direttamente e unicamente sui testi tradotti, non vi è quindi nessun tipo di annotazione sul testo originale. Al termine dell'annotazione il programma QDA Miner consente di esaminare e rappresentare con grafici, tabelle e mappe termiche:
a) la distribuzione dei codici, ovvero la frequenza dei codici nei testi tradotti;
b) la presenza di ogni singolo codice nei due testi tradotti a confronto;
c) la sequenza dei codici, ossia le co-occorrenze tra diversi codici;

---

19   Per una descrizione dei codici per questo progetto pilato rimandiamo all'Allegato I.

258

Per rendere i dati più rappresentativi dello stile traduttivo di ciascun testo tradotto abbiamo creato un progetto generale, in cui figurano il testo inglese e le due traduzioni; da questo progetto abbiamo derivato due sotto-progetti: un progetto (IT) con le annotazioni della traduzione in italiano e un progetto (FR) con le annotazioni della traduzione in francese.

A) FREQUENZA DEI CODICI

Distribuzione, espressa in percentuale, delle annotazioni dei codici in entrambe le traduzioni.

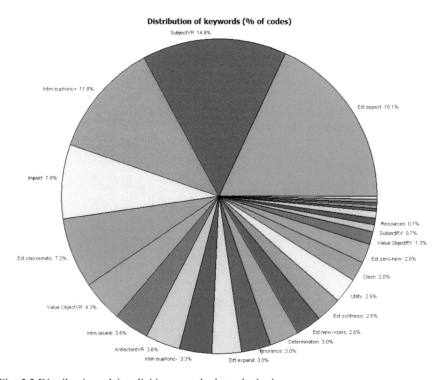

Fig. 5.2 Distribuzione dei codici in entrambe le traduzioni.

Il grafico indica che il codice maggiormente presente nelle traduzioni è il codice dell'estensività aspettuale, con una distribuzione del 18,1%, seguito dal codice assegnato alle scelte traduttive che realizzano tratti semantici riferiti alla realizzazione del Soggetto della narrazione (14,8%) e dal codice che segnala le scelte traduttive con un'intensività timico-euforica maggiore

259

rispetto all'originale (11,8%), seguono poi i codici riferiti al tema /impact/ (7,8%) e alle scelte traduttive estensivo-classematiche (7,2%).

Le analisi della frequenza dei codici per la traduzione in italiano (fig. 5.3) e in francese (fig. 5.4) forniscono i seguenti risultati.

Distribution of keywords (% of codes)

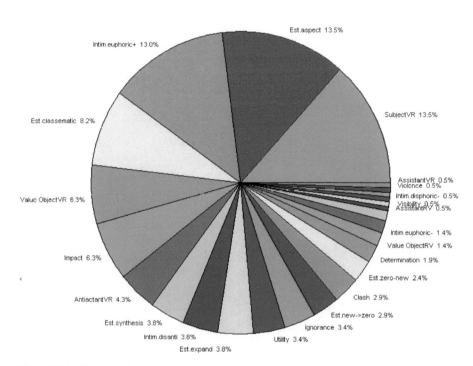

Fig. 5.3 Distribuzione (in %) delle annotazioni dei codici nella traduzione in italiano.

Rispetto al grafico generale che riassume la distribuzione delle annotazioni dei codici in entrambe le traduzioni, nel testo in italiano non vi è un codice la cui presenza supera nettamente quella degli altri codici; in effetti, nella metà superiore del grafico, ossia per il 50% delle annotazioni, le scelte traduttive intervengono nei tratti semantici che riguardano il SoggettoVR (13,5%) e l'Oggetto di valoreVR (6,3%), e con modalità estensive di tipo aspettuale (13,5%) e classematico (8,2%) nonché con modalità intensive timico-euforiche (13,0%). Seguono poi i codici che riguardano l'azione del Soggetto (/impact/ 6,3%) e gli AntiattantiVR (4,3%). Sono presenti, anche se non molto diffusi, i codici che si riferiscono a interventi traduttivi profondi,

260

ossia scelte traduttive estensive che eliminano (Est new =>zero 2,9%) o generare (Est zero => new 2,4%) nuovi tratti semantici nel testo in italiano.

Vediamo ora la distribuzione, espressa in percentuale, delle annotazioni dei codici nella traduzione in francese.

Distribution of keywords (% of codes)

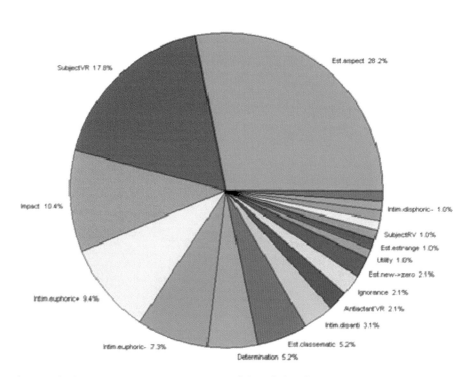

Fig. 5.4 Distribuzione (in %) delle annotazioni dei codici nella traduzione in francese.

Rispetto al grafico precedente, la presenza del codice che si riferisce a operazioni traduttive estensivo-aspettuali (28,2%) supera nettamente quella degli altri codici; in effetti, nella metà superiore del grafico, ossia per il 50% delle annotazioni, le scelte traduttive si realizzano come operazioni estensive, oppure interventi su tratti semantici che riguardano il SoggettoVR (17,8%) e la sua azione (/impact/, 10,4%). Seguono poi i codici riferiti a scelte traduttive che magnificano oppure narcotizzano l'intensività timico-euforica (aumento dell'intensività euforica 9,4% e sua diminuzione 7,3%). Si limita però a uno scarso 45% la presenza di tutti gli altri codici, in

261

particolare quelli che riguardano le isotopie tematiche e le operazioni estensive che eliminano oppure generano parti testuali nella traduzione (Est new=>zero 2,1% ed Est zero=>new 1,0%).

B) PRESENZA DEI CODICI PER OGNI TESTO TRADOTTO

Con la funzione "Coding by variables", il programma QDA Miner consente di confrontare la distribuzione dei codici nelle due traduzioni. Vediamo in effetti che la traduzione in francese ha in assoluto una presenza delle annotazioni dei codici inferiore alla traduzione in italiano. Nonostante una minore presenza dei codici in assoluto, l'analisi conferma che nella traduzione in francese il codice maggiormente espresso è quello riferito all'estensività aspettuale (27 occorrenze) seguito dal codice riferito al SoggettoVR (17 occorrenze), e alla sua azione /impact/ (10 occorrenze) e all'intensività euforica (9 occorrenze).

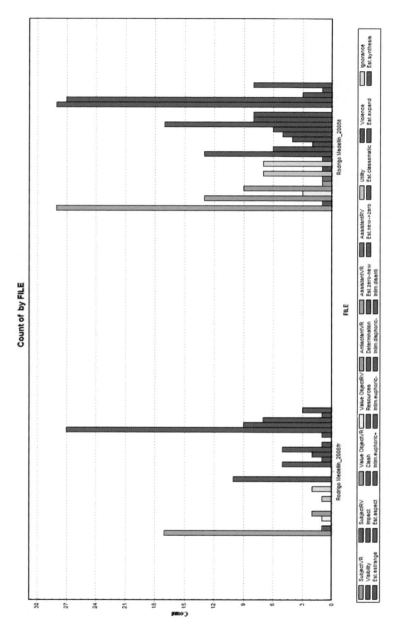

Fig. 5.5 Distribuzione delle occorrenze delle annotazioni dei codici in entrambe le traduzioni.

263

La tabella a destra, riferita ai codici nella traduzione in italiano, ci conferma i dati del diagramma precedente: i codici maggiormente presenti sono riferiti all'estensività aspettuale (28 occorrenze) al SoggettoVR (28 occorrenze), all'intensività euforica (27 occorrenze) e all'estensività classematica (17 occorrenze); seguono quindi le annotazioni per i codici associati all'impatto dell'azione del Soggetto e all'Oggetto di valore (13 occorrenze per entrambi).

Quello che però non era ancora chiaro nel diagramma circolare è che la distribuzione in percentuale dei codici nelle traduzioni va aggiustata secondo la prospettiva per cui la traduzione in italiano presenta in assoluto una maggiore occorrenza di codici rispetto alla traduzione in francese.

Sempre con la funzione "Coding by variables" del programma QDA Miner è possibile scegliere di confrontare direttamente la presenza di ogni singolo codice in ogni traduzione. Dapprima confrontiamo i codici assegnati alle variazioni traduttive riguardanti le isotopie attanziali e tematiche (fig. 5.6) e successivamente i codici riferiti alle operazioni estensive ed intensive (fig. 5.7).

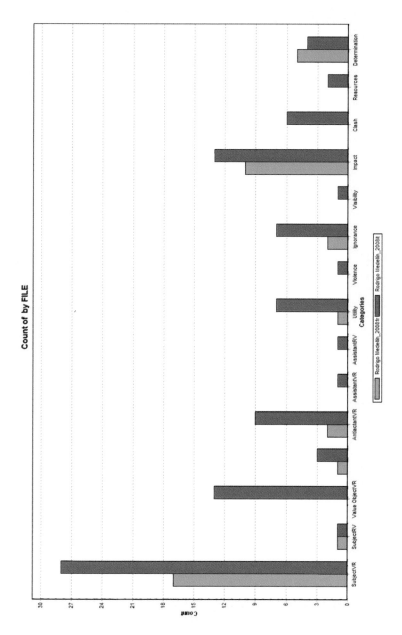

Fig. 5.6 Codici isotopici: attanti e temi, francese e italiano.

266

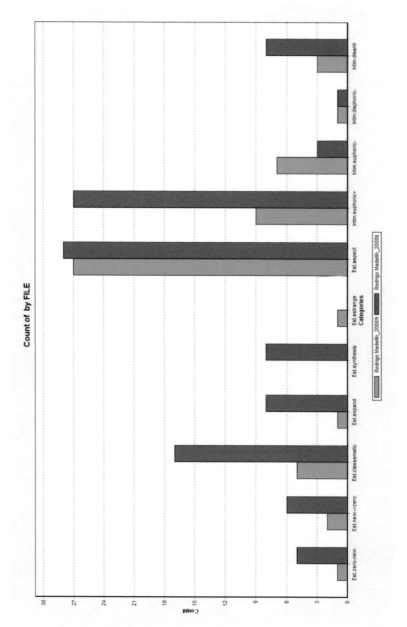

Fig. 5.7 Codici per estensività e intensività, francese e italiano.

Le due tabelle confermano che vi sono in assoluto più annotazioni di codici nella traduzione in italiano rispetto alla traduzione in francese. Per i codici riferiti al SoggettoVR, al tema /impact/ e /determination/ nonché all'estensività aspettuale il testo in italiano non presenta uno scarto netto rispetto al francese. Unicamente per i codici /determination/ e /diminuzione dell'intensità euforica/ (*Intim.euphoric-*), il testo in francese manifesta una presenza del codice leggermente superiore a quella dei rispettivi codici in italiano.

C) CO-OCCORRENZE E SEQUENZA DEI CODICI

Il programma QDA Miner consente di individuare le relazioni tra i vari codici, ovvero il modo in cui i codici sono presenti e si rapportano assieme ad altri codici, nello stesso testo. Il programma si avvale di calcoli e indici specifici per determinare grafici gerarchizzati che raggruppano i codici in base alla loro similarità e compresenza. Tra le varie modalità di cui è dotato il programma per calcolare la similarità e la co-occorrenza, ovvero la compresenza dei codici, abbiamo scelto di utilizzare quello più diffuso: il coefficiente di Jaccard, indice statistico che raggruppa i codici in base alla loro similarità e al loro posizionamento. Questo calcolo consente di sapere se esistono gruppi di codici che sono compresenti nel testo.

Tramite la funzione "Coding Co-occurences" è possibile definire in quale documento lavorare, con quali codici (è possibile scegliere di analizzare soltanto alcuni codici, in questo caso ci interessa lavorare con tutti i codici), quale indice utilizzare (come già indicato lavoriamo col "Jaccard's coefficient, occurence") e in quale modo raggruppare i codici: qui abbiamo scelto "same segment" per poter estrarre unicamente gruppi di codici che co-occorrono nello stesso segmento.

I risultati sono raccolti e indicati tramite dendrogrammi, ovvero diagrammi che presentano sull'asse delle ordinate i codici e sull'asse delle ascisse la co-occorrenza, ossia la prossimità che esiste tra i vari codici. Il tracciato delle distanze e delle configurazioni dei rami del diagramma ad albero indica il grado di similarità e di vicinanza tra i codici.

Ecco come appare il dendrogramma della traduzione in italiano con un raggruppamento dei codici pari a 10.

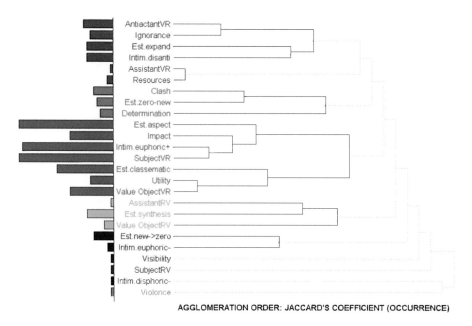

AGGLOMERATION ORDER: JACCARD'S COEFFICIENT (OCCURRENCE)

Fig. 5.8 Dendrogramma di similarità dei codici nella traduzione in italiano.

Il programma consente di definire il numero di gruppi pertinenti e assegnare un colore a ciascun gruppo di codici. Per il nostro esempio abbiamo deciso di creare dieci gruppi di codici; questi sono visualizzati con colori diversi, e le ramificazioni delle loro co-occorrenze sono rappresentate con linee grafiche continue: più piccoli sono i gruppi di codici, meno ramificate sono le linee del dendrogramma, a destra. A sinistra del grafico, la lunghezza dei tratti colorati indica la loro frequenza: ai tratti più lunghi (es.: codice Est. asp) corrispondono codici con frequenza maggiore.

Secondo i parametri definiti, il grafico di cui sopra mostra quattro gruppi di codici: il gruppo più grande (color fucsia) che ingloba i codici riferiti al SoggettoVR, all'Oggetto di valoreVR, ai temi /utility/ e /impact/, nonché i codici assegnati alle variazioni estensive classematiche e intensive euforiche. Il secondo gruppo (color rosso) ingloba i codici riferiti all'Antiattante, al tema /ignorance/ e alle operazioni estensivo-espansive e intensivo-disforico-antiattanziali. Il terzo gruppo (color verde scuro) riunisce il codice estensivo generativo (Est. zero=>new) e le isotopie tematiche /clash/ e /determination/. Il quarto gruppo ingloba (verde chiaro) ingloba l'attante Aiutante, il codice assegnato alla virtualizzazione dell'Oggetto di valoreRV e quello delle operazioni estensivo-sintetiche.

268

Per una rappresentazione visiva più immediata, il programma QDA Miner consente di classificare i risultati del dendrogramma tramite una mappa a due dimensioni.

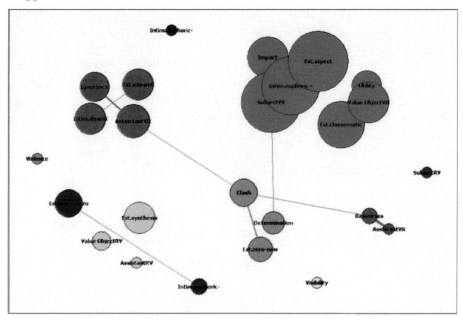

Fig. 5.9 Mappa dei gruppi di codici nella traduzione in italiano.

Il vantaggio della rappresentazione in mappa a due dimensioni non è unicamente quello di dare una visione d'insieme spaziale immediata dei gruppi di codici presenti nel testo annotato; essa consente anche di mostrare gli eventuali legami (le linee nere) tra codici che appartengono a gruppi diversi. Nel nostro caso, ad esempio, anche se l'isotopia tematica riferita alle risorse /resources/ e l'isotopia attanziale dell'aiutante /assistantVR/ appaiono gruppi separati, il codice colore e la spessa linea nera (lo spessore della linea continua indica la forza del legame tra codici e gruppi di codici) indicano che la connessione tra questi due codici è molto forte. Lo stesso vale anche per la linea che collega i codici in rosso /ignorance/ e /antiactantVR/, e infine della linea che lega il tema /clash/ con il gruppo dei codici in rosso (*antiactant, ignorance, est.expand* e *intimdisanti*) e con il gruppo dei codici in blu (*assistant*, e *resources*).

Con la funzione "Coding sequences" è possibile inoltre eseguire un'analisi più precisa della co-occorrenza dei codici e del numero di volte in cui alcuni codici si trovano associati ad altri.

Definendo opportunamente i parametri della funzione "Coding sequences" è possibile vedere quante volte un codice co-occorre insieme a un altro codice. Lo svantaggio di questo tipo di calcolo è che la rilevanza dei risultati è associata unicamente a coppie di codici.

Nella mappa termica qui di seguito (fig. 5.10) i codici sono associati in base alla loro co-occorrenza. Si nota che il codice riferito all'attante SoggettoVR occorre il più delle volte con il codice dell'intensività timico-euforica (circa ventinove[20] occorrenze in tutto[21]), con il codice /impact/ (circa sedici occorrenze), con altri codici che si riferiscono all'estensività aspettuale e classematica, e ad altri codici dei temi isotopici (/clash/, /determination/, ecc.). Questi dati confermano i risultati delle mappe a due dimensioni, che indicavano i gruppi di codici, ma con le mappe termiche abbiamo un'analisi che ha un maggiore grado di precisione.

---

20 Si tratta della somma delle co-occorrenze tra la cifra che indica, nella riga del codice SubjectVR, la co-occorrenza con il codice Intim.euphoric+ (16) e la cifra che indica, nella riga del codice Intim.euphoric + la co-occorrenza col codice SubjectVR (13).

21 Le impostazioni del programma QDA Miner per il rilevamento delle mappe termiche permettono di impostare una massima vicinanza tra i codici o piuttosto, come accade nella nostra analisi, una sovrapposizione dei codici. Ciò permette di rilevare il numero delle co-occorrenze di due codici. Vi è tuttavia, un certo margine di errore, dovuto al fatto che non è possibile controllare con massima accuratezza la vicinanza tra i codici. Infatti, pur impostando la funzione per un'estrazione dei codici sovrapposti, a volte uno stesso codice sembra apparire due volte nello stesso segmento: ad esempio nel caso del codice dell'attante SoggettoVR, come indicato nella tabella, nel grafico appare una occorrenza con lo stesso codice SoggettoV. In realtà il codice SoggettoVR non co-occorre mai con "se stesso". Questa co-occorrenza è data dal fatto che, in almeno un caso, accade che il segmento di testo cui è assegnato il codice SoggettoVR è molto vicino al segmento di testo cui è assegnato un altro codice SoggettoVR. I due codici sono quindi, nella mappa termica, erroneamente associati come co-occorrenti.

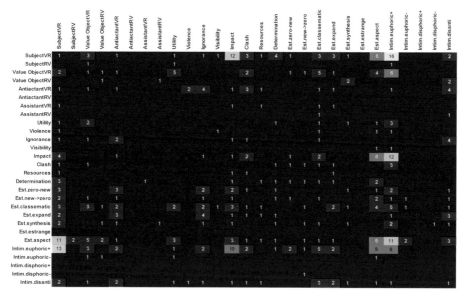

Fig. 5.10 Mappa termica della traduzione in italiano.

Focalizzando sui codici che occorrono in assoluto più spesso degli altri nella traduzione in italiano (SoggettoVR 13,5%, estensività aspettuale 13,5%, intensività euforica 13,0%, estensività classematica 8,2% e Oggetto di valoreVR 6,3%), si constata che le scelte traduttive che determinano una variazione estensiva aspettuale generano al contempo anche variazioni intensive timico-euforiche (circa venti occorrenze); associando questo dato alle co-occorrenze del codice dell'estensività classematica si nota che questi tre codici sono interconnessi e prevalentemente associati all'attante SoggettoVR. Allo stesso modo, le occorrenze del codice Oggetto di valoreVR sono perlopiù associate al tema /utility/.

Eseguiamo ora le stesse analisi anche per testo tradotto in francese: dapprima con la definizione dei criteri per il dendrogramma e poi con la rappresentazione nella mappa a due dimensioni.

271

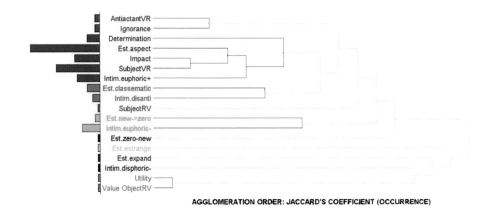

AGGLOMERATION ORDER: JACCARD'S COEFFICIENT (OCCURRENCE)

Fig. 5.11 Dendrogramma di similarità dei codici nella traduzione in francese.

Nella traduzione in francese riscontriamo soltanto un unico grande gruppo (color blu) abbastanza significativo che ingloba cinque codici che riguardano l'attante SoggettoVR, i temi /impact/ e /determination/, nonché i codici legati alle operazioni estensive aspettuali e intensive euforiche. Un altro gruppo degno di nota è sicuramente quello che comprende il codice dell'Antiattante e quello del tema /ignorance/.

272

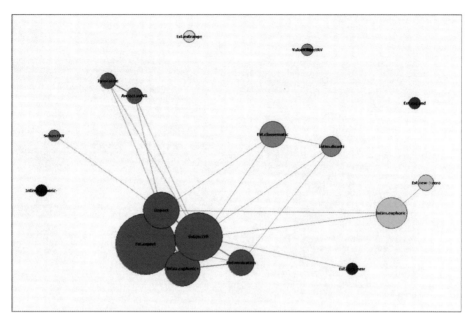

Fig. 5.12 Mappa dei gruppi di codici nella traduzione in francese.

La rappresentazione di questi dati nella mappa a due dimensioni permette inoltre di visualizzare i legami tra i vari gruppi, in particolare il legame tra il gruppo in rosso (Antiattante e ignoranza) e il codice /impact/ del gruppo in blu, nonché il legame tra il gruppo in verde scuro (*intim.disanti*, ed est.*classematic*) col codice /determinazione/ del gruppo in blu.

Impieghiamo la mappa termica per avere un quadro più preciso anche dei codici che co-occorrono nel testo francese. Passiamo al vaglio anche in questo caso i codici più frequenti: estensività aspettuale (28,2%), SoggettoVR (17,8%), impatto (10,4), intensività timico-euforica (9,4%), intensività euforica ridotta (7,3%), determinazione (5,2%) ed estensività classematica (5,2%).

273

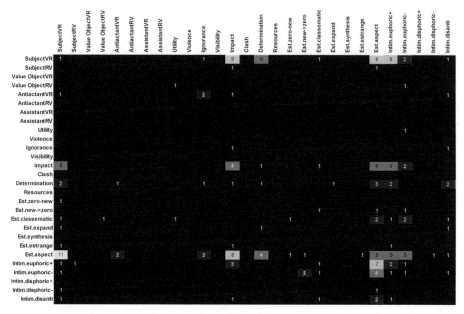

Fig. 5.13 Mappa termica della traduzione in francese.

Immediatamente si nota che la mappa termica della traduzione in francese presenta una densità inferiore e un intreccio di codici meno fitto rispetto alla mappa termica della traduzione in italiano. È possibile tuttavia individuare alcune salienze traduttive, segnalate proprio dai punti in color giallo, punti in cui le occorrenze si fanno più frequenti.

L'estensività aspettuale occorre principalmente con il codice del SoggettoVR (venti occorrenze), con il codice tematico /impact/ (quattrodici occorrenze in tutto), nonché con il codice riferito all'intensività euforica (dodici occorrenze).

Intersecando le occorrenze dei codici più frequenti si nota che le scelte traduttive di tipo estensivo-aspettuale, intensivo timico-euforiche e tematico sono perlopiù riferite all'attante SoggettoVR, la cui azione risulta di conseguenza magnificata nel testo in francese.

274

5.4 Ricadute teoriche: enunciazione, modello e significazione profonda della traduzione

L'analisi condotta sul testo scelto come studio pilota consente di verificare le basi teoriche formulate nei capitoli precedenti. Siamo partiti dall'assunto secondo cui il fare traduttivo non è un oggetto semiotico neutro e impersonale, al contrario, esso determina la generazione, secondo il Quadrato semiotico della traduzione, di una nuova identità che si rapporta a un'altra entità attraverso le categorie della differenza e dell'equivalenza.

Nel Modello semiotico avevamo individuato gli attanti, le azioni e le modalità che realizzano il Quadrato semiotico della traduzione in quanto fare contrattuale e programmatico. Su tali premesse, è possibile ora tracciare le modalità semiotiche che caratterizzano il progetto di traduzione in esame.

In questo caso, il *fare manipolativo*, che avvia il contratto traduttivo, si basa su "far credere persuasivo" e sulle modalità della *permissività* (non dover non fare) e della *facoltatività* (non dover fare): la competenzializzazione del Traduttore avviene secondo le modalità del "voler fare/voler non fare". Il Traduttore è libero quindi di decidere se accettare o non accettare il contratto traduttivo. Con l'adesione al contratto, il Traduttore si trova in una situazione di obbedienza (non poter non fare/non poter fare) che lo porta ad accettare i termini generali del contratto traduttivo: "generare un testo tradotto equivalente al testo originale". In mancanza di ulteriori elementi contrattuali e traduttivi che istruiscano con più precisione la performanza del Traduttore, supponiamo che egli abbia un certo margine di *libertà* nelle scelte linguistiche.

La *performanza* del Traduttore si realizza tramite le modalità del *far essere* e del *far sapere*. La modalità del *far sapere* è la modalità che esplicita "la differenza", ovvero l'adeguatezza e l'efficacia della trasmissione di un sapere che sia compatibile con l'universo referenziale; la modalità del *far essere* corrisponde nel Modello semiotico alla realizzazione del valore "equivalenza".

Proprio in ragione del contratto traduttivo (che istruisce il *fare essere* e il *far sapere* della performanza) e dei valori descritti nel Quadrato semiotico (differenza ed equivalenza) sappiamo che il Traduttore si presenta come un attore non dichiarato nel testo tradotto, e come un attante che "mette in discorso" l'enunciato traduttivo.

Nell'enunciazione traduttiva, il Traduttore è quindi un attante che realizza l'*io-qui-ora traduttivo*, ed è in questa finestra enunciativa che si proiettano una serie di operazioni linguistiche che a loro volta costituiscono uno degli oggetti di analisi su cui interviene il giudizio epistemico del Critico-Traduttologo. È il suo specifico fare epistemico che permette di riunire le salienze traduttive in un insieme che nel complesso costituisce una voce enunciativa, uno stile traduttivo.

L'esame empirico effettuato sul testo pilota verifica il quadro teorico generale in cui esso si inserisce e al contempo accerta il grado di applicabilità degli strumenti analitici e la fruibilità dei risultati ottenuti. Si nota infatti che la performanza dei Traduttori si concreta in quelle scelte traduttive che generano salienze traduttive nelle isotopie attanziali e tematiche nonché nel grado di estensività e di intensività timica. La sua azione non è limitata a elementi locali e isolati, al contrario il Traduttore marezza il testo con le proprie "venature" salienti.

Le variazioni nella manifestazione testuale sono di tipo estensivo e intensivo, e determinano a loro volta slittamenti, più o meno importanti, nella grammatica narrativa, ovvero nelle isotopie riferite ai principali attanti del racconto.

Notiamo quindi che *la manifestazione discorsiva dei testi* tradotti presenta molteplici piccoli e grandi interventi traduttivi che realizzano aspetti tematici e attoriali attualizzati o virtualizzati nel testo originale. Possiamo in tal modo affermare che le *salienze traduttive* sono *luoghi testuali* in cui la voce enunciativa del Traduttore risuona in modo tonico e chiaramente percettibile per il Critico-Traduttologo.

In entrambe le traduzioni, queste salienze sono principalmente di natura *estensiva aspettuale*, perché modulano gli elementi definitori che riguardano la qualità, quantità, temporalità, luogo, stile e registro, sintassi e flusso informativo. L'estensività aspettuale è forse il tratto più evidente della presenza di una voce enunciativa traduttiva, dell'instaurazione di un soggetto osservatore cognitivo-affettivo.

L'estensività aspettuale è accompagnata, in entrambi i testi tradotti anche se in misura diversa, da salienze di tipo prevalentemente *intensivo timico-euforico*.

Vi sono anche altri aspetti estensivi e intensivi, ma l'aspettualità e l'euforia distaccano nettamente gli altri tratti discorsivi ed entrambi si riferiscono, sia in francese che in italiano anche se in misura diversa, all'attante *Soggetto*. Anche l'isotopia dell'attante *Oggetto di valore* è sollecitata da interventi traduttivi perlopiù di tipo euforico; l'oggetto di valore è sempre legato a tematiche che, seppur relative all'attante Soggetto, si fanno luogo profondo di realizzazione della logica filantropica del Committente, Rolex.

Sarà quindi nostro compito analizzare le salienze traduttive che riguardano isotopie tematiche "rolexiane" per potere esplicitare il modo in cui il Traduttore si rapporta a essa – se ve ne è uno, se è chiaramente esplicito – ma anche per comprendere in quale modo il Committente accoglie e valuta la performanza del Traduttore, ovvero la Traduzione.

Questa riflessione è importante per confortare, a un livello teorico superiore all'analisi testuale empirica, le condizioni contrattuali dello specifico programma traduttivo in cui agiscono il Committente "Rolex" e il Soggetto dell'azione "Traduttore". Infatti, in questo caso, il contratto traduttivo che regge la performanza traduttiva in esame ha una sua particolarità poiché Rolex non è soltanto il Committente della traduzione esso è anche l'attante che avvia la produzione del testo originale. Testo originale e testo tradotto fanno quindi capa a una sola e unica figura reale: la società Rolex.

A un ultimo livello teorico, la voce enunciativa e la presenza delle salienze traduttive potranno, nel loro insieme, selezionare le condizioni logico-semiotiche del Quadrato della traduzione.

Sulla base dello studio pilota, è possibile ipotizzare che la narratività traduttiva è pienamente inserita nella logica della paradossale compresenza dei valori "equivalenza" e "differenza". L'equivalenza è garantita dal permeare delle stesse strutture narrative profonde del testo originale anche nel testo tradotto (stessi attanti-attori, stessi luoghi, temi, tematiche). E tuttavia si comprende, anche sulla base di un semplice testo, che partendo dallo stesso originale, le voci traduttive, in italiano e in francese, virtualizzano e realizzano i contenuti in modo diverso, e costituiscono un peculiare orizzonte ontico-forico: se da una parte la traduzione in francese presenta una percentuale di salienze traduttive di tipo estensivo-aspettuale, la voce traduttiva in italiano genera una forte estensività e intensività nei percorsi isotopici, tematici e attanziali.

Possiamo, con i dati finora raccolti, ipotizzare l'esistenza di uno stile traduttivo "italiano" che pur nella paradossalità teorizzata nel terzo capitolo, genera tuttavia una densità maggiore del valore "differenza" nel Quadrato semiotico; e per converso, possiamo presupporre che lo stile traduttivo "francese" si orienti piuttosto verso il valore semiotico profondo di "equivalenza".

Sulla base di questi primi risultati, ci proponiamo di estendere l'analisi ad altri testi tradotti, simili al testo dello studio pilota; si tratta, anche in questo caso, di testi che descrivono progetti finanziati nel quadro del programma filantropico Rolex e che costituiscono un corpus testuale esteso a un lasso temporale che va dal 1978 al 2008.

VI. Elementi di critica della traduzione: analisi semiotica dei corpora testuali, Rolex Awards for Enterprise, 1978–2008

6.1 Analisi testuale: elementi di indagine

L'oggetto di questo capitolo sarà la discussione dell'analisi estesa ai due corpora testuali tradotti in italiano e in francese; i corpora comprendono 109[1] testi tradotti in italiano e 109 testi tradotti in francese, pubblicati nell'arco di vent'anni, dal 1978 al 2008. I testi descrivono progetti che riguardano le cinque attività filantropiche finanziate da Rolex e per ogni lingua, vi sono 39 testi sulla tematica "ambiente", 22 testi sulla tematica "preservazione del patrimonio culturale", 15 testi sulla tematica "esplorazione e scoperte", 12 testi sulla tematica "scienza e salute" e 21 sulla tematica "tecnologia applicata".

Prima di iniziare a descrivere i dati riferiti alle traduzioni, indichiamo fin d'ora che lo stesso schema narrativo si ripete in tutti i testi. Indipendentemente dall'anno di pubblicazione, a prescindere alla natura del progetto descritto, dal personaggio principale e dal conseguimento degli obiettivi prefissi, in tutti i testi rileviamo uno schema narrativo che si reitera e che ruota attorno a un singolo Soggetto, che si propone di risolvere una problematica (attinente agli ambiti disciplinari sopracitati) e quindi conseguire il suo Oggetto di valore, tramite il ricorso alle sue competenze personali tecnico-scientifiche e umanistiche e tramite il sostegno di uno specifico Aiutante, che è Rolex.

Nel capitolo precedente, l'analisi eseguita sul testo scelto come studio pilota ci ha permesso di individuare alcuni aspetti salienti della traduzione in italiano e in francese. Per salienze traduttive si intendono quegli interventi che rispetto al testo originale determinano variazioni isotopiche, tematiche, attanziali, estensive e intensive e che quindi sono attinenti all'orizzonte tensivo timico-forico del Traduttore.

---

1 Uno dei cinque testi dell'anno 1990 ci è pervenuto incompleto, abbiamo quindi deciso di non inserirlo nel corpus di testi.

Il testo tradotto in italiano presenta un numero di codici nettamente superiore al testo tradotto in francese. Questo primo dato indica la probabile presenza di due stili traduttivi derivati da due diverse tipologie performative di due traduttori.

Inoltre, in entrambe le traduzioni, vi è una preponderanza di codici riferiti all'isotopia dell'attante SoggettoVR[2] e in parte all'Oggetto di valoreVR; le variazioni isotopiche attanziali sono quasi sempre accompagnate da variazioni estensivo-aspettuali (qualità, quantità, temporalità, luogo, stile e registro, sintassi e flusso informativo) e dall'intensività timico-euforica.

Abbiamo visto nello studio pilota che la traduzione presenta la stessa struttura narrativa profonda dei contenuti del testo originale, e questo dato garantisce il valore di "equivalenza"; d'altra parte, la presenza delle salienze traduttive a livello di manifestazione discorsiva determina l'emergere del valore "differenza".

L'equilibro che si stabilisce tra la permanenza di una stessa struttura narrativa e la profondità delle salienze traduttive su di essa genera il concetto stesso di Traduzione. Più o meno profonde sono le salienze, più o meno densa sarà la valenza semica dei termini differente/equivalente definiscono il concetto di Traduzione.

Sulla base di queste prime considerazioni proponiamo di affrontare i seguenti livelli di indagine:

i. analizzare la distribuzione generale dei codici che rinviano alle salienze testuali per comprendere se vi sono, e quali sono, le differenze tra la traduzione in francese e quella in italiano;

ii. individuare l'andamento della frequenza dei codici, in italiano e in francese, in prospettiva diacronica;

iii. tracciare i raggruppamenti dei codici per gruppi, tramite dendrogramma, per comprendere in quale modo si "aggregano" i codici nei testi annotati, e se tali raggruppamenti sono simili nella traduzione in francese e in italiano;

iv. rilevare la presenza di codici che co-occorrono, attraverso le mappe termiche, per comprendere quali codici co-occorrono più spesso di altri e se vi sono schemi specifici a ogni traduzione;

---

2   Come già indicato nel cap. IV, ricordiamo qui che VR indica la realizzazione dell'isotopia riferita a un attante (Soggetto, Oggetto di valore, Antiattante, Aiutante) ovvero, all'accentuazione di certi aspetti inerenti a un attante. Invece, RV indica per converso la virtualizzazione delle isotopie attanziali tramite l'attenuazione di aspetti inerenti agli attanti.

v. focalizzare sull'andamento dei codici riferiti agli attanti, per comprendere se vi sono specifiche salienze traduttive riferite in particolare all'attante Soggetto, Oggetto di valore e Aiutante;

vi. verificare l'andamento dei codici riferiti all'estensività e all'intensività per comprendere quali sono le operazioni logico-timiche che caratterizzano le due traduzioni e identificano due stili traduttivi.

Questi livelli di indagine verranno esaminati con l'approccio dell'analisi di corpora, così come viene prospettato in traduttologia (Baker 1993, 1998, 2001, 2004; Halverson1998; Laviosa 1998; Tymoczko 1998). Per esigenze derivate dal nostro modello teorico, abbiamo deciso di perseguire sulla strada del confronto testuale originale-traduzione, e abbiamo scelto di lavorare con corpora paralleli. Tale scelta è confortata da studi qualitativi derivati dall'analisi delle traduzioni di testi narrativi (Munday 1998; Pekkanen 2007; Hewson 2011).

Anche in questo capitolo, i livelli di analisi sopra identificati sono illustrati tramite grafici, tabulati, dendrogrammi, mappe termiche elaborate col programma QDA Miner, nonché tramite esempi tratti dai testi tradotti in francese e in italiano con a fronte il testo originale in inglese.

6.2 Frequenza dei codici nelle traduzioni

Il programma QDA Miner consente di rappresentare visualmente la distribuzione, espressa in percentuale, delle annotazioni dei codici in entrambe le traduzioni (fig. 6.1).

Nel corpus generale RAE tradotto in italiano il codice maggiormente presente è quello delle variazioni *estensivo-aspettuali* (10,7%) seguito dal codice dell'Oggetto di valoreVR (8,9%) e da quello dell'intensività euforica (8,5%). Con una presenza leggermente inferiore rispetto al testo pilota, ritroviamo il codice SoggettoVR (7,1 %) e il codice riferito all'operazione estensivo-classematica (7,7%).

In linea con quanto osservato nello studio pilota, più del 40% dei codici annotati nel corpus RAE tradotto in italiano è riferito alle categorie isotopie attanziali, SoggettoVR e Oggetto di valoreVR, alla categoria dell'intensività timico-euforica e all'estensività aspetuale e classematica. Allo stesso modo, delle categorie tematiche, il tema maggiormente presente è /impact/, tema riferito all'effetto, ai risultati, alle conseguenze e al successo derivati dal conseguimento dell'Oggetto di valore tramite l'azione del Soggetto.

In questa analisi, e diversamente da quanto rilevato nello studio pilota, appare un altro elemento preponderante, ovvero una presenza non trascurabile del codice riferito all'operazione estensiva di sintesi (5,5%).

Distribution of keywords (Frequency)

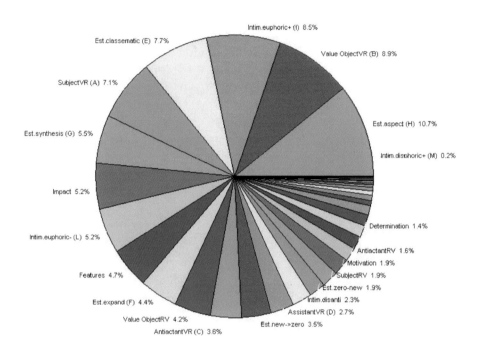

Fig. 6.1 distribuzione, espressa in %, dei codici nella traduzione in italiano, 1978–2008.

Il programma QDA Miner ci permette di estrarre altre informazioni, riguardanti il numero esatto dell'occorrenza di un codice nonché il numero dei testi tradotti in cui esso è presente.

Category	Code	Count	Cases
EXTENSIVITY	Est.aspect (H)	783	107
ISOTOPY\Actants\ValueObject	Value ObjectVR (B)	654	106
INTENSIVITY	Intim.euphoric+ (I)	622	103
EXTENSIVITY	Est.classematic (E)	566	104
ISOTOPY\Actants\Subject	SubjectVR (A)	517	102
EXTENSIVITY	Est.synthesis (G)	405	91
ISOTOPY\Theme\ThemeVR	Impact	381	93
INTENSIVITY	Intim.euphoric- (L)	380	88
ISOTOPY\Theme\ThemeVR	Features	342	96
EXTENSIVITY	Est.expand (F)	319	94
ISOTOPY\Actants\ValueObject	Value ObjectRV	308	92
ISOTOPY\Actants\Antiactant	AntiactantVR (C)	262	83
EXTENSIVITY	Est.new->zero	253	82
ISOTOPY\Actants\Assistant	AssistantVR (D)	197	80
INTENSIVITY	Intim.disarti	166	70
EXTENSIVITY	Est.zero new	140	64
ISOTOPY\Actants\Subject	SubjectRV	140	60
ISOTOPY\Theme\ThemeVR	Motivation	138	60
ISOTOPY\Actants\Antiactant	AntiactantRV	114	58
INTENSIVITY	Intim.disphoric- (N)	107	53
ISOTOPY\Theme\ThemeVR	Determination	102	57
ISOTOPY\Theme\ThemeVR	Utility	95	52
ISOTOPY\Actants\Assistant	AssistantRV	75	48
ISOTOPY\Theme\ThemeVR	Title	46	45
EXTENSIVITY	Est.similis	43	33
EXTENSIVITY	Disengagement	37	7
ISOTOPY\Theme\ThemeVR	Novelty	30	24
ISOTOPY\Theme\ThemeVR	Resources	19	15
ISOTOPY\Theme\ThemeVR	Visibility	16	16
INTENSIVITY	Intim.disphoric+ (M)	13	12
EXTENSIVITY	Est.alter	13	12
ISOTOPY\Theme\ThemeVR	Decline	11	7
ISOTOPY\Theme\ThemeVR	Clash	8	3
ISOTOPY\Theme\ThemeVR	Ignorance	7	1
ISOTOPY\Theme\ThemeVR	Violence	3	3
		7312	

Fig. 6.2 Distribuzione totale dei codici nella traduzione in italiano, 1978–2008.

Nella figura 6.2 sono elencate le occorrenze totali di tutti i codici (*count*), nei vari testi (*cases*). Le annotazioni apportate ai 109 testi tradotti in italiano sono nel loro complesso 7.312; le annotazioni riferite all'aspettualità, ad esempio, sono pari a 783 e appaiono in 107 testi, ovvero in quasi tutti i testi del corpus tradotto in italiano. In questa tabella rileviamo la presenza di un nuovo codice, rispetto allo studio: /Disengagement/, il codice che si riferisce a salienze traduttive che trasformano le strutture che sono embraiate nell'originale in strutture debraiate nella traduzione. Questo tipo di operazione occorre in sette testi, ed è una salienza traduttiva che si presenta massicciamente soltanto nei testi dell'edizione 1993 dei Premi Rolex.

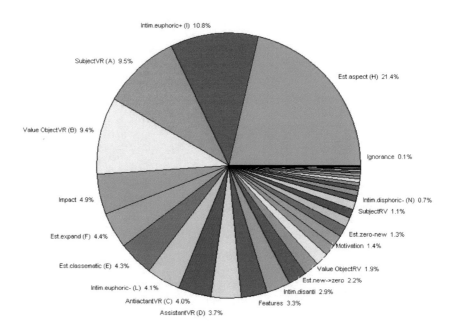

Distribution of keywords (Frequency)

Intim.euphoric+ (I) 10.8%

SubjectVR (A) 9.5%

Est aspect (H) 21.4%

Value ObjectVR (B) 9.4%

Ignorance 0.1%

Impact 4.9%

Intim.disphoric- (N) 0.7%
SubjectRV 1.1%

Est.expand (F) 4.4%

Est.zero-new 1.3%
Motivation 1.4%

Est.classematic (E) 4.3%

Value ObjectRV 1.9%
Est.new->zero 2.2%

Intim.euphoric- (L) 4.1%

Intim.disanti 2.9%

AntiactantVR (C) 4.0%

Features 3.3%

AssistantVR (D) 3.7%

Fig. 6.3 Distribuzione (in %) dei codici nella traduzione in francese, 1978–2008.

Nel grafico rileviamo alcune tematiche che occorrono in pochi testi (ad esempio, /clash/, /decline/, /violence/ e /ignorance/), queste sono tematiche specifiche ad alcuni progetti finanziati da Rolex, e non sono generalizzabili come lo possono invece essere altri temi. Per converso, le tematiche /impact/, /determination/, /motivation/, /utility/ e /features[3]/ denotano un maggior grado di astrazione e hanno una maggiore probabilità di occorrenza. Vediamo quindi che è importante adottare criteri di natura generale per scegliere e opportunamente denominare le tematiche più rappresentative in un corpus da analizzare.

---

3   Salienze traduttive in tratti semantici riferiti alle proprietà e caratteristiche dell'Oggetto di valore. Per una descrizione completa dei codici rimandiamo all'Allegato II.

Eseguiamo lo stesso tipo di estrazione dei codici che rinviano alle annotazioni testuali nel corpus di testi tradotti in francese.

Rispetto alla traduzione del testo pilota, nel suo complesso, il corpus in lingua francese conferma la prevalenza del codice riferito alle operazioni traduttive estensivo-aspettuali (21,4%). Nel corpus si rafforza invece la presenza dei codici legati alle trasformazioni traduttive riguardanti gli attanti SoggettoVR (9,5%) e Oggetto di valoreVR (9,4%) nonché all'operazione intensiva che accentua il timismo euforico (10,8%).

Così come nella traduzione in italiano, anche in francese le principali salienze traduttive si concentrano nelle isotopie che riguardano l'estensività aspettuale e l'intensività timico-euforica.

Il corpus delle traduzioni in francese comporta tuttavia due fondamentali differenze rispetto al corpus delle traduzioni in italiano: la differenziazione dei codici maggiormente presenti nonché la diffusione stessa dei codici, in assoluto.

Nella traduzione in italiano vi sono sette codici nella prima metà del grafico mentre nella traduzione in francese, più del 50% dei codici nella prima metà del grafico sono riferiti unicamente a quattro codici, dell'intensività euforica ed estensività aspettuale nonché al gruppo soggetto-oggetto.

Questo dato potrebbe essere interpretato come l'emergere di uno stile traduttivo potenzialmente più "strutturato", in un certo senso più metodico e sistematico, in francese. La traduzione in italiano appare invece come più "eterogenea" e randomica, essa opera principalmente in una decina di codici, ma non vi sono chiare linee di presenza di uno specifico codice. Se tale constatazione fosse ulteriormente corroborata, sarebbe allora possibile pensare che la traduzione in francese sia sorretta da un "comportamento" traduttivo più "regolare", con una strategia più chiara, che si concretizza in uno stile traduttivo "lineare"; la traduzione in italiano rinvierebbe invece a uno stile traduttivo più eterogeneo ed enfatico.

Questa ipotesi è in parte convalidata da informazioni fornite dal responsabile[4] che nell'Istituto Rolex coordina le attività traduttive: dall'anno 2000, l'editing e la rilettura e la revisione finale della traduzione in francese è affidata sempre a un'unica persona, che armonizza i testi sulla base di un terminologia stabilita, e adatta la lunghezza dei testi in funzione dell'impaginazione.

Category	Code	Count	Cases
EXTENSIVITY	Est.aspect (H)	723	104
INTENSIVITY	Intim.euphoric+ (I)	366	97
ISOTOPY\Actants\Subject	SubjectVR (A)	321	87
ISOTOPY\Actants\ValueObject	Value ObjectVR (B)	319	96
ISOTOPY\Theme\ThemeVR	Impact	165	71
EXTENSIVITY	Est.expand (F)	149	74
EXTENSIVITY	Est.classematic (E)	144	69
INTENSIVITY	Intim.euphoric- (L)	140	60
ISOTOPY\Actants\Antiactant	AntiactantVR (C)	137	71
ISOTOPY\Actants\Assistant	AssistantVR (D)	124	65
ISOTOPY\Theme\ThemeVR	Features	111	63
INTENSIVITY	Intim disanti	97	59
EXTENSIVITY	Est.new ->zero	76	37
ISOTOPY\Actants\ValueObject	Value ObjectRV	63	40
ISOTOPY\Theme\ThemeVR	Determination	53	38
ISOTOPY\Theme\ThemeVR	Motivation	47	33
EXTENSIVITY	Est.synthesis (G)	47	32
EXTENSIVITY	Est.zero-new	44	22
ISOTOPY\Theme\ThemeVR	Utility	40	28
ISOTOPY\Actants\Subject	SubjectRV	37	22
EXTENSIVITY	Disengagement	33	6
INTENSIVITY	Intim.disphoric- (N)	24	17
ISOTOPY\Actants\Antiactant	AntiactantRV	21	14
ISOTOPY\Actants\Assistant	AssistantRV	20	16
ISOTOPY\Theme\ThemeVR	Novelty	15	12
EXTENSIVITY	Est.similis	13	12
ISOTOPY\Theme\ThemeVR	Title	12	12
EXTENSIVITY	Est.alter	11	10
ISOTOPY\Theme\ThemeVR	Resources	8	8
ISOTOPY\Theme\ThemeVR	Decline	6	5
INTENSIVITY	Intim.disphoric+ (M)	5	5
ISOTOPY\Theme\ThemeVR	Visibility	5	5
ISOTOPY\Theme\ThemeVR	Violence	3	2
ISOTOPY\Theme\ThemeVR	Clash	2	2
ISOTOPY\Theme\ThemeVR	Ignorance	2	1
		3383	

Fig. 6.4 Distribuzione totale dei codici nella traduzione in francese, 1978–2008.

4   Comunicazione del 12 dicembre 2012.

Nella traduzione in francese, vi sono in assoluto 3.383 annotazioni nell'intero arco temporale 1978–2008, meno della metà del totale dei codici nella traduzione in italiano. Oltre ad essere più eterogeneo ed elaborato, lo stile traduttivo in italiano è anche molto più "diffuso e capillare", esso pervade il testo originale nelle sue principali isotopie, tramite profonde variazioni estensive e intensive. Esaminando l'andamento storico della presenza e frequenza dei codici nelle due traduzioni, potremmo identificare altri elementi finalizzati ad avvalorare o invalidare queste prime riflessioni.

6.3 Andamento diacronico dei codici nelle traduzioni

I Rolex Awards for Enterprise sono banditi per la prima volta nel 1976 e i testi che descrivono i progetti premiati sono pubblicati nel 1978. Visto il successo riscosso da questa prima edizione, la casa ginevrina decide di riproporre l'iniziativa, ogni tre anni, premiando, a ogni edizione, cinque progetti. Nel 1996 oltre ai cinque progetti vincitori vengono premiati altri dieci progetti con il titolo di "Premiati di merito". Dal 1996 fino al 2008, Rolex decide di organizzare gli Awards ogni due anni[5].Il programma QDA Miner consente di apportare annotazioni su ogni testo tradotto, di derivarne la frequenza dei codici, e di rilevare l'andamento diacronico della loro presenza. Infatti, tra le variabili assegnate a ogni testo tradotto vi figura anche l'indicazione della data in cui i testi sono stati pubblicati.

La tabella in figura 6.5 illustra l'andamento della frequenza dei codici nella traduzione in italiano.

In generale, dal 1978, la traduzione in italiano presenta un progressivo incremento della frequenza dei codici. In particolare, dal 1996 si nota un aumento considerevole rispetto agli anni precedenti; ciò è dovuto al fatto che dal 1996 fino al 2008, i progetti premiati sono raddoppiati, se non triplicati (come è il caso delle edizioni 1996 e 1998) rispetto al numero di progetti degli anni '70 e '80 e alle prime edizioni degli anni '90. Inoltre, i testi che descrivono i progetti sono molto più lunghi nelle ultime edizioni dei Premi, rispetto alle prime; infatti se nelle edizioni che vanno dal 1978 al 1996 i testi hanno una lunghezza, in media, di 500–800 parole, a partire dall'anno 1998 si contano in media 1.200–2.000 parole a testo.

---

5   Nel 1998 vengono di nuovo premiati quindici progetti in tutto.

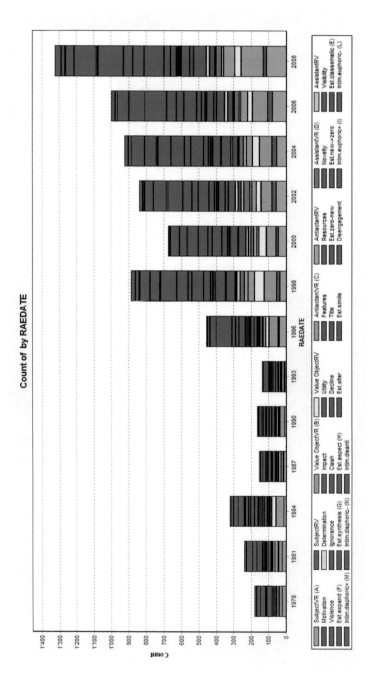

Fig. 6.5 Distribuzione diacronica dei codici nella traduzione in italiano, 1978–2008.

288

È vero che dal 1996 nel corpus vi è un numero sempre maggiore di testi, e che i testi sono più lunghi proprio nelle edizioni in cui nel grafico si nota un forte aumento nella presenza dei codici; tuttavia, osservando in particolare gli anni 2000–2008, periodo in cui il numero dei testi, dieci per ogni edizione, e la loro lunghezza sono costanti, si nota un regolare aumento nel numero dei codici in totale. Ciò potrebbe essere interpretato come una forma di "rafforzamento" dello stile traduttivo e quindi come un maggiore agio a intervenire nella traduzione.

L'anno 1998 indica per la traduzione in italiano una forte presenza di quasi tutti i codici, un dato superiore a quello degli anni 2000 e 2002. Nell'anno 1998 registriamo nel complesso 18.923 parole nei testi tradotti, un dato superato unicamente dall'edizione dell'anno 2008, con 19.901 parole in tutto per la traduzione in italiano. Inoltre, i testi del 1998 hanno una lunghezza (media di 1.261 parole) che supera la lunghezza dei testi dell'anno 2000 (con una media di 1.211 parole a testo) ed è leggermente inferiore alla lunghezza dei testi nell'anno 2002 (con una media di 1.296). L'anno 1998 potrebbe essere un'eccezione, che tuttavia non invalida l'ipotesi di una progressione costante della presenza dei codici negli anni e quindi di un consolidamento di uno stile traduttivo di cui le caratteristiche devono ancora essere identificate, ma di cui sappiamo già che è più diffuso rispetto allo stile traduttivo francese.

La tabella in figura 6.6. illustra l'andamento storico dei codici nel corpus in francese.

La progressione della presenza dei codici nell'arco temporale preso in considerazione è meno progressiva, rispetto alla traduzione in italiano, infatti nel periodo 2000–2008, in cui il numero di testi è costante, dieci per ogni edizione, la variazione del numero complessivo dei codici non segna un incremento, come accade per la traduzione in italiano, ma lievi fluttuazioni in cui si alternano anni in cui i codici sono più frequenti e anni cui sono leggermente meno frequenti. Questo potrebbe riconfermare l'ipotesi per cui lo stile traduttivo francese è caratterizzato da una maggiore "regolarità" ed omogeneità dello stile traduttivo italiano, e quindi l'andamento temporale non genera una maggiore libertà di intervento nella traduzione.

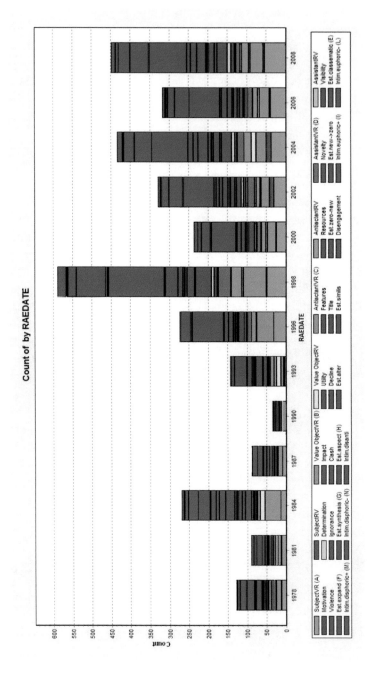

Fig. 6.6 Distribuzione diacronica dei codici nella traduzione in francese, 1978–2008.

L'anno 1998 non segna soltanto un aumento sensibile della frequenza dei codici, ma è anche l'anno in cui la traduzione in francese genera più codici in assoluto. Anche in questo caso, e a maggior ragione, il dato potrebbe essere legato al fatto che nell'anno 1998 i testi erano più numerosi rispetto alle altre edizioni e il numero di parole in totale dei testi tradotti che descrivono i progetti di quell'anno raggiunge il massimo assoluto di 22.638. Questo dato potrebbe fornire parte della spiegazione per cui il 1998 è l'anno in cui, in entrambi i corpora di testi tradotti, ritroviamo un aumento dei codici, ma le ragioni potrebbero risiedere anche in elementi che riguardano la tipologia e le tematiche dei testi, o eventualmente ragioni esterne che non sono quantificabili.

6.4 Co-occorrenze e sequenza dei codici nelle traduzioni

Seguendo il percorso di analisi che abbiamo sperimentato nel precedente capitolo, all'estrazione dei dati sulla diffusione e la variazione diacronica dei codici segue il rilevamento dell'interconnessione che si instaura tra tali codici nel corpus in italiano e in quello in francese. I grafici a dendrogramma ci consentono di identificare i codici che co-occorrono con più frequenza, all'interno di uno stesso segmento. Il dendrogramma della traduzione in italiano con un numero di raggruppamenti pari a 20, ritaglia i codici che co-occorrono nel seguente modo (fig. 6.7).

Calcolando il grado di similarità su un livello di raggruppamento pari a 20, si nota che i codici si addensano (gruppo in colore verde scuro) attorno alle isotopie attanziali riferite al Soggetto (codice *SubjectVR*), all'Oggetto di valore (codice *Value ObjectVR*) e in parte anche all'attante Aiutante (codice *AssistantVR*): questi codici hanno un forte grado di co-occorrenza, e in particolare, co-occorrono con i codici riferiti alle salienze traduttive dell'estensività aspettuale (codice *Est.aspect*), classematica (codice *Est.classematic*) e alle salienze traduttive dell'intensività euforica (codice *Intim.euphoric+*).

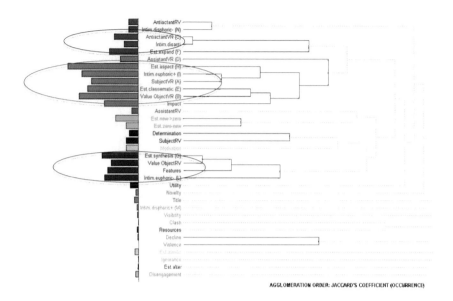

Fig. 6.7 Dendrogramma/20, co-occorrenze dei codici nella traduzione in italiano, 1978–2008.

Un secondo gruppo (colore viola scuro) comprende le salienze traduttive che, a livello di estensività, sintetizzano (codice *Est.synthesis*) i tratti semantici relativi ad alcune caratteristiche (codice *Features*) dell'Oggetto di valore nella sua forma virtualizzata (*Value ObjectRV*) e a una diminuzione dell'intensività timico-euforica (*Intim.euphoric-*).

Un terzo gruppo (in colore blu) di codici co-occorrenti è formato dalle salienze traduttive che accentuano la presenza dall'Antiattante (codice *AntiactantVR*), tramite operazioni di estensività espansiva (codice *Est.expand*) e di intensività disforica dell'antiattante che accentua l'intensività euforica dell'attante Soggetto o dell'Oggetto di valore (codice *Intim.disanti*).

Altre co-occorrenze sono formate da gruppi di due codici, come ad esempio: il codice riferito a salienze traduttive che virtualizzano l'Antiattante e diminuiscono l'intensività disforica (primo gruppo nel dendrogramma, in color rosso), oppure il gruppo che associa due codici estensivi (in color verde chiaro), l'annullamento (codice *Est.new=>zero*) di un tratto semantico, e al contempo la creazione di un altro tratto semantico (codice *Est.zero=>new*). Quest'ultima co-occorrenza di codici sarà ulteriormente analizzata (sezione 6.6.2) perché si riferisce a salienze traduttive che ricreano ex-novo alcuni contenuti testuali annullandone altri.

292

Ritornando al principale raggruppamento di codici nella traduzione in italiano, accentuando la ramificazione del dendrogramma, e portandola a un livello di 25 gruppi, è possibile circoscrivere le co-occorrenze in riferimento agli attanti principali.

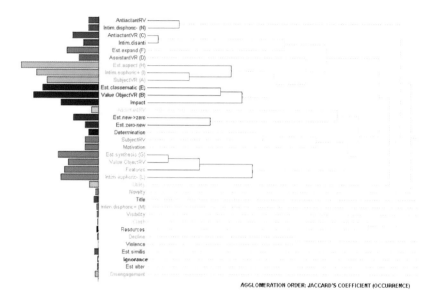

AGGLOMERATION ORDER: JACCARD'S COEFFICIENT (OCCURRENCE)

Fig. 6.8 Dendrogramma/25 delle co-occorrenze dei codici nella traduzione IT, 1978–2008.

I raggruppamenti a un massimo di tre, quattro codici, permettono di delimitare le salienze traduttive riferite unicamente agli attanti Soggetto e Oggetto di valore. Nel grafico (fig. 6.8) si notano con più chiarezza i codici che creano un legame co-occorrenziale molto forte. Le salienze traduttive riferite all'attante SoggettoVR sono principalmente di natura aspettuale ed euforica (gruppo in colore verde chiaro); mentre quelle riferite all'attante Oggetto di valoreVR sono fondamentalmente di natura classematica e tematica (tema /impact/) (gruppo in colore rosso scuro). Forte è inoltre il legame co-occorrenziale tra il codice riferito alle salienze che sintetizzano i tratti semantici dell'Oggetto di valore virtualizzandolo e il codice riferito alla diminuzione dell'intensività euforica. Con l'impiego delle mappe termiche è possibile ottenere una visione generale delle co-occorrenze dei codici[6] negli stessi segmenti di testo.

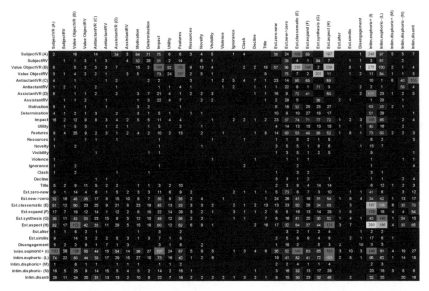

Fig. 6.9 Mappa termica delle co-occorrenze dei codici nella traduzione IT, 1978–2008.

Tra i dati più significativi che emergono nella mappa termica vi è la conferma che il codice SoggettoVR è in co-occorrenza, in ordine di frequenza, con il codice intensità euforica, il codice estensività aspettuale e classematica, e con le isotopie tematiche /motivation/, /impact/ e /determination/; inoltre il codice SoggettoVR è spesso co-occorrente anche con il codice riferito alla diminuzione della intensità disforica (codice *Intim. euphoric-*). Il codice SoggettoRV, virtualizzazione dell'isotopia attanziale del Soggetto, co-occorre principalmente con i codici, in ordine di frequenza, estensività sintetica e diminuzione dell'intensità euforica.

Il codice dell'attante Oggetto di valoreVR co-occorre con i codici dell'intensità euforica, dell'estensività classematica e aspettuale, nonché con il codice "impatto" e il codice "caratteristiche", che indica le specifiche dell'Oggetto di valore. Anche il codice Oggetto di valoreVR, così come il codice SoggettoVR, co-occorre con il codice riferito a una diminuzione dell'intensità euforica.

---

6   Vale qui lo stesso discorso fatto nel capitolo precedente sul grado di precisione del calcolo delle co-occorrenze.

Il codice dell'Antiattante è spesso co-occorrente con il codice riferito all'aumento dell'intensività disforica che accentua l'intensività euforica dell'attante soggetto e dell'oggetto del valore. Il codice dell'attante Aiutante è principalmente co-occorrente con il codice dell'intensività euforica.

Questi dati forniscono una visione d'insieme delle interazioni che si instaurano tra i vari codici, ovvero della complessità che può nascondere una semplice salienza traduttiva. Sulla base di questi primi risultati, sarà possibile approfondire individualmente la presenza dei codici riferiti, ad esempio, a ogni singolo attante e alle operazioni di tipo estensive e/o intensive.

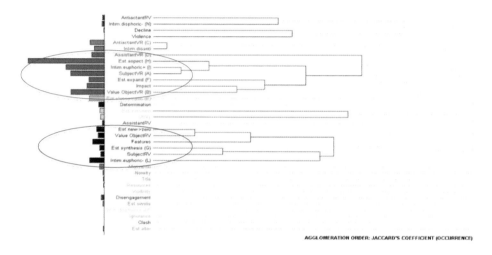

Fig. 6.10 Dendrogramma/20, co-occorrenze dei codici nella traduzione FR, 1978–2008.

L'estrazione, nei testi tradotti in francese, delle co-occorrenze in un dendrogramma a 20 raggruppamenti (fig. 6.10) permette di individuare due grandi gruppi di codici. Un primo gruppo (color fucsia) che riunisce i codici riferiti agli attanti SoggettoVR, Oggetto di valoreVR e AiutanteVR, con salienze traduttive che a livello di estensività sono di natura espansiva, classematica e aspettuale, e a livello di intensività sono di natura principalmente eufor
ica. In un secondo gruppo (colore blu) ritroviamo il codice riferito a salienze traduttive dell'AntiattanteVR e del parallelo aumento dell'intensività disforica. Rispetto alla traduzione in italiano, il dendrogramma della traduzione in francese dimostra una minore solidarietà dei legami tra i codici

co-occorrenti, ciò è probabilmente dovuto al fatto che le salienze traduttive sono meno complesse, più rarefatte e puntuali rispetto all'italiano.

Affinando la ramificazione del dendrogramma e portando i raggruppamenti a un numero di 25, cerchiamo di individuare i codici che si addensano con più frequenza attorno agli attanti.

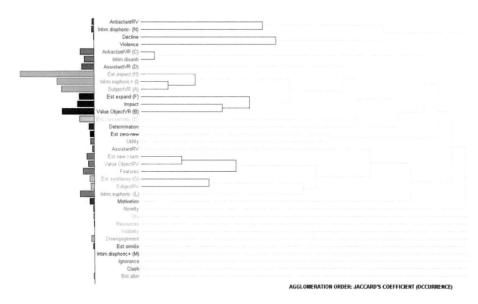

Fig. 6.11 Dendrogramma/25 delle co-occorrenze dei codici nella traduzione FR, 1978–2008.

Nel grafico (fig. 6.11) si nota che in francese le salienze traduttive riferite all'attante SoggettoVR (gruppo di codici in color verde chiaro) riguardano principalmente l'estensività aspettuale e in minor parte anche l'intensività euforica (la lunghezza del tratto colorato riferito a ogni codice indica la frequenza del codice e quindi l'importanza della co-occorrenza). Le salienze traduttive riferite all'Oggetto di valoreVR sono invece di natura estensiva espansiva e riguardano in particolare l'isotopia tematica /impact/ (gruppo di codici in colore rosso scuro). Il codice che indica la virtualizzazione dell'attante SoggettoRV è l'estensività sintetica (gruppo di codici in azzurro acqua), mentre la virtualizzazione dell'Oggetto di valoreVR è associata all'estensività come annullamento di tratti semantici riferiti ad alcune caratteristiche (gruppo di codici in grigio).

Allo stesso modo del dendrogramma per il corpus di testi tradotti in italiano, anche in francese, il codice della realizzazione dell'Antiattante è co-occorrenziale col codice dell'intensività disforica dell'antiattante che accentua l'intensività euforica dell'attante Soggetto o dell'Oggetto di valore (gruppo di codici in verde scuro); e invece la sua virtualizzazione è associata alla diminuzione dell'intensività disforica (gruppo di codici in colore rosso chiaro).

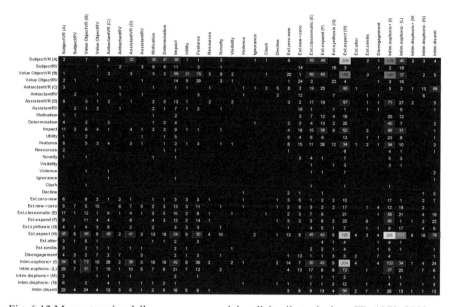

Fig. 6.12 Mappa termica delle co-occorrenze dei codici nella traduzione FR, 1978–2008.

La mappa termica del corpus testuale in francese (fig. 6.12) conferma e specifica i dati derivati dal dendrogramma. Il codice dell'attante SoggettoVR co-occorre con i codici dell'estensività aspettuale, ma anche classematica ed espansiva: co-occorre inoltre con i codici dell'intensività timico-euforica, e con i codici delle isotopie tematiche /determination/ /impact/ e /motivation/.

Il codice dell'Oggetto di valoreVR è principalmente associato al codice dell'estensività aspettuale, ma anche a quella espansiva e classematica; esso co-occorre inoltre con l'intensività timico-euforica e con alcune isotopie tematiche, quali /impact/, /features/, /utility/.

Il codice co-occorrenziale con le salienze traduttive riguardanti l'Antiattante e l'attante Aiutante è principalmente il codice dell'estensività aspettuale, e per l'intensività è il codice timico-euforico per l'Aiutante e quello timico-disforico per l'Antiattante.

Nel loro insieme, i dati rilevati dai dendrogrammi e dalle mappe termiche, per entrambe le traduzioni, fanno comprendere che i codici assegnati alle salienze traduttive sono associati secondo questa modalità: i codici riferiti alle istanze attanziali co-occorrono quasi sempre con i codici riferiti alle variazioni estensive e intensive. Inoltre, l'aspettualità è l'operazione estensiva più associata alle isotopie attanziali e tematiche, e ciò rappresenta una prima conferma dell'ipotesi di ricerca per cui il Traduttore non genera alterazioni profonde del testo originale, riproducendo gran parte dei contenuti in esso presenti. Le salienze traduttive sono, infatti, di natura prevalentemente aspettuale, e non classematica oppure di annullamento e ricreazione di nuovi tratti semantici. Questo dato indica d'altra parte che la presenza testuale del Traduttore è chiaramente rintracciabile e descrivibile tramite gli strumenti analitici prescelti.

6.5 Andamento dei codici riferiti alle isotopie attanziali

Dalle analisi finora condotte risulta che le operazioni dei traduttori vanno spesso a sollecitare il livello isotopico degli attanti. Procederemo quindi a un'accurata cernita delle salienze traduttive che riguardano i codici riferiti agli attanti Soggetto, Oggetto di valore, Antiattante e Aiutante.

6.5.1 Del Soggetto

Traduzione in italiano

Sulla base del grafico a dendrogramma e delle mappe termiche, sappiamo che le salienze che sollecitano l'attante Soggetto determinano sempre variazioni a livello estensivo, e spesso variazioni pertinenti all'intensività forica. Tramite un tracciato di prossimità tra i codici sappiamo che realizzando alcuni tratti del Soggetto (fig. 6.13), le salienze traduttive accentuano l'intensività euforica, cambiano l'estensività in modo aspettuale, classematico o espansivo, e si riferiscono principalmente ai temi *motivazione, determinazione* e *impatto*.

Allo stesso modo, virtualizzando alcuni tratti dell'attante Soggetto (fig. 6.14), le salienze traduttive diminuiscono l'intensività euforica tramite operazioni estensive di sintesi, e di annullamento di tratti semantici riferiti alla determinazione e alla motivazione del Soggetto.

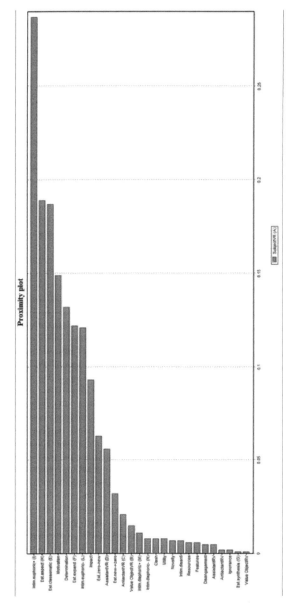

Fig. 6.13 Tracciato di prossimità tra il codice SoggettoVR e gli altri codici nella trad. IT.

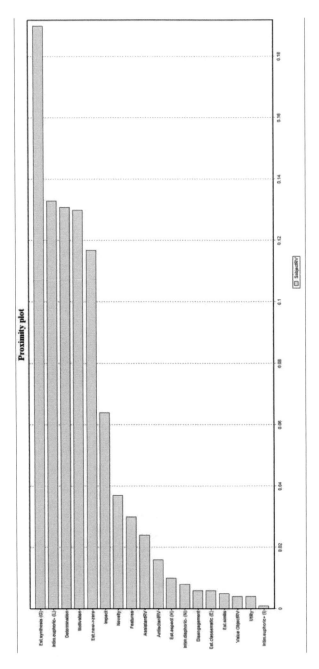

Fig. 6.14 Tracciato di prossimità tra il codice SoggettoRV e gli altri codici nella trad. IT.

Per comprendere quale sia la natura delle salienze traduttive riguardanti l'attante Soggetto e come esse si esprimano nelle traduzioni, riproponiamo alcuni esempi tratti dai corpora testuali.

I codici riferiti al Soggetto sono principalmente di tipo *aspettuale* e si esprimono a vari livelli linguistici, negli esempi qui di seguito vediamo che il traduttore intensifica il verbo dell'azione del Soggetto, accentuandone l'intensità forica, come negli esempi a) e c), oppure altera il filtro valutativo, sempre in riferimento all'azione del Soggetto, determinando una leggera attenuazione dell'intensità euforica, come accade nell'esempio b).

Testo, anno	Inglese	Italiano
a) Debecker78	Luc **recalls** seeing (…)	Luc **ricorda vivamente** (SVR, asp.+)
b) Georgina Herrmann96	**Impressively**, Herrmann is directing every aspect of the project	La Herrmann cura **praticamente** ogni aspetto del progetto (SVR, asp.-)
c) Dave Irvine-Halliday02	The Irvine-Hallidays **exhausted** their personal savings.	Irvine-Halliday ha **immolato** i risparmi della sua famiglia (SVR, asp.+)

Nella traduzione in italiano, sono frequenti le salienze traduttive di tipo estensivo classematico, ovvero operazioni che generalizzano oppure a specificano la classe semantica dei tratti riferiti al Soggetto, come accade nell'esempio d) in cui l'azione "*stand the resolution and skill*" è trasformata in "lotta", verbo che indica qualcosa di più di una semplice "resistenza di fronte a qualcosa" e che implica una "resistenza attiva", "un'opposizione dinamica"[7].

Allo stesso modo, nell'esempio f) "*skilled nature photographer*" è più specifico e quindi appartiene a una classe logico-semantica più circostanziata rispetto ad "appassionato fotografo".

Le salienze traduttive di tipo classematico determinano variazioni nell'intensità forica, a volte diminuendo ma più spesso aumentando il timismo euforico e riguardano isotopie tematiche che fanno capo alla motivazione, ovvero alle passioni e agli interessi del Soggetto (esempio e) e alla determinazione (esempio d) con cui il Soggetto porta avanti il proprio progetto.

---

7   L'espressione inglese "*resolution and skill*", elementi con cui il Soggetto si oppone alle forze naturali e umane, è forse inglobata e trasformata nell'apposizione "docente di chimica".

d) Talal Akasheh08	Against these irresistible natural and human forces **stand the resolution and skill of Talal Akasheh**, a man determined to help save Petra for future generations.	Contro queste temibili forze, naturali e umane, **lotta un docente di chimica, Talal Akasheh**, deciso a preservare Petra per le generazioni future. (SVR, class., determ.-)
e) Milan Mirkovic81	Milan Mirkovic's **two separate personal interests** brought him to conceiving his project.	L'idea di Milan Mirkovic nasce dall'incontro di **due grandi passioni** (SVR, class., motiv.+)
f) Lonnie Dupre04	**A skilled nature** photographer	**Appassionato** fotografo (SVR, class.+)

La traduzione in italiano presenta una moderata frequenza anche dei codici riferiti alle operazioni estensive che espandono i contenuti dell'originale (esempio g) oppure creano ex novo altri contenuti (esempio h), in entrambi i casi, l'intensività maggiormente associata è l'intensività euforica.

g) Shekar Dattatri04	So he began making short, hard-hitting films exposing rampant environmental devastation – but also **offering solutions.**	Seguì così una serie di cortometraggi di denuncia sui danni all'ambiente nei quali **Dattatri propone anche soluzioni concrete e immediate** (SVR, exp., impact+)
h) Fettweis-Vienot84	Mrs. Fettweis-Vienot travels to the locations by Land-Rover and walking, by motorcycle, and even by motorized canoe and helicopter, setting up camp on the spot when she arrives at the sites.	**Ma la minaccia che il tempo esercita sulle opere d'arte maya trova in Martine Fettweis- Vienot una risoluta avversaria;** facendo ricorso a tutti i mezzi a sua disposizione (Land-Rover, motociclette, imbarcazioni a motore, elicotteri e, infine, ore e ore di cammino a piedi) **l'archeologa belga non lesina sforzi pur di arrivare a destinazione;** giunta in loco erige un accampamento ed inizia il lavoro vero e proprio. (SVR, new+)

Anche se in misura inferiore rispetto alle salienze traduttive che realizzano tratti semantici del Soggetto (517 occorrenze), rileviamo un buon numero salienze traduttive virtualizzanti (140 occorrenze) (fig. 6.17). Queste corrispondono perlopiù a operazioni estensive che sintetizzano i contenuti del testo originale (esempio i) e rendono l'informazione in un certo senso meno ridondante (esempio j) ma al contempo determinano un calo dell'intensività; altre volte invece una salienza traduttiva indica

302

l'annullamento di contenuti riferiti al Soggetto (esempio k e m), e abolisce un punto di vista (esempio l) e al contempo determina una diminuzione dell'intensività, come accade negli esempi k), m).

i) Royce O.Hall96	The **dedicated** physician	il dottor Hall (SRV, sin.-)
j) Cristina Bubba Zamora98	Despite Bubba Zamora's success **in recovering sacred weavings over the years.**	Nonostante questi successi (SRV, sin.)
k) Lee Marten78	He is therefore willing to take the Jury members' advice and wait until conditions are more favourable **for seeing through the project he so longs to undertake.**	Egli è dunque disposto ad aspettare che le condizioni siano più propizie, come, gli è stato del resto consigliato dai membri della Giuria. (SRV, zero-)
l) José Márcio Ayres02	If the world does not make the investment, **Ayres believes** the results will be even more costly.	In assenza di tale investimento l'umanità si troverebbe a pagare costi molto più elevati. (SRV, zero)
m) Julien Meyer06	This was only the start, however, for the brilliant bio-acoustician **who had an even bigger goal in mind.**	Per il giovane studioso di bioacustica questo risultato costituisce soltanto un primo passo. (SRV, zero-)

Traduzione in francese

Nella traduzione in francese, le salienze traduttive legate alla realizzazione dei contenuti che riguardano l'attante Soggetto sono di natura estensivo-aspettuale e intensivo-euforica. Col tracciato di prossimità (fig. 6. 15) rileviamo che gli altri codici che co-occorrono assieme al codice SoggettoVR sono riferiti all'estensività classematica, quella espansiva e alle tematiche della determinazione e della motivazione.

La virtualizzazione del Soggetto (fig. 6.16) è determinata da operazioni estensive che sintetizzano e annullano i contenuti a esso riferiti; tali operazioni sono accompagnate da una diminuzione dell'intensività euforica.

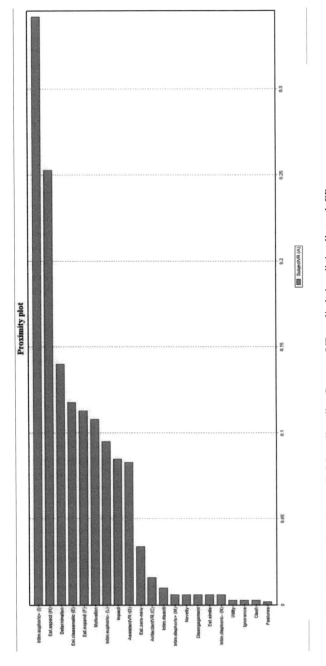

Fig. 6.15 Tracciato di prossimità tra il codice SoggettoVR e gli altri codici nella trad. FR.

304

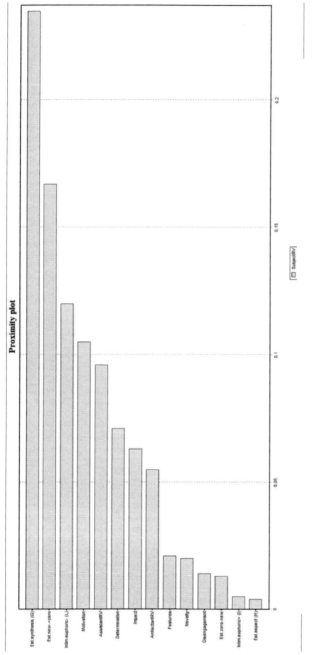

Fig. 6.16 Tracciato di prossimità tra il codice SoggettoRV e gli altri codici nella trad. FR.

Gli esempi a), b), c), d) ripropongono quattro segmenti annotati con codici riferiti all'estensività aspettuale del Soggetto. La salienza aspettuale si esprime in varie forme grammaticali (verbi, aggettivi, complementi di modo, ecc.) ma essa segnala sempre un intervento di tipo valutativo che declina i contenuti secondo una maggiore intensività euforica (esempi a, b e c) oppure, ma più raramente, secondo un'intensività forica di minor rilievo (esempio d).

Testo, anno	Inglese	Francese
a)Lee Marten78	(…) hopes **to put an end** to the popular belief (…)	espère **faire justice** de la croyance populaire (SVR, asp., determ.+)
b) Sanoussi Diakité96	(…) he recalls **fondly**.	déclare-t-il **avec de la tendresse dans la voix**. (SVR, asp.+)
c) Laurent Pordié00	(…) Laurent Pordié's **strength** (…)	**La grande force** de Laurent Pordié (SVR, asp., determ.+)
d) Brad Norman06	My eyes were popping out of my head (…)	Je n'en croyais pas à mes yeux (SVR, asp.-)

Anche le operazioni classematiche sono frequenti nel corpus in francese, gli esempi e), f), g) dimostrano che questi tipi di salienze traduttive sono più profondi rispetto a quelle aspettuali, perché spesso cambiano tratti semantici che riguardano la determinazione del Soggetto (e), le sue peculiarità (f).

e) Elizabeth Nicholls00	The **dedicated scientist** herself	Elle-même, **armée de sa passion de scientifique** (SVR, class, determ.+)
f) Shafqat Hussain06	**In an impressive example of lateral thinking**, Shafqat Hussain, who originally trained as an economist (…)	Shafqat Hussain, économiste de formation, **a su aborder le problème de manière totalement originale** (SVR, class-)

L'isotopia attanziale del Soggetto è spesso modificata con operazioni estensive di natura più profonda, quali l'espansività (esempi g, h, i) e l'aggiunta di tratti semantici (esempio j). Le operazioni estensivo-espansive sono particolarmente presenti e sono una delle caratteristiche salienti del corpus in francese.

g) Nancy Lee Nash87	(…) she has already generated widespread positive response among Buddhists (…)	Elle **a déjà largement fait connaître et apprécier sa manière d'envisager ce problème** parmi les bouddhistes (SVR, exp. Impact+)

h)Amanda Vincent98	She soon turned her attention to ensuring the survival of these legendary creatures.	**Face à cette situation, il ne lui a pas fallu longtemps pour décider** de concentrer ses efforts sur la survie de ces créatures de légende. (SVR, exp.+)
i) Tim Bauer08	Long ago, he had begun studying electronics, but he gave it up to take up taxi-driving to support his family.	Après avoir entamé une formation en électronique, **ce père de trois enfants** s'est reconverti en chauffeur de taxi pour nourrir sa famille (SVR, exp.+)
j) Donald Perry84	Until now, effective methods for exploring and tapping these reserves have not been developed.	**Donald Perry ne pouvait qu'être parmi les premiers à regretter** l'absence d'un plan efficace d'exploitation de ces réserves. (SVR, new, mot+)

Le operazioni estensive che generano una sintesi (esempio l) e un annullamento (esempio k) dei contenuti dell'originale determinano la virtualizzazione del Soggetto e sono in genere meno frequenti rispetto al corpus in italiano.

k) Bernard Francou00	According to Dr Bernard Francou, a **51-year-old French glaciologist and mountaineer** who has been studying Andean glaciers for a decade (…)	Selon Bernard Francou, qui étudie les glaciers andins depuis une dizaine d'années **(SRV, zero)**
l) Pilai Poonswad06	Success was crowned by finding the rhinoceros hornbill on Mt. Budo.	Finalement, le calao rhinocéros fut découvert sur le mont Budo. **(SRV, sin, imp-)**

Riassumendo i dati sulle salienze traduttive a livello isotopico attanziale del Soggetto, la traduzione in francese presenta una frequenza delle salienze inferiore rispetto alla traduzione in italiano, e in particolar modo di salienze virtualizzanti (fig. 6.17). Inoltre, i due corpora presentano entrambi un'elevata frequenza dei codici dell'aspettualità e dell'euforia, ma queste sono più diffuse nella traduzione in italiano. Nella traduzione in francese rileviamo una forte presenza delle operazioni estensivo-espansive e classematiche, mentre in italiano sono le operazioni estensivo-classematiche e sintetiche che prevalgono. In entrambe le traduzioni, le modulazioni dell'intensività possono essere determinate da qualsiasi tipo di operazione di estensività e non tutte le operazioni estensive generano necessariamente una variazione nell'intensività forica. Nel complesso, però, quando vi sono interventi che espandono i contenuti dell'originale vi è un'accentuazione dell'intensività euforica, e viceversa, nei casi in cui i contenuti dell'originale sono sintetizzati o annullati vi è una diminuzione dell'intensività euforica.

Category	Code	Count
ITALIANO		
ISOTOPY\Actants\Subject	SubjectVR (A)	517
ISOTOPY\Actants\Subject	SubjectRV	140
		657
FRANCESE		
ISOTOPY\Actants\Subject	SubjectVR (A)	321
ISOTOPY\Actants\Subject	SubjectRV	37
		358

Fig. 6.17 Frequenza dei codici Soggetto nei corpora di testi tradotti, 1978–2008.

6.5.2 Dell'Oggetto di valore

L'isotopia attanziale dell'Oggetto di valore riunisce quelle salienze traduttive che riguardano il progetto del Soggetto: le caratteristiche del progetto, il motivo, le finalità e l'effetto auspicato e avverato.

Traduzione in italiano

Nel corpus di testi tradotti in italiano, il tracciato di prossimità (fig. 6.18) indica che le salienze traduttive che realizzano i contenuti riferiti all'Oggetto di valore generano un aumento dell'intensività euforica e sono principalmente di natura estensivo-classematica, aspettuale, ed espansiva. Le salienze traduttive riguardano alcuni elementi specifici dell'Oggetto di valore, quali l'impatto, le caratteristiche, l'utilità, ecc.

Le salienze traduttive cha virtualizzano i contenuti riferiti all'Oggetto di valore sono manifestate (fig. 6.18) come operazioni estensive che sintetizzano oppure annullano le caratteristiche (/features/) o l'impatto dell'Oggetto e al contempo determinano una diminuzione dell'intensività euforica.

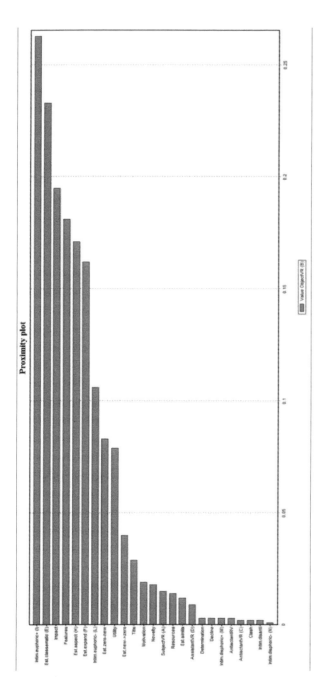

Fig. 6.18 Tracciato di prossimità tra il codice OggettoVR e gli altri codici nella traduzione IT

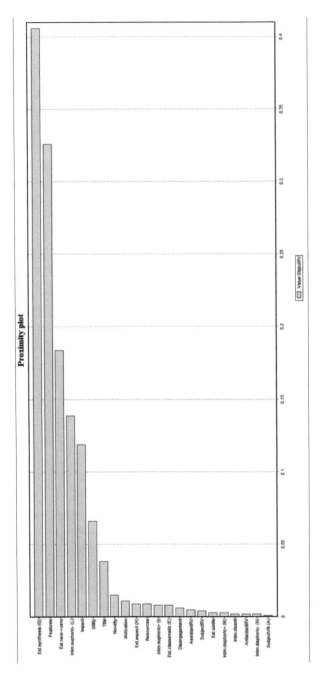

Fig. 6.19 Tracciato di prossimità tra il codice OggettoRV e gli altri codici nella traduzione IT.

Le operazioni estensivo-classematiche alterano le caratteristiche inerenti all'Oggetto di valore (esempi a, b, c): uno "studio autorevole" (esempio a) è probabilmente anche "completo e approfondito", ma in inglese "*authoritative*" realizza innanzitutto il concetto di "autorità", "credito" e "stima". In altri casi invece, come visto anche per l'analisi dello studio pilota, le operazioni classematiche generano contenuti diversi, con lo scopo di evitare le ripetizioni, e con risultati, a volte, discordanti con l'isotopia del testo originale: ad esempio d) scrivere che "l'impero medo" (*Median empire*) è un "mitico impero" può far pensare che esso sia un "mito" e non una entità realmente esistita, ma questa è esattamente l'ipotesi che il Soggetto, Geoffrey Summers, vuole confutare col suo progetto.

L'aspettualità segnala le salienze traduttive che vanno in genere ad alterare i tratti semantici di tipo valutativo (esempi f, g) oppure che invertono il flusso informativo in cui vengono esposte le caratteristiche o le problematiche legate all'Oggetto (esempio e).

Testo, anno	Inglese	Italiano
a) Luc Debecker78	By 1968, Luc had decided that there was a need for **an authoritative study** on the cave paintings in Europe (…)	Nel 1968, Luc giunse alla conclusione che **uno studio completo e approfondito** delle grotte d'Europa era necessario (…) (VVR, class., feat.+)
b) Lee Martin78	(…) a **very winning** little animal (…)	un piccolo animale **molto interessante** (VVR, class. feat.-)
c) Alexander Stannus98	(…) a gruelling test run (…)	un viaggio epico (VVR, class.+)
d) Geoffrey Summers02	Herodotus' conflicting accounts of the Medes' exploits caused some historians to doubt the very existence of the **Median empire**.	I resoconti di Erodoto sulle vittorie dei Medi sono alquanto contradditori ed hanno indotto un certo numero di storici a dubitare dell'esistenza stessa di questo **mitico impero**. (VVR, class.+)
e) Michel Terrasse84	Though harmless to living beings, vultures have long been viewed as "ill omens" whereas in fact they are highly desirable members of our global eco-system.	Per quanto utile agli effetti dell'ecosistema, questo rapace, assolutamente inoffensivo per l'uomo, è stato a lungo considerato un uccello del "malaugurio". (VVR, asp.)
f) Aldo Lo Curto93	(…) oral tradition (…)	una **ricca** tradizione orale. (VVR, asp.+)
g) Irina Chebakova98	(…) a **fabulous** natural heritage (…)	un **immenso** patrimonio naturale (VVR, asp. feat.-)

Nella traduzione in italiano vi sono anche operazioni più profonde di espansione e generazione di nuovi contenuti riferiti all'Oggetto di valore. A volte queste salienze traduttive vanno a sottolineare le conseguenze e gli effetti ottenuti (esempio h) altre volte invece accentuano le caratteristiche dell'Oggetto e al contempo l'intensività euforica. Altre volte, ma meno di frequente, la salienza traduttiva è il luogo in cui il Traduttore introduce le proprie conoscenze (esempio j). Vi sono inoltre casi (esempio k) in cui i nuovi contenuti si riferiscono agli effetti generati dall'Oggetto di valore e quindi non fanno capo a conoscenze generali e pregresse del Traduttore; per questi casi ipotizziamo un possibile intervento esterno che elimina contenuti dall'originale senza cambiare in parallelo la traduzione. Verificheremo questa ipotesi nella sezione 6.7, dedicata all'analisi delle affinità e divergenze nei due corpora di testi tradotti.

h) Martine Fettweis-Vienot84	**The end result will be a** stunning collection that promises to be a **'definitive work' of lasting value**.	**Al termine di questa lunga e paziente ricostruzione gli studiosi disporranno** di **una monumentale opera di riferimento** sulla pittura maya (VVR, exp. imp.+)
i) Laury Cullen Jr04	The Atlantic forest – Mata Atlântica – (…) once covered 1.2 million square kilometres, over 12 per cent of Brazil. Bordering the Atlantic coast for thousands of kilometres, **it used to stretch up to 1,000 kilometres inland**.	(…) la Foresta Atlantica –Mata Atlântica, in portoghese – che si estendeva un tempo per 1.200.000 km2, oltre il 12% della superficie del Brasile. Snodandosi per migliaia di chilometri lungo le coste dell'oceano, **questa immensa distesa verdeggiante** si spingeva per mille chilometri verso l'interno del paese. (VVR, exp., feat.+)
j) Andrew McGonigle08	**The ancient Romans named the mouth of Hell Avernus –** "birdless" – because of the deadly volcanic exhalations that killed every creature flying over it.	**Gli antichi romani pensavano che l'ingresso agli Inferi si trovasse nell'antico cratere occupato dal lago di Averno (parola che, dal greco Aornon, significa "luogo senza uccelli")** perché le esalazioni del vulcano uccidevano ogni forma di vita che vi si avvicinava dall'alto. (VVR, exp. new., feat.)

312

k) Shafqat Hussain06	Villagers control the income from Full Moon, using surplus profits for community projects, like making wells for drinking water. Full Moon also employs two villagers as guides.	I comitati dei villaggi provvedono alla raccolta dei premi, pagano i danni e fungono da organo di controllo dell'assicurazione. **Al tempo stesso, gli abitanti della regione hanno pieno accesso agli introiti di Full Moon e si servono degli utili netti per finanziare progetti comunitari, quali ad esempio lo scavo di pozzi per l'approvvigionamento di acqua potabile.** Full Moon dà inoltre lavoro a due guide, assunte fra gli abitanti dei villaggi. (VVR, new. imp.+)

Le salienze traduttive che virtualizzano i contenuti riferiti all'attante Oggetto di valore sono operazioni estensive che condensano quelle caratteristiche che costituiscono la peculiarità dell'attante (esempi l, n) oppure gli effetti positivi o innovativi da esso derivati (esempi m, o). Queste operazioni generano spesso una forte diminuzione dell'intensività euforica.

l) Cristina Bubba Zamora98	(…) the symbolism and ritual use of ceremonial textiles **in communities such as Coroma, which represent ancient ethnic groups.**	(…) il simbolismo e l'uso rituale di tali indumenti nelle **comunità boliviane** (VRV, sin., feat.-)
m) Claudia Feh04	(…) ensure that local nomads and international experts benefit equally from the initiative by sharing information in **a pioneering learning forum in a village in western Mongolia.**	fondando **un centro studi** che permetterà ai nomadi e agli esperti di procedere a un proficuo scambio di informazioni. (VRV, sin., impact, novelty.-)
n) Luc-Henri Fage00	(…) a hundred limestone caves **in Kalimantan's remote northeastern region**, finding cave paintings in more than a dozen.	oltre cento caverne di calcare rinvenendo numerosi esempi di pitture murali. (VRV, zero, feat.)
o) Brad Norman06	To feed the demand, people were taking whale sharks from the Philippines, India, the Pacific, as well as locally. **A lot of mystery still**	Per far fronte alla domanda, i pescatori hanno iniziato a cacciare questi animali

	surrounds the whale sharks. They go on these huge journeys and seek out food pulses in different parts of the oceans, which are an indicator of the biological condition of the seas.	nelle Filippine, in India e nell'area del Pacifico. (VRV, zero, feat.-)

Traduzione in francese

Nel tracciato di prossimità delle salienze traduttive in francese che realizzano i contenuti riguardanti l'attante Oggetto di valore si nota che esse sono prevalentemente di natura aspettuale, espansiva e classematica, determinano un incremento dell'intensività euforica, e riguardano le isotopie tematiche riferite alle caratteristiche (/features/) all'impatto (/impact/) generato dall'attante Oggetto (fig. 620).

La virtualizzazione (fig. 6.21) è determinata da salienze che, dal punto di vista estensivo, annullano oppure condensano i contenuti riferiti alle caratteristiche e agli effetti annoverabili all'Oggetto di valore; queste salienze provocano inoltre una diminuzione dell'intensività euforica. Qui di seguito il tracciato delle prossimità dei codici e qualche esempio esplicativo tratto dal corpus in francese.

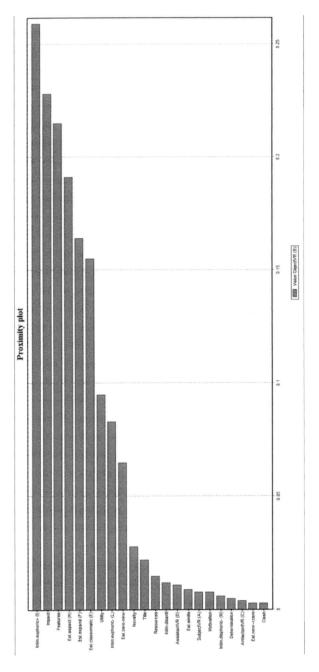

Fig. 6.20 Tracciato di prossimità tra il codice OggettoVR e gli altri codici nella trad. FR.

315

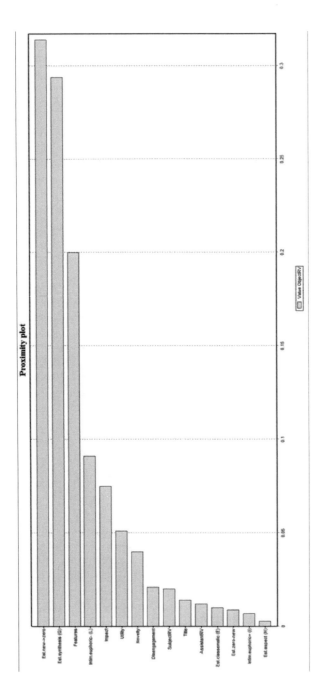

Fig. 6.21 Tracciato di prossimità tra il codice OggettoRV e gli altri codici nella trad. FR.

L'aspettualità si manifesta nelle leggere variazioni di tipo valutativo delle proprietà dell'Oggetto di valore, e genera spesso una maggiore intensività euforica (esempi, a, b, c) allo stesso modo, le operazioni estensivo-classematiche causano cambiamenti della natura stessa dell'Oggetto di valore: "quirk of nature" (esempio d) si riferisce principalmente alla capacità eccezionale delle balene, che è quindi unica nel suo genere, di percepire l'ambiente circostante tramite una "visione acustica", non si riferisce quindi alle capacità di adattamento ("adaptation extraordinaire") dell'animale, come viene riferito in francese. Allo stesso modo "site" in inglese (esempio e) è innanzitutto un "sito archeologico", prima di essere anche un "tesoro" (« tresor »).

Testo, anno	Inglese	Francese
a) Milan Mirkovic81	Thanks to **the excellence of his programme,** this Australian from Perth has been selected as one of the five winners of The Rolex Awards for Enterprise 1981.	**Les qualités de son programme** ont valu à cet Australien de Perth d'être l'un des cinq lauréats des Prix Rolex à l'Esprit d'Entreprise 1981 (VVR, asp.-)
b) Nancy Abeiderrahmane93	Camels are extraordinary animals, **well adapted** to life on the fringes of the Sahara, and they provide meat, milk, leather, wool and **transport.**	Les chameaux sont des animaux extraordinaires, **parfaitement adaptés** à la vie dans le désert. Ils donnent de la viande, du lait, du cuir, de la laine et sont **un excellent moyen de transport.** (VVR, asp.+)
c) Louis Liebenberg98	His **unique** theory (…)	Sa théorie d'une **extrême originalité** (VVR, asp., nov.+)
d) Michel André02fr	**It is this quirk of nature** that, since his youth, has captured the imagination of Dr Michel André.	**Cette adaptation extraordinaire à la nature** fascine le biologiste français Michel André depuis son enfance (VVR, class., feat.+)
e) John Fredrich Asmus90	**This 22-century-old site** astonished observers first by the realism and artistic quality of each piece.	**Cette découverte d'un trésor vieux de 22 siècles** a frappé d'étonnement les observateurs, tout d'abord par le réalisme et la qualité artistique de chacune des pièces. (VVR, class., feat.+)

In francese, vi sono numerosi codici che indicano operazioni estensive di tipo espansivo che amplificano gli effetti generati dall'Oggetto di valore (esempio f, g), le sue caratteristiche (esempio h che pertiene in parte anche all'aspettualità, dato che include un apprezzamento); in misura inferiore, sono presenti inoltre, codici riferiti all'aggiunta ex novo di contenuti non presenti nel testo originale (esempio i) e che rafforzano l'isotopia attanziale dell'Oggetto di valore: in effetti nel testo che descrive il progetto di Ilse Köhler-Rollefson, ci si riferisce ai dromedari e non ai cammelli.

f) Irina Chebakova98	**The events were a demonstration** of support – and a significant fund-raiser –for some of the most precious storehouses of our natural treasures.	**Ces manifestations de masse ont donné une belle démonstration** de l'appui populaire dont bénéficient certaines des plus précieuses parmi nos réserves de trésors naturels, tout en permettant de réunir des sommes considérables. (VVR, exp., imp.+)
g) Andrew Muir08	(…) "the wilderness **can heal and sustain the human psyche**" (…)	« la nature sauvage **a le pouvoir de guérir le psychisme humain et de lui donner ce dont il a besoin** » (VVR, exp., imp.+)
h) Tim Bauer08	It's powerful, simple, reliable and robust, and spare parts are easy to find. It also has a long lifetime: the oldest we worked on was 32 years old.	**Il y a une certaine beauté dans ce type de moteur.** Il est puissant, simple, solide, et les pièces détachées sont faciles à trouver. Il a aussi une très longue durée de vie : le plus ancien sur lequel nous ayons installé un kit circulait depuis trente-deux ans. (VVR, new, feat.+)
i) Ilse Köhler-Rollefson02	The camel has been unkindly described as a horse designed by a committee.	Si une expression ironique veut que le chameau **(ou, en l'occurrence, le dromadaire)** soit « un cheval dessiné par un comité » (VVR, new, feat.)

La virtualizzazione dell'Oggetto di valore si esprime tramite operazioni estensive che condensano (esempio j) alcune caratteristiche dell'attante oppure i contenuti che potrebbero risultare ridondanti (esempio k); altre volte invece l'eliminazione di un buon numero di contenuti (esempio l) potrebbe segnalare operazioni che intervengono in fase di rilettura e revisione.

j) Wijaya Godakumbura98	He understood that what was called for was a simple, cheap and **safe** bottle lamp, capable of being mass produced.	Il a compris qu'il fallait une lampe-bouteille simple, bon marché et que l'on puisse produire en série. (VRV, sin., feat.)
k) Aldo lo Curto93	Professor Father José Maria de Albuquerque, who teaches botany at	Le père José Marra de Albuquerque, professeur de

	the Faculty of Agronomy at the Universidade do Pará, in Belém, drew the forest plants **which the Indians can use for medicinal purposes.**	botanique à la Faculté d'agronomie de l'Universidade do Parà à Belém, a dessiné les plantes médicinales. (VRV, sin., util.)
l) Claudia Feh04	**And in a bid to attract maximum local interest, fieldwork will include a demonstration of Mongolian racehorse training, as well as a traditional horse race. Open to everyone, the programme will be advertised at the Mongolian universities of Khovd and Ulaan Baatar, and announced on local radio stations. Khomiin Tal families will be personally informed of the programme and provided with transport if they wish to attend.** Foreign experts will stay for a minimum of two weeks, giving them enough time to engage in collaborative fieldwork. They are expected to contribute their expertise voluntarily, and are keen to do so, given the unique nature of the project.	Les spécialistes étrangers resteront au moins deux semaines, ce qui leur permettra d'entreprendre un travail de collaboration sur le terrain. Vu l'originalité du projet, ils sont heureux d'apporter bénévolement leurs compétences. (VRV, zero, feat., imp.-)

Riassumendo i dati relativi alle salienze traduttive dell'isotopia attanziale Oggetto di valore, si nota che entrambe le traduzioni tendono ad accentuare l'intensività euforica derivata dalla realizzazione delle caratteristiche oppure dell'effetto positivo dell'attante. La traduzione in italiano interviene principalmente con operazioni estensivo-classematiche, mentre in francese le salienze traduttive sono di natura aspettuale e spesso espansiva. Il dato più rilevante resta tuttavia la massiccia presenza del codice Oggetto di valore in italiano rispetto al francese (fig. 6.22) e, proporzionalmente, la presenza molto ridotta in francese delle operazioni virtualizzanti: quasi la metà dei codici in italiano e un quinto dei codici in francese.

Category	Code	Count
ITALIANO		
ISOTOPY\Actants\ValueObject	Value ObjectVR (B)	654
ISOTOPY\Actants\ValueObject	Value ObjectRV	308
		962
FRANCESE		
ISOTOPY\Actants\ValueObject	Value ObjectVR (B)	319
ISOTOPY\Actants\ValueObject	Value ObjectRV	63
		382

Fig. 6.22 Frequenza dei codici Oggetto di valore nei corpora di testi tradotti, 1978–2008.

6.5.3 Dell'Antiattante

L'isotopia attanziale dell'Antiattante è una categoria volutamente ampia che riunisce gli attori che si oppongono all'azione del Soggetto in generale e quindi all'ottenimento degli effetti positivi derivati dell'Oggetto di valore. Spesso, l'Antiattante corrisponde a veri e propri attori che il Soggetto deve affrontare per raggiungere i suoi obiettivi, questi possono essere ad esempio bracconieri, mercanti d'arte, cacciatori, specifici gruppi sociali o popolazioni del mondo. Più spesso invece l'Antiattante non è antropomorfo si riferisce a situazioni o condizioni precarie quali il depauperamento delle risorse, i danni ambientali, la minaccia di estinzione di una specie di animali fondamentali per l'ecosistema planetario, la situazione economica, la malattia, la povertà, la fame, oppure può essere, più in generale, una particolare sfida, il superamento di difficoltà tecniche oppure la semplice mancanza di un sostegno (materiale, morale o finanziario) che rendono difficoltosa l'azione del Soggetto. Nella tipologia testuale in esame, l'Antiattante costituisce il fondamento e la giustificazione che sorregge e motiva l'azione stessa del Soggetto. È infatti sulla base di una problematica e di una sua soluzione che il Soggetto narrativo viene sanzionato.

Traduzione in italiano

Dato che la presenza dell'Antiattante è spesso la motivazione principale dell'azione del Soggetto, le due sfere intensivo-timiche a essa riferite sono necessariamente connesse. In effetti, all'incremento dell'intensività disforica riferita all'Antiattante viene valorizzata anche l'intensività euforica dell'attante Soggetto che con la sua azione va a contrastare la dimensione disforica antiattanziale. Nel tracciato di prossimità (6.23) si osserva chiaramente che le salienze che realizzano l'isotopia dell'Antiattante

320

generano spesso un'operazione intensiva disforica antiattanziale. Le salienze traduttive sono in genere di natura estensiva classematica, espansiva o aspettuale.

Le salienze traduttive che virtualizzano (fig. 6.24) l'Antiattante condensano (estensività di sintesi) oppure annullano contenuti riferiti a questo attante, generando così una diminuzione dell'intensività disforica.

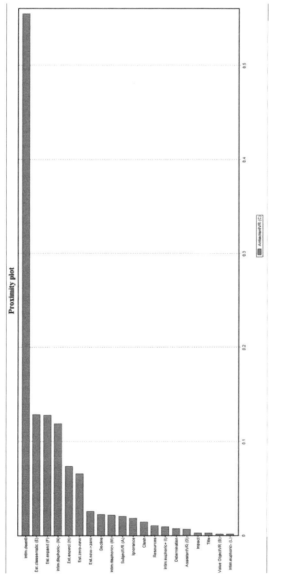

Fig. 6.23 tracciato di prossimità del codice AntiattanteVR nella traduzione in italiano.

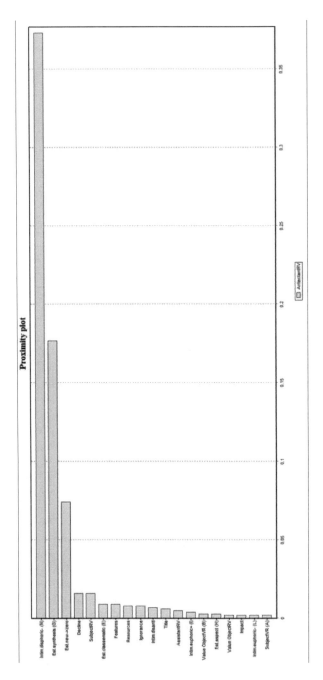

Fig. 6.24 Tracciato di prossimità del codice AntiattanteRV nella traduzione in italiano.

Negli esempi che proponiamo qui di seguito, vediamo che le operazioni estensive classematiche determinano una variazione della natura dell'antiattante oppure delle sue caratteristiche: la "carenza" è "critica" e non "cronica" (esempio a); si parla di una "sfida continua" e non di una "difficoltà maggiore" (esempio b). Le operazioni aspettuali invece sono salienze meno profonde che vanno perlopiù a incrementare l'intensività disforica (esempio d). Le operazioni espansive sono salienze traduttive profonde che ampliano i contenuti e l'intensività disforica dell'Antiattante (esempi e, f).

Testo, anno	Inglese	Italiano
a) William Rosenblatt96	(…) the **critical** shortage of supplies (…)	la **cronica** carenza di forniture (AntiVR, class.)
b) Wijaya Godakumbura98	**"An ongoing challenge** has been how to transport the lamps (…)	**"La difficoltà maggiore** resta quella di trasportare le lampade (AntiVR, class., disanti)
c) Maria Eliza Manteca Oñate00	We had the idea of organising treks around the area, which we gradually realised has an extremely rich biodiversity, with **vast areas of primary forest that needed to be protected**.	Pensammo di organizzare visite guidate di questa regione che presenta un'enorme biodiversità e **le cui antiche foreste sono minacciate dall'opera dell'uomo**" (AntiVR class., disanti)
d) Cristian Donoso06	They live in **poverty**.	Gli indigeni vivono **nella povertà più assoluta**. (AntiVR., asp, disanti)
e) Seymour Melman81	(…) is maintaining and developing the arms industry **necessarily an unavoidable course from which there is no escape**?	Si dovrà, pertanto, concludere che il mantenimento e lo sviluppo dell'industria bellica **abbiano assunto tali caratteristiche di ineluttabilità da rendere vana ogni iniziativa volta ad arrestarli**? (AntiVR, exp., disanti)
f) Nabil M. Lawandy96	Photodynamic therapy (PDT) is a new approach to treating cancers. Patients are injected with drugs that bind dyes to the **rapidly dividing cells**.	La terapia fotodinamica è una tecnica introdotta di recente per curare alcuni casi di cancro: al paziente viene iniettato un preparato chimico che fissa una sostanza colorante nelle **cellule cancerogene, caratterizzate da una rapida e incontrollata riproduzione**. (AntiVR, exp, disanti)

Le salienze traduttive virtualizzanti condensano (esempio g) oppure annullano (esempio h) i contenuti che nell'originale sono riferiti all'Antiattante, attenuando automaticamente l'intensività disforica.

g) Anita Studer90	**When she was first confronted with the problem**, she tried to get the mayor of Quebrangulo to take emergency action to protect these last islands of greenery in the Nordeste (…)	**In un primo momento** Anita Studer si era rivolta al sindaco di Quebrangulo richiedendogli di adottare provvedimenti immediati per salvare queste ultime isole di verde nel nord-est del paese. (AntiRV, sin, dis-)
h) Kikuo Morimoto04	In two buildings in the town of Siem Reap, Morimoto is already providing livelihoods in silk weaving and dyeing to more than 300 Cambodians, many of them young women who would otherwise be begging from rich tourists **at the nearby temple ruins or following less salubrious professions.**	Due edifici della località di Siem Reap sono stati adibiti ad alloggio per più di 300 artigiani tessitori e tintori, in massima parte giovani donne le quali, altrimenti, non avrebbero altra risorsa che chiedere l'elemosina ai turisti. (AntiRV, zero, dis-)

Traduzione in francese

Nella traduzione in francese, la realizzazione (fig. 6.25) dei contenuti riferiti all'Antiattante è accompagnata da un incremento dell'intensività disforica e la natura delle operazioni estensive è di tipo aspettuale, espansivo e classematico.

La virtualizzazione (fig. 6.26) determina una diminuzione della stessa intensività disforica, ma tale intensività è associata a pochi codici di tipo estensivo: l'annullamento e la sintesi dei contenuti riferiti all'Antiattante.

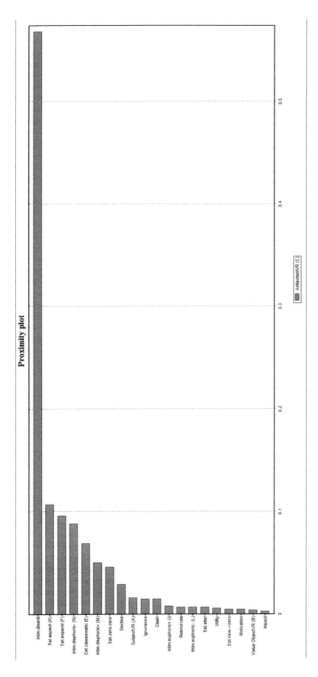

Fig. 6.25 Tracciato di prossimità del codice AntiattanteVR nella traduzione in francese.

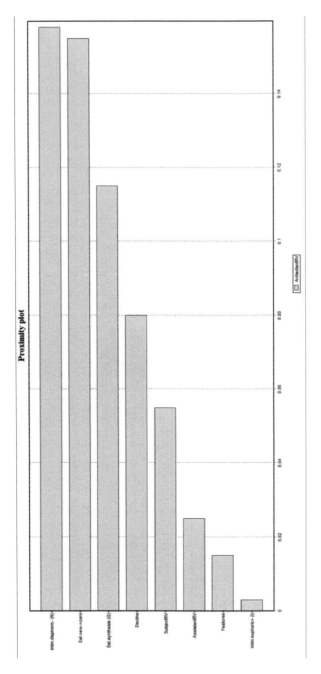

Fig. 6.26 Tracciato di prossimità del codice AntiattanteRV nella traduzione in francese.

326

Qui di seguito vengono riportati alcuni esempi che illustrano la natura aspettuale (esempi a, b) e classematica (esempio c) delle salienze traduttive. L'espansione e la creazione di nuovi contenuti è una particolarità nel corpus in francese: tali operazioni reiterano elementi già presenti nel testo creando una forma di ridondanza dell'informazione (in particolare esempio d). L'ultimo segmento (f) tratto da un testo del 2002 esemplifica un caso di virtualizzazione delle conseguenze derivate dall'Antiattante.

Testo, anno	Inglese	Francese
a) Frithjof Voss96	(…) the desert locust (*Schistocerca gregaria*) having **the worst reputation**.	le criquet pèlerin (*Schistocerca gregaria*) sont **les plus tristement célèbres**. (AntiVR, asp, disanti)
b) Andrew McGonigle08	**To their dismay**, the onboard computer that analysed the data **failed repeatedly**.	**Hélas**, l'ordinateur embarqué pour analyser les données **se montre récalcitrant**. (AntiVR, asp, disanti)
c) Mohammed Bah Abba00	Abba responded to **his country's need** for managers.	Mohammed Abba a répondu à un **besoin criant** de gestionnaires. (AntiVR, class, disanti)
d) Norberto Luis Jácome96	The **decline** has many causes.	**Ce déclin des populations naturelles de condors des Andes** a de nombreuses causes. (AntiVR, exp, decl.dianti)
e) Kenneth W. Hankinson84	This expedition is pursuing several objectives over a period of 16 months.	Tout au long des seize mois de cette expédition, **qui s'annonce riche en épreuves de toutes sortes**, ses membres se sont assigné plusieurs missions. (AntiVR, new, disanti)
f) Martha Ruiz Corzo02	But Ruiz Corzo quickly grew concerned. Forests were disappearing at an alarming rate. Rivers were contaminated and drying up. The region's biodiversity was steadily disappearing. **Many of her neighbours were forced to migrate to the United States to find work**.	Cependant, elle ne tarde pas à s'inquiéter : les forêts disparaissent à une vitesse alarmante, les rivières sont contaminées et se dessèchent, la biodiversité de la région diminue régulièrement. (AntiRV, zero, dis-)

Grazie ai dati e agli esempi esplicativi delle salienze traduttive riferite all'Antiattante, notiamo che l'intensività disforica è la costante di tutte le operazioni estensive, sia nella realizzazione che nella virtualizzazione.

L'Antiattante infatti è il luogo in cui si manifestano le difficoltà e gli ostacoli che il Soggetto deve superare per realizzare il congiungimento con l'Oggetto di valore, ossia portare a buon fine il proprio progetto; a ogni variazione, espansione o sintesi dei contenuti antiattanziali si verificano anche variazioni nell'intensività disforica. Anche in questo caso però, il corpus di testi tradotti in italiano presenta una maggiore diffusione dei codici dell'Antiattante (fig. 6.27) e si nota specialmente che nella traduzione in francese vi è una presenza delle salienze virtualizzanti molto ridotta (21 occorrenze) rispetto alla traduzione in italiano (114 occorrenze).

Category	Code	Count
ITALIANO		
ISOTOPY\Actants\Antiactant	AntiactantVR (C)	262
ISOTOPY\Actants\Antiactant	AntiactantRV	114
		376
FRANCESE		
ISOTOPY\Actants\Antiactant	AntiactantVR (C)	137
ISOTOPY\Actants\Antiactant	AntiactantRV	21
		158

Fig. 6.27 Frequenza dei codici dell'Antiattante nei corpora di testi tradotti, 1978–2008.

6.5.4 Dell'Aiutante

L'isotopia dell'attante Aiutante è suddivisa nella nostra analisi in due gruppi di attori: da una parte gli aiutanti contingenti che via via popolano la cerchia di amici, famigliari, collaboratori, colleghi, ecc. del Soggetto e che intervengono in suo aiuto oppure per fornire maggiore merito o visibilità alla sua azione; vi è poi l'attore Rolex, che riunisce in realtà due ruoli attanziali, l'Aiutante ma anche il Destinante poiché si pone come attante che giudica, sanziona e "retribuisce" (finanziariamente e moralmente) il Soggetto del racconto. Ricordiamo d'altra parte che l'attore Aiutante Rolex nel testo è anche l'attante Committente della traduzione.

Gli esempi riportati qui di seguito sono stati scelti per illustrare tale suddivisione, e per evidenziare le modalità con cui le salienze traduttive intervengono a questo livello isotopico.

Traduzione in italiano

In fase di annotazione abbiamo assegnato a entrambe le categorie di Aiutanti un unico codice, che, come si vede nel tracciato di prossimità (fig. 6.28), co-occorre con i codici riferiti all'intensività euforica, all'estensività classematica e aspettuale, ma anche, come è giusto che sia data la natura stessa dell'attante Aiutante, con il codice di realizzazione del Soggetto.

La virtualizzazione (fig. 6.29) dell'attante Aiutante avviene tramite operazioni estensive che annullano o condensano i contenuti e che spesso determinano una riduzione dell'intensività euforica. La virtualizzazione dell'Aiutante co-occorre ugualmente con il codice che segnala anche una virtualizzazione dell'attante Soggetto.

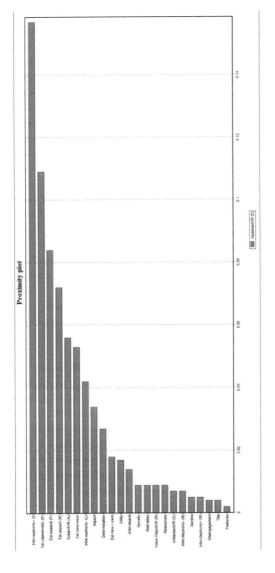

Fig. 6.28 Frequenza dei codici dell'attante AiutanteVR nella traduzione in italiano.

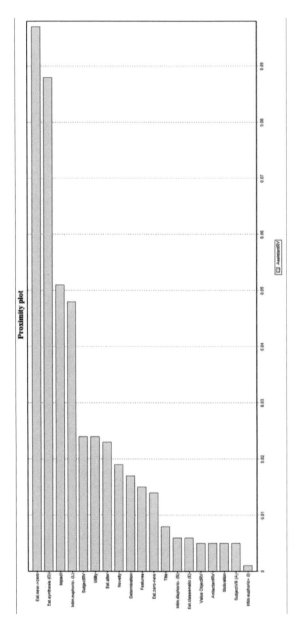

Fig. 6.29 Frequenza dei codici dell'attante AiutanteRV nella traduzione in italiano.

330

Nel primo gruppo di Attanti convergono gli attori che apportano un sostegno oppure la propria opinione positiva sull'operato del Soggetto. A questo livello le salienze traduttive determinano variazioni classematiche; come nell'esempio a) (ma anche nell'esempio b), le persone in generale ("people") assumono il ruolo di un attore ben preciso in italiano, "gli studiosi", che si esprimono ("comment on") in merito al Soggetto in "termini elogiativi". Altre volte la salienza traduttiva è, a livello estensivo, di tipo aspettuale, come nell'esempio d) in cui si ricorre a un sintagma nominale consolidato in italiano ("autorità indiscussa") accentuando quindi il valore dell'opinione dell'Aiutante (che nel caso specifico si esprime sull'importanza dell'azione del Soggetto). Più profonde sono invece le operazioni che espandono (esempi e, f) oppure annullano (esempi g, h) i contenuti che nell'originale sono riferiti all'Aiutante. È difficile capire come sia possibile che alcuni contenuti vengano completamente cancellati: è possibile che questo sia dovuto a un intervento esterno che rilegge e modifica il testo tradotto[8].

Testo, anno	Inglese	Italiano
a) Sebastian Chuwa02	**Many people have commented on** Sebastian Chuwa's dedication and energy.	**Molti studiosi si sono espressi in termini elogiativi riguardo** alle iniziative di Sebastian Chuwa. (AssVR, Sg., class.+)
b) John Fredrich Asmus90	Later, **it** became clear that (…)	Più tardi **gli studiosi** si resero conto che (AssVR, class.)
c) Romulus Whitaker08it	**A mother's tolerance** for a small boy's fascination with snakes (…)	**L'amore della madre**, che non ha mai contrastato la passione del giovane Romulus per i serpenti (AssVR, class.+)
d) Jean-François Pernette98	Prof. Roland Paskoff of the *Université Lumière* at Lyon, who is an **authority** on Chilean physiography.	E il professor Roland Paskoff, docente all'*Université Lumière* di Lione, e **autorità indiscussa** nel campo della morfologia di superficie del Cile (AssVR, asp.+)
e) Tomas Diagne98	Funds from the European Union (EU) **will help pay for the building and provide equipment.**	Sovvenzioni dell'Unione europea **hanno inoltre permesso di iniziare, a metà giugno, la costruzione del villaggio delle tartarughe, avviare la realizzazione di altri edifici ed acquistare le installazioni necessarie.** (AssVR, VO, exp.+)
f) Runa Khan	**I discovered a new world**,"	**"L'entusiasmo di Yves per la**

8   Va notato che, per garantire lo stesso lay-out dell'originale inglese (parole e immagini), i testi in altre lingue sono spesso tagliati o sottoposti a interventi redazionali.

Marre06	Khan Marre recalls, **"and within months I was hooked."**	**navigazione era contagioso"**, ricorda, Runa Khan Marre, **"e, nel giro di pochi mesi, scoprii un mondo del tutto nuovo"** (Ass, exp., mot.+)
g) Elizabeth Nicholls00	In gratitude to the National Science Museum of Tokyo – **whose curator of fossil reptiles and birds, Dr Manabe, worked closely with Dr Nicholls and provided vital support throughout her endeavour** – a full-sized plaster replica of the Sikanni ichthyosaur will be cast and presented to the Museum for display in Tokyo.	Al Museo nazionale di Scienze di Tokyo, che ha cofinanziato e assistito il progetto, verrà consegnata una replica in grandezza naturale dell'ittiosauro di Sikanni. (AssRV, zero-)
h) Geoffrey Summers02	In 1993, the British Institute of Archaeology in Ankara funded Summers' project to map and explore the ancient city atop Kerkenes Dag, a low granite mountain overlooking the Cappadocian Plain. **Summers says his wife's training as an architect has proved indispensable in the project**.	Nel 1993 l'Istituto archeologico britannico di Ankara ha finanziato un progetto con il quale Summers intendeva cartografare ed esplorare l'antica città arroccata sul Kerkenes Dag, una formazione granitica che domina la Piana della Cappadocia. (AssRV, zero-)

Più di un terzo delle salienze traduttive rilevate nel corpus di testi tradotti in italiano riguardano l'Aiutante Rolex; la realizzazione dei contenuti riguarda l'Oggetto di valore, ossia il progetto in sé, quando esso viene definito con una terminologia che fa riferimento direttamente a Rolex, in particolare "impresa" (esempio i, j, m) in riferimento alla denominazione dei Premi "per un ingegnosa impresa". Le salienze si manifestano più spesso nel Soggetto la cui "intraprendenza" è più diffusa in italiano di quanto lo sia nel testo originale (esempio l, n, o, p) oppure quando è definito come il vincitore del premio (k, q). Altre volte invece le salienze traduttive sono operazioni aspettuali che espandono l'intensività euforica derivata dall'importanza degli effetti del premio Rolex (esempi r, s).

i) Debecker78	His highly original **work** (…)	Questa straordinaria ed originale **impresa** (AssVR, VO, class.+)
j) Francine Patterson78	The Rolex Award will undoubtedly help her to see **her wish** fulfilled.	il Premio Rolex le sarà d'aiuto in questa **sua impresa**. (AssVR, class.)
k) Eduardo Llerenas81	**He** has made (…)	**Il vincitore dei Premi Rolex** ha effettuato (AssVR, Sg, class+)
l) Donald Ray Perry84	Donald Ray Perry was granted his 1984 Rolex Award for Enterprise to support his pioneering work to establish a unique means of studying this hitherto unknown world.	**L'ingegno e l'inventiva** di cui Donald Perry ha dato prova nel superare gli ostacoli che si frappongono allo studio della pluvisilva gli sono valsi la vittoria di uno dei Premi Rolex per un'Ingegnosa Impresa 1984. (AssVR, Sg, exp+)
m) Georgina Herrmann96	Herrmann is uniquely qualified to complete the **daunting task** (…)	La Herrmann è la più qualificata per portare a termine questa **impresa straordinaria** (AssVR, VO, class+)
n) Sanoussi Diakité96	Newspaper articles have heralded the machine's arrival and described Diakité as **an entrepreneur with a burning passion.**	La stampa ha annunciato a grandi titoli l'introduzione di questa invenzione presentando Diakité come **un uomo tenace e animato da un sorprendente spirito d'iniziativa**. (AssVR, Sg, exp+)
o) Anabel Ford00	"Thanks to Anabel's **tenacity**," (…)	"Grazie all'**intraprendenza** di Anabel (AssVR, Sg, class+)
p) David Schweidenback00	Schweidenback's associates attribute the success of Pedals for Progress to his **vision**, tenacity and capacity for work (…)	I collaboratori di Schweidenback attribuiscono il successo di Pedals for Progress all'**intraprendenza**, alla tenacia e all'abnegazione (AssVR, Sg, asp+)
q) Zenón Porfidio Gomel Apaza06	**Gomel** is undoing the damage (…)	**Il Premiato di Merito Rolex** sta cercando di ribaltare questa tendenza AssVR, Sg, class+)
r) Martha Ruiz Corzo02	The Rolex Associate Laureate Award comes as "**a refreshing drop of water** in the desert" (…)	Il Premio Rolex è come una "**benefica pioggia** nel deserto" (AssVR, **class.** imp.+)
s) Andrew Muir08	My hope is that the Rolex Award will be the catalyst for rolling out this programme more widely, **to benefit the millions of orphans living in Southern Africa.**"	Spero che il Premio Rolex catalizzi reazioni positive e permetta a questo programma di **sollevare dalla miseria e dall'abiezione i milioni di orfani che vivono nell'Africa sub-sahariana**". (AssVR, exp, imp.+)

Traduzione in francese

Anche per il corpus di testi tradotti in francese vale la suddivisione dell'Aiutante in una categoria di attori particolari a seconda del progetto, e la categoria dell'Aiutante Rolex.

Le salienze che realizzano i contenuti riferiti all'Aiutante sono di natura prevalentemente estensivo-aspettuali e intensivo-euforiche; rileviamo anche la presenza di codici che diminuiscono l'intensività euforica. Anche nella traduzione in francese il codice dell'Aiutante co-occorre con il codice del Soggetto (fig. 6.30).

Le salienze virtualizzanti (fig. 6. 31) vanno innanzitutto ad annullare i contenuti riferiti all'Aiutante e parallelamente all'attante Soggetto. Queste operazioni intervengono sul tema /impatto/ e diminuiscono l'intensività euforica.

Gli esempi di salienze riportati a pagina 335 riguardano il primo gruppo di attori-attanti: sono i collaboratori, la famiglia, e le persone coinvolte nel progetto dell'attante Soggetto. Le salienze, classematiche, aspettuali o espansive (esempi a, b, c) causano spesso un aumento dell'intensività euforica ma, a volte, anche una sua diminuzione (esempio d). La virtualizzazione avviene principalmente con operazioni a livello dell'estensività che annullano completamente i contenuti dell'Aiutante (esempio f).

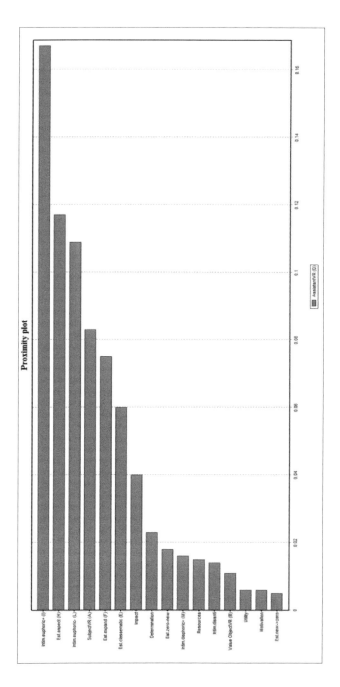

Fig. 6.30 Frequenza dei codici dell'attante AiutanteVR nella traduzione in francese.

335

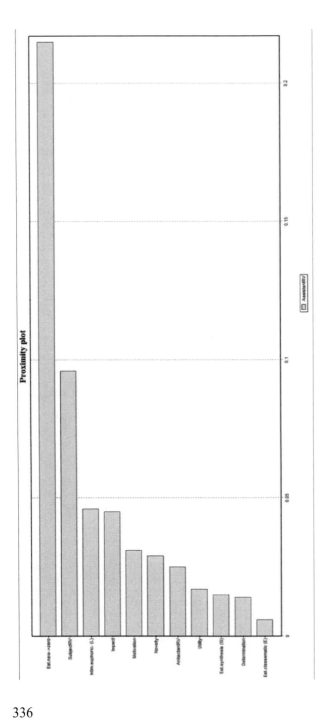

Fig. 6.31 Frequenza dei codici dell'attante AiutanteRV nella traduzione in francese.

Testo, anno	Inglese	Francese
a) Lee Martin78	Kenneth (**who is only assisted by** his wife, Linda Hobbet, **who shares** much of his zoological background and training) (…)	Kenneth (**efficacement secondé par** sa femme Linda Hobbet **qui lui apporte** sa connaissance et sa pratique de la zoologie) (AssVR, class+)
b) Lonnie Dupre04fr	**Another major factor in the selection** was Dupre's ambition to bring the dangers of global warming to the notice of a worldwide audience.	**Le Jury a aussi apprécié l'objectif visé** : sensibiliser l'opinion publique aux dangers qu'entraîne le réchauffement de la planète. (AssVR, Sg, class+)
c) Cristina Bubba Zamora98	In this work, I had the invaluable help of two American lawyers, William Verick and Michael Ratner, **who volunteered their time for our cause."**	J'ai eu la chance de bénéficier pour cela de l'aide précieuse de deux juristes américains, William Verick et Michael Ratner, **qui ont généreusement donné de leur temps pour faire avancer notre cause**. » (AssVR, asp+)
d) Moji Riba08	Professor Kambeyanda Belliappa, of Rajiv Gandhi University, **needs no convincing about the far-reaching implications of Mountain Eye.**	Le professeur Kambeyanda Belliappa, de l'Université Rajiv Gandhi, **est convaincu de l'importance de Mountain Eye.** (AssVR, asp-)
e) Nancy Lee Nash87	Leading scholars not directly involved with the project will be contacted as needed **for clarification of texts**, and recognized experts will **review** all resulting material before production.	Des érudits de premier plan, qui ne participent pas directement au projet, seront contactés chaque fois qu'il y aura lieu **de clarifier le sens d'un texte**. Des experts confirmés se verront **confier la critique et la révision du matériel** ainsi élaboré avant sa production définitive. (AssVR, exp.)
f) Ilse Köhler-Rollefson02	She also believes that the pastoralists such as the Raika are the world's "real experts in livestock management" and that the international scientific community has much to learn from them. **"Their knowledge," she says, "is especially vital for the sustainable use of marginal environments."**	Elle est également persuadée que des pasteurs tels que les Raikas sont « les véritables experts de la gestion du bétail », et que la communauté scientifique internationale a beaucoup à apprendre d'eux. (AssRV, zero-)

Nel corpus in francese le salienze traduttive riguardanti l'Aiutante Rolex sono circa un quarto delle salienze totali, e così come accade nella traduzione in italiano, anche qui, la realizzazione dell'isotopia Rolex si manifesta nella denominazione dell'Oggetto di valore (esempio g, l) oppure del Soggetto (esempi h, i) altre volte ritroviamo operazioni aspettuali (esempio j) che incrementano l'intensività euforica. Vi sono infine, anche se con una frequenza limitata, operazioni estensive che generano nuovi contenuti (esempio k).

g) Stephen W. Kress87	In 1981, **success was finally assured** when five pairs bred at the island (…)	En 1981, **la réussite de l'entreprise** était confirmée par cinq accouplements sur l'île
h) Jean-François Pernette98	"Although our focus is not on archaeology," says **Pernette**, "it is possible that we can find evidence to determine whether the Alakaluffs settled *Ultima Esperanza* by land or by sea. That would be a major discovery."	**Le Lauréat des Prix Rolex** précise : « Bien que notre but ne soit pas archéologique, nous trouverons peut-être des preuves qui permettront d'établir si les Alakaluffs sont venus coloniser Ultima Esperanza par la terre ou par la mer. Cela pourrait être une découverte majeure. »
i) Michel André02	**André explains** how the project will advance: "With the help of the Rolex Award (…)	**Le Lauréat explique** comment le projet se développera : « Avec l'aide du Prix Rolex (…) (AssVR, Sg, class+)
j) Andrew McGonigle08	But it was the coupling of this science with the emerging technology of remote-controlled aircraft that was the stroke of genius, **leading to his selection for a Rolex Award.**	C'est l'alliance de cette démarche scientifique avec la technique nouvelle des engins volants télécommandés qui a été la touche de génie **couronnée par un Prix Rolex.** (AssVR, VO, imp, asp+)
k) Donald Ray Perry84	Donald Ray Perry was granted his 1984 Rolex Award for Enterprise to support his pioneering work to establish a unique means of studying this hitherto unknown world.	Ce sont l'imagination et l'ingéniosité qu'il met à surmonter de tels obstacles qui valent à Donald Ray Perry, Lauréat des Prix Rolex à l'Esprit d'Entreprise 1984, **de recevoir une récompense de 50 000 francs suisses ainsi qu'un chronomètre en or.** (AssVR, Sg, exp, new+)
l) Pisit Charnsnoh04	**His enterprising remedy** is to teach the villagers to know and love the dugong (…)	**Il propose une solution marquée du sceau de l'esprit d'entreprise :** apprendre aux villageois à connaître et aimer le dugong (…) (AssVR, VO, exp+)

Nel complesso, rispetto alle salienze riguardanti gli altri attanti, le due traduzioni sembrano presentare più affinità nella presenza e natura delle salienze riferite all'attante Aiutante. In italiano vi sono sicuramente più salienze che in francese, ma la differenza non è così profonda come lo è invece per gli attanti Soggetto, Oggetto di valore e Antiattante. All'interno della categoria di salienze riferite all'Attante, si contano in particolare 36 occorrenze di salienze traduttive riferite all'Aiutante Rolex in italiano e 30 in francese. Ciò induce a pensare che al di là delle chiare differenze che caratterizzano i due stili traduttivi, il modo in cui i Traduttori si rapportano all'isotopia Rolex (che è, non dimentichiamolo, anche il Committente del programma traduttivo) è quantitativamente e qualitativamente simile.

Category	Code	Count
ITALIANO		
ISOTOPY\Actants\Assistant	AssistantVR (D)	197
ISOTOPY\Actants\Assistant	AssistantRV	75
		272
FRANCESE		
ISOTOPY\Actants\Assistant	AssistantVR (D)	124
ISOTOPY\Actants\Assistant	AssistantRV	20
		144

Fig. 6.32 Frequenza dei codici Aiutante nei corpora di testi tradotti, 1978–2008.

6.6 Andamento dei codici riferiti all'estensività e all'intensività

6.6.1 Dell'aspettualità

Nei grafici con le percentuali di frequenza dei codici nelle traduzioni, riportati all'inizio del presente capitolo si nota che la frequenza del codice riferito alle operazioni estensivo-aspettuali supera quella degli altri codici. Con l'esame delle modalità con cui si esprimono le salienze traduttive nelle isotopie attanziali abbiamo constatato che la principale operazione estensiva è proprio quella dell'aspettualità; essa è accompagnata da un incremento dell'intensività euforica nelle salienze realizzanti e da una diminuzione dell'intensività per le salienze virtualizzanti.

La presenza massiccia dei codici dell'aspettualità si spiega inoltre col fatto che a volte tale salienza è presente in modo isolato e non co-occorre con altri codici; ricordiamo infatti che oltre a segnalare un'operazione di tipo valutativo, l'aspettualità indica anche i casi in cui nella traduzione vi sono variazioni nel flusso informativo, nella sequenza con cui vengono esposti i contenuti.

Traduzione in italiano

Le salienze traduttive di natura aspettuale rappresentano i luoghi in cui il Traduttore interviene in modo meno percettibile nella manifestazione discorsiva, rispetto ad esempio a operazioni più profonde che annullano, espandono o condensano i contenuti dell'originale.

Dal corpus in italiano abbiamo tratto alcuni esempi rappresentativi del modo in cui le salienze traduttive modificano i verbi che esprimono l'azione del Soggetto (esempi a, b, c) oppure gli aspetti che lo caratterizzano, come "la visibilità" (esempio d), oppure gli elementi che gli appartengono (esempio e); le salienze di tipo aspettuale sono presenti anche nell'isotopia dell'Oggetto di valore, accentuando l'affettività (esempio f) oppure, a volte, riducendone l'intensività euforica (esempio g).

Testo, anno	Inglese	Traduzione
a) Lasleay78	In a specific sense, **he sees** this novel technique of status in birds becoming available to all interested (…).	**Il Dott. Lasley desidera** che questa nuova tecnica per la determinazione del sesso degli uccelli sia accessibile a tutti i gruppi interessati (SVR, asp)
b) Alexander Stannus98	"We're developing a network for partnership, or twinning, that will put schools in touch with each other to share the data we'll be transmitting constantly," **Stannus says**.	"Stiamo sviluppando una rete che permetterà alle scuole di restare in contatto scambiandosi i dati che trasmetteremo durante tutto il viaggio", **conclude Stannus**.(SVR, asp)
c) Mario Robles del Moral96	"Many people giving a little make a big difference," **he says**.	"Un piccolo contributo fornito da molti può dare grandi risultati", **afferma con orgoglio l'infermiere spagnolo**. (SVR, asp+)
d) Pierre Morvan87	his work has acquired **international recognition** through the numerous papers he has published in learned journals (…)	si è guadagnato una **notevole reputazione internazionale** grazie ai numerosi articoli pubblicati nelle riviste specializzate (SVR, asp, visibi+)
e) Martha Ruiz Corzo02	In 1985, seeking a simple lifestyle close to nature, she	in cerca di una vita a contatto con la natura, nel 1985 si trasferiva con la

340

	moved to the Sierra Gorda mountains 300km north of Mexico City, taking her family **and her accordion** to the remote region where her husband was born.	sua famiglia **(e la fedele fisarmonica),** nella Sierra Gorda, l'isolata regione dalla quale proviene suo marito, circa 300 chilometri a nord di Città del Messico. (SVR, asp+)
f) Rory Wilson06	**And closer to home,** Wilson has done extensive tests of his logger **on the family pet, a Border collie named Moon.**	Wilson ha anche eseguito test fra **le proprie pareti domestiche,** analizzando la richiesta energetica di **un simpatico collie che risponde al nome di Moon.** (VVR, asp+)
g) Chanda Shroff06	"This seemingly ordinary act has had **a dramatic – almost explosive – impact** on the village communities." Shroff explains.	"Questa iniziativa, apparentemente banale, ha avuto **un enorme impatto** sulle comunità rurali", spiega Shroff. (VVR, asp-)

Le salienze traduttive di tipo aspettuale possono inoltre segnalare alterazioni nell'ordine con cui sono presentati i contenuti. In tal senso, esse non sono riferite a operazioni estensive e intensive profonde, o a particolari isotopie attanziali. Le salienze traduttive di tipo aspettuale segnalano l'intervento di una struttura mentale che organizza in modo peculiare le informazioni e presenta una visione del mondo "personale".

L'esempio h) esplicita perfettamente la convinzione che ci porta a dire che l'ordine con cui vengono esposte le informazioni è sintomatico di un ordine mentale, infatti il fenomeno della "riduzione dei ghiacciai", nel caso specifico, viene presentato in climax in italiano, quando invece tale ordine è invertito nell'originale.

Nell'ultimo caso abbiamo voluto presentare un esempio i) di un modus operandi frequente nella traduzione in italiano, e non presente nell'originale e nella traduzione in francese: mettere tra parentesi alcuni contenuti può sembrare un cambiamento "innocente", ma spesso questo diventa un modo per indicare che quei contenuti sono meno importanti e quindi "atoni", a livello tensivo, rispetto a quelli non in parentesi.

h) Lonnie Dupre04	The exact extent of its summer reduction is unclear: **one recent estimate puts the loss at 50 per cent, another at only 15 per cent.**	Non è stata ancora determinata esattamente l'entità della riduzione dei ghiacci nella stagione estiva: **stando a recenti valutazioni, si parla del 15% ma anche del 50%.** (Asp)
i) Mohammed	Today, these clay pots are	Tutti questi recipienti stanno oggi

Bah Abba00	almost extinct, replaced by aluminium **containers and more modern methods of burying the dead, storing clothes and saving money.**	scomparendo o vengono sostituiti da prodotti in alluminio **(o da metodi più moderni per cremare i morti, riporre i vestiti o custodire i propri beni).** (Asp)

Traduzione in francese

Le salienze aspettuali nel corpus di testi tradotti in francese si realizzano in forme linguistiche diverse rispetto all'italiano; tuttavia esse non sono meno significative, anzi in modo più manifesto rispetto alla traduzione in italiano, le salienze aspettuali sono qui il segno evidente della presenza del Traduttore.

Ci riferiamo soprattutto a casi in cui vengono espressi "apprezzamenti" esterni, ovvero non manifesti nell'originale, come nell'esempio a) dove gli animali sono in inglese *"highly desirable members"* (componenti preziosi del nostro ecosistema) e non sono semplicemente utili (« *il sert notre éco-système* »).

Nell'esempio b) (l'avverbio (« *même* », perfino), ma anche negli esempi c), d), e), si notano chiaramente elementi testuali che sono tracce del "discorso traduttivo", di una voce esterna che commenta gli accadimenti in modo quasi teatrale (esempio d).

Testo, anno	Inglese	Francese
a) Michel Terrasse84	Though harmless to living beings, vultures have long been viewed as "ill omens" **whereas in fact they are highly desirable members of our global eco-system.**	Le vautour, bien qu'il soit en réalité inoffensif pour l'homme, a longtemps été considéré comme un oiseau de "mauvais augure". **Or, en toute justice, il sert notre éco-système.** (VVR, asp-)
b) Johan Gjefsen Reinhard87	However, Johan Reinhard has sufficient experience in mountaineering **- including an Everest expedition -** and in underwater archaeological work to ensure that the conditions encountered will not prove an insurmountable obstacle.	Alpiniste chevronné – **il compte même à son actif une expédition à l'Everest** – et archéologue expérimenté en milieu sous-marin, il parait suffisamment armé pour ne pas trouver là des difficultés insurmontables. (SVR, asp+)
c) Catherine Abadie-Reynal98	Fellow archaeologists give Abadie-Reynal, who speaks fluent Turkish from having lived there for several years, top ratings for her spirit of enterprise.	Ses collègues archéologues ont la plus **grande admiration** pour l'esprit entreprenant de Catherine Abadie-Reynal, qui, **soit dit en passant**, parle couramment le turc pour avoir vécu plusieurs années dans la région. (SVR, asp+)
d) Jean-François Pernette98	**For his part Pernette says simply**: "The speleological potential of *Ultima Esperanza* is boundless. The discovery of underground Patagonia is yet to begin."	**Laissons le mot de la fin au Lauréat :** « D'un point de vue spéléologique, Ultima Esperanza recèle un potentiel sans limite. La découverte de la Patagonie souterraine ne fait que commencer. » (SVR, Asp+)
e) Maria Eliza Manteca Oñate00	Judging by what she has already accomplished, there is little doubt that Manteca will achieve her outstanding goals, **and it is little wonder that Rolex Award Selection Committee member Sir Crispin Tickell described her as a "force de la nature".**	Si l'on en juge par ce qu'elle a déjà accompli, Maria Eliza Manteca Oñate saura atteindre les buts remarquables qu'elle s'est fixés. **Et l'on ne peut que tomber d'accord avec Sir Crispin Tickell, membre du Jury des Prix Rolex, qui voit en elle « une force de la nature ».** (SVR, asp +)

Una peculiarità della traduzione in francese è sicuramente la trasformazione in forma negativa (litote) di contenuti che sono invece espressi in modo affermativo nell'originale, come negli esempi f), g), h). A volte queste salienze generano anche un incremento nell'intensività euforica (esempi f, g) ma anche nei casi in cui non vi sono forti variazioni intensive, è indubbio il fatto che ci troviamo in presenza di tracce che segnalano un "riappropriazione" dei contenuti dell'originale.

f) Gilbert A. Clark96	**In addition to phasing in a network of telescopes over the next five years,** he is planning to make this network accessible via the Internet.	**Non content de mettre progressivement en service un réseau de télescopes au cours de ces cinq prochaines années,** il prévoit d'offrir un accès à ce réseau sur Internet (Sg. Asp.+).
g) Elsa Zaldívar08	(…) and **became involved** in social programmes, working with poor people in her neighbourhood.	C'est ainsi **qu'elle ne tarde pas à s'engager** dans des programmes sociaux et à travailler avec les plus défavorisés de son quartier. (SVR, exp.+)
h) Hans Hendrikse96	Hendrikse **declares proudly** (…)	déclare Hans Hendrikse, **non sans fierté**. (asp)

Così come in italiano, anche nella traduzione in francese vi sono salienze relative all'organizzazione del flusso informativo, al modo cioè in cui i contenuti vengono anticipati, posticipati o enfatizzati. L'enfatizzazione si realizza spesso tramite l'utilizzo della punteggiatura e la posticipazione dell'elemento rilevante (esempi i, j). Altre volte invece si tratta di un posizionamento diverso dei contenuti nell'originale e nella traduzione, sintomatico appunto di diverse "visioni del mondo".

i) Royce O. Hall96	**Economy is key in all aspects of the project** and the Rolex Laureate has set the entire construction budget at a relatively modest $150,000.	**Chaque aspect du projet est régi par un mot clé : « économie »,** et le Lauréat Rolex a chiffré le coût total du bâtiment à la somme relativement modeste de 150 000 dollars. (Asp)
j) Annabel Ford00	To achieve this, she has implemented the **El Pilar Program,** a strategic plan that transcends a troubled international boundary and establishes the longterm foundation for preserving the site's cultural heritage.	Pour y arriver, elle a mis sur pied un plan stratégique qui transcende une frontière internationale problématique et pose les fondations d'une préservation durable du patrimoine culturel du site : **le programme El Pilar.** (Asp)
k) Alexandra Lavrillier06	Their lives are unenviable: **unemployment is rampant**	Leur vie – **le chômage est rampant chez les minorités**

	among the Siberian minorities.	sibériennes – n'est guère enviable. (Asp)
l) Adli Qudsi98	The city prospered as one of the ancient world's great centres of architecture, art, and learning, **nearly equal to that of Greece and Rome.**	La cité prospérait, **égalant presque, dans le monde antique, la Grèce et Rome** en tant que centre de l'architecture, de l'art et du savoir.

6.6.2 Salienze estensivo-generative

Oltre all'aspettualità, entrambe le traduzioni presentano operazioni estensive di natura molto profonda. Non si tratta quindi di variazioni in cui appare il filtro valutativo o affettivo che rinvia alla presenza del Traduttore. Si tratta qui di contenuti annullati nella traduzione, oppure che si manifestano soltanto nella traduzione senza essere presenti nel testo originale.

La generazione di nuovi contenuti (esempio a) e l'eliminazione di interi paragrafi (esempio b) sono operazioni annoverabili a una presenza, esterna e diversa da quella del Traduttore, che avviene in fase di rilettura e soprattutto di adattamento del testo ai fini della pubblicazione. Tuttavia, siamo qui in presenza di cambiamenti che plasmano i contenuti in modo profondamente diverso nelle traduzioni, in italiano (esempi a, b) e in francese (esempi c, d) e che confermano il fatto che la traduzione non è mai una pratica innocente e priva di contorni ideologici o morali. Non solo, proprio per la loro natura, tali cambiamenti sono da annoverare, probabilmente, al Committente stesso.

Grazie ai dati rilevati con l'analisi quantitativa, sappiamo che queste salienze sono presenti nelle traduzioni con una frequenza diversa: si rilevano 175 occorrenze di codici riferiti a operazioni estensive che annullano i contenuti in italiano rispetto a 73 occorrenze in francese; vi sono in tutto 62 occorrenze di codici riferiti a operazioni estensive che creano nuovi contenuti in italiano, rispetto a 41 occorrenze in francese. Questo ci porta a considerare che negli stessi "luoghi" testuali, le due traduzioni sono profondamente diverse, e manifestano due stili traduttivi differenti.

Testo, anno	Inglese	Traduzione
a) Eduardo Llerenas81 (fino al 1987)	Befriending an excellent musician and with the help of a specialist in electro-acoustics, he made a first set of recordings of such music, and then pursued his efforts.	I motivi che condussero Eduardo Llerenas all'effettuazione delle prime registrazioni delle tradizioni musicali messicane furono puramente occasionali: l'aver

		stretto amicizia con un eccellente musicista ed un esperto di elettroacustica. **Quest'opera di ricerca, continuata con estremo impegno, vanta oggi al suo attivo 250 registrazioni effettuate in occasione delle esibizioni di non meno di 180 gruppi folcloristici. Tale imponente nastroteca è stata costituita nel corso di 80 differenti spedizioni.** (Est new)
b) Irina Chebakova 98	"It was necessary to change public attitudes," she observes. "It was also necessary to convince administrators of the zapovedniks that the reserves could not survive without public support." **Chebakova was well-equipped for the task at hand. A specialist in national park management, she had worked at the Russian Institute of Forest Planning. At the end of 1994 she joined the Biodiversity Conservation Centre, a charitable fund in Moscow, and became the Protected Areas Management Programme expert.** In January 1995 Chebakova met Margaret Williams (…)	"L'atteggiamento dell'opinione pubblica doveva cambiare", osserva la Chebakova "ed era indispensabile al contempo convincere i responsabili degli zapovedniks che la sopravvivenza di questi ultimi sarebbe stata possibile solo con l'appoggio dei singoli cittadini". Nel gennaio del 1995, la Chebakova conobbe Margaret Williams (…). (Est zero)
c) Michel Terrasse84	Until 1920, the Cevennes region in the Massif Central of France possessed an abundant population of Griffon vultures, magnificent creatures with wingspans of up to 2.8 metres.	**Grâce à Michel Terrasse en effet, une vingtaine de vautours fauves évoluent aujourd'hui dans le ciel du Massif Central. Et Michel Terrasse ne se contente pas en l'occurrence de créer les conditions permettant la renaissance d'une magnifique espèce animale. Pour protéger celle-ci durablement, il mène auprès des hommes une campagne d'information**

		active et intelligente en vue de sa réhabilitation par-delà les préjugés ancestraux. Il existait dans la région des Cévennes jusqu'en 1920 une abondante population de vautours fauves, de très beaux spécimens atteignant 2,80 m d'envergure. (Est. new)
d) Dave Irvine-Halliday02	Some of Irvine-Halliday's Rolex Award funds will help consolidate Light Up The World's organisational structure so it can attract more sponsors. And he wants to help other developing nations now interested in imitating his project. His goal is to see a million homes in developing nations using white LED lighting by 2005. **Stewart Craine declares that Irvine-Halliday's enthusiasm for the project springs from a deeply held commitment to global equal opportunity. His egalitarianism even extends to his double surname – Irvine is his wife Jenny's maiden name. Irvine-Halliday attributes his altruism to his father's advice: "You don't have to like everybody in the world, but you have to respect them." "Being Scottish by birth," says Irvine-Halliday, "you grow up with a wee bit of an inferiority complex about the way you speak English. But you come to realise it's not how you speak, but what you say." That Irvine-Halliday is a person of rare generosity, vision and drive is proved not only by his words, but also by his deeds.**	Une partie du Prix Rolex permettra de renforcer la structure de la fondation afin d'attirer des bailleurs de fonds. Le Lauréat veut aussi aider d'autres pays en développement qui désirent imiter son projet. Son but : voir dans ces pays un million de foyers éclairés par des LED blanches d'ici à 2005. (Est zero)

Altri fattori che contraddistinguono le due traduzioni sono la manipolazione dei contenuti in modo da cambiarne radicalmente la natura tramite operazioni estensive che annullano i contenuti dell'originale e nello stesso luogo testuale generano altri contenuti. È il caso degli esempi che presentiamo qui di seguito e che illustrano come a volte tali operazioni generano contenuti opposti rispetto all'originale, esempio h) per l'italiano, esempio i) per il francese.

Di nuovo, anche per queste salienze traduttive, l'estrazione quantitativa dei codici di riferimento segnala 78 occorrenze in italiano e unicamente tre occorrenze in francese.

e) Jean-François Pernette98	In Pernette's view the challenge of *Ultima Esperanza* matches any that he has ever faced. **"It is well named, that province – 'Last Hope'," he says, "for one needs every last hope merely to survive there.**	Pernette afferma che il progetto *Ultima Esperanza* è il più pericoloso della sua carriera. **"Il nome di questa provincia della Patagonia esprime perfettamente la sua natura insidiosa e le difficoltà che incontreranno gli esploratori.** (Est zero-new)
f) David Schweidenback00	Looking further to the future, Schweidenback is determined to become a major player in international humanitarian aid. **"I know this is my obsession, but someone has to do it,"** he declares.	A lungo termine, Schweidenback è intenzionato a diventare uno dei protagonisti dell'aiuto umanitario internazionale. **"Può sembrare presuntuoso da parte mia, ma credo che sia un passo necessario"**, afferma. (Est zero-new)
g) Kikuo Morimoto04	**Decades of conflict left Cambodia with curious demographics.** While there are plenty of the old and young, it is difficult to find many people aged between 30 and 50.	**Decine di anni di guerra hanno lasciato un segno indelebile sulla Cambogia**, la cui popolazione è praticamente priva della fascia di età dai 30 ai 50 anni. (Est new-zero)
h) Talal Akasheh08	The city of Petra was born 2,500 years ago in a giant bowl hollowed over aeons into the sandstone tableland by wind and water to form a perfect natural stronghold for a desert tribe, **the Nabataeans, who lived by raiding caravans** on the trade routes that criss-crossed the region.	La città di Petra venne fondata 2.500 anni fa in una gigantesca conca naturale che, scavata nel corso dei millenni dal vento e dalle acque, costituiva una perfetta roccaforte: di questo baluardo si appropriarono **i Nabatei, una tribù del deserto che guidava le carovane** lungo le vie commerciali dell'intera regione. (Est new-zero)
i) Gorur R. Iyengar	**Mosquito nets** guard access	L'accès aux bâtiments est gardé

| Gopinath96fr | to the rearing houses. | par des **nids de moustiques**, et des rigoles empêchent toute invasion de fourmis. (Est new-zero) |

Durante l'annotazione dei corpora di testi tradotti abbiamo rilevato un tipo di salienze che risultano estremamente significative ai fini della descrizione del concetto di traduzione secondo le categorie del quadrato semiotico. Si tratta di scelte traduttive che accolgono e comprendono i contenuti dell'originale all'interno di una visione marcata dell'Altro e di Sé. All'interno quindi dell'estensività abbiamo inserito le operazioni traduttive che determinano un allineamento o appropriamento di contenuti "esterni ed estranei", appartenenti all'Altro, come indicato nell'esempio j) in cui templi khmer "wats" diventano "templi buddisti", anche se in realtà, nel corso della loro lunga e complessa storia, questi templi sono nati come luoghi di culto indù e più volte sono stati convertiti in templi buddisti e poi induisti, e via di seguito, a seconda del declino o dell'ascesa di una religione o dell'altra.

Salienze traduttive dello stesso tipo illustrano anche gli esempi k), l), m), in cui si nota in particolare l'annullamento completo di elementi estranei alla cultura e alla lingua della traduzione.

Gli esempi n), o), p), riportano salienze che operano in modo opposto alle prime, più tipiche della traduzione in francese, e che consistono nell'importazione di elementi che segnalano un'alterità.

j) Nancy Lee Nash 87	It is also intended to employ the system of wats (temples), which are still the main source of education in rural areas.	Il progetto prevede anche l'uso del materiale didattico nei **templi buddisti** che fungono da centri d'insegnamento nelle regioni rurali. (sim)
k) Wayne Anthony Moran90	The finished vessel is 23 m in length, weighs 75 tonnes and has a poop richly adorned with Chinese carvings; **the total cost has been over a million Swiss Francs.**	L'imbarcazione, la cui poppa è adornata da ricche incisioni cinesi, è lunga 23 metri e pesa 75 tonnellate. **Il suo costo supera i 700 milioni di lire.** (sim)
l) Nancy Abeiderrahmane93	December 1990 proved to be the turning point: demand was stimulated when camel milk prices were reduced to make the product more competitive with UHT milk. **Sales started to grow strongly, and our *Tiviski* camel's milk and *El Badia***	Nel 1990 si verificava una vera e propria svolta: la domanda iniziò ad aumentare come conseguenza della riduzione dei prezzi del latte di cammello: il prodotto divenne più competitivo, **le vendite crebbero e i rivenditori della**

	cow's milk have become sought-after premium products among local retailers.	regione iniziarono a nutrire una maggiore fiducia in entrambi i generi di latte. (sim)
m) Michel André02	**A Senegalese griot, or percussionist**, confirmed the likeness and, amazingly, was able to identify the individual whales in André's recordings through their distinctive rhythmic structures.	Si rivolse così a **un percussionista senegalese** che, tenendo conto delle diverse strutture ritmiche, fu in grado di riconoscere i vari animali. (sim)
n) Michel André02	**A Senegalese griot, or percussionist**, confirmed the likeness and, amazingly, was able to identify the individual whales in André's recordings through their distinctive rhythmic structures.	**Un griot (percussionniste sénégalais)** a confirmé la similitude et, chose étonnante, a pu identifier les différents cachalots figurant dans les enregistrements du biologiste grâce à leurs structures rythmiques distinctes. (alter)
o) Suryo Wardhoyo Prawiroatmodjo90	(…) generate income to sustain these objectives through the exploitation of a commercially-run **guesthouse.**	(…) procurera des revenus pour soutenir la réalisation de ces objectifs grâce aux revenus procurés par l'hébergement des visiteurs dans un «**guest house**». (alter)
p) Royce O. Hall96	The dedicated physician – driven by a desire to give the gift of sight to the underprivileged – plans to bring state-of-the-art, but low cost, surgery procedures to **the African "bush",** while teaching the local Maasai to work as skilled paramedics.	Médecin dévoué – mû par la volonté de faire recouvrer la vue aux plus défavorisés – il entend apporter au « **bush** » **africain** des techniques chirurgicales de pointe à faible coût et donner aux indigènes massaï une formation d'auxiliaires médicaux qualifiés. (alter)

Le salienze traduttive di tipo generativo sono le marche testuali forse più evidenti dei luoghi e delle modalità con cui il Traduttore manifesta la sua presenza e accoglie i contenuti del testo originale, quindi dell'Altro, facendoli propri. La traduzione in italiano è ancora una volta più "viva", con salienze più diffuse ed enfatiche del francese. Anche la traduzione in francese presenta salienze traduttive che annullano, creano o modificano profondamente i contenuti dell'originale, ma in genere essa tende, più della traduzione in italiano, ad accogliere più facilmente gli elementi estranei, l'alterità.

6.7 Affinità e differenze nelle traduzioni in italiano e in francese

Finora abbiamo dimostrato che a diversi livelli isotopici e tramite diverse operazioni estensive e intensive, le salienze traduttive sono specifiche, per natura e frequenza, a ogni traduzione.

A conferma di questi dati abbiamo appositamente rilevato alcuni esempi in cui le salienze traduttive in italiano e in francese si manifestano per lo stesso segmento in inglese.

I testi che descrivono e traducono i progetti dell'edizione 1984 dei Premi Rolex per un'Ingegnosa Impresa manifestano il maggior numero di interventi profondi (esempi a, b), sia in italiano che in francese negli stessi luoghi testuali e per gli stessi contenuti. Questo fenomeno si ripresenta raramente, e l'unico caso che ci sembra piuttosto significativo è quello dell'esempio c) in cui viene tolto d'ufficio, in entrambe le traduzioni, il riferimento a un finanziamento che il personaggio principale avrebbe ricevuto da fondi europei.

Testo, anno	Inglese	Italiano	Francese
a) Donald Ray Perry 84	(…) the tropical rain forest canopy.	La pluvisilva tropicale **(termine dotto per indicare la foresta pluviale, o ombrofila)** (VVR, new, feat)	La pluvisylve tropicale **(mot savant qui désigne la forêt dense pluviale appelée également forêt ombrophile)** (VVR, new, feat)
b) Thean Soo Tee84	Thean Soo Tee, an experienced, dedicated agronomist and geneticist, **won a Rolex Award for Enterprise 1984** for his carefully prepared project to solve two serious problems with one solution: scientifically managed production of the ubiquitous asparagus.	Thean Soo Tee, agronomo ed esperto di genetica, è alla ricerca di una soluzione the consenta di affrontare contemporaneamente i due aspetti del problema. **Conferendogli un premio di 50.000 franchi svizzeri, ed un cronometro Rolex d'oro la giuria dei Premi Rolex per un'Ingegnosa**	C'est à la recherche d'un moyen adéquat pour résoudre d'un seul coup les deux aspects du problème que Thean SooTee consacre actuellement son expérience d'agronome et de généticien. **En lui décernant un prix de 50 000 francs suisses accompagné d'un chronomètre Rolex en or, le Jury des Prix Rolex à l'Esprit d'Entreprise 1984**

		Impresa 1984 ha voluto fornire il suo appoggio ad una ricerca i cui risultati potrebbero andare a vantaggio di numerose altre regioni della terra e che mira all'introduzione, nell'agricoltura di montagna delle zone tropicali, di una coltura di asparagi controllata e programmata scientificamente.	entend apporter son soutien à une expérience en cours dont les enseignements pourraient profiter à bien d'autres régions connaissant des problèmes analogues: l'introduction d'une culture suivie et scientifiquement programmée de l'asperge dans l'agriculture de montagne en zone tropicale.
c) Tomas Diagne98	**Though the EU funding gave his work a significant boost**, "the Rolex Award will do something just as important for me," says Diagne. "The publicity will help us make people aware of the situation of the tortoises and enable us to carry out educational activities in rural areas, the key to enabling them to survive in the wild."	"Il Premio Rolex ci aiuterà a fare opera di sensibilizzazione e arganizzare corsi di formazione nelle aree rurali, indispensabili per garantire la sopravvivenza delle tartarughe nel loro ambiente naturale".	Le jeune Sénégalais considère que « Le Prix Rolex apportera quelque chose de très important. La publicité nous aidera à faire mieux connaître la situation des tortues et nous permettra de mener des activités pédagogiques dans les zones rurales, condition sine qua non pour que nos protégées puissent plus tard survivre dans leur habitat naturel. »

Un altro fenomeno presente massicciamente nei testi del 1993, in italiano e in francese, è il passaggio da un'enunciazione embraiata in prima persona nell'originale a un'enunciazione debraiata nelle due traduzioni.

d) Nancy Abeiderrahmane 93	In 1987, after I7 years living and raising my four children in Mauritania, I decided I wanted to make a practical contribution to this country that had become my home and at the same time	Nel 1987, dopo aver vissuto 17 anni in Mauritania ed avervi allevato quattro figli, Nancy Abeiderrahmane decise di fornire un contributo pratico alle condizioni di vita del suo paese

	exploit the knowledge I had acquired during my engineering studies.	d'adozione mettendo a frutto le conoscenze acquisite con i suoi studi di ingegneria.
e) Aldo Lo Curto93	It was in 1978, after completing my medical studies and a residency in pathology in Pavia, Italy, that I began to develop an interest in Third World countries (…)	En 1978, ayant terminé ses études de médecine et son internat en pathologie à Pavie, Italie, le Dr Lo Curto commença à s'intéresser aux pays du Tiers-monde.

Gli esempi a), b), c), d), e) sono gli unici casi in cui le due traduzioni convergono per così dire verso scelte traduttive talmente simili che è ormai evidente la presenza di un ulteriore Soggetto che interviene per uniformare e armonizzare i testi tradotti. Tuttavia, tali interventi sono rilevabili unicamente nelle due edizioni sopracitate, nel 1984 e nel 1993.

In effetti, generalmente si nota che le salienze traduttive, anche quando si manifestano per lo stesso segmento originale, sono di natura profondamente diversa in italiano e in francese. Nell'esempio f) si vede chiaramente che laddove l'italiano elimina l'elemento estraneo che rinvia a un'alterità, il francese invece lo accoglie pienamente. L'esempio g) dimostra chiaramente la presenza del Traduttore che si fa "mediatore" e introduce, spiega ed espande concetti che potrebbero risultare estranei. Gli esempi h) e i) presentano di nuovo due casi in cui si manifestano comportamenti traduttivi profondamente diversi.

f) Mohammed Bah Abba00	Polygamy is a dominant feature of the family structure, and women, living in **purdah**, are confined to their homes and seriously disadvantaged in terms of health care, education and employment opportunities.	La poligamia è la pratica più diffusa e le donne, confinate nelle loro case, sono svantaggiate dal punto di vista dell'assistenza sanitaria, dell'istruzione e delle opportunità professionali. (sim)	La polygamie est très présente et les femmes, soumises au **purdah**, sont confinées à la maison et gravement désavantagées en matière de soins de santé, d'éducation et d'emploi. (alter)
g) Laurent Pordié00	Buddha himself is said to have developed the Tibetan system of medicine 2,500 years ago. It is based on a	Secondo la leggenda, fu Buddha a introdurre, 2.500 anni fa, i principi della medicina tibetana; questo corpus di	C'est le Bouddha lui-même, dit-on, qui créa voici 2500 ans le système de médecine tibétain. Cette médecine est fondée

	holistic philosophy, where illness results from an imbalance of bodily or mental states with one of four possible sources: climate, diet, behaviour or the influence of demons.	conoscenze, basato sulla filosofia olistica **(l'organismo è considerato come un tutto unico)**, prevede che gli squilibri fisici e mentali abbiano quattro possibili cause: il clima, le abitudini alimentari, il comportamento e l'influsso dei demoni (sim)	sur une philosophie holistique qui voit dans la maladie le résultat d'un déséquilibre physique ou mental, avec quatre causes immédiates possibles : le climat, l'alimentation, le comportement ou l'influence de démons.
h) Chanda Shroff06	The steady flow of revenue from outside customers whom Shroff has found to buy the products is slowly uplifting the status of women, allowing them to invest in land, pay for health care and improve their families' nutrition levels.	La richiesta dei loro prodotti **(Chanda Shroff è anche un'abile donna d'affari)** sta progressivamente innalzando il loro status sociale e permette di acquistare proprietà immobiliari, di garantirsi un'assistenza sanitaria e di migliorare lo standard alimentare delle loro famiglie. (Sg. exp.+)	Le flux régulier de recettes provenant des clients que Chanda Shroff a trouvés en dehors de la région améliore lentement la situation des femmes, leur permettant d'acheter des terres, de payer des soins médicaux et de mieux nourrir leur famille.
i) Kikuo Morimoto04	"Do not fear risk" is Morimoto's credo as he develops a practical model of providing art and livelihood in a devastated region. **"Without risk, neither good art nor anything else worthwhile will happen."**	"Dobbiamo saper rischiare". Questo è il credo di un uomo che ha fatto dell'artigianato un modello economico in una regione devastata dalla guerra. **"Il rischio è il seme del successo"** (Sg. imp. sin)	« Ne pas craindre le risque » : tel est le credo de Kikuo Morimoto alors qu'il crée le village modèle qui permettra de restituer un art et des moyens d'existence à une région dévastée. « **C'est en prenant des risques, que l'on pourra améliorer la situation et produire un art de qualité.** » (Sg. imp.exp)

Conclusioni

L'analisi semiotica attuata tramite l'impiego del programma informatico QDA Miner ci ha permesso di effettuare un'inedita critica delle traduzioni in italiano e in francese.

Sulla base dei dati raccolti possiamo ora affermare che in genere, le traduzioni sono accomunabili per i seguenti aspetti:

- massiccia presenza di salienze traduttive di natura aspettuale;
- le salienze traduttive sono sempre, o quasi sempre, accompagnate da una variazione dell'intensività forica, in particolare con un aumento dell'euforia per le salienze realizzanti le isotopie attanziali, e con una diminuzione dell'euforia per le salienze virtualizzanti;
- nei testi di alcune edizioni (1984 e 1993) le traduzioni in francese e in italiano presentano salienze traduttive molto simili; ciò segnala la chiara presenza di una volontà di uniformare e armonizzare le traduzioni, indipendentemente dall'originale. In questi casi la traduzione è un fenomeno fortemente generativo che crea e annulla i contenuti del testo tradotto;
- le differenze di frequenza e di natura nelle salienze nelle due traduzioni sembrano attenuarsi se riferite al livello isotopico all'Aiutante; nella sezione 6.6.4 abbiamo potuto constatare che, in entrambe le traduzioni, la natura delle salienze è prevalentemente di natura euforica, esse appaiono con una frequenza simile in entrambe le traduzioni, soprattutto quando riguardano l'Aiutante Rolex;
- Le due traduzioni presentano tuttavia molti aspetti divergenti. In particolare la traduzione in italiano si distingue da quella in francese per i seguenti aspetti:
- la frequenza dei codici; la traduzione in italiano, in tutto l'arco temporale in cui si estendono i corpora analizzati, è caratterizzata da una massiccia presenza di salienze traduttive, nettamente superiore alla traduzione in francese;
- le salienze traduttive in italiano sono di natura eterogenea, e sembrano aumentare col passare degli anni; la traduzione in francese invece è caratterizzata prevalentemente da salienze aspettuali ed espansive;
- a tutti livelli isotopici attanziali, la traduzione in francese presenta un numero nettamente inferiore di virtualizzazioni rispetto alla traduzione in italiano;

- la traduzione in italiano accoglie in misura nettamente inferiore gli elementi di alterità rispetto alla traduzione in francese (sezione 6.6.2 e 6.7).

L'aspettualità e il timismo rappresentano la chiara dimostrazione che è possibile individuare una presenza traduttiva, che interviene in modo valutativo e partecipativo. Il Traduttore è un soggetto che inevitabilmente investe i contenuti con aspetti attinenti alla sua identità, al suo orizzonte ontico-forico, e che si manifestano in termini assiologici e timici.

Il modo con cui il Traduttore realizza il testo tradotto è indice di una avvenuta "prensione"[9] del senso di tipo estensivo-cognitivo e intensivo-forico: la presenza "viva" del Traduttore elabora i contenuti del testo originale modificandoli localmente e diffusamente, eliminandoli o generandone di nuovi, alterando la focalizzazione, oppure modificando la sequenza del flusso informativo.

Le salienze traduttive non sono altro che il luogo osservabile in cui si installa il soggetto Osservatore e in cui emergono quei tratti esistenziali ed etici che caratterizzano l'identità del Traduttore, che, nel risultato della sua attività pratica, realizza il concetto di Traduzione.

In tal senso, l'analisi dei due corpora tradotti ci porta a confermare l'ipotesi secondo la quale entrambe le traduzioni attualizzano il paradigma del paradosso mantengono la stessa struttura semio-narrativa profonda dell'originale – nel Quadrato semiotico ciò rappresenta la realizzazione del termine "equivalenza" – e generano al contempo variazioni a livello della manifestazione superficiale che realizzano il termine "differenza" nel Quadrato semiotico.

L'analisi conferma inoltre l'emergere di due stili traduttivi diversi, caratterizzati dagli elementi sopracitati, che realizzano i termini del quadrato semiotico della Traduzione con una densità semica diversa.

Infatti, per la frequenza delle salienze e la loro natura diffusa, la traduzione in italiano sembrerebbe presentare una densità semica maggiore, rispetto al francese, del termine "differenza". Al contrario, e proprio per la scarsa presenza delle salienze, la traduzione in francese presenta una densità semica del termine "equivalenza". Non andremmo certamente fino a dire che le due traduzioni realizzano due paradigmi diversi eppure, anche in presenza di un progetto di traduzione sorretto da una chiara volontà di armonizzare le traduzioni secondo le regole ed le esigenze interne del Committente, l'identità traduttiva trova una propria via per esprimersi.

---

9   Definita « *saisie* » da Fontanille (1999, 225).

Conclusioni e prospettive

Alla fine di questo lungo sentiero teorico e pratico, vorremmo concludere con la parola "fine". Siamo partiti dalla terra vergine di una pratica antica che nello scacchiere interdisciplinare si vorrebbe imporre in modo del tutto peculiare come disciplina sovrana. Con moto di fascino e critica, ci siamo a volte avvicinati agli autori del passato che hanno, intenzionalmente o fortuitamente, gettato le fondamenta del discorso sulla traduzione, sulle problematiche che essa solleva e sulle potenziali soluzioni per realizzarla nel modo più giusto. Perché, se le prime considerazioni sulla traduzione risultano a volte manichee, le loro premesse sono sempre ancorate alla pratica. Primo problema riscontrato quindi: l'eccessivo pragmatismo che ha dominato lo studio della traduzione fino al momento in cui altre scienze, in particolare la linguistica, hanno rivolto la loro attenzione alla questione traduttiva. Inizia così un faticoso cammino perseguito con l'obiettivo di scientificizzare la traduzione.

Attraversando l'interregno linguistico (Munday 2001, 197; Pym 2010, 10) la traduttologia si è scontrata con le difficoltà legate al raffronto delle strutture morfologiche, lessicali e sintattiche dei sistemi linguistici e con quelle della realizzazione pratica della traduzione. La via della linguistica non sarebbe stata poi così inadeguata se non si fosse limitata a una visione aprioristica e astratta del tradurre (basti pensare agli esempi acontestuali di Vinay&Darbelnet 1958); difatti, lo studio testuale della traduzione è stato anche motivato dalla volontà di concepire il senso del testo in modo articolato e di vedere la traduzione come un'operazione che raggiunge un'equivalenza parziale, situata su vari livelli testuali (Catford 1965) oppure su varie funzioni dominanti testuali (Koller 1979).

Perché in fondo, di tutte le questioni che lo studio della traduzione da sempre ha dovuto affrontare, l'equivalenza è la nozione più scomoda, che scivola tra le maglie del tempo fino ad approdare alla traduttologia moderna, e che genera insoddisfazione perché difficilmente si lascia delimitare da una definizione soddisfacente e soprattutto fruibile in sede pratica. Comprendere il valore dell'equivalenza significa fare i conti con il problema della conoscenza e delle condizioni della significazione.

Due posizioni bipolari tendono ad affrontarsi in merito: da una parte troviamo la convinzione che esiste un senso denotato, un contenuto significante perfettamente adeguato alla realtà, destituito di forma e che quindi può essere veicolato indipendentemente in tutte le lingue; questa è la convinzione di chi fa della lingua, in quanto linguaggio dotato di strumenti metalinguistici, l'abito che concretizza un'indiscussa traducibilità. Dall'altra parte, invece i fautori di un mondo fondato sulla percezione del singolo, in balìa di filtri percettivi e culturali, un mondo in cui l'individuo sovrano statuisce sul senso degli oggetti, che assumono a loro volta senso unicamente perché qualcuno glielo attribuisce: l'insediamento del senso nella mente umana è, per la traduzione, l'ammissione dell'imperfezione – nella migliore delle ipotesi – è la negazione della sua essenza – nella peggiore.

A fronte di queste preoccupazioni scientifiche e con la volontà di gettare nuova luce nella disciplina traduttologica che spesso è fatta di sensi unici, sensi vietati e biforcazioni aporistiche, abbiamo deciso di intraprendere la via maestra della semiotica che ci fornisce un terreno stabile su cui muoverci e premesse indispensabili per riprendere il cammino della ricerca.

> L'uomo vive in un mondo significante. Per lui, il problema del senso non si pone; il senso è dato, s'impone come un'evidenza, come un "sentimento di comprendere" assolutamente naturale. In un universo "bianco", ove il linguaggio non sarebbe che pura denotazione delle cose e dei gesti, sarebbe impossibile interrogarsi sul senso; ogni interrogazione è metalinguistica. (Greimas 1970 tr. it. 2001, 13)

Il senso è dato nella sua dimensione minima, ma la sua presa di possesso, la sua costruzione o generazione, passa attraverso descrizioni, metafore, parafrasi, ecc. La prima constatazione cui approda la semiotica, e intendiamo qui sia la semiotica interpretativa che la generativa, è che "la produzione del senso ha senso solo se è trasformazione del senso dato" (Greimas 1970 tr. it. 2001, 15).

Se la semiotica peirceana resta arenata, per così dire, a questa prima constatazione, la semiotica generativa si dota invece di un bagaglio di concetti epistemologici e di un metalinguaggio adeguato a descrivere la manifestazione del senso in qualsiasi oggetto semiotico. Fiduciosi dell'apparato scientifico greimasiano e degli intuibili progressi in ambito traduttologico, abbiamo deciso di impiegare i suoi strumenti euristici per indagare la traduzione come un fenomeno eminentemente semiotico. E questa scelta ci ha portati a impostare una definizione scalare del concetto e del fenomeno della traduzione.

Il Quadrato semiotico della traduzione si impone come una prima, generale ed stratta, formalizzazione del concetto. Il Quadrato istituisce e articola la Traduzione come luogo di manifestazione dell'Identità che si costruisce per aggiustamenti, tra equivalenza e differenza, rispetto all'Alterità. La nostra proposta va quindi a congiungersi con i lavori di traduttologi che avevano già individuato la relazione tra traduzione, identità, ed eterogeneità (Berman 1985; Meschonnic 1972, 1999; Venuti 1995, 1998). Ma l'assetto del Quadrato semiotico ci ha permesso di formalizzare in modo più dettagliato le relazioni e le operazioni che instaurano questi concetti. Di qui la condizione paradossale della traduzione, nel suo essere contemporaneamente "equivalenza" e "differenza". Tenendo conto della tradizione traduttologica, è possibile specificare ulteriormente il senso di questo paradosso, intendendolo, come permanenza del senso nella forma del contenuto (equivalenza) e al contempo lavoro sulla lingua (differenza), sul movimento e sul ritmo della forma dell'espressione. Il Quadrato serve altresì ad accogliere le varie formalizzazioni del concetto della traduzione nella storia e nelle culture: il tentativo di impiegare tale strumento come dispositivo metateorico è soltanto abbozzato nella nostra ricerca, ma le sue potenzialità restano da esplorare e può essere foriera di ulteriori sviluppi.

Il passaggio dal concetto al fenomeno, dall'astrazione teorica all'evento umano è un altro dei capisaldi della semiotica greimasiana.

Su questo principio, abbiamo, costruito un Modello semiotico, ossia *una teoria del soggetto traduttivo nel tessuto sociale, fondata sulle correlazioni interculturali.* Una comprensione esaustiva della traduzione non può prescindere da un'analisi della sua dimensione culturale, sociale e individuale. Il Modello semiotico è una griglia di lettura della pratica della traduzione e della sua manifestazione in particolare della cultura ricevente. Perché è in fondo in una particolare cultura (quella ricevente) che si realizza il rapporto io-altro, ed è, nello specifico, nei giudizi (epistemici) emessi dai soggetti coinvolti nel fenomeno della traduzione che si realizza l'ibridazione, la contaminazione o la chiusura nei confronti dell'altro. È nel tradurre che il profilo dell'identità è culturalmente e socialmente (nel giudizio epistemico del Committente) nonché individualmente, eticamente e normativamente (nel giudizio epistemico del Traduttore) istituito, riformulato, aggiustato.

Il Modello semiotico ci ha pertanto indotti a rivalutare il ruolo del traduttore, della sua posizione all'interno della traduzione come fatto culturale, intriso ideologicamente di un sistema di valori, e come soggetto che opera tramite lo strumento della lingua, che a sua volta pone in essere un dato sistema di valori.

La teoria ci guida di nuovo nel nostro cammino di ricerca e ci incoraggia a volgere uno sguardo inedito su uno degli aspetti più studiati in traduttologia: il testo tradotto. Visto come risultato dell'azione traduttiva, il testo tradotto è il luogo semiotico in cui traspare la voce del Traduttore. Impiegando gli strumenti di semiotica testuale, in particolare i meccanismi enunciativi, e l'analisi isotopica, e adattando alcuni principi derivati dalla semiotica tensiva, abbiamo delineato gli elementi più pertinenti all'analisi e alla critica del testo tradotto.

Diversamente da molti studi in traduttologia basati sull'analisi di opere principalmente letterarie, abbiamo deciso di applicare il nostro apparato di critica a corpora testuali il cui genere rientra nella definizione di "testo medio" (Marchesini 2009).

Una critica del testo tradotto non può essere avulsa da una realtà teorica generale, è per questa ragione è stato nostro intendimento inserire l'analisi del testo all'interno di una logica ampia, complessa, in grado di accogliere le istanze apparentemente "esterne" ma immanentemente "interne" alla sua ragion d'essere. L'orizzonte ontico-forico del traduttore è quanto più di identitario possa manifestarsi nel testo tradotto e la sua modalità esistenziale è profondamente istruita dalle condizioni interculturali vigenti.

Sentiamo infine l'esigenza di un approfondimento del dispositivo critico o almeno a una sua applicazione ripensata in chiave *estesica* (Greimas 1987); infatti, nonostante la perfetta applicabilità degli strumenti analitici e la piena fruibilità dei risultati ottenuti, avvertiamo che la fin troppo evidente presenza dell'individualità traduttiva richiede un affinamento del metodo analitico. Ci chiediamo quindi fino a che punto sia possibile spingere l'indagine nelle peculiarità dell'identità soggettiva Traduttore, e soprattutto quali ricadute potrebbe avere tale approccio nel meccanismo quivi istituito.

Non è con la parola fine, ma con questa, pur vaga e astratta intuizione rivolta alla soggettività del Traduttore, che ci piacerebbe chiudere questo percorso teorico, perché l'esperienza dello studioso, per quanto ambisca ad approdare a "teorie chiuse e stabili", non può e non deve smorzare una delle spinte fondamentali, l'evoluzione.

Fedeltà e cambiamento: l'asserzione di un ricercatore che afferma di voler retare fedele a se stesso può forse suonare un po' paradossale, dato che oggi il progetto scientifico è probabilmente il solo spazio in cui la nozione di progresso ha ancora senso, e che il rinnovamento si inscrive come peculiare di ogni sforzo teorico. (Greimas 1983a tr. it. 1998, 5).

BIBLIOGRAFIA

Avvertenza

I riferimenti bibliografici nel testo rinviano all'anno dell'edizione in lingua originale, mentre i numeri di pagina si riferiscono, secondo la reperibilità, alla traduzione in italiano. In alcuni casi, l'indicazione della data si riferisce alla prima e all'ultima edizione, mentre i numeri di pagina delle citazioni si riferiscono unicamente all'edizione consultata.

Arduini, Stefano. 2006. "Idee per una epistemologia della traduzione." In *Comunicazione Interpretazione Traduzione*, S. Petrilli (a cura di). Milano: Mimesis. 39–47.

——. 2004. "Introduction: Similarity and Difference in Translation Studies." In *Similarity and difference in translation: proceedings of the International Conference on Similarity and Translation*, S. Arduini, R. Hodgson Jr. (eds.). Rimini: Guaraldi. 7–14.

——, Robert Jr. Hodgson. (eds.). 2004. *Similarity and difference in translation: proceedings of the International Conference on Similarity and Translation*. Rimini: Guaraldi.

Au, Terry K. F. 1983. "Chinese and English counterfactuals: The Sapir-Whorf hypothesis revisited." *Cognition* 15. 155–187.

Bachtin, Michael. 1997. *Dostoevskij. Poetica e stilistica*. Torino: Einaudi.

——. 1975/1979. Estetica e romanzo. Un contributo fondamentale alla "scienza della letteratura". Torino: Einaudi.

Baker, Mona. 2004. "The Treatment of Variation in Corpus-based Translation Studies." In *Translation and corpora. Selected papers from the Göteborg-Oslo Symposium, 18-19 October 2003*, K. Aijmer, H. Hasselgård (eds.). Sweden: Göteborg University. 7–17.

——. 2001. "Investigating the language of translation: a corpus-based approach." In *Pathways of Translation Studies,* P. Fernández Nistal, J.-M. Bravo Gozalo (eds.). Valladolid: Universidad de Valladolid. 47–56.

——. 2000. "Towards a Methodology for Investigating the Style of a Literary Translator." *Target* 12:2. 241–266.

——. 1998. "Réexplorer la langue de la traduction : une approche par corpus." *Meta* 43:4. 480–485.

——. 1995. "Corpora in Translation Studies: An overview and suggestions for future research." *Target* 7:2. 223–243.

——. 1993. "Corpus Linguistics and Translation Studies: Implications and Applications." In *Text and technology: In honour of John Sinclair*, M. Baker, G. Francis, E. Tognini-Bonelli (eds.). Amsterdam & Philadelphia: John Benjamins. 233–250.

——. 1992. *In other words: a coursebook on translation*. London & New York: Routledge.

——, Kirsten Malmkjær (eds.). 1998. *Routledge Encyclopedia of Translation Studies*. London & New York: Routledge.

——, Gabriela Saldanha (eds.). 2009. *Routledge Encyclopedia of Translation Studies*. 2nd ed. London & New York: Routledge.

Ballard, Michel. 1992/2007. *De Cicéron à Benjamin. Traducteurs, traductions, réflexions*. 3e éd. Lille : Presses Universitaires du Septentrion.

——. 2001. "Onomatopée et traduction." In *Oralité et traduction*, M. Ballard (éd.). Arras : Artois Presses Université. 13–42.

Balliu, Christian. 2001. "Les traducteurs : ces médecins légistes du texte." *Meta* 46:1. 92–102.

Barkhudarov, Leonid. 1975/1993. "The Problem of the Unit of Translation." In *Translation as Social Action: Russian and Bulgarian Perspectives,* P. Zlateva (ed.). London & New York: Routledge.

Bassnett, Susan. 1980. *Translation Studies*. London: Metuen. [tr. it. *La traduzione: teorie e pratica*. Milano: Strumenti Bompiani. 1993.]

——, André Lefevere (eds.). 1990. *Translation, history and culture*. London & New York: Pinter Publ.

Bell, Roger T. 1991. *Translation and Translating*. London & New York: Longman.

Benjamin, Walter. 1923. "Die Aufgabe des Übersetzers." [tr. it. "Il compito del traduttore." In *La teoria della traduzione nella storia*, 2a ed. S. Nergaard (a cura di). 2002. Milano: Bompiani. 221–236.]

Berman, Antoine. 1994. Pour une critique des traductions: John Donne. Paris : Gallimard.

——. 1989. "La traduction et ses discours." *Meta* 34:4. 672–679.

——. 1986. "La terre nourrice et le bord étranger. Une archéologie de la traduction en France." *Communications* 43. 205–224.

——. 1985. "La traduction et la lettre – ou l'auberge du lointain." In *Les Tours de Babel*. A. Berman (éd.). Mauvezin : Trans-Europ-Repress. 35–150.

——. 1984. *L'Épreuve de l'étranger. Culture et traduction dans l'Allemagne romantique*. Paris : Gallimard.

Bertozzi, Laura. 2004. "Le origini economiche e l'ingegneria finanziaria di una grande opportunità per il terzo settore." In *Filàntropi di ventura – Rischio, responsabilità, riflessività nell'agire filantropico*, G. Gemelli (a cura di). Bologna: Baskerville. 47–68.

Bloom, Alfred H. 1981. *The linguistic shaping of thought: A study in the impact of language on thinking in China and the West*. Hillsdale, NJ: L. Erlbaum.

Bocquet, Claude. 2007. "Traduire les textes nobles, traduire les textes ignobles: une seule ou deux méthodes ? De Schleiermacher au XXIe siècle." In *La traductologie dans tous ses états : mélanges en l'honneur de Michel Ballard*, C. Wecksteen, A. El Kaladi (éds.). Arras: Artois Presses Université. 9–26.

Bonfantini, Massimo. 2006. "La traduzione interprete del senso: consigli, exempla, discussioni." In *Comunicazione Interpretazione Traduzione*, S. Petrilli (a cura di). Milano: Mimesis.

——. 1998. "La traduzione interprete del senso." *Parallèles* 20. 33–53.

Cassirer, Ernst. 1955/1953. *An Essay on Man: An Introduction to a Philosophy of Human Culture*. New York: Doubleday. [tr. it. *Saggio sull'uomo*. Roma: Armando Editore. 1968.]

——. 1946. *Language and Myth*. New York: Harper.

Catford, John C. 1965. *A linguistic theory of translation: an essay in applied linguistics*. Oxford: Oxford University Press.

Chesterman, Andrew. 2006. "Vers une traductologie poppérienne." In *Qu'est-ce-que la traductologie?*, M. Ballard (éd.). Arras : Artois Presses Université. 171–178.

——. 2005. "Problems with strategies." In *New Trends in Translation Studies. In Honour of Kinga Klaudy*, K. Károly, Á. Fóris (eds.). Budapest: Akadémiai Kiadó. 17–28.

——. 2004. "Where Is Similaritiy." In *Similarity and difference in translation: proceedings of the International Conference on Similarity and Translation, Bible House, New York City, May 31-June 1, 2001,* S. Arduini, R. Hodgson Jr. (eds.). Rimini: Guaraldi.

——. 2002a. "Semiotic Modalities in Translation Causality." *Across Lanugages and Cultures* 3:2. 145–158.

——. 2002b. *Can Theory Help Translators? A dialogue between the ivory tower and the wordface*. Manchester: St. Jerome Publishing.

——. 2001. "Proposal for a Hieronymic Oath." *The Translator* 7:2. 139–154.

——. 2000a. "A causal model for Translation Studies." In *Intercultural faultlines: research models in Translation Studies 1. Textual and cognitive aspects*, M Olahan (ed.). Manchester: St. Jerome Publishing. 15–28.

———. 2000b. "Translation typology." In *The second Riga symposium on pragmatic aspects of translation* A. Veisbergs, I. Zauberga (eds.). Riga: University of Latvia Press. 49–62.

———. 1998. *Contrastive Functional Analysis*. Amsterdam: John Benjamins.

———. 1997. *Memes of translation. The spread of ideas in translation theory*. Amsterdam: John Benjamins.

———. 1996. "On Similarity." *Target* 8:1. 159–164.

———, Rosemary Arrojo. 2000. "Shared Ground in Translation Studies." *Target* 12:1. 151–160.

Chomsky, Noam. 1968. *Language and Mind*. New York: Harcourt, Brace & World.

———. 1957. *Syntactic Structures*. The Hague: Mouton.

Cosculluela, Cécile. 2003. "Semiotics and translation studies: An emerging interdisciplinarity." *Semiotica* 145-1/4. 105–137.

———. 1996. Traductologie et sémiotique peircienne : l'émergence d'une interdisciplinarité, Thèse pour le Doctorat d'Études Anglophones, Université Michel de Montaigne Bordeaux III. <www.mshs.univ-poitiers.fr/Forell/CC/00Sommaire.html>

Cronin, Michael. 1995. "Shoring up the Fragments of the Translator's Discourse: Complexity, Incompleteness and Integration." *Meta* 40:3. 359–366.

Courtés, Joseph. 1991. *Introduction à la sémiotique narrative et discursive : de l'énoncé à l'énonciation*. Paris : Hachette.

———. 1980. *Introduction à la sémiotique narrative et discursive : méthodologie et application*. Paris : Classiques Hachette.

De Mauro, Tullio. 2008. *Lezioni di linguistica teorica*. Roma & Bari: Laterza.

Deledalle-Rhodes, Janice. 1990. *Lire, c'est traduire: le problème de la traduction*. Lyon : Voies livres.

———. 1989. "La traduction dans les systèmes sémiotiques." *Etudes Littéraires* 21:3. 211–221.

Deleuze, Gilles. 1968. *Différence et répétition*. Paris : PUF.

———, Felix Guattari. 1980. *Mille plateaux*. Paris : Ed. de Minuit.

Delisle, Jean. 1988. *Translation: an interpretive approach*. Ottawa & London: University of Ottawa.

Derrida, Jacques. 1999-2000. "Che cos'è una traduzione 'rilevante'?" In *La traduzione*, S. Petrilli (a cura di). Athanor. Semiotica, filosofia, arte, letteratura X (2). Roma: Meltemi. 25–45.

———. 1996. *Le monolinguisme de l'autre*. Paris : Galilée. [tr. it. *Il monolinguismo dell'altro*. Milano: Cortina. 2004.]

———. 1972. *Marges de la philosophie*. Paris : Minuit.

———. 1968. *Théorie d'ensemble*. Paris : Seuil.

——. 1967. *L'écriture et la différence*. Paris : Seuil.

Eco, Umberto. 2003. *Dire quasi la stessa cosa*. Milano: Bompiani.

——. 2002. "Riflessioni teorico-pratiche sulla traduzione." In *Teorie contemporanee della traduzione*, 2a ed. S. Nergaard (a cura di). Milano: Strumenti Bompiani. 99–120.

——. 2000. *Experiences in translation*. Toronto: Toronto U.P.

——. 1997/2005. *Kant e l'ornitorinco*. Milano: Bompiani.

——. 1990. *I limiti dell'interpretazione*. Milano: Bompiani.

——. 1979. *Lector in fabula*. Milano: Bompiani.

——. 1962/2000. *Opera aperta*. Milano: Bompiani.

Even-Zohar, Itamar. 1979. "Polysystem Theory." *Poetics Today* 11:1. 287–310.

——. 1978. "The Position of Translated Literature within the Literary Polysystem." In *Literature and Translation: New Perspectives in Literary Studies*, J. Holmes, J. Lambert, R. Broeck (eds.). Leuven: ACCO.

Fabbri, Paolo. 2000. *Elogio di Babele*. Roma: Meltemi.

——. 1998. *La svolta semiotica*. Bari: Laterza.

——, Gianfranco Marrone (a cura di). 2001. *Semiotica in nuce*, vol. II. 2a ed. Roma: Meltemi.

——. 2000. *Semiotica in nuce,* vol. I. Roma: Meltemi.

Ferraresi, Mauro. 2008. *I linguaggi della marca. Breve storia, modelli, casi*. Roma: Carocci.

——, Giancarlo Marchesini. 1998. "Lettura e traduzione: due approcci diversi?" *Parallèles* 20. 33–66.

Fodor, Jerry A. 1983. *Modularity of Mind: An Essay on Faculty Psychology*. Cambridge MA: MIT Press.

Folena, Gianfranco. 1991/1999. *Volgarizzare e tradurre*. Torino: Einaudi.

Folkart, Barbara. 1984. "A Thing-bound Approach to the Practice and Teaching of Technical Translation." *Meta* 29:3. 229–246.

Fontanille, Jacques. 2001. "L'osservatore come soggetto enunciativo." In *Semiotica in nuce,* vol. II, P. Fabbri, G. Marrone (a cura di). Roma: Meltemi. 44–63

——. 1999. *Sémiotique et littérature: essais de méthode*. Paris : P.U.F

——. 1998. *Sémiotique du discours*. PULIM : Limoges.

——. 1989. *Les espaces subjectives. Introduction à la sémiotique de l'observateur*. Paris : Hachette.

——, Claude Zilberberg. 1998. *Tension et signification*. Liège : Mardaga.

Frawley, William. 1998. "Semantics: Primes and Universals." *Journal of Linguistics* 34:1. Cambridge: Cambridge University Press. 227-297.

Gadamer, Hans-Georg. 1960/1972. *Wahrheit und Methode: Grundzüge einer philosophischen Hermeneutik.* Tübingen: Mohr III. [tr. it. *Verità e metodo.* Milano: Bompiani. 1983.]

Gemelli, Giuliana (a cura di). 2004. *Filàntropi di ventura – Rischio, responsabilità, riflessività nell'agire filantropico.* Bologna: Baskerville.

Genette, Gérard. 1982. *Palimpsestes, La littérature au second degré.* Paris : Seuil.

Gentzler, Edwin. 2001. *Contemporary translation theories.* 2nd ed. London & New York: Routledge.

Goethe, Johann Wolfgang. 1819. "Noten und Abhandlungen zu besserem Verständnis des Westöstlichen Divans." [tr. it "Note e saggi sul Divan Orientale-Occidentale." In *La teoria della traduzione nella storia*, 2a ed. S. Nergaard (a cura di). Milano: Bompiani. 2002. 121–124.]

Gorlée, Dinda L. 2004. *On Translating Signs: Exploring Text and Semio-Translation.* Amsterdam & New York: Rodopi.

——. 1994. *Semiotics and the Problem of Translation: With Special Reference to the Semiotics of Charles S. Peirce.* Amsterdam & Atlanta: Rodopi.

——. 1989. "Wittgenstein, Translation and Semiotics." *Target* 1:1. 69–94.

Greimas, Algirdas J. 1995. *Miti e figure*, F. Marsciani (a cura di). Bologna: Esculapio.

——. 1987. *De l'imperfection.* Périgueux : Pierre Fanlac. [tr. it. *Dell'imperfezione.* Palermo: Sellerio. 2004.]

——. 1986. « Comment définir les indéfinis. » *Actes Sémiotiques – Documents VIII 72.*

——. 1984. « Sémiotique figurative et sémiotique plastique .» *Actes Sémiotiques – Documents 60.* [tr. it. "Semiotica figurativa e semiotica plastica." In *Semiotica in nuce,* vol. II, P. Fabbri, G. Marrone (a cura di). Roma: Meltemi. 2001. 196–210.]

——. 1983. *Du sens 2 : essais sémiotiques.* Seuil : Paris. [tr. it. *Del senso 2.* Milano: Bompiani. 1998.]

——. 1983b. « La traduction et la Bible. » *Sémiotique et Bible 32.*

——. 1976. *Maupassant. La sémiotique du texte: exercices pratiques.* Paris : Seuil. [tr. it. *Maupassant. La semiotica del testo: esercizi pratici.* Torino: Centro Scientifico Editoriale. 1995.]

——. 1972. *Essais de sémiotique poétique.* Paris : Larousse.

——. 1971. "Narrative Grammar: units and levels." *Modern Langugage Notes* 86. [tr. it. "Grammatica narrativa: unità e livelli." In *Semiotica in nuce,* vol. I, P. Fabbri, G. Marrone (a cura di). Roma: Meltemi 2000. 241–250.]

——. 1970. *Du sens : essais sémiotiques.* Seuil : Paris. [tr. it. *Del senso.* Milano: Bompiani. 2001.]

——. 1966b. « Éléments pour une théorie de l'interprétation du récit mythique. » *Communication* 8. 28–59.

——. 1966a. *Sémantique structurale. Recherche de méthode.* Paris : Larousse.

——, Joseph Courtés. 1986. *Sémiotique : dictionnaire raisonne de la théorie du langage.* Tome II. Paris : Hachette. [Riferimento nel testo, DRTL2.]

——. 1979. *Sémiotique : dictionnaire raisonne de la théorie du langage.* Tome I. Paris: Hachette. [Riferimento nel testo, DRTL1.] [tr. it. *Semiotica: dizionario ragionato della teoria del linguaggio.* Milano: Bruno Mondadori. 2007.] [Riferimento nel testo, DRTLit.]

——, Jacques Fontanille. 1991. *La sémiotique de passions. Des états de choses aux états d'âme.* Paris : Seuil.

——, François Rastier. 1968. "The Interaction of Semiotic Constraints." *Yale French Studies* 41. 86–105.

Groupe d'Entrevernes. 1988. *Analyse sémiotique des textes : introduction, théorie, pratique.* Lyon : Presses universitaires de Lyon.

Halverson, Sandra. 1998. "Translation Studies and Representative Corpora: Establishing Links between Translation Corpora, Theoretical/Descriptive Categories and a Conception of the Object of Study." *Meta* 43:4. 494–514.

——. 1997. "The Concept of Equivalence in Translation Studies." *Target* 9:2. 207–234.

Hartama-Heinonen, Ritva. 2008. *Abductive Translation Studies. The Art of Marshalling Signs.* Acta Semiotica Fennica XXVIII. Imatra: International Semiotics Institute.

Hébert, Louis. 2003. « L'analyse des modalités véridictoires et thymiques : Vrai/faux, euphorie/dysphorie .» *Semiotica* 144-1/4. 261–302.

——. 2001. *Introduction à la sémantique des textes.* Genève : Slatkine.

Hermans, Theo. 2002. "Paradoxes and aporias in translation and translation studies." In *Translation Studies: Perspectives on an Emerging Discipline*, A. Riccardi (ed.).Cambridge: Cambridge University Press.

——. 1996a. "Norms and the determination of translation: a theoretical framework." In *Translation, Power, Subversion,* R. Alvarez, M. Vidal (eds.). Clevedon: Multilingual Matters. 25–51.

——. 1996b. "The Translator's Voice in Translated Narrative." *Target* 8:1. 23–48.

Hewson, Lance. 2012. « Équivalence, leurre, divergence. » In *Des mots aux actes N° 3. Jean-René Ladmiral, une œuvre en mouvement,* C. Fort, F. Lautel-Ribstein (sous la direction de). Perros-Guirec : Anagrammes. 257–270.

——. 2011. *An approach to translation criticism: "Emma" and "Madame Bovary" in translation.* Amsterdam & Philadelphia: John Benjamins.

——. 2006. "The Vexed Question of Creativity in Translation." In *Traduire ou Vouloir garder un peu de la poussière d'or: Hommage à Paul Bensimon, Palimpsestes*. Hors-série. 53–63.

Hjelmslev, Louis. 1957/1959. « Pour une sémantique structurale. » *Travaux du Cercle Linguistique de Copenhague* XII:59. 96–112.

——. 1943. *Omkring Sprogteoriens Grundlaeggelse*. [tr. it. *I Fondamenti della teoria del linguaggio*. Torino: Einaudi. 1968.]

Holmes, James S. 1972/2000. "The Name and Nature of the Translation Studies." In *The Translation Studies Reader*, L. Venuti (ed.). London & New York: Routledge. 172–185.

Holz-Mänttäri, Justa. 1984. *Translatorisches Handeln. Theorie und Methode*. Helsinki: Academia Scientiarum Fennica.

House, Juliane. 1981. *A Model for Translation Quality Assessment*. Tübingen: Gunter Narr.

Humboldt, Wilhelm von. 1816. "Einleitung zur Agamemnon-Übersetzung." [tr. it. "Introduzione alla traduzione dell'Agamennone di Eschilo." In La teoria della traduzione nella storia, 2a ed. S. Nergaard (a cura di). 2002. Milano: Bompiani. 125–141.]

Inkova, Olga (éd.). 2011. *Saillance. Aspects linguistiques et communicatifs de la mise en évidence dans un texte*, vol. 1. *Annales Littéraires de l'Université de Franche-Comté* 897.

Jakobson, Roman. 1960. "Closing Statements: Linguistics and Poetics." In *Style In Language*, T. A. Sebeok (ed.). Cambridge MA: MIT Press. 350–377.

——. 1959/2000. "On linguistic aspects of translation." In *The Translation Studies Reader*, L. Venuti (ed.). London & New York: Routledge. 113–118.

——. 1944. "Franz Boas' approach to language." *International Journal of American Linguistics* 10:4. 188–195.

Jääskeläinen, Riitta. 1999. *Tapping the process: an explorative study of the cognitive and affective factors involved in translating*. Joensuu: University of Joensuu.

Koller, Werner. 1979/1989. "Equivalence in translation theory." In *Readings in translation theory*, A. Chesterman (ed.). Helsinki: Finn Lectures. 99–104.

Korning Zethsen, Karen. 1999. "The dogmas of technical translation: are they still valid?" *Hermes, Journal of Lingusitics* 23. 65–76.

——. 1997. "Expressivity in Technical Texts – from a Translation Theoretical Perspective." *Handelshøjskolen i Århus*. 225–232.

Kristeva, Julia. 1969. *Sēmeiōtikē : recherches pour une sémanalyse*. Paris : Seuil.

Kuhn, Thomas. 1962/1970. *The Structure of Scientific Revolutions*. Chicago: Chicago University Press. [tr. it. *La struttura delle rivoluzioni scientifiche*. Torino: Einaudi. 1979.]

Ladmiral, Jean-René. 2003. « Épistémologie de la traduction. » In *Traduire la langue, traduire la culture : Rencontres linguistiques*, S. Mejri, T. Baccouche, A. Class, G. Gross. Paris : Maisonneuve et Larose. 147–168.

——. 1979. *Traduire : théorèmes pour la traduction*. Paris : Payot.

——. 1972. « Introduction. » *Languages* 28. 3–7.

Lambert, José. 2006. "Shifts, Oppositions and Goals in Translation Studies: Towards A Genealogy of Concepts." In *Functional approaches to culture and translation: selected paper*, D. Delabastita, L. D'hulst, R. Meylaerts (eds.). Amsterdam: John Benjamins.

Landragin, Frédéric. 2011. "De la saillance visuelle à la saillance linguistique." In *Saillance. Aspects linguistiques et communicatifs de la mise en évidence dans un texte*, vol. I. O. Inkova. (éd.). *Annales Littéraires de l'Université de Franche-Comté* 897. 67–83.

——. 2007. "Taking Situational Factors into Account when Resolving Anaphora: an Approach based on Salience and Events." Pubblicato online il 3 aprile 2007 su <halshs.archives-ouvertes.fr/halshs-00139728_v1/.>

——. 2006. "Saillance." In *Sémanticlopédie: dictionnaire de sémantique, GDR Sémantique & Modélisation, CNRS,* D. Godard, L. Roussarie & F. Corblin, (éds).

——. 2004. « Saillance physique et saillance cognitive. » *CORELA 2:2*.

——. 2003. "La saillance comme point de départ pour l'interprétation et la génération." *Journée d'étude de l'Association pour le Traitement Automatique des Langues sur la structure informationnelle*. Paris : France.

Latour, Bruno. 1987. *Science in Action: How to Follow Scientists and Engineers through Society*. Cambridge: Harvard University Press.

——. 1998. "The corpus-based approach: A new paradigm in Translation Studies." *Meta* 43:4. 557–570.

Lecercle, Jean-Jacques. 1999. *Interpretation as Pragmatics*. London: Macmillan.

Lefevere, André. 1992a. *Translation, Rewriting and the Manipulation of Literary Fame*. London: Routledge. [tr. it. *Traduzione e riscrittura. La manipolazione della fama letteraria*. Torino: UTET. 1998.]

——. 1992b. *Translating Literature*. New York: The MLA of America.

——. 1985. "Why Waste Our Time on Rewrites? The Trouble with Interpretation, and the Role of Rewriting in an Alternative Paradigm."

In *The Manipulation of Literature*, T. Hermans (ed.). London: Croom Helm.

——. 1978. "Translation Studies: the goal of the discipline." In *Literature and translation New Perspectives in Literary Studies with a Basic Bibliography of Books on Translation Studies*, J. S. Holmes, J. Lambert, R. Van Den Broeck (eds.). Louvain: Acco.

Leuven-Zwart, Kitty M. 1990. "Translation and Original: Similarities and Dissimilarities, II." *Target* 2:1. 69–95.

——. 1989. "Translation and Original: Similarities and Dissimilarities, I." *Target* 1:2. 151–181.

Levý, Jiří. 2000. "Translation as a decision process." In *The Translation Studies Reader*, L. Venuti (ed.). London & New York: Routledge. 148–159

——. 1969. *Die literarische Uebersetzung: Theorie einer Kunstgattung.* Frankfurt am Main & Bonn: Athenaeum Verlag.

Lévi-Strauss, Claude. 1962/2009. *La Pensée sauvage.* Paris : Pocket.

——. 1958/2008. *Anthropologie structurale.* Paris: Pocket.

Lotman, Juri M. 1985. "La semiosfera." In *L'asimmetria e il dialogo nelle strutture pensanti*, S. Salvestroni (a cura di). Venezia: Marsilio.

——. 1977. *The structure of the artistic text.* Ann Arbor: The University of Michigan.

——, Boris A. Uspenskij. 1973/1975. *Tipologia della cultura.* Milano: Bompiani.

Luther, Martin. 1530. "Sendbrief vom Dolmetschen." [tr. it "Epistola sull'arte del tradurre e sulla intercessione dei santi." In *La teoria della traduzione nella storia*, 2a ed. S. Nergaard (a cura di). Milano: Bompiani. 2002. 99–120.]

Malone, Joseph L. 1988. *The Science of Linguistics in the Art of Translation.* Albany, NY: State University of New York Press.

Marchesini, Giancarlo. 2010. "Aspetti di nicchia della traduzione editoriale." In *Tradurre saggistica – Traduttori, esperti e traduttologi a confronto*, C. Montella (a cura di). Milano: FrancoAngeli.

——. 2009. "Per una tipologia traduttiva dei testi medi." In *Atti del Convegno Giornate internazionali di studi sulla traduzione*, vol. II. Palermo: Herbita editrice. 191–206.

——. 2007. "Teorie della traduzione e strategie traduttive." In *I saperi del tradurre. Analogie, affinità, confronti*, C. Montella, G. Marchesini (a cura di). Milano: FrancoAngeli.

——. 2005. "L'ossimoro della trasparenza." In *La traduzione, il paradosso della trasparenza*, A. Guarino, C. Montella, D. Silvestri, M. Vitale (a cura di). Napoli: Liguori editore.

Marrone, Gianfranco. 2009. *Il discorso di marca: modelli semiotici per il branding*. 2a ed. Roma & Bari: GLF editori Laterza.

Marsciani, Francesco, Alessandro Zinna. 1991. *Elementi di semiotica generativa. Processi e sistemi della significazione*. Bologna: Esculapio.

Maupassant, Guy. 1983. *Œuvres complètes de Guy de Maupassant*. Paris : Louis Conrad. Consultato su *La Bibliothéque numérique Gallica*.

Meschonnic, Henri. 1999. *Poétique du traduire*. Verdier : Lagrasse.

———. 1972. "Propositions pour une poétique de la traduction." *Langages* 28. 49–54.

Molina, Lucia, Amparo Hurtado Albir. 2002. "Translation Techniques Revisited: A Dynamic and Functionalist Approach." *Meta* 47:4. 498–512.

Mounin, Georges. 1963. *Les problèmes théoriques de la traduction*. Paris : Gallimard.

Munday, Jeremy. 2001. *Introducing Translation Studies*. 2nd ed. New York: Routledge.

———. 2000. "Seeking translation equivalents: a corpus-based approach." In *Translation in context*, A. Chesterman, N. Gallardo San Salvador, Y. Gambier (eds.). Amsterdam & Philadelphia: John Benjamins. 201–210.

———. 1998. "A computer-assisted approach to the analysis of translation shifts." *Meta* 43:4. 542–556.

Nergaard, Siri (a cura di). 2002. *La teoria della traduzione nella storia*. 2a ed. Milano: Strumenti Bompiani.

———. 2002. *Teorie contemporanee della traduzione*. 2a ed. Milano: Strumenti Bompiani.

———. "Semiotica interpretativa e traduzione." In *Lo stesso altro*, S. Petrilli (ed.). Athanor. Semiotica, filosofia, arte, letteratura XII (4). Roma: Meltemi. 57–77.

———. 1999. "Riflessioni sulla traduzione: tra Translation Studies e Semiotica del testo." *Parallèles* 20. 67–77.

Newmark, Peter. 1991. *About Translation*. Clevedon: Multilingual Matters.

———. 1988. *A Textbook of Translation*. New York & London: Prentice Hall.

Nida, Eugene. 1964. *Toward a Science of Translating*. Leiden: E.J. Brill.

Nida, Eugene, Charles Taber. 1969. *The Theory and Practice of Translation*. Leiden: E. J. Brill

Nord, Christiane. 1997. *Translating as a Purposeful Activity*. Manchester: St. Jerome Publishing.

———. 1988/1991. *Text Analysis in Translation theory, Methodology, and Didactic Application of a Model for Translation-Oriented Text Analysis*. Amsterdam: Rodopi.

Nöth, Winfried. 1990. *Handbook of Semiotics*. Bloomington & Indianapolis: Indiana University Press.

Peirce, Charles S. 1992-1998. *The Essential Peirce. Selected Philosophical Writings*, vol. 1 (1867-1893). Nathan Houser & Christian Kloesel (eds.), 1992. Vol. 2 (1893-1913), ed. Peirce Edition Project, 1998. Bloomington & Indianapolis, Indiana University Press. [Riferimento nel testo EP.]

——. 1981. *Writings of Charles S. Peirce: A Chronological Edition*. Peirce Edition Project (ed.), Bloomington and Indianapolis, IN, Indiana University Press.

——. 1967. *Annotated Catalogue of the Papers of Charles S. Peirce*. Manuscripts in the Houghton Library of Harvard University, as identified by Richard Robin. Amherst: University of Massachusetts Press.

——. 1931-1958. *Collected Papers of Charles Sanders Peirce, vol. 1-6*. C. Hartshorne & P. Weiss (eds.). Vol. 7-8 A. W. Burks (ed.). Cambridge: Belknap Press of Harvard University Press. [Riferimento nel testo, CP.]

Pekkanen, Hilkka. 2007. "The Duet of the Author and the Translator: Looking at Style through Shifts in Literary Translation." *New Voices in Translation Studies 3*. 1–18.

Petrilli, Susan. 2007. "Interpretative trajectories in translation semiotics." *Semiotica* 163–1/4. 311–345.

——. (a cura di). 2006a. *Comunicazione Interpretazione Traduzione*. Milano: Mimesi.

——. 2006b. "Meaning, metaphor, and interpretation: Modeling new worlds." *Semiotica* 161–1/4. 75–118.

——. 2003. "The Intersemiotic Character of Translation." In *Translation Translation*, S. Petrilli (a cura di). Amsterdam: Rodopi. 41–53.

——. 2002. "Text metempsychosis and the racing tortoise: Borges and translation." *Semiotica* 140–1/4. 153–167.

——. 2001. "Il carattere intersemiotico del tradurre." In *Lo stesso altro*, S. Petrilli (a cura di). Athanor. Semiotica, filosofia, arte, letteratura XII (4). Roma: Meltemi. 9–19.

——. 2000. "La metempsicosi del testo e la corsa della tartaruga. Borges e la traduzione." In *Tra segni*, S. Petrilli (a cura di). Athanor. Semiotica, filosofia, arte, letteratura XI (3). Roma: Meltemi. 219–230.

——. 1999/2000. "Traduzione e semiosi, considerazioni introduttive." In *La traduzione*, S. Petrilli (a cura di). Athanor. Semiotica, filosofia, arte, letteratura X (2). Roma: Meltemi. 9–21.

——. 1992. "Translation, semiotics and ideology." *TTR: traduction, terminologie, rédaction* 5:1. 233–264.

Pinker, Steven. 1994. *The language instinct: How the mind creates language*. New York: W. Morrow.

Ponzio, Augusto. 1999/2000. "Presentazione." In *La traduzione*, S. Petrilli (a cura di). Athanor. Semiotica, filosofia, arte, letteratura X (2). Roma: Meltemi. 1–7.

Popa, Ioana. 2010. *Traduire sous contraintes. Littérature et communisme (1947-1989)*. Paris : CNRS Editions.

Pottier, Bernard. 1974. *Linguistique générale*. Paris : Klincksieck.

Pozzato, Maria Pia (a cura di). 2007. *Variazioni semiotiche: analisi, interpretazioni, metodi a confronto*. Roma: Carocci.

——. 2002. *Semiotica del testo: metodi, autori, esempi*. 2a ed. Roma: Carocci.

Propp, Vladimir. 1928/2000. *Morfologia della fiaba*. Torino: Einaudi.

——. 1968. "La trasformazione delle favole di magia." In *I formalisti russi, teoria della letteratura e metodo critico*, T. Todorov (a cura di). Torino: Einaudi.

Proust, Marcel. 1913/1999. *Du côté de chez Swann*. Paris : Gallimard. [tr. it. *La strada di Swann*. Traduzione di Natalia Ginzburg. Torino: Einaudi. 1946. tr. it. *Dalla parte di Swann*. Traduzione di Giovanni Raboni. Milano: Mondadori. 1983.]

Pym, Anthony. 2012. *On Translator Ethics. Principles for mediation between cultures*. Amsterdam & Philadelphia: John Benjamins.

——. 2010. *Exploring Translation Theories*. London & New York: Routledge.

——. 2001. "Introduction: The Return to Ethics in Translation Studies." Special issue of *The Translator*. Manchester: St. Jerome Publishing.

——. 1998. *Method in Translation History*. Manchester: St. Jerome Publishing.

——. 1997. "Koller's Äquivalenz Revisited." *The Translator* 3:1. 71–79.

——. 1995. "European Translation Studies, une science qui dérange, and Why Equivalence Needn't be a Dirty Word." *TTR: traduction, terminologie, rédaction* 8:1. 153–176.

——. 1993. *Epistemological Problems in Translation and its Teaching*. Calaceite: Caminade.

Queneau, Raymond. 1976. *Exercices de style*. Paris : Gallimard. [tr. it. *Esercizi di stile*. Traduzione di Umberto Eco. Torino: Einaudi. 1983.]

Quine, Willard V. O. 1987 "Indeterminacy of Translation Again." *The Journal of Philosophy* 84. 5–10.

——. 1969. *Ontological relativity and other essays*. New York: Columbia University Press.

——. 1960. *Word and Object*. Cambridge MA: MIT Press. [tr. it. *Parola e oggetto*. Milano: Il Saggiatore. 1970.]

——. 1959. "Translation and Meaning." In *On Translation*, Reuben Arthur Brower (ed.). Cambridge MA: Harvard University Press. [tr. it.

"Significato e traduzione." In *Teorie contemporanee della traduzione*, 2a ed. S. Nergaard (a cura di). Milano: Bompiani. 2002. 301–340.]

——. 1953/2003. *From a logical point of view: 9 logico-philosophical essays*. Cambridge MA: Harvard University Press. 20–46.

Ramunni, Girolamo. 2004. "L'immagine di sé. Modelli di comunicazione nella venture philanthropy." In *Filàntropi di ventura – Rischio, responsabilità, riflessività nell'agire filantropico*, G. Gemelli (a cura di). Bologna: Baskerville. 253–278.

Rastier, François.2006a. "Formes sémantiques et textualité." *Langages* 163. 99–114.

——. 2006b. « La traduction : interprétation et genèse du sens. » In *Le Sens en traduction*, M. Lederer, I. Fortunato (éd). Paris : Minard. 37–50.

——. 1989. *Sens et textualité*. Paris: Hachette.

Reiss, Katharina. 2000. "Type, kind and individuality of text: decision making in translation." In *The Translation Studies Reader*, L. Venuti (ed.). London & New York: Routledge. 160–171.

——. 1971. *Möglichkeiten und Grenzen der Übersetzungskritik: Kategorien und Kriterien für eine sachgerechte Beurteilung von Übersetzungen*. München: M. Hueber.

——, Vermeer Hans J. 1984. *Grundlegung einer allgemeinen Translationstheorie*. Tübingen: Max Niemeyer Verlag.

Ricœur, Paul. 1999. « Le paradigme de la traduction. » *Esprit* 6. 8–19.

Rolex SA. 1996. *The History of the Rolex Awards for Enterprise*. Genève: Montres Rolex. [Riferimento nel testo, HRAE]

——. 1996. *The Best of the Rolex Awards for Enterprise*. Genève: Montres Rolex. [Riferimento nel testo, BRAE]

Salmon, Laura. 2003. *Teoria della traduzione*. Milano: Vallardi.

San Gerolamo. 390/2002. *Liber de optimo genere interpretandi. Epistola 57 a Pammachio*. [tr. it "Leggi di una buona traduzione." In *La teoria della traduzione nella storia*, 2a ed. S. Nergaard (a cura di). Milano: Bompiani. 2002. 63–71]

Sapir, Edward. 1921. *Language. An introduction to the study of speech*. New York: Harcourt, Brace & World. [tr. it. *Il linguaggio*. Torino: Einaudi. 1969.]

Schäffner, Christina. 1997. "Strategies of translating political texts." In *Text Typology and Translation*, A. Trosborg (ed.). Amsterdam & Philadelphia: John Benjamins. 119–143.

Schiavi, Giuliana. 1996. "There is always a teller in the tale." *Target* 8:1. 1–21.

Schleiermacher, Friedrich D. E. 1838/1977. *Hermeneutik und Kritik. Mit einem Anhang sprachphilosophischer Texte Schleiermachers*. Hrsg. v. M. Frank. Frankfurt a. M:. Suhrkamp.

——. 1813. "Über die verschiedenen Methoden des Übersetzen." [tr. it. "Sui diversi metodi del tradurre." In *La teoria della traduzione nella storia*, 2a ed. S. Nergaard (a cura di). Milano: Bompiani. 2002. 143–181.]

Seleskovitch, Danica, Marianne Lederer. 1984/1986. *Interpréter pour traduire*, 2e éd. Paris : Didier Erudition.

Snell-Hornby, Mary (ed.). 1988. *Translation Studies: an integrated approach*. Amsterdam & Philadelphia: John Benjamins.

Sovran Tamar. 1992. "Between Similarity and Sameness." *Journal of Pragmatics* 18:4. 329–344.

Sperber, Dan, Deirdre Wilson. 1999. *Relevance: communication and cognition*. Oxford: B. Blackwell.

Stecconi, Ubaldo. 2008. "Review of Dinda L. Gorlee. On Translating Signs: Exploring Text and Semio-translation." *Target* 17:2. 381–86.

——. 2007. "Five Reasons Why Semiotics is Good for Translation Studies." In *Doubts and directions in translation studies: selected contributions from the EST Congress, Lisbon 2004*, Y. Gambier, M. Schlesinger, R. Stolze (eds.). Amsterdam: John Benjamins.

——. 2004. "Interpretive semiotics and translation theory: The semiotic conditions to translation." *Semiotica* 150–1/4. 471–489.

——. 1994/1999. "Peirce's semiotics for translation." In *Fidelity and Translation: Communicating the Bible in New Media,* P. Soukup, R. Hodgson (eds.). Chicago: Sheed and Ward; New York: American Bible Society.

Steiner, George. 1975/1998. *After Babel: aspects of language and translation*. Oxford: Oxford University Press.

Süssli, Carla. 2000. "Tempi d'oro. Ambiguità della cultura di massa." *Kunst+Architektur in der Schweiz, Art+Architecture en Suisse, Arte+Architettura in Svizzera* 2000/1. Bern: Gesellschaft für Schweizerische Kunstgeschichte.

Tesnière, Lucien. 1959. *Éléments de syntaxe structurale*. Paris : Klincksieck.

Tirkkonen-Condit, Sonja, Riita Jääskeläinen (eds.). 2000. *Tapping and Mapping the Processes of Translation and Interpreting: Outlooks on Empirical Research*. Amsterdam & Philadelphia: John Benjamins.

Toury, Gideon. 1995. *Descriptive Translation Studies and Beyond*. Amsterdam & Philadelphia: John Benjamins.

——. 1980. *In Search of a Theory of Translation*. Tel Aviv: The Porter Institute for Poetics and Semiotics, Tel Aviv University.

Trosborg, Anna. 1997. *Text Typology and Translation*. Amsterdam & Philadelphia: John Benjamins.

Tymoczko, Maria. 2007. *Enlarging Translation, Empowering Translators*. Manchester: St. Jerome Publishing.

——. 1998. "Computerized Corpora and the Future of Translation Studies." *Meta* 43:4. 652–660.

——, Edwin Gentzler (eds.). 2002. *Translation and Power*. Amherst : University of Massachusetts Press.

Vandaele, Sylvie. 2007. «Quelques repères épistémologiques pour une approche cognitive de la traduction spécialisée – Application à la biomédecine. » *Meta* 52:1. 129–145.

Vandepitte, Sonia. 2008. "Remapping Translation Studies: Towards a Translation Studies Ontology." *Meta* 53:3. 569–558.

Venuti, Lawrence. 2002. "The Difference That Translation Makes." In *Translation Studies: Perspectives on an Emerging Discipline*, A. Riccardi (ed). Cambridge: Cambridge University Press. 214–241.

——. (ed.). 2000. *The Translation Studies Reader*. London: Routledge.

——. 1998. *The Scandals of Translation: Towards an Ethics of Difference*. London: Routledge.

——. 1995. *The Translator's Invisibility: A History of Translation*. Manchester: St. Jerome Publishing.

——. 1992. *Rethinking Translation: Discourse, Subjectivity, Ideology*. London & New York: Routledge.

Vermeer, Hans J. 1978. "Ein Rahmen für eine allgemeine Translationstheorie." *Lebende Sprachen* 23:3. 99–102.

Vinay, Jean-Paul, Jean Darbelnet. 1958. *Stylistique comparée du français et de l'anglais*. Paris : Didier.

Whorf, Benjamin L. 1956. *Language, Thought and Reality*. Selected Writings of Benjamin Lee Whorf. Cambridge MA: MIT Press. [tr. it. *Linguaggio, pensiero e realtà*. Torino: Boringhieri. 1970.]

——. 1941. "A Brotherhood of Thought." *Main Currents in Modern Thought* 1.4. 13–14.

Wierzbicka, Anna. 1996. *Semantics: primes and universals*. Oxford: Oxford University Press.

——. 1993. "The alphabet of human thoughts." In *Conceptualizations and Mental Processing in Language*, R. A. Geiger, B. Rudzka-Ostyn (eds.). Berlin: Mouton de Gruyter.

Zlateva, Palma (ed.). 1993. *Translation as Social Action: Russian and Bulgarian Perspectives*. London: Routledge.

ALLEGATO I – CODICI PER IL TESTO PILOTA

ISOTOPY

- **Actants**
  - **Subject**
    - SubjectVR
      tratto semantico legato all'attante Soggetto realizzato nella traduzione e virtualizzato nell'originale
      KEYWORDS: IsoSgVR
    - SubjectRV
      Tratto semantico legato all'attante Soggetto virtualizzato nella traduzione e realizzato nell'originale
      KEYWORDS: IsoSgRV
  - **ValueObject**
    - Value ObjectVR
      Tratto semantico legato all'attante Oggetto di valore realizzato nella traduzione e virtualizzato nell'originale
      KEYWORDS: IsoOvVR
    - Value ObjectRV
      Tratto semantico legato all'attante Oggetto di valore virtualizzato nella traduzione e realizzato nell'originale
      KEYWORDS: IsoOvRV
  - **Antiactant**
    - AntiactantRV
      Tratto semantico legato all'Antiattante, virtualizzato nella traduzione e realizzato nell'originale
      KEYWORDS: IsoAntiRV
  - **Assistant**
    - AssistantVR
      Tratto semantico legato all'attante Aiutante realizzato nella traduzione e virtualizzato nell'originale
      KEYWORDS: IsoAssVR
    - AssistantRV
      Tratto semantico legato all'attante Aiutante virtualizzato nella traduzione e realizzato nell'originale
      KEYWORDS: IsoAssRV
- **Theme**
  - **ThemeVR**
    - Utility
    - AntiactantVR
      Tratto semantico legato all'Antiattante, realizzato nella traduzione e virtualizzato nell'originale
      KEYWORDS: IsoAntiVR
    - Violence
    - Ignorance
    - Visibility
    - Impact
    - Clash
    - Resources
    - Determination

EXTENSIVITY

- Est.zero-new
  operazione estensiva nullità=>unità con realizzazione di un tratto non presente (aggiunte)
  KEYWORDS: EstNU
- Est.new->zero
  Operazione estensiva di annullamento di un tratto, unità => nullità (ommissioni)

  KEYWORDS: EstNU
- Est.classematic
  Operazione estensiva di cambiamento classematico (gerarchizzazioni) e di tipo assolutizzante (iperonimi)
  KEYWORDS: EstClass
- Est.expand
  Operazione estensiva che espande le strutture sintattiche
  KEYWORDS: EstExp
- Est.synthesis
  Operazione estensiva che contrae una struttura duale in una struttura unica
  KEYWORDS: EstSin
- Est.estrange
  Operazione espansiva che richiama una realtà esotica e crea un effetto straniante
  KEYWORDS: EstStr
- Est.aspect
  Operazione estensiva aspettuale, variazione nello stile, nel registro, ma anche nei tempi verbali, nelle forme valutative, e nell'instaurazione diretta di un soggetto cognitivo, osservatore e umano. Modificazione del flusso informativo, ordine tema-rema, che realizza la struttura informativa del testo nel suo complesso.
  KEYWORDS: EstAsp

INTENSIVITY

- Intim.euphoric+
  Operazione intensiva timica con aumento dell'intensità del timismo euforico.
  KEYWORDS: IntTimEu+
- Intim.euphoric-
  Operazione intensiva timica con riduzione dell'intensità del timismo euforico
  KEYWORDS: IntTimEu-
- Intim.disphoric+
  operazione intensiva timica con aumento dell'intensità del timismo disforica
  KEYWORDS: IntTimDis+
- Intim.disphoric-
  operazione intensiva timica con riduzione dell'intensità del timismo disforica
  KEYWORDS: IntTimDis-
- Intim.disanti
  Operazione intensiva timica che aumentando l'intensività disforica dell'antiattante accentua l'intensività euforica dell'attante soggetto/dell'oggetto del valore.
  KEYWORDS: IntTimDisAnti

ALLEGATO II: CODICI PER L'ANALISI DEL CORPUS RAE

 ISOTOPY

   Actants

      Subject
- SubjectVR (A)
  tratto semantico legato all'attante Soggetto realizzato nella traduzione e virtualizzato nell'originale
  KEYWORDS: IsoSgVR
- SubjectRV
  Tratto semantico legato all'attante Soggetto virtualizzato nella traduzione e realizzato nell'originale
  KEYWORDS: IsoSgRV

      ValueObject
- Value ObjectVR (B)
  Tratto semantico legato all'attante Oggetto di valore realizzato nella traduzione e virtualizzato nell'originale
  KEYWORDS: IsoOvVR
- Value ObjectRV
  Tratto semantico legato all'attante Oggetto di valore virtualizzato nella traduzione e realizzato nell'originale
  KEYWORDS: IsoOvRV

      Antiactant
- AntiactantVR (C)
  Tratto semantico legato all'Antiattante, realizzato nella traduzione e virtualizzato nell'originale
  KEYWORDS: IsoAntiVR
- AntiactantRV
  Tratto semantico legato all'Antiattante, virtualizzato nella traduzione e realizzato nell'originale
  KEYWORDS: IsoAntiRV

      Assistant
- AssistantVR (D)
  Tratto semantico legato all'attante Aiutante realizzato nella traduzione e virtualizzato nell'originale
  KEYWORDS: IsoAssVR
- AssistantRV
  Tratto semantico legato all'attante Aiutante virtualizzato nella traduzione e realizzato nell'originale
  KEYWORDS: IsoAssRV

   Theme

      ThemeVR
- Motivation
  Tratto semantico legato alla tematica della ragione che pone in essere l'Oggetto di valore o che motiva il Soggetto ad agire.
- Determination
  Tratto semantico legato alla tematica della determinazione con cui il Soggetto agisce per perseguire l'Oggetto di valore, nonostante le varie difficoltà che si presentano di volta in volta.
- Impact
  Tratto semantico legato alla tematica all'effetto determinato dall'Oggetto di valore o dal Soggetto stesso.
- Utility
  Tratto semantico legato all'utilità dell'Oggetto di valore e all'azione del Soggetto.
- Features
  Tratti semantici legati alle proprietà e caratteristiche dell'Oggetto di valore.
- Resources
  Tratto semantico legato alla tematica del finanziamento o delle risorse economiche in riferimento all'Oggetto di valore e al Soggetto.
- Novelty
  Tratto semantico legato alla tematica dei tratti innovativi in riferimento all'Oggetto di valore.
- Visibility
  Tratto semantico legato alla tematica della visibilità in riferimento al Soggetto e a voltea anche all'Oggetto di valore.
- Violence
  Tratto semantico legato alla tematica della violenza in riferimento all'Antiattante
- Ignorance
  Tratto semantico legato alla tematica della ignoranza in riferimento all'Antiattante
- Clash
  Tratto semantico legato alla tematica a uno scontro fra Soggetto e Antiattante.
- Decline
  Tratto semantico legato alla tematica del declino di una specie animale, depauperamento di un certo tipo di risorse, oppure alla scomparse di elementi dell'Oggetto di valore. Tale tratto è in genere riferito all'Antiattante
- Title

EXTENSIVITY
- Est.zero-new
  Operazione estensiva di annullamento di un tratto, unità => nullità (omissioni)

  KEYWORDS: EstNU
- Est.new->zero
  Operazione estensiva di annullamento di un tratto, unità => nullità (omissioni)

  KEYWORDS: EstNU
- Est.classematic (E)
  Operazione estensiva di cambiamento classematico (gerarchizzazioni) e di tipo assolutizzante (iperonimi)
  KEYWORDS: EstClass
- Est.expand (F)
  Operazione estensiva che espande le strutture sintattiche
  KEYWORDS: EstExp
- Est.synthesis (G)
  Operazione estensiva che contrae una struttura duale in una struttura unica
  KEYWORDS: EstSin
- Est.aspect (H)
  Operazione estensiva aspettuale, variazione nello stile, nel registro, ma anche nei tempi verbali, nelle forme valutative, e nell'instaurazione diretta di un soggetto cognitivo, osservatore e umano. Modificazione del flusso informativo, ordine tema-rema, che realizza la struttura informativa del testo nel suo complesso.
  KEYWORDS: EstAsp
- Est.alter
  Operazione espansiva che richiama una realtà esotica e crea un effetto straniante
  KEYWORDS: EstStr
- Est.similis
  Operazione espansiva che annulla una realtà esotica adeguandola alla lingua / cultura di arrivo
- Disengagement
  Trasformazione di strutture in embrayage enunciativo nell'originale in strutture in débrayage enunciativo nella traduzione

INTENSIVITY
- Intim.euphoric+ (I)
  Operazione intensiva timica con aumento dell'intensità del timismo euforico.
  KEYWORDS: IntTimEu+
- Intim.euphoric- (L)
  Operazione intensiva timica con riduzione dell'intensità del

timismo euforico
KEYWORDS: IntTimEu-

- Intim.disphoric+ (M)
  operazione intensiva timica con aumento dell'intensità del timismo disforica
  KEYWORDS: IntTimDis+

- Intim.disphoric- (N)
  operazione intensiva timica con riduzione dell'intensità del timismo disforica
  KEYWORDS: IntTimDis-

- Intim.disanti
  Operazione intensiva timica che aumentando l'intensività disforica dell'antiattante accentua l'intensività euforica dell'attante soggetto/dell'oggetto del valore.
  KEYWORDS: IntTimDisAnti

Indice

Indice dei concetti

Indice degli autori

384

European Semiotics: *Language, Cognition, and Culture*
Sémiotiques Européennes: *langage, cognition et culture*

Edited by / Série dirigée par
Per Aage Brandt (Cleveland), Wolfgang Wildgen (Bremen/Brême),
and/et Barend van Heusden (Groningen/Groningue)

European Semiotics originated from an initiative launched by a group of researchers in
Semiotics from Denmark, Germany, Spain, France and Italy and was inspired by innovative
impulses given by René Thom and his "semiophysics". The goal of the series is to provide
a broad European forum for those interested in semiotic research focusing on *semiotic
dynamics* and combining *cultural, linguistic and cognitive perspectives.*
This approach, which has its origins in Phenomenology, Gestalt Theory, Philosophy of
Culture and Structuralism, views semiosis primarily as a cognitive process, which under-
lies and structures human culture. Semiotics is therefore considered to be the discipline
suited *par excellence* to bridge the gap between the realms of the Cognitive Sciences
and the Sciences of Culture.
The series publishes monographs, collected papers and conference proceedings of a
high scholarly standard. Languages of publication are mainly English and French.

Sémiotiques européennes est le résultat d'une initiative prise par un groupe de chercheurs
en sémiotique, originaires du Danemark, d'Allemagne, d'Espagne, de France et d'Italie,
inspirée par l'impulsion innovatrice apportée par René Thom et sa "sémiophysique". Le
but de cette collection est de fournir une tribune européenne large à tous ceux qui s'in-
téressent à la recherche sémiotique portant sur *les dynamiques sémiotiques,* et réunissant
des *perspectives culturelles, linguistiques et cognitives.*
Cette approche, qui combine différentes sources, telle que la phénoménologie, le ges-
taltisme, la philosophie de la culture et le structuralisme, part du principe que la sémiosis
est essentiellement un procès cognitif, qui sous-tend et structure toute culture humaine.
Dans cette approche, la sémiotique est donc considérée comme la discipline par excellence capable de créer un pont entre les domaines des sciences cognitives et ceux
des sciences de la culture.
Sémiotiques européennes accueille tant des monographies que des anthologies et des
actes de colloques d'un haut niveau de recherche, rédigés de préférence en anglais
et en français.